L'ÂNE D'OR

Collection fondée

par

Alain Segonds

LE PRINCIPE DE L'ACTION HUMAINE SELON DÉMOSTHÈNE ET ARISTOTE

DU MÊME AUTEUR

La vision chez Platon et Aristote, Sankt Augustin : Academia, « International Plato Studies », 16, 2003.

Une morale pour les mortels. L'éthique de Platon et d'Aristote, Paris : Les Belles Lettres, « L'Âne d'or », 2011 (Prix Joseph-Saillet 2013 décerné par l'Académie de Sciences morales et politiques).

Édition d'actes de colloques

La Personne, dans *Les Cahiers philosophiques de Strasbourg,* 31, premier semestre 2012.

Heidegger, la Grèce et la destinée européenne, dans *Les Cahiers philosophiques de Strasbourg,* 36, second semestre 2014.

Nietzsche, philologue et philosophe, dans *Les Cahiers philosophiques de Strasbourg,* 40, second semestre 2016.

ANNE MERKER

LE PRINCIPE DE L'ACTION HUMAINE SELON DÉMOSTHÈNE ET ARISTOTE

Hairesis – Prohairesis

PARIS

LES BELLES LETTRES

2016

www.lesbelleslettres.com
Retrouvez Les Belles Lettres sur Facebook et Twitter.

ISBN : 978-2-251-42066-0

Remerciements

Le principe de l'action humaine selon Démosthène & Aristote constitue la publication d'un travail de recherche inédit que nous avions réalisé en vue de l'obtention du diplôme d'habilitation à diriger des recherches en philosophie. Nous remercions tout particulièrement le professeur Pierre-Marie Morel, qui avait accepté d'être le garant de cette H.D.R. soutenue à l'École nationale supérieure de Lyon en novembre 2012. Nous remercions en outre les autres professeurs de philosophie, membres de notre jury, Michel Crubellier (Université Lille-III), Christoph Horn (Universität Bonn), Annick Jaulin (Université Paris-I-Sorbonne), Jérôme Laurent (Université de Caen) & Carlo Natali (Università Ca' Foscari Venezia) pour l'ensemble de leurs remarques lors d'une discussion riche et fructueuse. Nos pensées vont aujourd'hui à Bernard Besnier (†) (E.N.S. Lyon), qui nous avait fait l'amitié de siéger dans ce jury et qui avait autrefois co-dirigé avec le professeur Carlos Lévy notre travail de thèse.

Le professeur d'histoire grecque Edmond Lévy (Université de Strasbourg) nous avait prodigué de nombreux conseils et suggestions pour les aspects historiques de notre travail, touchant aux institutions politiques grecques et au monde homérique. Nous lui en sommes toujours aussi reconnaissante.

La présente version a pu bénéficier de la relecture du professeur de lettres classiques et de philologie grecque Laurent Pernot (Université de Strasbourg), membre de l'Institut (Académie des Inscriptions & Belles-Lettres), spécialiste de rhétorique, et du professeur de philosophie Olivier Boulnois (École pratique des hautes études), spécialiste de l'histoire de la pensée médiévale, ainsi que de notre collègue à la Faculté de philosophie de Strasbourg, le professeur Franck Fischbach, spécialiste de philosophie politique et sociale et de philosophie de l'action. Nous les remercions très vivement de nous avoir fait profiter de leurs compétences et de leur bienveillance.

Enfin, ce travail n'aurait pas été possible sans le soutien de l'Université de Strasbourg, qui, par l'octroi d'un congé sabbatique exceptionnel d'une année complète en 2011-2012 à la suite d'un mandat de direction d'U.F.R., nous avait donné le temps de réaliser l'essentiel de la longue enquête dont les résultats sont présentés ici.

Introduction

Rendre raison de l'action

μέλλων δὲ τοῦ τε ἰδίου βίου παντός, ὥς ἔοικε, λόγον διδόναι τήμερον καὶ τῶν κοινῇ πεπολιτευμένων...
« Puisqu'il semble que je doive en ce jour rendre raison de ma vie privée tout entière et de mon action commune en politique... »

DÉMOSTHÈNE, *Sur la couronne*, 8.

-338, Chéronée. Athènes était défaite. Philippe, ivre de sa victoire, dansait sur des cadavres, scandant la formule liminaire des décrets rédigés par Démosthène et qui, en grec et par hasard, constitue un vers :

Démosthène, fils de Démosthène, du dème de Paiania, a proposé au peuple[1]...

L'action politique de Démosthène avait échoué, laissant libre carrière à un désastre qui se révélerait définitif. Bientôt, l'orateur, mis en cause par Eschine, allait devoir rendre compte de son action, dans un procès retentissant engagé en -337 / -336 et

1. L'image se trouve sous la plume de PLUTARQUE, *Vies : Démosthène*, 20.3.

plaidé en -330, où il défendrait sa politique et sa vie entière par le plus remarquable de ses discours : *Sur la couronne*.

Dans ce procès se jouait, certes, non la mort ni même la déchéance des droits civiques ou le bannissement de Démosthène – puisqu'il n'était visé qu'indirectement par l'accusation, qui citait en justice son ami Ctésiphon pour avoir proposé de le faire couronner au théâtre de Dionysos en vertu de toute son action politique –, mais quelque chose qui dans son cas valait peut-être encore plus que la vie et même que la jouissance de ses droits : sa valeur comme acteur politique. Comme l'a écrit Nietzsche dans une préface pour un livre sur l'*État chez les Grecs* : « considéré à l'apogée unique de son art, le Grec ne peut être défini *a priori* que comme l'"homme politique en soi" » ; et d'ajouter : « l'histoire, en fait, ne connaît pas deux exemples d'un si terrible déchaînement de l'instinct politique, d'un sacrifice aussi inconditionnel de tous les autres intérêts au service de cet instinct de l'État. [...] Cet instinct politique est si accentué chez les Grecs qu'il ne cesse jamais de se déchaîner contre lui-même et de planter ses crocs dans sa propre chair »[2]. Démosthène a été de ces animaux politiques aux crocs acérés.

L'*agôn* judiciaire a souvent été le lieu d'une forme de violence sublimée mais efficace. Démosthène en particulier fut pris, comme tant d'autres, dans la brutalité de cet affrontement en paroles qui pouvait aller jusqu'à la mort physique, ou jusqu'à la mort civique, ce qui, pour un Athénien engagé en politique, aurait été pire que la mort pure si l'expérience du revirement fréquent des fortunes n'avait chaque fois laissé ouvert l'espoir de revenir à la vie, quand le retour de la mort physique n'appartenait qu'aux mythes. Apte au plus haut point à donner des coups assassins, il en a aussi été le destinataire. L'accusation d'Eschine, dans le discours *Contre Ctésiphon*, réussit, d'une manière beaucoup plus subtile que ne le laisse percevoir à première lecture la grossièreté des ficelles rhétoriques, une forme d'anéantissement de la personne de Démosthène comme acteur politique, comme

2. F. NIETZSCHE, *L'État chez les Grecs*, trad. M. HAAR & M. DE LAUNAY, *in* : *Œuvres*, I, p. 304.

auteur d'une *action* au sens le plus authentique et complet du terme. Faisant de lui au mieux le parasite du hasard, au pire le suppôt d'une malédiction divine qui fait tomber sur Athènes tous les malheurs qu'elle endure, déployant, et non toujours maladroitement, le sophisme de confusion de la cause et de la succession temporelle dénoncé par Aristote, en prétendant que Démosthène a été la cause de tous les malheurs d'Athènes qui ont accompagné ou suivi de près sa politique[3], Eschine tente de nier Démosthène comme acteur humain, démarqué sur le fond du jeu aveugle du hasard et de la volonté impérieuse des dieux. Mis ainsi en cause non seulement quant à la nature de ses actions en politique, mais plus fondamentalement encore comme auteur authentique d'une action humaine, Démosthène, livrant là comme ailleurs les marques d'une intelligence profonde qui fait la véritable rhétorique, rendra raison non pas seulement de *ses actions*, mais de *l'action*.

Il ne va pas de soi *a priori* que l'action soit un objet théorique. La constitution d'une science pratique pose problème non seulement sous l'angle de la scientificité et de la contingence à laquelle se heurte toute tentative de discours scientifique sur l'agir, mais encore sous l'angle de la différenciation entre *theôria* et *praxis*. Théoriser l'action, c'est déjà se situer soi-même hors de la réalité pratique de l'action. Et pourtant : avant la théorie, ou plutôt aux frontières de la théorie et de la pratique, est le « rendre raison », *logon didonai*, celui auquel l'individu est tout particulièrement exposé dans une démocratie telle qu'Athènes, démocratie vive et directe. À l'Assemblée, dans les tribunaux, dans une communauté humaine dont la dimension *politique* repose sur un *logos* qui en fait autre chose que la communauté des abeilles ou des termites, le citoyen engagé concrètement dans l'exercice de ses droits politiques – celui que les Grecs nommaient le *politeuomenos* – doit sans cesse rendre compte : de sa gestion, de ses actions, de lui comme citoyen et comme homme. Le discours philosophique d'un Aristote sur l'action ne fait pas irruption dans le domaine pratique comme en un terrain totalement étranger à la théorie,

3. *Cf.* Aristote, *Rhétorique*, II 24.1401b29-34.

car l'action même, dans le cadre politique qui est son lieu naturel, n'existe pas sans *logos*. L'action est ainsi d'autant plus théorisable qu'elle inclut d'elle-même une dimension pré-théorique dans sa sphère. Rendre raison, *logon didonai* : expression clef de la dialectique socratico-platonicienne, elle est tout autant au centre des plaidoyers politiques. Thucydide, dans la reconstitution en substance qu'il fait de l'oraison de Périclès lors des funérailles des premiers morts de la guerre du Péloponnèse, au cours du célèbre passage dans lequel on voit le stratège proclamer « nous nous adonnons à l'amour du beau (*philokaloumen*) sans excès de dépenses et à l'amour de la sagese (*philosophoumen*) sans mollesse », énonce une spécificité athénienne : l'alliance du *logos* et de l'action[4]. Sur ce terreau fertile de la démocratie, l'action se voit devenir l'objet d'une théorisation, sur un mode qui n'est pas celui de la philosophie, mais bien celui de la politique active. On en trouve un cas exemplaire dans le discours *Sur la couronne*.

Démosthène aura été mis en demeure de rendre raison en l'espace d'une seule journée de sa vie entière et de son action en politique. Il le fait avec un terme qui achevait ainsi de conquérir grâce à lui – et avec éclat – une importance développée peu à peu dans la pratique oratoire, et qu'un Platon ne lui reconnaissait pas encore, malgré sa présence non négligeable chez Isocrate : *prohairesis*.

Pourquoi la *prohairesis* ? C'est un terme dont on peine à trouver un équivalent en français – à vrai dire, il n'y en a pas. Formé d'un préfixe *pro*, signifiant en grec de manière élémentaire « devant, avant... » – d'où dérive le sens second « de préférence à » – et du substantif *hairesis*, littéralement « prise », il faudrait dire en français quelque chose comme « procipation » – qui n'existe pas et ne nous parlerait guère si on l'inventait –, ou « anticipation », mais ce mot n'est pas d'un usage équivalent à *prohairesis*. Nous expliquerons dans les chapitres qui suivent pourquoi il nous paraît qu'« intention » ou « dessein » sont les moins mauvaises traductions. Mais la question de la traduction est secondaire.

4. THUCYDIDE, II 40.2-3. Voir encore DÉMOSTHÈNE, *Sur les forfaitures de l'ambassade*, 184 : οἷς γάρ ἐστ᾽ ἐν λόγοις ἡ πολιτεία, « ceux [*sc.* les Athéniens] dont la constitution politique réside dans les discours ».

Pourquoi la *prohairesis* ? Quelle est sa signification grecque, indépendamment des difficultés de traduction, insolubles et de ce fait en partie vaines ? Quelle est sa signification historique, pour autant qu'elle en ait une ? Quelles sont ses conséquences sur la représentation anthropologique qui sous-tend l'analyse de la *praxis* humaine ?

La tradition exégétique aristotélicienne a depuis longtemps tenté de penser cette *prohairesis* comme un *choix*, ce dont témoignent les traductions médiévales par *electio* dans l'*Éthique à Nicomaque* – après quelques hésitations et même quelques renonciations[5]. Aristote a déclaré que la *prohairesis* était le principe de l'action humaine et qu'elle coïncidait avec l'être humain lui-même en tant qu'il a une constitution duale faite de désir et d'intelligence. Est-ce ainsi le choix que le philosophe grec Aristote a voulu mettre au cœur de l'être humain et au principe de l'action humaine ? L'exégèse moderne a de son côté et pour une part désiré donner un lustre nouveau à cette *prohairesis* et se débarrasser du Moyen-Âge, ou du moins en débarrasser Aristote par la relégation de la trop classique *electio*. Ainsi est née la compréhension de la *prohairesis* comme une décision. Faut-il donc voir plutôt à la fois au cœur de l'être humain et au principe de son action une décision ? La compréhension de cette *prohairesis* engage l'anthropologie, la théorie de l'action et toute l'éthique aristotélicienne, car la *prohairesis* innerve l'ensemble des thèmes traités dans l'*Éthique à Nicomaque* et l'*Éthique à Eudème*. Outre qu'il déclare dans l'*Éthique à Nicomaque* que la *prohairesis* est le principe de l'action[6], et qu'un tel principe, consistant en un intellect désirant ou un désir pensant, est un être humain[7], outre donc cette dimension à la fois pratique et anthropologique, Aristote a conféré à la *prohairesis* une dimension éthique stricte en l'inscrivant dans la définition de la vertu (et donc implicitement dans celle du vice), dont il fait une certaine *hexis prohairetikè*, soit une disposition stable à avoir un certain type

5. Voir l'ANNEXE I.
6. *Éthique à Nicomaque*, VI 2.1139a31.
7. *Éthique à Nicomaque*, VI 2.1139b4-5.

de *prohairesis* (d'intention, de dessein, de visée concrète) en tant que principe d'action. Par cette inscription, c'est l'ensemble des considérations éthiques qui est innervé par la notion, que ce soit l'amitié ou la justice et les autres vertus particulières, que ce soit la réflexion sur les degrés de responsabilité et l'examen du paradoxe socratique « nul n'est méchant de plein gré », ou que ce soit encore l'appréciation de l'*èthos* d'une personne et la qualification de ses actes, ou le sens de sa vie, sans oublier l'acrasie ou « absence de maîtrise de soi ». Sous cet angle, la notion de *prohairesis* est le fil qui donne son unité à la réflexion pratique et éthique d'Aristote. Elle a en tout cas été installée sur le trône de la philosophie pratique et éthique, et la postérité en affermira la position. Les stoïciens l'identifieront à la personne singulière elle-même :

> « Tu n'es pas chair ni cheveux, mais *prohairesis* » (*Entretiens*, III I 40)[8].

Cette place royale, acquise à partir d'Aristote en philosophie, est surprenante. Platon n'accordait encore aucune dimension éthique et pratique particulière à la *prohairesis*. Loin de l'identifier à l'être humain lui-même, loin d'y voir une pièce centrale pour penser tous les thèmes qui relèvent de l'éthique, il n'en faisait qu'un usage parcimonieux : une unique occurrence pour ce qui est du substantif *prohairesis*, et un usage relativement neutre pour ce qui est du verbe *prohairesthai*. Ce dernier exprime souvent, dans les dialogues platoniciens, l'acte de « prendre préalablement un objet » sur lequel appliquer ensuite un examen intellectuel ou une saisie de la pensée. Aucun philosophe n'a accordé avant Aristote le moindre poids à cette notion.

L'importance éthique et pratique de la *prohairesis* ne vient pas de la philosophie. Une telle irruption dans le champ éthico-pratique sans que les textes philosophiques antérieurs à Aristote ne la laisse présager, une telle simplicité d'installation de la notion à l'une des meilleures places qui soient dans l'édifice de la philosophie de l'action, auraient dû surprendre et conduire à

8. *Cf. Entretiens*, IV v 12, et un peu différemment II x 1.

se pencher sur les textes contemporains d'Aristote, ou antérieurs à son œuvre, mais étrangers à la philosophie.

Une enquête historique et terminologique, quoique fastidieuse, était nécessaire, et on la trouvera en longueur exposée dans les chapitres de ce livre. Elle aboutit à identifier les orateurs attiques comme étant à l'origine de l'importance croissante des termes de la famille de *prohairesis* dans les représentations de l'action humaine. Isocrate sûrement, Lycurgue probablement, constituent des jalons importants. Mais ce sont principalement les discours de Démosthène, à en juger par l'état actuel de la transmission des sources, qui auront été l'agent essentiel d'une accession d'un terme auparavant aussi discret que commode au rang de notion de premier plan de la pensée politique et juridique, donc aussi pratique et éthique. Chez Thucydide ou Aristophane, premiers corpus disponibles (avec un fragment de Phérécrate) où s'atteste un terme de la famille, seul se trouve le verbe à l'actif, *prohairein*, qui exprime le fait de « prendre » (*hairein*) hors d'un magasin ou d'un cellier une certaine denrée, c'est-à-dire de se fournir, se *procurer* quelque chose *avant* d'en user pour une certaine fin, que ce soit une vente ou un usage domestique. Chez les premiers orateurs attiques, et surtout chez Isocrate, le terme acquiert une dimension pratique et éthique non négligeable. Chez Démosthène, l'utilisation du substantif *prohairesis* et du verbe *prohaireisthai* (voix moyenne) marque à nouveau une étape décisive dont on trouve l'attestation entre autres dans le discours d'accusation (non prononcé) *Contre Midias*, où l'orateur, tentant de rendre compte du caractère outrageux du comportement de l'accusé (*hubris*), forge une expression juridique apparemment nouvelle, en tout cas non canonique, *ek prohaireseôs*, « à dessein », pour renforcer la qualification juridique traditionnelle, « de plein gré ». Or le cadre dans lequel Aristote engagera la tentative de définition de la *prohairesis* est précisément une analyse des espèces d'actes « de plein gré »[9]. L'ascension du vocabulaire de la *prohairesis* culmine dans le discours *Sur la couronne*, précisément parce que Démosthène y rend raison de toute sa vie,

9. *Éthique à Eudème*, II 10 ; *Éthique à Nicomaque*, III 4-5.

essentiellement politique, et donc de ses actions. Il fera pour ainsi dire coïncider sa personne avec son action politique, sa *politeia*, innervée par sa *prohairesis*, ouvrant ainsi la possibilité de voir une coïncidence entre l'homme et la *prohairesis*. Or c'est le point jusqu'où s'avance Aristote, après avoir défini la *prohairesis* comme une espèce du « de plein gré ».

On peut voir à cela un sens historique et politique, qui permet à la fois de répondre à la question « pourquoi la *prohairesis* ? » et de cerner le sens de la notion. À l'encontre d'une partie de l'exégèse moderne, il faut affirmer que l'intérêt de la *prohairesis* est précisément qu'elle n'est pas une décision. Il se trouve en outre qu'elle n'est pas essentiellement un choix.

Démosthène réalise dans le discours *Sur la couronne* une apologie de soi dont les orateurs ne sont pas avares. La comparaison avec Isocrate commence d'éclairer le sens du recours à la *prohairesis* dans la défense démosthénienne, car dans *Sur l'échange*, discours de défense pour un procès fictif, Isocrate rend lui aussi raison de sa vie. Mais sa vie est une vie de maître d'une école qu'il considère comme philosophique. Il n'a pris part à la vie politique que médiatement, et le *Sur l'échange* ne se prive pas de s'inspirer de l'*Apologie de Socrate* qu'avait rédigée Platon. On sait les raisons – caractère timoré, voix défaillante – qui ont forcé Isocrate à renoncer à la politique *active*, à la confrontation *en personne* au *dèmos* athénien et à la joute oratoire avec ses pairs, pour se cantonner dans un rôle qu'il a certes voulu de premier plan, mais qui n'avait rien à voir avec l'action politique au sens le plus propre du terme. Philippe de Macédoine aurait considéré les discours d'Isocrate à l'égal de beaux athlètes procurant la jouissance contemplative d'un spectacle[10]. Or, tout comme l'action politique directe est relativement absente de la vie d'Isocrate, cette apologie de soi que constitue le *Sur l'échange* ne présente pas d'usage intense de la *prohairesis*.

Les discours de Démosthène en revanche étaient comme des soldats[11]. Leur auteur fait partie des *politeuomenoi*, de ce que nous

10. Pseudo-Plutarque, *Vies des dix orateurs*, 845d.
11. *Ibidem*.

appellerions en français des « hommes politiques » si l'expression, désignant aujourd'hui le plus souvent une classe de professionnels rémunérés sur fonds publiques et détenteurs d'un pouvoir de décision, ne risquait de prêter à confusion. Le *politeuomenos* est plutôt le *politès* même en tant qu'il est engagé dans l'action politique, le citoyen exerçant activement ses droits, notamment par la proposition de décrets et leur promotion oratoire devant l'Assemblée du peuple. Dans le contexte de la démocratie athénienne, le pouvoir de décision touchant les grandes questions politiques appartient au peuple assemblé. Une des hantises de cette démocratie est la subversion de la constitution au profit de l'accaparement personnel du pouvoir par un ou plusieurs citoyens dont, pourtant, l'initiative individuelle est indispensable à la vie politique collective, ce qui est précisément une des sources de la hantise en question. Sans proposition de décret portée par un citoyen auprès du Conseil puis de l'Assemblée qui a le pouvoir souverain de l'adopter, aucune décision ne peut être prise. Et, paradoxalement, quand la décision n'appartient pas à l'individu, la responsabilité des décrets et même de la politique qu'ils dessinent est portée par lui. Le peuple ne se rend pas de comptes à lui-même. Le citoyen actif, lui, doit rendre compte, non seulement systématiquement de sa gestion quand il a exercé des magistratures particulières (procédure de la reddition des comptes, *euthunai*), mais encore, à l'occasion, de son action politique consistant en proposition de décrets et de lois, au gré des procès intentés sous les motifs les plus divers par ses adversaires devant les tribunaux du peuple, instance tout aussi fondamentalement politique que l'Assemblée. L'action en illégalité contre un décret ou contre une nouvelle loi est la plus directe. D'autres motifs, d'autres procédures d'accusation, parfois contournées, permettent de viser l'action politique d'un *politeuomenos*.

Mis en cause pour la totalité de son action politique, sous le prétexte de la supposée illégalité d'un décret proposé par son ami Ctésiphon et qui visait à le couronner pour son excellence, Démosthène mettra son moi politique (cet *ego* si souvent énoncé avec emphase dans son discours) au centre de son apologie et défendra haut et fort ce qu'il appelle *hè emè prohairesis kai politeia*,

« ma *prohairesis* et ma politique ». Par là, il contre la destitution implicite que lui fait subir Eschine dans son discours *Contre Ctésiphon*, le niant comme véritable agent humain et faisant de lui une cause non humaine du mal qui touche Athènes. Qu'un citoyen athénien puisse parler devant le peuple athénien réuni en un tribunal de « *sa* » *prohairesis* garantit que la *prohairesis* n'a rien d'une décision. Revendiquer ainsi des « décisions » *personnelles* touchant les plus graves affaires de la cité aurait été en effet tenter de se disculper en s'accusant du chef d'accusation le plus grave de tous (avec la trahison), à savoir la subversion de la constitution démocratique, la « dissolution du peuple », comme le dit littéralement l'expression grec *katalusis tou dèmou*. Eschine inclut cette accusation dans son discours *Contre Ctésiphon*, au risque d'une contradiction interne à une stratégie oratoire qui se plaît par ailleurs à destituer Démosthène de toute capacité d'action humaine authentique. Cette revendication que fait Démosthène de « sa » *prohairesis*, en plus de son caractère bénéfique pour la cité, est la revendication d'une véritable action politique et une réinstitution de soi comme auteur d'une action pleinement humaine. Le terme de *prohairesis* permet à Démosthène de revendiquer un rôle politique majeur dans une constitution où aucun *politeuomenos* n'est un homme politique au sens moderne, détenteur d'un pouvoir de décision essentiel quant aux intérêts les plus importants de la cité. La notion de *prohairesis*, comme dessein, plan, intention anticipant l'avenir et orientant toute l'action collective de la cité par l'initiative d'un citoyen, s'insère ainsi dans l'interstice qui sépare le collectif et l'individu au sein de la démocratie, l'individu et son initiative étant indispensables à la vie du collectif politique, le collectif politique étant toutefois en dernier ressort l'auteur de toutes les décisions majeures. Permettant de singulariser l'action politique et de l'attacher à un citoyen particulier, le caractère relativement nouveau du terme *prohairesis*, le fait qu'il n'était doté d'aucun sens technique en politique (à la différence de *hairesis*, qui nommait spécifiquement l'élection d'un magistrat), a permis à l'individu agissant politiquement de se mettre en valeur sans s'arroger la prérogative absolue du peuple qu'est la décision issue de la délibération commune. On pourra en trouver encore la trace dans la rupture qu'introduit l'oraison funèbre d'Hypéride, compagnon de Démosthène en politique : à l'encontre des règles du genre, Hypéride, lors de son discours en l'honneur des premiers morts de la guerre lamiaque qui éclata après la mort d'Alexandre le Grand, nomme et distingue singulièrement un stratège, Léosthène, quand la tradition de l'oraison funèbre réclame une célébration impersonnelle mettant en valeur la cité d'Athènes comme collectif ; et à nouveau, le terme *prohairesis* accompagne cette distinction singulière.

Pourquoi, donc, la *prohairesis* pour rendre compte de l'action chez Démosthène, et de là, chez Aristote ?

D'abord parce que l'action est alors prioritairement constituée et déployée dans l'espace politique, et que cet espace a été celui d'une démocratie au sens le plus direct qui soit, requérant l'initiative individuelle du citoyen pour donner vie au collectif assemblé, mais réservant toujours le pouvoir de décision au peuple. La *prohairesis,* terme jeune, non grevé d'une longue tradition, non technique, permettait une justification de soi comme acteur politique de premier plan sans usurpation ni revendication du pouvoir souverain de décision détenu par le peuple. Démosthène érige ainsi sa personne en miroir de l'*autokratôr* macédonien dans un face-à-face paradoxal : chef absolu de tout ce qui dépendait de lui – armes, troupes, richesses, alliés –, Philippe était « absolument maître de tout », faisant « ce qu'il lui semblait bon », autrement dit « ce qu'il *décidait* personnellement » (*ha doxeien hautôi*), et ce, sans être soumis à la moindre reddition des comptes, sans avoir à se défendre de sycophantes, à endurer des procès en illégalité où l'on est sommé de rendre compte de son action, sans devoir parler d'avance dans des propositions de décrets ni délibérer au grand jour ; « tandis que moi », dit Démosthène, « moi qui fut celui qui prit rang face à lui [...], de quoi étais-je le maître ? De rien. Car même la parole adressée au peuple – pour commencer par cela –, cette parole qui était la seule chose à laquelle j'eusse accès, c'est à égalité que vous l'avez mise à disposition des vendus à Philippe et de ma personne »[12]. Ce face-à-face singulier que revendique ici Démosthène explicitement, face-à-face auquel l'image – qu'elle

12. *Sur la couronne,* 236.

soit historiquement avérée ou non – de Philippe s'enivrant sur les morts du nom de l'Athénien confère une réalité macabre, pourrait constituer l'emblème de la signification historico-politique de la *prohairesis* : l'antagonisme de la personne singulière d'un roi et de la communauté démocratique d'un peuple tout entier semble avoir par contre-coup – et certainement par la contingence du caractère particulier d'un Démosthène, de son orgueil propre et de sa combativité – comme appelé en miroir l'émergence d'une personnalité singulière du sein même du *dèmos*, personne singulière contrainte malgré tout de se tenir en permanence sur le fil de la démocratie. La *prohairesis* aura fait partie des moyens d'expressions permettant à l'orgueil et aux ambitions démosthéniennes ce jeu d'équilibriste.

Ainsi l'étude du discours *Sur la couronne* permet-elle de constater la mise en scène théâtrale d'un moi quasiment glorieux, moi politique qui vient coïncider avec le « dessein politique » (*prohairesis tès politeias*). La théâtralisation est en effet un fil rouge de la joute entre Eschine et Démosthène, non pas seulement parce qu'Eschine, doté d'une belle voix qui semble avoir excité l'envie de Démosthène dont on connaît les difficultés sur ce point, a été acteur de théâtre, mais bien parce que le théâtre est politique et la politique est théâtre à Athènes, et que le motif même du procès était un couronnement de Démosthène au théâtre de Dionysos. Démosthène, dont la tradition nous fait connaître la supériorité en matière d'*hupokrisis* (à la fois jeu d'acteur et « action » de l'orateur dans l'éloquence grecque), a mis en scène son moi et son « dessein politique » dans un procès dont il réussit à faire le substitut éclatant du couronnement théâtral dont on prétendait le priver par ce procès même. Démosthène était une véritable « bête de scène », comme nous le rapporte une anecdote de Pline le Jeune : Eschine, ayant lu en exil à Rhodes le discours victorieux de son adversaire dans le procès sur la couronne, aurait répondu, à ses auditeurs qui s'émerveillaient de la force persuasive du discours : « Que serait-ce, si vous aviez entendu *la bête en personne* ! »[13]. Aristote a

13. On nous permettra de traduire ainsi *autou tou thèriou*, dans la phrase de Pline le Jeune, *Lettres*, II 3.10 : τί δέ, εἰ αὐτοῦ τοῦ θηρίου ἠκούσατε. Laurent Pernot utilise de son côté l'expression « bête de tribune » pour qua-

pu écrire que la *prohairesis* comme principe de l'action coïncidait avec un *anthrôpos* ; Démosthène ne l'a pas écrit théoriquement, il a été théâtralement cette identification de l'homme même à sa *prohairesis,* dans toute la véhémence de sa personne.

La *prohairesis* s'est en outre imposée à une place éminente pour rendre compte de l'action démosthénienne parce que la fonction d'orateur, à cette époque, se sépare de celle du stratège[14]. Périclès était à la fois *rhètôr* et *stratègos,* d'un côté parlant à l'Assemblée pour défendre des propositions de décrets et convaincre le peuple de les adopter, de l'autre chargé de l'exécution militaire des décisions souveraines du peuple. Démosthène, lui, comme Eubule, Lycurgue, Hypéride ou Démade, n'a jamais été stratège, et ils sont rares, à son époque, à avoir été un *politeuomenos* sur le mode de Thémistocle ou de Périclès. La fonction du conseiller, *sumboulos,* montant à la tribune pour convaincre l'Assemblée, ne se prolonge plus de manière régulière dans la fonction du général conduisant les troupes. Une partie de l'action politique se conçoit comme consistant déjà en soi dans la proposition de plans d'action, concrétisés dans des décrets proposés au Conseil puis à l'Assemblée par le *rhètôr* qu'est alors le citoyen prenant la parole. Ainsi la fonction du *rhètôr* se resserre-t-elle sur une anticipation du futur à la lumière du passé et des possibles qu'il a ouverts. La fonction du conseiller est de sentir à l'avance, voir à l'avance, dire à l'avance. Démosthène écrit en effet :

> « [...] ce dont le rhéteur peut avoir à rendre des comptes, faites-en une enquête complète : je ne demande aucun infléchissement de la règle. De quoi s'agit-il donc ? De voir les affaires dans leur commencement (*ta pragmat'archomena*), de les pressentir (*proaisthanesthai*) et de les dire à l'avance (*prolegein*) aux autres citoyens. Voilà ce que j'ai fait » (*Sur la couronne,* 246).

lifier Démosthène (*La rhétorique dans l'Antiquité,* p. 53), ou même « le Tigre », en référence à l'intérêt que portait Clémenceau à l'Athénien (voir L. PERNOT, *L'ombre du Tigre. Recherches sur la réception de Démosthène*).

14. Voir M. H. HANSEN, *La démocratie athénienne à l'époque de Démosthène,* p. 309-312.

Plus tôt dans son discours (170-173), Démosthène a exposé avec précision dans un passage décisif l'action du conseiller en termes de temporalité. On y lit que, selon Démosthène, le conseiller est celui qui, pas à pas, a suivi dans le passé le déroulement des affaires dans leur progressive apparition (verbe *parakolouthein*), puis, sur ce fonds en extension, a réalisé un raisonnement ou calcul synthétique rassemblant les données engrangées au fil des événements, un *sullogismos* par lequel il appréhende la fin poursuivie par l'ennemi. Capacité d'épouser la temporalité dans son égrènement progressif, doublée d'une capacité synthétique de calcul ou raisonnement, le rôle du conseiller est ainsi d'opérer une reprise rassemblante du temps passé vécu dans son extension pour anticiper, sur le fonds des possibles présents, l'avenir que les événements mêmes dessinent tout en les laissant livrés à leur contingence. Accompagnant pas à pas les événements que son regard rétrospectif prend en compte de manière embrassante, s'insérant dans la trame d'événements initiaux dont il n'est pas l'auteur, il dégage un principe d'action, un dessein, *prohairesis*, qui fait cette fois de lui l'auteur plein et entier d'une action projetée, *praxis*, quoiqu'il ne soit pas le maître absolu de toute sa réalisation, laquelle, livrée à des exécutants dont il ne fait pas toujours partie, est de toute façon soumise à la fortune ou à l'arrêt des dieux.

Ce qui appartient en propre au conseiller qu'est Démosthène, c'est ainsi un dessein, la *prohairesis* qu'il forme, et dont le sens est éminemment temporel, étant la saisie anticipée d'une fin utile à la cité et dont l'atteinte ultime repose en définitive sur le hasard ou les dieux, et avant eux sur l'agencement de plusieurs acteurs humains avec leurs moyens d'action : les ambassadeurs, les stratèges, les soldats et ressources de la cité, mais aussi l'adversaire et ses propres ressources, le *kairos* dessiné par l'état des forces en présence, par les saisons et les vents, la terre et la mer, etc. Par là se fait l'inscription temporelle et causale de l'action humaine dans la trame contingente du monde, sur lequel autre chose – Démosthène avec ses contemporains l'appelle les dieux, la fortune – semble en définitive avoir le pouvoir que l'être humain voudrait posséder lui-même. L'issue de toute entreprise, dira Démosthène, est dans les mains des dieux.

Rendre raison de ses actions en politique, c'est donc aussi rendre raison de l'action humaine en sa structure spécifique, pensée à la fois temporellement et causalement, articulée aux autres acteurs humains, au hasard et aux dieux, régie par un dessein (*prohairesis*) qui ouvre une temporalité dense et non linéaire. La *prohairesis* fait de l'action un acte qui, tout en visant une fin et n'obtenant son plein accomplissement que dans l'atteinte de cette fin qui l'oriente, est toutefois toujours déjà constitué de manière essentielle dès son principe et par son principe, et justifiable en lui-même, dès son commencement. C'est dans le temps historique de son élaboration qu'il faut juger la *prohairesis* et sa valeur propre, qui fait aussi celle de l'action qu'elle régit, et qui ne lui vient pas absolument de l'atteinte de la fin qu'elle a visée, puisque celle-ci reste partiellement soumise aux aléas de la fortune. L'*archè* qu'est la *prohairesis* noue une temporalité spécifique dans un présent qui ne se borne pas à être une réalité imparfaite en pur défaut de son parachèvement futur : en ramassant le passé dans une synthèse présente s'ouvrant vers un avenir visé sous la forme de la fin, la *prohairesis* possède une valeur déjà parachevée en elle-même dans le moment présent de sa constitution, où se tissent les fils du possible tels qu'ils étaient saisissables à ce moment-là, en tant que possibles. La réussite et la valeur même de l'action humaine, tout comme sa constitution essentielle, doivent donc s'apprécier dans ce nœud temporel et causal que forme l'anticipation de la fin dans une action projetée à un moment donné du temps, qui est souvent un *kairos* unique et décisif. La *prohairesis* est le lieu d'application du jugement de l'action politique, ce qui, malgré le caractère nécessairement rétrospectif du jugement, doit se faire en respectant la constitution temporelle de la *prohairesis*, comme Démosthène y insistera à plusieurs reprises dans son discours, notamment par un superbe passage[15] que nous citons longuement dans le chapitre consacré au discours *Sur la couronne*.

L'anthropologie sous-jacente à la pensée de l'action qui se dégage des textes de Démosthène et de son usage de la *prohairesis* – et ce, avant toute conceptualisation philosophique au

15. *Sur la couronne*, 189-193.

sens strict –, est celle d'un être en tension vers un *telos*, dont l'atteinte repose malgré tout dans les mains des dieux. La notion de choix n'est pas centrale – ce qui ne veut pas dire que le choix soit absent : ni absent ni central, l'arbitrage entre plusieurs possibles n'est pas l'essentiel qui est dit dans le mot *prohairesis* utilisé par Démosthène. L'essentiel est cette anticipation rassemblant le passé et préparant l'atteinte d'une fin demeurant contingente mais anticipée droitement en vertu des possibles présents. La causalité qui se joue dans cette temporalité est celle d'un acteur non pas doté d'un pouvoir de rupture vis-à-vis de l'ordre causal du monde par une faculté d'arbitrage pensée comme libre de tout antécédent causal et s'auto-déterminant ; la représentation de la causalité humaine en jeu ici obéit bien plutôt à la problématique de l'insertion pleine et entière de l'agent humain dans la trame du monde, avec sa modalité spécifique : celle du *logos*, se faisant parole raisonnante et calculante, et se déployant dans une communauté politique démocratique où la parole persuadante est le principe le plus originel de toute action.

À n'en pas douter, Aristote a été nourri de la vie politique athénienne – à Athènes même comme à la cour de Macédoine, où les éclats de voix de Démosthène étaient guettés d'une oreille attentive –, nourri de l'observation de ces animaux politiques qui étaient ses contemporains, en plus de ses lectures ainsi que de ses réflexions plus strictement philosophiques. Il est préjudiciable de négliger l'étude des orateurs attiques pour comprendre la philosophie pratique et éthique d'Aristote, de même que pour comprendre ses écrits sur les animaux et l'être humain comme animal, il peut être utile de prêter aussi un intérêt direct aux insectes ou aux poissons et de s'enquérir des espèces de singes que le Stagirite a pu connaître. L'exigence est pourtant beaucoup plus pressante pour les animaux politiques, car, doués de *logos*, ils ont eux-mêmes produits des discours et rendu compte de leurs actions, lesquelles ont une réalité intrinsèquement constituée de parole, quand les grands singes n'ont jamais rendu raison de leur locomotion bipédique occasionnelle. Il n'est pas sûr qu'on puisse pleinement apprécier certains chapitres de l'*Histoire des animaux* si l'on n'a jamais observé soi-même une abeille ou un lion, si ce n'est dans leur milieu naturel, du moins dans des images et des écrits. Il est encore moins sûr qu'on puisse vraiment comprendre de quoi il s'agit avec la *prohairesis* dans l'*Éthique à Nicomaque* ou l'*Éthique à Eudème* si l'on n'a jamais contemplé ces grands fauves de la politique que sont Démosthène, Eschine, Hypéride et Lycurgue – ou même un homme plus théorique et se revendiquant de la « philosophie » comme Isocrate –, si ce n'est vivant dans leur milieu naturel, désormais inaccessible pour nous, du moins dans leurs discours écrits, fragments éclatants et épars de leur vie totale.

Il nous est apparu ainsi, à l'issue de l'enquête que nous présentons dans ce livre, que l'omission du contexte politique, des orateurs attiques et tout particulièrement de Démosthène était dommageable à l'exégèse de la *prohairesis* aristotélicienne et lui faisait courir le risque de s'égarer au mieux dans des controverses stériles, au pire dans des contre-sens que proscrit la simple fréquentation des textes dans leur langue originale. Ainsi tout particulièrement de la compréhension de la *prohairesis* comme une décision : on aura voulu par ce mot échapper au « choix », voire donner un coup de neuf à de vieux textes ; on n'a fait que remplacer une compréhension biaisée par un pur contre-sens. Une fois délaissé le sens de la démocratie athénienne et négligés ses concepts structurants, est perdu ce qui permet de comprendre la *prohairesis* dans son milieu naturel, dans le moment historique particulier qui voit sa notion se déployer et culminer dans la mise en scène théâtralo-politique que fait Démosthène en se pensant et s'instituant comme le vis-à-vis d'un *autokratôr* conquérant, tout en se tenant sur le fil des institutions démocratiques. Or il est patent dans les textes de Démosthène que la *prohairesis* a une dimension temporelle absolument essentielle. Ainsi les débats pour savoir si le préfixe *pro* de *prohairesis* a dans le corpus aristotélicien un sens préférentiel (privilégié par l'exégèse moderne) ou un sens temporel sont tranchés d'avance, non seulement par le texte même d'Aristote si l'on veut bien le lire sans préjugés, mais d'abord par ceux de Démosthène.

Au fil de notre enquête, il est en effet devenu évident qu'Aristote était tributaire de Démosthène, tant pour le cadre de sa tentative de définition – qui aborde la *prohairesis* à l'intérieur d'une étude du « de plein gré » et en relation avec la catégorie juridique classique *ek pronoias* (« avec préméditation »), ce qui correspond à un usage démosthénien original dont la trace la plus nette se lit dans la *Midienne* – que pour l'importance anthropologique et pratique qu'il accorde à cette jeune notion – conséquence, selon nous, de la stratégie oratoire de Démosthène, pour des raisons tenant tant à la constitution démocratique qu'à la situation historique de rivalité avec la Macédoine.

Démosthène n'est pas un philosophe à l'égal d'Aristote et ne revendique jamais le terme de *philosophia*[16]. Sa formation intellectuelle doit sans doute beaucoup plus à Thucydide qu'à Platon[17]. Mais il développe dans ses textes des analyses de l'action au moins aussi importantes que celles d'un Aristote, et il se pourrait que Démosthène ne soit pas seulement ce praticien de la politique sans intérêt philosophique qu'il paraît être depuis des siècles. Les historiens de la philosophie trouveront une noble matière à réflexion chez le plus grand orateur d'Athènes.

Toutefois, si Aristote a évidemment vu, entendu, voire lu Démosthène, il ne l'a pas copié. Sa perspective se démarque de celle de l'orateur du simple fait qu'elle vise une définition. De Démosthène à Aristote, on passe d'un *logon didonai*, d'un « rendre raison » pratique auquel est sommé de se livrer l'orateur au cœur même de la vie politique, à un *logos* définitionnel énoncé par un philosophe menant une activité théorétique, énonçant l'être

16. Les termes *philosophia, philosophos* & *philosophein* ne sont pas même présents dans les textes de Démosthène (ils figurent tout juste dans l'*Eroticos* et le *Contre Olympiodore,* considérés comme apocryphes).

17. C'est un trait commun de la biographie antique que de tenter de prêter aux grands hommes une filiation intellectuelle directe. Platon se voit souvent promu au rang de maître des orateurs attiques, en tout cas de tous ceux des dix orateurs canoniques qui eurent chronologiquement la possibilité d'être ses disciples. Voir Pseudo-Plutarque, *Vies des dix orateurs,* 840b (Eschine), 841b (Lycurgue), 844b (Démosthène), 848d (Hypéride). Laurent Pernot, dans *L'ombre du Tigre,* a analysé les enjeux de la filiation platonicienne prêtée à Démosthène, notamment par Cicéron (voir p. 45-46 en particulier).

même de la *prohairesis* et de l'action, dégagé de la justification d'actions individuelles prises dans le cours dévorant de la *praxis* politique et de l'histoire d'une cité illustre animée par ses intérêts matériels et ses désirs de gloire éternelle. Perspective théorique et profondément philosophique donc, qui ne pouvait pas ne pas s'inscrire dans les préoccupations philosophiques plus larges qui animaient Aristote. Traitant du mouvement en général et progressivement spécifié – mouvement physique, mouvement animal, mouvement humain –, c'est aussi par ce biais qu'Aristote rencontre l'action, qu'il définit comme un certain mouvement dont seuls les humains parmi les animaux sont capables[18] et dont la spécificité est due à son principe proprement humain, la *prohairesis*, coïncidant avec un *anthrôpos* comme être à la fois désirant et raisonnant. Ce n'est ainsi pas seulement à partir de la vie politique ou, comme il l'appelle justement, la vie d'action, qu'Aristote rencontre la question de la *praxis*, quand Démosthène, pur animal politique, n'avait que faire de la mobilité des bêtes. Or c'est ici qu'Aristote se situe aussi dans une autre veine et tradition, celle qui a façonné le sens de *hairesis* et du verbe *hairein-haireisthai*, qui entre dans la composition des termes de la famille de *prohairesis*.

Cette tradition vient de très loin. Homère, le premier poète et l'éternel éducateur de la Grèce[19], présente ce que nous pouvons considérer comme une matrice complète des sens et emplois – même ultérieurs – de *hairein-haireisthai* et du substantif *hairesis*, quoique ce dernier soit absent des poèmes. Parmi les richesses infinies de l'*Iliade* et de l'*Odyssée*, figure le tableau que le poète brosse des êtres humains pensés comme étant « les mortels » face aux immortels. Dans cette condition mortelle se joue la guerre – humaine – et la violence – animale – de la vie qui se nourrit de la mort, ce que souligne sans cesse la proximité des hommes avec la bête tuant et se faisant tuer. Les innombrables comparaisons homériques entre des guerriers et des bêtes de proie, lions, rapaces, loups, chiens..., font vibrer la limite qui sépare le monde humain de la sphère animale sans *logos* persuasif ni *agora* délibérative,

18. *Éthique à Eudème*, II 6.1222b18-20 & 28-29.
19. Voir Platon, *République*, X 606e.

livrée à la pure violence, dépourvue de cet art de la guerre dont Platon, dans le mythe du *Protagoras*, fait une partie de l'art politique qui assure enfin la suprématie de l'être humain sur la bête[20]. Guerre, celle de Troie l'était assurément ; il n'en reste pas moins que la *prédation*, commune aux hommes et aux bêtes, traverse toute cette action guerrière qu'aucun animal autre que l'homme n'est en mesure de conduire. Dès l'ouverture de l'*Iliade*, la prédation est là :

> « Chante la colère, ô Déesse, la funeste colère d'Achille fils de Pélée, qui infligea aux Achéens mille souffrances et précipita dans l'Hadès des vies sans nombre de vaillants guerriers, tandis que de leur corps elle faisait la proie (*helôria*) des chiens et de tous les oiseaux » (*Iliade*, I 1-5).

Helôrion, « proie » : le terme est de la famille du verbe *hairein* (*helein* à l'aoriste) et donc lié à *hairesis*. On peut lire, dès cette ouverture, toute l'*Iliade* comme une affaire de prise et de prédation : si les guerriers sont devenus la *proie* des vautours et des chiens, s'ils se sont vus réduits à la brutalité de la vie bestiale, c'est parce qu'Hélène a été *ravie* par Pâris – lui-même *pris* d'amour pour elle –, parce qu'il fallu alors en retour *prendre* Troie, et parce que, dans le partage du butin *pris* sur les différents ennemis, la part d'Achille lui a été *reprise* par Agamemnon. L'acte déclencheur de la funeste colère du jeune héros s'affirme avec le verbe *haireisthai*, lorsqu'Agamemnon, dont l'autorité vient d'être contestée en pleine *agora* par Achille, lui rétorque avec fermeté :

> « Est-ce que tu prétends, pendant que tu es toi-même en possession de ta part d'honneur, que je reste assis tranquillement, privé de ma part, toi qui m'enjoins de rendre la fille ? Eh bien ! si les Achéens au grand cœur veulent me donner une part d'honneur qui s'accorde à mon cœur, de manière à ce qu'elle compense [ma perte], soit ! Mais s'ils ne me la donnaient pas (*mè dôôsin*), alors moi, j'irais en personne prendre (*autos helômai*) ou la tienne, ou celle d'Ajax, ou je prendrais celle d'Ulysse pour l'emmener » (*Iliade*, I 133-139).

20. Platon, *Protagoras*, 322b.

L'usage homérique des termes de la famille de *hairein* montre qu'il se joue là quelque chose de plus fondamental que le choix, quelque chose dont le choix n'est qu'un cas particulier, pour ne pas dire marginal dans les deux poèmes. Prédation, conquête, appropriation, rapt et capture pour soumission en esclavage ou vente, vies prises sur le champ de bataille, mortels pris de passions, le contexte de l'*Iliade* donne le cadre d'un déploiement de la prise sous ses modalités les plus diverses. L'examen terminologique du verbe *hairein*, à la voix active et moyenne, révèle que *haireisthai*, que la tradition a pris l'habitude par commodité de traduire systématiquement par « choisir », n'exprime qu'occasionnellement un choix, là où certaines conditions sont réalisées : qu'au moins deux objets soient proposés à la prise, et qu'il soit imposé à la fois un « prendre » et un « ne pas prendre », aussi vrai que si l'on prend tout, on n'a pas choisi.

Hairein est donc essentiellement « prendre », et sa voix moyenne *haireisthai* exprime une sorte d'intensification de la prise : « s'approprier », « prendre de sa propre initiative », et à l'occasion « prendre, avec investissement subjectif accru, un objet parmi d'autres », donc « choisir, sélectionner », ce que dit proprement en grec le verbe *eklegein*, parent étymologique de l'*eligere* latin.

Mais de plus, l'examen des termes de la famille de *hairein* permet de dégager dans l'usage homérique et jusqu'à Aristote (et au-delà) ce que nous appellerons deux systèmes de termes dans lesquels *hairein-haireisthai* déploient leur signification. Nous avons en effet pu constater par notre enquête, à travers la revue détaillée et exhaustive de *hairein-haireisthai* & *hairesis* chez cinq auteurs grecs (Homère, Thucydide, Platon, Démosthène, Aristote), que ces mots s'inscrivaient dans deux systèmes principaux de termes combinés de manière stable : un système associant des termes de type *donner-prendre-avoir* (*didonai-hairein/haireisthai-echein*) dont la citation ci-dessus donne un exemple parmi de nombreux autres, et un système associant des termes de type *rejeter-fuir-poursuivre-prendre-avoir* (*aporriptein-pheugein-diôkein-hairein/haireisthai-echein*). Le premier système est très bien dessiné chez Homère, et très peu présent chez les philosophes classiques ; inversement, le second système est peu présent chez Homère, mais très prégnant chez

Platon et Aristote. Dans le premier système, *hairein* & *haireisthai* signifient un « prendre » en vis-à-vis d'un « donner » avec lequel « prendre » entretient des relations multiples (relation de complémentarité ou à l'inverse de conflictualité), et *haireisthai* note l'intensification de la prise et de l'investissement du sujet face à ce vis-à-vis complémentaire (qui donne) ou antagoniste (qui refuse de donner). Dans le second système, *hairein* & *haireisthai* n'expriment intrinsèquement pas davantage un choix, mais l'aboutissement d'un mouvement de poursuite lui-même en cohérence avec un mouvement de fuite de l'objet contraire, ou en complémentarité avec la fuite d'un adversaire que l'on cherche à *prendre*. Ces deux systèmes présentent l'« avoir » comme étant à chaque fois l'aboutissement du « prendre ». Derrière *hairein* se joue ainsi une problématique de la possession, problématique que l'on retrouve dans l'éthique aristotélicienne jusque dans la notion servant en tant que genre à définir les dispositions de la personne humaine, et spécialement les dispositions éthiques : *hexis*, littéralement « possession », d'où « disposition acquise ». Le premier système, celui où l'avoir se pense sur le fond d'un vis-à-vis (complémentaire ou antagoniste) entre « donner » et « prendre », implique toujours une relation à *autrui*, quel que soit cet autre, qui peut être un humain ou un dieu, la fortune, le destin. Très présent chez Homère, ce système n'a eu aucune postérité digne de ce nom dans les réflexions éthiques fondamentales développées par Aristote et avant lui par Platon. C'est le système de mobilité, réunissant de manière systématique les termes *rejeter-fuir-poursuivre-prendre-avoir*, qui a été retenu pour la réflexion éthique et a fait l'objet d'une fondation conceptuelle, et non le système d'échange réunissant les termes *donner-prendre-avoir*, où la relation à autrui est fondamentale. Le Stagirite lui réserve tout au plus une place dans des notions particulières comme l'amitié et éventuellement la justice distributive, mais non dans les réflexions générales sur l'action et la vertu.

Les raisons philosophiques de ce fait sont à rapprocher, selon nous, de ce que nous avons identifié dans un précédent livre comme une éthique du « il faut » (*dei, chrè*) plutôt que du « devoir » pris au sens strict et impliquant toujours une relation inter-personnelle[21]. En effet, si la morale commune qui se dégage des mœurs et prescriptions sociales grecques révèle par ses expressions les plus marquantes l'importance d'autrui et du regard extérieur de la communauté (comme le révèle l'expression fréquente du bien moral par le vocabulaire du beau, de la bienséance, et même de l'éclat et de la brillance, comme *euprepès*), la réflexion éthique et philosophique a mis l'accent, avec Platon et Aristote au moins, sur le rapport à soi et sur la complexe réalisation de l'humanité au sein même de la pluralité inhérente à l'individu humain, plutôt que sur la pluralité externe se jouant dans le rapport à autrui, lequel est philosophiquement refondé sur le rapport à soi. Mais ce qui nous intéresse plus particulièrement ici, c'est que la perspective aristotélicienne, abordant la question de l'action dans une interrogation philosophique plus générale centrée sur le devenir et le mouvement, devait naturellement conduire à privilégier, parmi les deux systèmes de termes dans lesquels prennent sens *hairein* & *hairesis*, celui qui est du ressort la mobilité. De même Platon, préoccupé par le désir et les impulsions dont ce dernier est la source, avait déjà été conduit à assumer ce système de fuite du mauvais et de poursuite du bon, poursuite achevée dans une prise puis dans une possession voire dans une utilisation qui parachève la possession. Mais plus encore que Platon, Aristote a fait de ce système terminologique, qui relevait pour ainsi dire avant lui d'une représentation non réfléchie, un véritable système conceptuel. Car, à la différence de son maître et prédécesseur, il a fondé explicitement les deux mouvements de l'animal sur le désir, lequel, associé à une faculté de représentation pour constituer la faculté motrice de tout animal, est désormais pensé comme le principe psychique de ces deux mouvements complémentaires de fuite et de poursuite, respectivement d'un objet mauvais et d'un objet bon, dont on vise le rejet d'un côté, et la prise et la possession de l'autre. Ce qui n'était donc encore chez Homère (à l'état embryonnaire) et chez Platon (de manière déjà très affirmée) qu'une représentation non réfléchie pour elle-même, devient chez Aristote un

21. *Une morale pour les mortels*, particulièrement le Chapitre I, p. 21 *sqq*.

cadre conceptuel assumé pleinement pour structurer les réalités éthico-pratiques : c'est résolument que se trouvent non seulement opposées mais encore fondées la fuite du mauvais et la poursuite du bon dans le domaine éthique, et qu'au rejet du mauvais (but de la fuite) correspond la prise du bon (but de la poursuite) comme une opération du désir : *hairesis* au sens le plus élémentaire, indépendamment d'une question de choix, qui n'est pas au premier plan ici et se voit même parfois exclue de certains lieux aristotéliciens.

La réflexion sur le désir développée dans les textes platoniciens et aristotéliciens fait comprendre que tout désir vise par une poursuite à attraper l'objet désiré et manquant, quelle que soit ensuite la complexité de la prise en question, plus ou moins mentale, plus ou moins intérieure, plus ou moins située à l'aboutissement extrême du processus ou à un stade antérieur. Si la forme moyenne *haireisthai* a fini par se spécialiser fortement dans le domaine éthico-pratique pour exprimer une forme de prise mentale par laquelle on adopte un parti ou une option (qu'il y ait ou non un *choix*), il n'en est pas moins l'héritier de toute une tradition qui fait porter au verbe *hairein* à l'actif ou au moyen *haireisthai* la fonction d'exprimer une prise très concrète, voire une prédation, couronnant de succès une poursuite. Cette prise là, avant de se spécialiser dans le domaine éthique et pratique, a pu chez un Platon exprimer à l'égal de *lambanein* l'acte de saisir par la pensée, au sens de « com-prendre ». Dans la sphère théorique ou dans la sphère pratique, c'est une même histoire de prise qui se joue, parce que dans l'une et dans l'autre, est à l'œuvre une même instance qui n'a pour but ultime que cette prise, quelle qu'elle soit : le désir, sur lequel Aristote, tout autant que Platon, a fondé la recherche de la *sophia* en ouverture du recueil intitulé *Métaphysique*.

Or, désir, la *prohairesis* l'est aussi, ce qu'Aristote est le premier à dire. Jamais les orateurs attiques n'ont explicitement pensé la *prohairesis* de cette manière[22]. En la définissant comme un certain désir, à savoir un désir délibératif, Aristote inscrit la *prohairesis*

22. On en trouve une simple trace chez Isocrate, *Philippe*, 87.

dans toute la problématique du mouvement animal en général, dont le désir est le principe. C'est ce principe désirant qui explique que le mouvement des animaux soit non seulement naturel (comme peut l'être celui du feu), mais encore initié « par lui », ce qui ouvre la possibilité d'une qualification des mouvements comme étant de plein gré (*hekousia*). Fuir pour échapper ou se débarrasser, poursuivre pour attraper et avoir, par une initiative personnelle et qualifiable comme « de plein gré », voilà le cadre général – et animal – dans lequel s'insère naturellement la *prohairesis* chez Aristote, mais non chez les orateurs.

Nous pouvons donc identifier chez Aristote au moins deux perspectives qui structurent préalablement le champ dans lequel l'étude définitionnelle de la *prohairesis* et de l'action humaine se déploie : une perspective née de la politique réelle, où Démosthène joue un rôle majeur, et une perspective née de l'enquête philosophique générale sur le mouvement, spécifié ensuite en mouvement initié intérieurement (ou mouvement par soi) de l'animal, allant enfin jusqu'à la spécification accrue que constitue la mobilité strictement humaine, la *praxis*, cette dernière étant définie par Aristote comme un certain type de mouvement, ce qui répond à son étymologique : *praxis* est l'acte d'aller jusqu'au terme (*peras*) et d'opérer une traversée.

Ces deux perspectives, politique & animale, sont en réalité convergentes : elles ont pour point de fuite commun *l'animal politique*. L'éthique aristotélicienne est une branche de la politique. La vie d'action est synonyme, chez Aristote, de vie politique ou vie « de vertu », entendre : de vertu politique, comme disait Platon avec Protagoras et Aristote à sa suite[23], ou de vertu pratique, comme dit Aristote, par distinction d'avec les vertus purement contemplatives (théorétiques) parmi les vertus intellectuelles (dianoétiques). La politique à son tour, comme étude du *zôion politikon*, pourrait être considérée comme une partie de l'étude générale des vivants animaux, sans préjudice de la différence décisive entre la vie commune de certaines bêtes et la vie poli-

23. Platon, *Protagoras*, 322e-323b ; Aristote, *Parties des animaux*, I 1.642a30 ; *Politique*, III 9.1281a7…

tique, ou entre l'éthologie et l'éthique. L'étude du « de plein gré », dans laquelle Aristote élabore la définition de la *prohairesis*, relève ainsi à la fois, d'une part, de l'étude générale de la mobilité de *l'animal* accédant à la sphère du *plein gré* et au mouvement *initié par soi*, et, en son sein, de l'étude du mouvement humain qu'est *l'action*, et, d'autre part, de l'étude de l'animal *politique* avec sa dimension *éthique* (la vertu) et ses *catégorisations juridiques* (« de plein gré », « avec préméditation », « contre son gré », etc.), dont se préoccupe Aristote explicitement au livre III de l'*Éthique à Nicomaque* et au livre II de l'*Éthique à Eudème*.

Les éléments clefs de la *prohairesis* dans la définition aristotélicienne sont ainsi d'abord la tension vers une fin que procure tout désir (*orexis*, littéralement « tension »), puis la modalité spécifique de cette tension. Ce n'est pas le choix, ni de la fin ni même des moyens, qui en fait la spécificité. Les textes d'Aristote montrent qu'il peut y avoir la constitution d'une *prohairesis* sans qu'il y ait nécessairement une opération de choix au sens d'une sélection d'un terme parmi au moins deux termes dont l'autre n'est pas pris. La question du choix est pour ainsi dire non essentielle : ni exclue, ni incluse dans la réalité complexe qu'est la *prohairesis*. En revanche, est incluse une décision, mais telle que les Grecs l'entendent, à savoir le simple achèvement de l'examen délibératif. Pour autant, la *prohairesis* ne coïncide pas avec cette décision. Elle naît à l'issue de la délibération (après la « décision », donc), délibération dont elle n'opère pas la cessation.

La *prohairesis* est un dessein ou une intention qui se constitue par la visée désirante d'une fin et le calcul délibératif des moyens de l'atteindre. Comme telle, la *prohairesis* est l'anticipation de la prise (*pro-hairesis*) de la fin par la saisie préalable (*pro-hairesis*) et mentale de ce qui est en vue de la fin. Sa réalité est à la fois causale (les moyens en vue de la fin qui est la première cause) et temporelle. Elle ouvre une temporalité humaine spécifique, celle de l'anticipation opérée grâce à la faculté des principes et des causes qu'est l'intellect ou raison. Les animaux dénués d'une capacité d'appréhender le temps du côté de l'avenir en sont d'emblée privés, comme ils sont privés selon Aristote de toute intelligence de l'ordre du *logos*.

Il ne s'agit donc pas, avec la *prohairesis* comme principe de l'action humaine, d'une problématique du choix et de l'arbitrage, mais d'une problématique de la tension vers une fin, pour laquelle la problématique du choix est relativement indifférente : ni incompatible, ni nécessaire. Par là, l'être humain n'excède pas la naturalité en lui ni hors de lui, il accomplit au plus haut degré la nature. Si la nature dans son ensemble, telle que la conçoit Aristote, tend vers le bon et le beau par le dynamisme d'une tension aimantée par la cause finale, elle le fait sans aucune représentation de cette cause finale ; si, parmi les êtres naturels, le vivant animal a ceci de supérieur que, tout en tendant par nature de la même manière vers des causes finales, il a une représentation sensorielle de certaines fins constituées par des objets désirables, il tend toutefois vers la fin sans en avoir une appréhension *en tant que fin*, autrement dit *en tant que cause ou principe* ; l'être humain, animé du même dynamisme naturel et animal, mais doué d'une faculté capable de saisir la cause comme cause et le principe comme principe, tend vers la cause finale en se représentant cette cause comme cause et principe. La *prohairesis* permet de penser cette saisie pratique – et non théorétique – du principe.

Les mots sont toujours plus que des mots : ils sont l'expression de certaines conceptions, diffuses ou réfléchies, qui sont sous-tendues par une problématique. Une rectification de la problématique par un déchiffrage des textes et des mots *hairesis* & *prohairesis* : on pourrait dire que c'est à ce résultat philosophique que cherche à contribuer notre enquête terminologique et conceptuelle.

Conception & plan du présent ouvrage. – Le but de la recherche présentée ici est donc l'élucidation de la conception aristotélicienne de la *prohairesis* comme principe de l'action humaine. Les aspects éthiques de cette théorie ne sont pas étudiés pour eux-mêmes dans ce livre. C'est par le biais d'une enquête exhaustive sur les occurrences des termes de la famille de *prohairein* chez les auteurs classiques que nous avons voulu aborder la *prohairesis* aristotélicienne. En conséquence, chaque auteur chez qui cette terminologie est attestée fait l'objet d'une étude plus ou moins étendue, même si l'usage qu'il fait de ces termes n'est pas encore très signifiant – car cela met justement en relief l'usage intense qu'en font d'autres auteurs. L'importance de Démosthène s'est ainsi par contraste révélée décisive au cours de notre enquête, et nous avons voulu, par le titre général de l'ouvrage, distinguer l'orateur, qui fait l'objet principal du chapitre central et qui accompagne toute notre lecture et notre interprétation d'Aristote.

L'élucidation de la *prohairesis* exigeait d'abord des mises au point sur les notions de décision, de choix et de *hairesis*. On les trouvera dans les Chapitres I & II. Les Chapitres III à V sont consacrés sans plus attendre à la *prohairesis* elle-même, pour en observer l'émergence avant Démosthène (III), pour en décrire et en interpréter l'usage par Démosthène et les orateurs qui lui sont contemporains (IV), puis enfin pour en élucider la définition par le Stagirite (V). Le Chapitre VI développe pour finir une interprétation complémentaire de la portée de la notion de *prohairesis* telle qu'elle s'est dégagée du texte d'Aristote mais aussi de Démosthène, notamment en termes de temporalité, de relation au monde et à la nature, d'orientation de la vie humaine, et montre comment la notion culmine dans l'amitié, où elle se fait *antiprohairesis*, « intentionnalité mutuelle ».

L'Annexe I propose une analyse de la plus ancienne interprétation disponible de la *prohairesis* aristotélicienne, celle du commentateur Aspasius (Ier / IIe s.), et une revue des premières traductions médiévales latines. L'Annexe II sert de support à la lecture du Chapitre II (liste des occurrences du verbe *hairein* actif et moyen chez Homère). L'Annexe III présente la totalité des occurrences des termes de la famille de *prohairesis* depuis leur apparition jusqu'à Aristote (avec en outre Dinarque & Théophraste).

Le caractère technique de cet ouvrage, parsemé toutefois d'analyses que nous avons voulu stimulantes pour tout amateur de la Grèce antique comme pour tout philosophe intéressé par les premières théorisation de l'action, tient à notre volonté de produire aux yeux des lecteurs les éléments textuels permettant d'apprécier le sens de la *prohairesis* et de solutionner un certain nombre de difficultés d'interprétation du texte aristotélicien.

Cet ouvrage joue par là une fonction précise dans un ensemble de quatre ouvrages qui se tiennent par leur thématique et se complètent par leurs perspectives. Après *Une morale pour les mortels* (Les Belles Lettres, 2011), livre de problématisation de la pensée éthique des deux philosophes majeurs de l'Antiquité classique, nous apportons ici des compléments techniques, historiques et philosophiques sur la notion de *prohairesis*, et souhaitons révéler Démosthène comme une figure qui compte dans l'histoire de la pensée de l'action. Ce travail sert de justification scientifique à notre réinterprétation de la *prohairesis* et de la *hairesis* sur laquelle nous fondons la nouvelle traduction de l'*Éthique à Nicomaque* que nous donnerons aux Belles Lettres prochainement. Cette nouvelle traduction sera accompagnée d'un *Commentaire* suivi, qui tiendra pour acquis les résultats et interprétations exposées ici.

Notice

Translittérations. – Consacré à une étude de notions observées avec précision dans les textes, le présent ouvrage était obligé de travailler en permanence avec les termes originaux. On a toutefois veillé à rendre la lecture aisée aux non-spécialistes, en recourant à des translittérations aussi souvent que nécessaire. Le LEXIQUE GREC-FRANÇAIS permet aux lecteurs de vérifier le sens principal des mots et expressions les plus utilisés dans l'ouvrage. Les mots en alphabet grec ne sont utiles qu'aux spécialistes.

La translittération des termes grecs en alphabet latin est la plus simple possible. Le système de correspondance adopté pour les voyelles grecques dédoublées en brèves et longues est le suivant : ε = e, η = è, ο = o, ω = ô. Les accents ne sont pas notés. Nous faisons une exception pour νοῦς, « intellect », que nous translittérons en *noûs*, afin d'éviter la ressemblance avec le pronom personnel « nous » en français. Le iota souscrit en grec est adscrit dans la translittération (ζῷον = *zôion*). Enfin, nous avons un peu arbitrairement opté pour la translittération de προαίρεσις (et termes connexes) en *prohairesis* avec un *h*, pour mieux faire sentir le composant *hairesis*. Nous usons de ce même procédé pour d'autres termes dès lors que nous voulons mieux faire sentir leur composition.

Traductions. – La totalité des traductions, sauf exceptions expressément indiquées, sont de notre main. Elles sont élaborées non telles que l'exigerait une publication séparée et consacrée à l'œuvre intégrale dont les passages sont extraits, mais telles que les points que nous voulons mettre en valeur soient manifestes pour les gens qui ne lisent pas le grec. L'original grec reste notre référence à tout instant.

Notation d'expressions inexistantes. – Lorsque nous forgeons une expression pour en souligner l'inexistence chez un auteur, nous l'encadrons par des astérisques (par ex. **to prohairetikon**, ou **to hairetikon**).

Abréviations

ÉE : *Éthique à Eudème.*
ÉN : *Éthique à Nicomaque.*
CUF : Collection des Universités de France, Paris : Les Belles Lettres.
SVF : *Stoicorum veterum fragmenta,* édités par H. von Arnim.

Pour les références abrégées au texte d'Homère, les chiffres romains en majuscules indiquent les chants de l'*Iliade,* les chiffres romains en minuscules indiquent les chants de l'*Odyssée.*

Chapitre I

Décision

> καί φασι πράττειν μὲν δεῖν ταχὺ τὰ βουλευθέντα, βουλεύεσθαι δὲ βραδέως.
> « L'on dit qu'il faut exécuter promptement les décisions, mais délibérer lentement. »
>
> ARISTOTE, *Éthique à Nicomaque*, VI 10.1142b4-5.

Penser le principe de l'action humaine comme résidant en une décision n'a en soi rien de criticable et peut relever d'une réflexion riche et féconde. En revanche, s'il s'agit, dans une perspective d'histoire de la philosophie, de considérer qu'Aristote lui-même a pensé sous le nom de *prohairesis* le principe de l'action humaine comme coïncidant avec la décision – interprétation qui fut soutenue, pour la langue française, par René Antoine Gauthier & Jean Yves Jolif, et qui tend à s'imposer aujourd'hui[1] –, cette position est tout simplement fausse, et elle l'est précisément pour deux raisons : d'une part, comme nous le montrerons dans les textes de l'*Éthique à Nicomaque* et de l'*Éthique à Eudème*, on peut voir une décision dans le processus qui conduit à la formation

1. Voir la fin de l'ANNEXE I.

d'une *prohairesis*, mais cette décision correspond à la notion qu'en avait l'Athènes de l'Antiquité, et elle ne coïncide pas avec la *prohairesis* ; d'autre part, l'usage qui a été fait dans la sphère politique du terme de *prohairesis* par Démosthène exclut qu'elle puisse signifier une décision, et les textes d'Aristote sont solidaires de cet usage démosthénien.

D'une manière générale, la question de la décision dans les textes grecs de l'Antiquité classique engage beaucoup plus que ce que les traducteurs modernes d'Aristote en ont soupçonné : elle engage, pour le dire avec un peu d'emphase, l'essence même d'Athènes comme démocratie. Car la notion de décision, à l'instar de la notion de liberté, est dans l'Antiquité grecque une notion prioritairement politique et, dans l'Athènes démocratique, elle relève de manière essentielle du peuple comme collectif. Les magistrats les plus divers prenaient certes individuellement des décisions dans le cadre de leurs fonctions ; mais il s'agissait toujours de sujets seconds ou de l'exécution des décisions majeures de la politique athénienne. La décision est d'abord la prérogative de la cité assemblée, que ce soit dans l'Assemblée proprement dite (*ekklèsia*) ou dans les divers tribunaux, qui sont des organes non moins politiques et non moins décisifs que l'Assemblée. Puisque l'orateur Démosthène usait du terme *prohairesis* comme d'une notion appropriable par l'individu qu'il était et coïncidant avec sa propre personne, puisqu'il le faisait devant l'Assemblée ou un tribunal tout autant constitué de citoyens que l'Assemblée elle-même, la *prohairesis* ne peut pas désigner la décision. Nul orateur, si actif fût-il en politique, ne se laissait aller sérieusement à parler devant le peuple de *sa décision* sur les sujets les plus importants et relevant de la souveraineté populaire, ce qui aurait eu immédiatement pour effet de le rendre plus que suspect aux yeux des Athéniens. Démosthène parlait aussi de *sa politeia*, c'est-à-dire de *sa ligne politique* ou de *sa* politique, ce qui pourrait sembler constituer une appropriation tout aussi étrange que celle consistant à s'arroger personnellement des décisions touchant le destin de la cité. Mais revendiquer personnellement une *politeia*, c'est-à-dire une politique, n'est en rien du même ressort : la *politeia* est appropriable, car elle correspond précisément à l'activité du *politès* en tant qu'il est un *politeuomenos*, littéralement « celui qui est en train de s'occuper des affaires de la cité et d'agir concrètement en citoyen ». Elle exprime ainsi l'activité structurée d'un citoyen (*politès*) en tant qu'il n'est pas simplement un citoyen relativement passif (c'est-à-dire qui se contente d'assister aux séances de l'Assemblée sur la Pnyx et d'y voter, ce qui est en vérité déjà beaucoup), mais un citoyen actif, qui propose régulièrement des motions (*gnômai*) et les défend par un discours pour que l'Assemblée les adopte lors du vote qui a lieu à l'issue de la délibération, ce qui est précisément « décider ». Il est normal qu'un *politès* qui participe pleinement de la vie politique de la *polis* d'une manière continue et structurée ait une *politeia* ; il serait en revanche exorbitant (et dangereux) que ce même citoyen revendique devant le peuple une *décision* politique comme sienne.

Ce simple fait, qui touche au cœur même de la démocratie athénienne, suffit à établir que le terme de *prohairesis*, quand il apparaît chez Démosthène et chez les orateurs attiques, ne peut signifier la décision. Et de fait, il n'est pas utilisé pour exprimer les décisions de l'Assemblée. Pour s'assurer que dans le texte aristotélicien, la notion de décision est portée par d'autres termes et non par le terme *prohairesis*, il convient de faire le point sur l'expression et la pensée de la décision dans l'Athènes classique, en commençant par éclaircir ce que l'on y met de manière moderne.

I. LA NOTION MODERNE DE DÉCISION

L'analyse du principe de l'action en termes de décision comme acte d'une faculté volitive mettant un terme à une délibération a quelque chose de structurant pour notre esprit moderne, qui appréhende ces notions comme évidentes et s'autorise d'une longue histoire. L'étymologie de « décider », *de-caedere*, en fait un acte consistant à trancher, ce qui lui donne une application dans le domaine judiciaire, et en outre une temporalité assez précise : une temporalité ponctuelle opposée à une temporalité en extension d'un acte duratif de délibération auquel cet acte de trancher met fin. Le choix a aussi quelque chose de ponctuel, comme la décision, et ces deux notions de choix et de décision, considérées en tant que telles, nomment un acte qui peut être daté, assigné à un moment précis, ce qui n'empêche pas ses effets de s'étendre au-delà de cette localisation ponctuelle. Le choix peut aussi être rapproché de la décision pour ce qui est de l'acte de trancher, puisque décider de faire quelque chose peut n'être rien d'autre que choisir telle fin ou telle action plutôt que telle autre. Mais la décision, pour sa part, si elle occupe un territoire ayant des frontières communes avec le choix, ne semble pas exiger une pluralité d'objets comme condition *sine qua non* de son exercice, dans la mesure où décider n'est pas « décider d'agir par préférence à ne pas agir », car on est déjà dans l'état de ne pas agir et il n'y a pas besoin d'une décision pour ne pas agir ; si bien que décider peut très bien porter sur un seul objet, « agir », tandis que choisir d'agir implique toujours que « ne pas agir » est envisagé comme un second objet à côté d'« agir ». La décision n'est donc pas soumise comme le choix à la condition *sine qua non* d'une dualité ou pluralité d'objets. Inversement, la décision a un lien naturel avec la délibération que n'a pas le choix. Les deux notions ne sont donc pas superposables.

L'essentiel dans la décision, à la différence du choix, réside ainsi dans son lien à la délibération, délibération & décision constituant une manière propre d'unir l'intelligence et la volonté sans les mélanger. Exemplaire à cet égard est la définition du dictionnaire d'André Lalande[2], déterminant le sens principal de « décision » (nous laissons ici de côté la « décision » au sens de la qualité d'un caractère résolu et ferme) :

> « DÉCISION. [...] A. Terminaison normale de la délibération, dans un acte volontaire. (Soit que cette fin se constitue simplement par la conclusion logique de la délibération consciente, soit qu'il y intervienne quelque chose de plus.)
> Nous disons "terminaison normale" 1° par opposition aux terminaisons anormales telles que la cessation de la délibération inachevée ou l'interruption par un acte impulsif ; – 2° par opposition aux volitions

2. A. LALANDE (dir.), *Vocabulaire technique et critique de la philosophie, s. v.*

bien arrêtées, mais qui ne sont que l'expression d'une tendance forte fixée sans délibération. Nous admettons donc que le mot *décision* est impropre partout où l'acte à faire n'a pas été d'abord mis en question et délibéré » (*Vocabulaire technique et critique de la philosophie*, p. 202).

Cette citation comporte la clef de la notion de décision : dans l'acception moderne, une décision est un acte spécifique qui clôt la délibération et le fait par un acte exprès de la volonté (« par un acte volontaire », dit la définition), quand bien même dans certains cas le contenu objectif de cette terminaison se constitue simplement par la conclusion logique de la délibération consciente, sans qu'il y intervienne quelque chose de plus. Or la pensée grecque a considéré la « décision » non comme un acte de la volonté mais comme le simple aboutissement de l'examen qu'est intrinsèquement la délibération. Ce qui termine la délibération n'est rien d'autre que… la délibération qui touche à sa fin, ce qui se dit entre autres par le parfait du verbe même qui exprime la délibération : *bouleuesthai* au présent signifie ainsi littéralement « être en train de délibérer », et son parfait *bebouleusthai* signifie quelque chose comme « avoir terminé de délibérer, c'est-à-dire avoir atteint la décision ». Quand un acte spécifique est requis, ce qui est le cas quand la délibération est *collective* et *parce qu'elle est collective*, c'est le vocabulaire du vote qui est réquisitionné (*psèphizesthai, cheirotonein*). En français, la dualité *délibération-décision* a une tendance nette à nommer deux actes aussi distincts dans leur nature qu'hétérogènes dans leur dénomination. En grec, cette dualité n'existe pas de cette manière, car « délibérer-décider » se dit par exemple *bouleuesthai-bebouleusthai*, comme dans la citation d'Aristote que nous avons placée en exergue, et cela nomme le même acte à deux stades différents de son effectuation – et non une dualité d'actes formant un couple. On peut certes recourir à des termes différents et dire *bouleuesthai* (« délibérer ») et *krinein* (« décider »)[3] ; mais précisément et à nouveau, tout comme *bou-*

3. Voir par exemple Aristote, *Politique*, IV 15.1299a25-27 : « Pour le dire simplement, il faut appeler *magistratures* surtout les fonctions auxquelles on attribue sur certains sujets la délibération (*bouleusasthai*), la décision (*krinai*) et le commandement (*epitaxai*) ».

leuesthai sert à exprimer aussi bien le processus de délibération en cours que son résultat dans la décision, de même un verbe comme *krinein,* qui signifie « discerner », sert tout autant selon les besoins à désigner l'opération de délibération. Il n'y a pas là d'intervention d'une faculté douée d'une fonction autre et d'un exercice autonome par rapport aux opérations de l'intelligence.

L'essentiel réside en ceci : l'expression française de la décision manifeste que *c'est la décision qui fait l'achèvement de la délibération* (par un acte spécifique de la volonté), quand l'expression grecque entraîne que *c'est l'achèvement de la délibération qui fait la décision.*

II. L'EXPRESSION DE LA DÉCISION ET DE LA DÉLIBÉRATION EN GREC CLASSIQUE : L'EXEMPLE DE THUCYDIDE

Un des meilleurs auteurs pour observer la nature de la décision dans la Grèce classique à même son expression est certainement Thucydide, dont la particularité, outre qu'il revendique un travail scientifique d'historien[4], consiste en ce qu'il est, selon les termes de Françoise Frazier – qui en cela exprime l'avis des historiens modernes –, le premier historien *politique*[5]. Nul doute que le récit qu'il fait des Assemblées athéniennes et autres instances délibérantes peut aider à comprendre ce qu'est une décision dans la pensée grecque classique.

L'élément central de la vie de la *polis* athénienne au -ve siècle, à savoir l'*ekklèsia,* « Assemblée du peuple », est dans le récit de Thucydide un moteur décisif de la marche de l'histoire, autant que les batailles et autres moments d'action guerrière. On peut distinguer trois phases principales dans l'ensemble de la procédure que constitue une séance de l'Assemblée : convocation, délibération, décision (par vote)[6]. De manière plus détaillée, à suivre la

4. Thucydide, I 22.

5. Voir F. Frazier, « Réunion et délibération. La représentation des assemblées chez Thucydide ».

6. Voir F. Frazier, « Réunion et délibération... », p. 240.

présentation qu'en donne Edmond Lévy[7], le déroulement normal de l'*ekklèsia*, qui désigne strictement à Athènes la séance de l'Assemblée où le *dèmos*, corps délibérant, se réunit à tel moment et en tel lieu précis, et qui fait suite à la réunion du Conseil (*boulè*), peut s'articuler en cinq moments dans les textes de Thucydide :

1. la réunion ou convocation de l'Assemblée ;
2. la ou les propositions ;
3. la discussion ;
4. la décision (par vote) ;
5. le dispositif (c'est-à-dire le contenu du décret ainsi adopté par le *dèmos*).

Ces différentes étapes, nous dit Edmond Lévy, peuvent être repérées en I 139.3. En cet endroit, Thucydide expose que, après que les Lacédémoniens sont venus en délégation sommer Athènes de laisser aux Grecs leur indépendance, les Athéniens, réunissant une Assemblée (*poièsantes ekklèsian*), introduisirent (*proutithesan*) dans cette Assemblée des propositions (*gnômas*) soumises à discussion, ce dont il ressort une première décision (*edokei*), à savoir que la réponse aux Lacédémoniens leur serait faite sur la base d'une délibération portant en une fois sur l'ensemble des points litigieux. Conclusion de cette Assemblée : à la suite des différents discours, les Athéniens, considérant (*nomisantes*) que c'était Périclès qui leur donnait les meilleurs conseils, votèrent (*epsèphisanto*) ce qu'il leur enjoignait, et répondirent aux Lacédémoniens conformément à sa proposition (*gnomèi*).

Le vocabulaire utilisé pour dire ce que nous nommons en français la décision est ici comme ailleurs dominé en grec par le verbe *dokein*, « sembler (bon) », dans la formule devenue canonique *edoxe tôi dèmôi*, « il a paru (bon) au peuple », éventuellement abrégée et réduite au seul verbe *edoxe* (« il a paru (bon) »), et qu'on traduit de manière régulière par « le peuple a décidé », mais qui est en grec un tour impersonnel. Ce terme présente ainsi la décision non comme un acte volitif du *dèmos*, mais comme un processus impersonnel ou pour ainsi dire objectif d'apparition au *dèmos* que c'est telle ou telle chose qui est bonne.

7. E. Lévy, « La prise de décision collective chez Thucydide ».

D'autres solutions que *dokein* existent en grec pour nommer l'issue de la délibération. Une revue exhaustive des quelque trente-quatre Assemblées que compte le récit de Thucydide – et où figurent des Assemblées non athéniennes, des congrès internationaux, c'est-à-dire des congrès d'alliés, et quelquefois de simples auditions de délégués devant les magistrats de la cité d'accueil –, permet de voir l'éventail des termes utilisés, et de constater par la même occasion l'absence complète de termes simples ou composés de la famille de *haireisthai* pour nommer la clôture des délibérations ou « décision ». L'article déjà cité de Françoise Frazier nous fournit la liste de l'ensemble de ces séances.

Liste des Assemblées (et congrès, etc.) avec des discours en style direct. – I 31-44 ; I 67-88 ; I 119-125 ; I 139-145 ; II 59-65 ; III 8-15 ; III 36-49 ; IV 16-22 ; IV 58-65 ; IV 84-88 ; V 84-113 ; VI 8.3-26 ; VI 32-41 ; VI 75-88 ; VI 88.9-93 ; VII 10-16.

Liste des Assemblées (et congrès, etc.) sans discours en style direct. – II 13-14 ; IV 28-29 ; IV 114.3-5 ; IV 120.3 ; V 30 ; VI 8.2 ; VIII 14.2 ; VIII 53-54 ; VIII 67.1 ; VIII 67.2-69 ; VIII 76-77 ; VIII 81.1 ; VIII 81.2-82 ; VIII 86 ; VIII 93.1 ; VIII 93.3-94.1 ; VIII 97.1 ; VIII 97.2.

Dans l'ensemble des Assemblées, le terme *bouleuesthai* à la voix moyenne s'utilise pour une délibération faite par le sujet à propos de ses propres affaires[8]. La délibération est un *examen* (verbe *skopein*, très fréquent[9], et qu'on retrouve chez Aristote[10]), lequel s'applique à une discussion souvent structurée en débat

8. Les différences entre l'actif et le moyen excèdent à vrai dire cette seule ligne de partage (« délibérer pour soi » au moyen, ou « délibérer pour autrui » pour un des sens de l'actif). L'article cité de F. Frazier (p. 249-253) apporte les éclaircissements nécessaires sur les différences en jeu. F. Frazier relève en outre que l'actif est moins employé que le moyen en attique, tendance qui s'accentue encore par la suite (ex. *Vies* de Plutarque : seulement 13 occurrence du verbe à l'actif pour 121 occurrences du moyen, quand déjà chez Thucydide ne se trouvent que 24 occurrences de l'actif contre 71 du moyen).

9. Thucydide, par ex. I 69.2, I 143.5, III 12.2, III 47.1, V 111.5, VI 9.1, etc.

10. *Éthique à Nicomaque*, III 5.1112b16.

contradictoire nommé *antilogia*[11]. Le verbe *bouleuesthai* nomme principalement ce processus qui dure, et c'est le temps grammatical du parfait *bebouleusthai* qui introduit le sens de « décider », sens qui se trouve parfois également à l'aoriste. Le verbe qui nomme le processus englobe ainsi le moment de son propre aboutissement. Ce moment qui succède à la délibération est toutefois souvent clairement soit dissocié soit simplement identifié, et il s'agit alors régulièrement d'un vote, exprimé par l'actif *epipsèphizein* pour l'acte de mettre au vote et par le moyen *psèphizesthai* pour l'action de voter, la chose votée devenant un *psèphisma*[12].

L'issue de la délibération, autrement dit ce que nous appelons « décision », est exprimé en outre par les expressions suivantes :

— *dokein*, « sembler (bon) », qui est donc d'un emploi très ordinaire et même canonique dans l'expression *edoxe tôi dèmôi*. Ses différentes formes grammaticales permettent d'exprimer tantôt le contenu de ce qui est décidé, tantôt la décision en elle-même (achèvement de la délibération)[13] ; *dogma* apparaîtra aussi[14]. De plus, et c'est un point décisif, le verbe *dokein* exprime aussi l'acte d'appréciation qui prend place à l'intérieur même du processus duratif de délibération[15] ;

— *gnômè*, « avis », d'emploi très fréquent. De même que *dokein*, la *gnômè* fait aussi et d'abord partie du processus de délibération, étant l'avis d'un citoyen qui l'expose en un discours[16], ou sur un

11. Thucydide, par ex. I 73.1.

12. Thucydide, par ex. VI 15.1. On peut aussi trouver τὰ ἐψηφισμένα, « ce qui a été voté ».

13. Le participe parfait désigne la décision en son contenu (ce qui a été décidé) (3 occurrences dans l'œuvre de Thucydide : δεδογμένον, I 125.2, τὰ δεδογμένα, III 49.4, τῶν δεδογμένων, III 36.3), en concurrence avec d'autres temps et d'autres constructions (par ex. τοῖς κοινῇ δόξασιν, I 140.1 ; τὸ πάνυ δοκοῦν, III 38.2). On remarque le composé τὰ προδεδογμένα en III 40.2 et προυδέδοκτο en VII 18.1, seules occurrences de προδοκεῖν chez Thucydide, verbe qu'il n'est pas impossible qu'il ait forgé lui-même, et qu'on ne retrouve pas chez Aristote (deux fois chez Platon, avec un sens simplement intellectuel : *Phédon*, 88d ; *Théétète*, 178e).

14. Eschine, *Contre Ctésiphon*, 69, 116... Le terme n'existe pas chez Thucydide.

15. Par ex. I 91.5, I 143.3, et notamment I 125.2.

16. Par ex. I 91.5, I 140.1, III 38.1...

mode plus technique la proposition qu'on soumet à l'Assemblée pour discussion et mise au vote[17]. La *gnômè* comme « décision » n'est donc que l'avis ou proposition mise en délibération et qui a été retenue par le vote ;

— des tournures avec le verbe *gignôskein* « se rendre compte, comprendre, connaître… » (correspondant au substantif *gnômè*)[18]. Il sert aussi à parler d'une opération d'examen qui se joue dans le cours de la délibération[19]. *Le vocabulaire grec ne marque ainsi aucune discontinuité entre les avis en débat et l'avis final,* la décision étant simplement l'avis qui s'est imposé devant les autres (*cf.* l'utilisation du verbe *nikan,* « vaincre ») ;

— on trouvera encore des tournures avec *diagnômè,* ou le verbe correspondant *diagignôskein*[20]. À la différence des termes précédents, *diagnômè* ne semble pas nommer une étape de la procédure de délibération en cours[21]. De son côté, le verbe nomme l'acte relatif à une décision dans les passages d'Assemblées[22], ou plus précisément *l'estimation* du vote par les préposés au *discernement* du nombre des voix et à la pro-

17. Par ex. III 36.5. À ce titre, elle entre dans des expressions plus canoniques comme γνώμην προθεῖναι ou εἰπεῖν γνώμην, qui dans les décrets athéniens s'abrège en εἰπεῖν (comme l'a montré E. Lévy, art. cit.). Les deux sens (simple avis, ou proposition de décret) sont évidemment très intimement liés, le second étant manifestement une simple technicisation du premier, comme on peut le voir à l'occasion de leur proximité (en III 36.5 & 6 & 38.1, ou en III 49.1).

18. Γιγνώσκειν peut être employé tel quel avec un sujet humain, par ex. ἔγνωσαν, par le biais d'un vote, en IV 88.1 ; ἃ ἔγνωτε, II 62.2, trad. J. de Romilly : « vos décisions » ; III 57.1, etc. ; γνῶναι est mis en relation avec πείθεσθαι, par ex. III 40.4, ou avec τὸ πάνυ δοκοῦν (sujet du passif ἔγνωσται, III 38.2).

19. Voir par ex. IV 60.1, VI 9.2, VI 19.2, VI 20.1, VI 21.2. Voir tout particulièrement deux γνῶτε, celui de IV 18.1 où il s'agit de « voir, se rendre compte, comprendre », et celui de IV 20.3 à la fin du même discours, où il s'agit de ce que le français nomme « décider ».

20. Trois occurrences du substantif chez Thucydide : I 87.6, III 42.1, III 67.3, & dix occurrences du verbe (références dans les notes suivantes).

21. À moins qu'on admette ce sens en III 42.1. Mais de toute façon, le faible nombre d'occurrences chez Thucydide et plus généralement la rareté du terme (qui ne se trouve pas chez Antiphon, Isocrate, Xénophon, Platon, Eschine, Démosthène, Aristote…) ne permet pas de décider clairement de ce point.

22. Thucydide, I 69.2, I 118.3, III 53.4, IV 46.3.

clamation du résultat[23]. Mais en dehors de ces passages, *diagignôskein* nomme l'acte de séparer par la pensée, de discerner entre deux catégories[24], de juger judiciairement[25], et de juger dans des affaires militaires spéciales ou des affaires politiques plus larges[26]. Dans tous ces emplois de *diagignôskein*, l'élément intellectuel du discernement fait l'élément décisionnel : décider n'est jamais que *discerner* ;

— le terme *boulè*[27], qui semble jouir d'un sens lui permettant de désigner aussi bien la délibération que son aboutissement, sans possibilité de les distinguer nettement[28] ; dans la même famille, on compte *bouleuma*[29], et bien sûr le parfait du verbe *bouleuesthai*, à savoir *bebouleusthai*[30], qui manifeste plus que tout autre la continuité de la délibération et de son achèvement ;

— *krinein*, « séparer, discerner, juger... »[31]. Ce terme est à nouveau valable aussi bien pour le jugement final (la décision) que pour le jugement comme opération constituant la délibération[32] ;

23. Dans le texte de Thucydide, il s'agit du cas particulier du discernement d'un vote par acclamation (et non par main levée ou jeton), comme cela se faisait à Sparte : διαγιγνώσκειν τὴν βοὴν ὁποτέρα μείζων, I 87.2. Voir plus bas une remarque similiaire à propos de *krinein*.

24. IV 40.2, VII 44.4.

25. VI 29.2.

26. I 126.8 & I 91.4.

27. V 111.5, VI 9.1.

28. Par ex. en VI 9.1.

29. Par ex. III 36.4 : ὠμὸν τὸ βούλευμα καὶ μέγα ἐγνῶσθαι, « qu'on avait arrêté une résolution cruelle et démesurée... ».

30. Par ex. VI 8.4 : νομίζων δὲ τὴν πόλιν οὐκ ὀρθῶς βεβουλεῦσθαι.

31. III 43.5, VI 39.1...

32. III 65.3, IV 60.1, IV 61.6, VI 40.2. De même que dans le cas de διαγιγνώσκειν, il peut se faire que κρίνειν exprime le décompte des votes à main levée, comme cela semble être le cas chez Aristote, *Constitution d'Athènes*, 44.3 : τὰς χειροτονίας κρίνουσι. Selon M. H. Hansen, ce décompte est alors non un comptage formel (qui a lieu pour le vote avec jetons), mais une appréciation d'ensemble (*La démocratie athénienne à l'époque de Démosthène*, p. 179). Le verbe *krinein* présenterait ainsi un sens institutionnel fondamental (discernement du peuple qui départage les propositions) et un sens procédural (discernement estimatif par les proèdres des votes formalisant la décision de l'Assemblée).

— *axioun*, « juger bon, estimer... »[33], qui peut aussi être utilisé pour décrire ce qu'il se passe au cours du processus même de la délibération[34] ;

— on mentionnera encore le vocabulaire de la persuasion (*peithein* et *peithesthai*) et de la réception favorable des discours (*dechesthai tous logous*)[35].

Cette liste déjà longue frappe par sa richesse, et pourtant elle ne retient que les termes les plus proches de ce que nous appelons « décision », sans épuiser la totalité des ressources dont dispose Thucydide pour nommer les différents actes dans l'ensemble du processus délibératif. Il faudrait y ajouter, pour l'opération de l'orateur, les termes importants que sont « enseigner » (*didaskein*)[36], « montrer, dévoiler » (*apophainein*)[37], « montrer, rendre évident » (*dèloun*)[38], « exhorter, conseiller » (*parainein*)[39] ; pour l'aboutissement victorieux d'une position soutenue par un rhéteur, il faudrait ajouter des verbes auxquels nous avons seulement fait allusion et qui ont généralement pour sujet la proposition faite par un orateur : « vaincre, l'emporter » (*nikan*)[40], « avoir le dessus » (*kratein*)[41], qui permettent donc aussi d'exprimer la décision. D'autres termes encore mériteraient aussi quelques lignes[42]. Au milieu de cette richesse impressionnante, qui témoigne de la vitalité de l'organe politique par excellence qu'était l'Assemblée

33. I 74.2, III 40.5.

34. Par ex. IV 64.1.

35. Exemples à Athènes : voir III 40.4, où πειθόμενοι est en équivalence à γνόντες ; voir encore par ex. III 42.4, III 48.1 etc. ; dans un congrès des Lacédémoniens et de leurs alliés : III 14.1-15.1, avec à la fois πείθειν pour les émissaires et δέχεσθαι τοὺς λόγους pour ceux qui les ont écoutés.

36. Par ex. II 60.6.

37. Par ex. III 39.1.

38. Par ex. II 62.1.

39. Par ex. VI 32.3.

40. Par ex. II 12.2.

41. Par ex. III 49.1.

42. Notamment « établir ou regarder comme juste » (δικαιοῦν), « considérer » (νομίζειν), « se mettre dans l'esprit, considérer » (ἐνθυμεῖσθαι), « ratifier, faire prévaloir, donner force de loi » (κυροῦν).

délibérante du peuple athénien, on ne saurait trouver aucun terme de la famille de *hairesis*[43]. On trouvera exceptionnellement chez Démosthène l'expression « adopter l'avis » ou « la proposition de Philocrate » exprimée avec le verbe *haireisthai*[44] ; il n'en reste pas moins que *haireisthai* n'est pas requis ordinairement pour cette fonction. Il l'est d'autant moins qu'il a été affecté en politique à l'expression technique de l'élection des magistrats (voir le chapitre suivant).

Notre enquête nous permet donc de constater sur pièces la continuité terminologique et conceptuelle qui existe entre le processus de délibération et la conclusion de cette délibération. Il n'y a qu'un seul verbe, qu'un seul acte qui ne soit pas présent dans la délibération en cours : l'acte de *voter*, exprimé par *psèphizesthai*. Pour le reste, tous les autres termes[45] peuvent nommer, par le jeu des temps ou des constructions grammaticales, aussi bien un acte de pensée qui fait partie de la délibération *en cours* que son résultat à son achèvement.

Ainsi, si la procédure prévoit des moments formalisés institutionnellement (on ne mélange pas le moment du vote et le moment des débats), le vocabulaire unifie totalement le processus de réflexion qu'est la délibération et le résultat de cette délibération. La décision n'est ainsi rien d'autre que la délibération étant allée jusqu'à son terme naturel.

43. Ainsi, dans les contextes d'Assemblées, les occurrences des termes de la famille *hairesis* en VII 16.1 & VIII 82.1 nomment des élections, celles de III 63.2, V 111.4 & VI 80.5 portent sur des situations de choix. Enfin, l'expression αὐθαίρετος ἡ εὐβουλία en I 78.4 ne fait que qualifier la bonne délibération comme étant ce dont on peut se saisir de sa propre initiative.

44. Démosthène, *Sur les forfaitures de l'ambassade*, 144 : τὴν Φιλοκράτους γνώμην ἔπεισεν ἑλέσθαι, « Eschine vous persuada d'adopter la proposition de Philocrate », ce qui dans le contexte note un revirement de décision par rapport à l'Assemblée de la veille. C'est très probablement cette configuration toute particulière qui aura conduit à l'emploi du verbe *haireisthai*, que G. Matthieu (cuf) traduit ici par « préférer ». Notre enquête sur *hairesis-hairein/haireisthai* confirme l'absence de ce vocabulaire pour exprimer formellement l'issue de la délibération.

45. En laissant de côté le cas particulier du substantif *diagnômè*, dont la rareté ne permet pas de faire des conclusions tranchées à son propos.

La procédure du vote, seule formalisation d'un acte distinct de la délibération elle-même, n'est d'ailleurs nécessaire que parce que l'ensemble du processus est *collectif*. Dans la délibération individuelle, le peu qu'on pouvait trouver d'acte décisionnel spécifiquement distinct du reste du processus disparaît donc avec le vote.

L'ensemble de ces éléments permettra de restaurer un ordre salutaire dans la lecture des textes d'Aristote. La *prohairesis* n'est pas l'acte de décision qui clôt la délibération, d'autant moins qu'il n'existe pas un tel acte dans la représentation grecque, hormis le vote pour les délibérations collectives. Nous verrons que dans l'*Éthique à Nicomaque* & l'*Éthique à Eudème*, ce sont d'une manière toute régulière les parfaits *probebouleumenon* & *dedogmenou* ou les aoristes *(pro)krithen* & *bouleusamenoi*[46], qui expriment l'équivalent d'une notion de « décision », la délibération étant pour le reste pensée sur le mode de l'examen[47]. D'autres passages où est mentionnée la *prohairesis* pourront être lus en redonnant toute sa dimension signifiante à *l'aspect* des temps grammaticaux[48]. Dans l'ensemble, les considérations temporelles sont déterminantes pour penser la délibération et, à sa suite, la *prohairesis*.

46. Respectivement *ÉN* III 4.1112a15, *ÉE* II 10.1226b12, *ÉN* III 5.1113a4, *ÉE* II 10.1226b33 (voir aussi 1226b14, etc.).

47. Verbe *skopein* ou *episkopein* : *Éthique à Nicomaque*, II 5.1112b16 & 17 ; *Éthique à Eudème*, II 10.1227a7.

48. Par ex. *Éthique à Nicomaque*, VII 3.1146a31-34 : différence aspectuelle significative entre le parfait πεπεῖσθαι et le présent προαιρούμενος.

Chapitre II

Choix & *hairesis*

> ληιστοὶ μὲν γάρ τε βόες καὶ ἴφια μῆλα,
> κτητοὶ δὲ τρίποδές τε καὶ ἵππων ξανθὰ κάρηνα·
> ἀνδρὸς δὲ ψυχὴ πάλιν ἐλθεῖν οὔτε λεϊστὴ
> οὔθ' ἑλετή, ἐπεὶ ἄρ κεν ἀμείψεται ἕρκος ὀδόντων.
> « On peut ravir des bœufs et de gras moutons, on peut acquérir des trépieds et des chevaux à la crinière dorée. La vie d'un homme ne se peut ravir ni saisir (*heletè*) pour revenir, une fois qu'elle a franchi l'enclos des dents. »
>
> HOMÈRE, *Iliade*, IX 406-409.

La fortune du mot grec *hairesis* a été considérable. Innervant l'éthique, la *hairesis* était déjà installée au cœur de la politique pour y exprimer l'élection des magistrats dans l'Athènes démocratique, et elle a permis peu après d'exprimer l'adhésion à une école de pensée, notamment médicale ou philosophique. De là une carrière qui l'a menée en chrétienté pour y donner la notion d'hérésie.

Les études du terme *hairesis* et du verbe *hairein* dont elle est dérivée ne sont pourtant pas légion[1]. Elles portent tout au plus

1. Dans la mesure où *hairein* se comprend très souvent en relation avec le verbe *didonai* (« donner »), il aurait pu être abordé par les études de la notion du don chez Homère ou dans l'indo-européen, mais ce n'est apparemment pas

sur des usages assez tardifs, précisément ceux par lesquels on désigne une école de pensée (médicale ou philosophique) et une hérésie chrétienne[2], prenant pour acquise, si ce n'est pour appui, la signification originelle de « choix » qu'on attribue généralement à *hairesis*. Même quand le sens d'« école intellectuelle » (philosophique, médicale) n'est pas dérivé du sens de « choix », il n'est pas remis en cause que *hairesis* signifierait essentiellement cette notion dans les textes classiques[3].

Une telle équivalence entre *hairesis* et « choix », devenue spontanée, n'a pourtant rien de solidement fondé, et si l'on veut être attentif à ce point, on trouvera mille exemples où le vocabulaire de la *hairesis* a pour signification la simple prise qu'opère un être vivant avec plus ou moins d'intensité, qu'il y ait ou non du choix, le choix n'étant lui-même qu'une forme spécifique de prise. Le point est d'importance pour la *prohairesis*, car la compréhension qu'on a de *hairesis-hairein/haireisthai* détermine celle que l'on a de *prohairesis-prohairein/prohaireisthai*.

C'est l'évidence d'une signification élémentaire de prise que nous souhaitons restaurer ici. Cela sera fait à partir d'Homère, pour mieux mettre au jour à partir de là ce sens dans les textes philosophiques trop recouverts du vernis des traductions, mais aussi dans les usages classiques les plus divers. Ainsi, l'élection des magistrats (*hairesis* comme terme technique de la poli-

le cas (aucun traitement de ce terme par ex. chez É. Scheid-Tissinier, *Les usages du don chez Homère*, ou avant elle chez M. Finley, *Le monde d'Ulysse*, ou É. Benveniste, « Don et échange dans le vocabulaire indo-européen »).

2. On citera l'ouvrage classique d'A. Le Boulluec, *La notion d'hérésie dans la littérature grecque, IIe-IIIe siècles*, qui s'appuie pour la période antérieure sur I. Glucker, *Antiochus and the Late Academy*.

3. La thèse d'I. Glucker, qui cherche à savoir comment *hairesis* en est venue à désigner une école de pensée (au sens doctrinal, non au sens institutionnel, assumé par les termes *scholè* et *diatribè*, *op. cit.*, p. 160-166), pose que ce sens est dérivé non de *hairesis* comme choix, mais de l'usage du terme dans les formules politiques, lisibles dans les inscriptions grecques et chez l'historien Polybe, où *hairesis* aurait le sens d'« attitude (d'esprit), disposition pratique, caractère, vues politiques… » (p. 168), sens dont Glucker admet du reste malgré tout qu'il dérive du sens de « choix, sélection » ; mais celui-ci aurait été perdu dans l'usage formulaire (p. 168, n. 18). Ce faisant, Glucker tient pour acquise la signification de « choix » dans les textes classiques.

tique), l'expression de la responsabilité par l'adjectif *authairetos*, l'expression *hairesin didonai* rendue en français par « donner le choix », le vocabulaire juridique de la victoire (*hairein*) et de la condamnation dans un procès, la problématique de la justice distributive, la problématique de la *hairesis tou biou* du mythe d'Er (rendu traditionnellement par « choix de vie »), tous ces thèmes et expressions classiques s'éclairent à la lumière du sens de base de *hairein* comme signifiant essentiellement une prise. Notre propos est donc un retour à la source des termes pour saisir le sens de leurs usages ultérieurs. Avant cela, comme pour la délibération, nous ferons le point sur les requisits de la notion moderne de choix, pour mieux situer la *hairesis* par rapport à elle.

I. LE CHOIX

Si la notion de décision s'articule de manière essentielle à la délibération, le cœur de la notion de choix réside ailleurs. Car il existe deux conditions nécessaires et bien identifiables du choix, consistant d'abord en ce qu'il doit y avoir au moins deux objets (qu'ils soient concrets ou abstraits) proposés au sujet vivant pour qu'il puisse y faire une sélection. S'il n'y a qu'un objet, on dit précisément qu'on n'a pas le choix. En outre, choisir est alors toujours prendre l'un des objets par distinction d'avec le ou les objets qu'on ne prend pas. Ainsi, quand on dit « il faut choisir », on exprime par là qu'on ne peut pas tout prendre. Si l'on prend tout, on n'a pas choisi. Choisir implique ainsi immédiatement et intrinsèquement un « ne pas prendre ». Choisir est renoncer à la totalité – renonciation plus ou moins aiguë selon que les objets qu'on ne prend pas sont plus ou moins désirables. Dans cette mesure, le choix peut s'inscrire dans une situation de contrainte : donner le choix est parfois forcer son vis-à-vis à renoncer à au moins un des objets désirables qu'on lui propose, ou inversement à prendre au moins un des objets indésirables qu'on lui impose.

Ainsi, choisir un objet, est-ce toujours envisager la prise de cet objet en relation consciente à d'autres objets et *en tant que* cet objet est en relation à d'autres objets, si bien que le choix ne nomme pas une simple prise, mais une prise d'un objet *plutôt que* tel autre objet proposé également au choix. Même un animal choisit par un acte de conscience : flairant et inspectant deux morceaux de viande, le chien choisit à la lumière des sens celui qu'il mangera en premier ; s'il n'a vu et flairé qu'un morceau sans aucune forme de comparaison, il ne choisit pas : il prend.

Le terme français « choix » suffit en lui-même et à lui seul à exprimer cette prise de l'objet plutôt qu'un autre. L'absence d'une pluralité d'objets, au minimum d'une dualité, vide le choix de sa substance pour n'en laisser que la simple prise. Si l'on argumentait pour dire que même en la présence d'un seul objet il y a du choix, au motif que le choix consisterait alors à choisir de le prendre ou de ne pas le prendre, on réaffirmerait ce que l'on prétend contester : dans cet argument, il y a en effet réintroduction d'une dualité, constituée cette fois non plus d'objets matériels, mais des deux objets proposés à la pensée que sont « prendre » et « ne pas prendre ». La pensée humaine réussira toujours à s'ouvrir pour elle-même du choix là où l'apparence semblait l'en priver, car elle est apte à détacher tout acte positif sur le fond du néant pour faire de la positivité brute de cet acte la branche d'une alternative où la négation fait partie de l'ensemble des possibles, ouvrant ainsi l'espace du choix. Par ce recul dans le néant, fondé sur ce que Sartre a nommé liberté, c'est-à-dire capacité de sécréter un néant qui isole l'existant humain du monde[4], le choix peut être étendu à toute situation par un acte de la pensée. Il n'en reste pas moins que ce décollement de la positivité d'un acte unique sur le fond du néant n'ouvre du choix que parce qu'il réalise précisément les deux conditions que nous avons énoncées : la présence de deux objets ou termes proposés au choix, dont on ne prend pas les deux à la fois, ce qui est ici garanti par le fait que cette procédure particulière produit nécessairement des *contradictoires*.

Aussi doit-on remarquer dès maintenant ce que nous allons mettre en valeur dans l'étude textuelle de la *hairesis* grecque :

4. J.-P. Sartre, *L'être et le néant*, p. 59.

« choisir » est toujours « prendre », tandis que « prendre » n'est pas toujours « choisir ». « Prendre » a une signification plus englobante, qui permet d'exprimer le choix quand les circonstances en réalisent les conditions particulières ; « choisir » est une signification spéciale qui n'est pas apte à exprimer toutes les significations de la prise, laquelle dit d'abord l'appropriation, la prédation, etc. Or *hairein-haireisthai* en grec, au moyen tant qu'à l'actif, signifie d'abord simplement « prendre ». Sa signification de choix, qui est malencontreusement passée au *premier* plan pour les traductions d'Aristote, n'est que dérivée et *seconde*, et lui vient d'une construction complémentaire, souvent avec « plutôt que » (*mallon è*) chez Aristote ou quelques autres constructions variées, produisant ainsi un équivalent du verbe *eklegein*, qui signifie par lui-même le choix et la sélection et constitue le vrai équivalent du latin *eligere*, quand *haireisthai* a besoin d'une construction supplémentaire pour parvenir à cette signification. Cette construction peut être sous-entendue grâce au contexte, mais elle n'est pas impliquée intrinsèquement par le verbe *hairein-haireisthai*. De la même manière, de multiples verbes se construisent avec « plutôt que », en français comme en grec : « ... celui qui est contraint [*sc.* par sa passion] à poursuivre le plaisir plutôt que la beauté... », nous dit Platon[5]. Pour autant, le verbe « poursuivre » (*diôkein*) ne signifie pas choisir, mais bien poursuivre. Il en va de même quand Platon nous dit « Voilà qui serait ridicule et vil, que de paraître adopter (*haireisthai*) les discours les plus courts plutôt (*pro*) que les meilleurs »[6]. C'est à partir de cette simple précision

5. [...] ὃς ἡδὺ πρὸ ἀγαθοῦ ἠνάγκασται διώκειν (*Phèdre*, 239c). Bien des verbes peuvent se construire avec un complément de type « plutôt que », en grec comme en français.

6. [...] γέλοιον δὴ καὶ φαῦλον τὸ πρὸ τῶν βελτίστων τὰ βραχύτερα αἱρουμένους φαίνεσθαι (*Lois*, X 887b). Cet exemple fait partie des rares cas de construction de *haireisthai* avec la préposition *pro* pour exprimer la préférence. Comme le français « plutôt », *pro* a un sens temporel, comme on le voit par l'utilisation de *proteron* dans cet exemple tout à fait similaire : ... καὶ ὅταν ἐξῇ χρήματα λαβεῖν πολλά, νήφει καὶ πρότερον αἱρεῖται τοῦ πολλοῦ τὸ τοῦ μέτρου ἐχόμενον, « ... et qui, quand il lui est possible d'acquérir de l'argent en abondance, reste sobre et prend ce qui s'en tient à la mesure plutôt que l'abondance » (*Lois*, XI 918d).

que le sens et les usages de *hairein-haireisthai* & *hairesis* doivent être appréhendés.

Ainsi tout choix est-il par définition comparatif et relatif, et consiste toujours à prendre un objet plutôt qu'un autre, qu'on précise l'identité de cet objet par un complément ou qu'on la taise. Si bien que les expressions de « choix absolu » et de « choix relatif », qui ont fleuri pour traduire et commenter la *prohairesis* dans les textes d'Aristote[7], sont, l'une, oxymorique, l'autre, pléonastique. Elle ne sont dues qu'à l'embarras qu'il y a à rendre le composé *prohairesis* une fois qu'on a pensé le terme simple *hairesis* comme choix. Un choix absolu, où l'on ne choisirait pas un objet au détriment d'un autre et par comparaison à un autre, ne serait plus du tout un choix, mais une prise pure et simple ; un choix relatif, fait par comparaison avec un autre objet, est simplement un choix : l'adjectif « relatif » n'ajoute rien.

La question n'est donc pas de savoir si *hairesis* peut servir en grec à exprimer ce que nous pensons comme un choix, car la réponse est d'emblée positive. La question est de savoir si *hairesis* signifie intrinsèquement, fondamentalement et en elle-même le choix. La réponse est absolument négative. Il en va avec cette question en apparence mineure du sens même de l'éthique ancienne : est-elle une éthique du choix ? Est-elle structurée par la problématique de l'arbitrage entre deux options également tentantes, arbitrage où se profilerait le concept d'un libre arbitre qui n'attendrait que d'être transplanté en une terre plus propice pour éclore pleinement à la lumière ? Nous défendons la thèse que la problématique structurante de l'éthique ancienne classique n'est pas une problématique du choix, mais une problématique de la prise pour soi d'un objet recherché par toute la tension du désir, la notion de *prohairesis* apportant pour sa part une insistance toute particulière sur la structuration de cette tension vers

7. Par ex. sous la plume de P. Aubenque, *La prudence chez Aristote*, p. 131, commentant *ÉE* II 10.1226b7-8 : « Ce sens primitif de *proairésis* nous indique qu'il ne s'agit pas d'un choix absolu, ἁπλῶς, mais d'une préférence, ἑτέρου πρὸ ἑτέρου ». Nous traiterons ce passage de l'*Éthique à Eudème* au Chapitre V.

une fin en tant qu'elle est *anticipée* d'une manière toute humaine. Mais si le choix, strictement compris, n'est pas, à notre sens, une notion décisive de l'éthique ancienne classique (ce qui ne signifie évidemment pas qu'il en soit exclu), en revanche la notion nommée par *hairesis* en est une. D'où l'importance de saisir le sens élémentaire de *hairesis* et du verbe correspondant.

II. *HAIRESIS*. D'HOMÈRE À L'ÉTHIQUE D'ARISTOTE

Une pensée dense et concrète de ce qui est signifié par les termes de la famille de *hairesis* ne peut être conquise qu'en replongeant dans Homère – dans ce que nous appellerons la *matrice homérique*[8]. Si Homère a été l'éducateur de la Grèce, c'est parce que ses poèmes ont imprégné dès la plus tendre enfance l'âme des Grecs[9]. Les poèmes homériques sont comme une langue maternelle. Entre la Grèce classique et le monde que peignent les poèmes, entre la langue de l'Athènes du IVe siècle et celle du poète, les différences sont certes majeures. Mais il n'en reste pas moins qu'Homère a été la nourrice qui a bercé la Grèce, l'éducateur qui l'a formée et parfois même l'autorité ultime dont il était bon de se réclamer[10]. Nos recherches terminologiques systéma-

8. L'étymologie de son côté reste assez hypothétique. Le *Dictionnaire étymologique de la langue grecque* (Klincksieck, 1999, p. 1374) nous informe qu'on rattache aujourd'hui *hairein* à la racine **ser-*, qui a donné des mots signifiant le butin (en hittite, en italien – *razzia* –, etc.), et l'on va ainsi jusqu'à rapprocher *hairein* de *servus* en latin et de *doulos* en grec (expliqué en ce cas par **do-sel-o*). On trouvera de fait dans les poèmes homériques la dimension de prédation du verbe *hairein* et du verbe *helein* (et mots apparentés) qui lui sert d'aoriste appliqué au captif de guerre, souvent destiné à l'esclavage sinon à la rançon. Cette dimension de prédation, essentielle, apparaît en clair dans *helôr*, *helôrion*, et distingue en partie les verbes *hairein* & *helein* de *lambanein*, quoique l'usage de ces deux types de verbes soit loin d'être totalement distinct.

9. Voir PLATON, *République*, II 376e *sqq.*

10. C'est tout particulièrement la manière dont Aristote en use, lui qui cite bien souvent Homère à l'appui de ses analyses, et non seulement pour la zoologie (Homère est une des sources de description souvent mentionnées dans l'*Histoire des animaux*), non seulement en éthique (Homère est invoqué

tiques sur les termes de la famille de *hairein* chez cinq auteurs (Homère, Thucydide, Démosthène, Platon, Aristote) nous ont révélé que l'usage le plus dense avait été fait du verbe *hairein* (actif et moyen[11]) par Homère, d'une manière telle que même les termes de la famille créés après l'époque des poèmes ainsi que les usages ultérieurs des formes existant déjà chez Homère s'y trouvent essentiellement préfigurés. On ne trouve en effet que le verbe *hairein* (actif et moyen) chez Homère avec les substantifs *helôr* & *helôrion* (« proie »), ainsi que l'adjectif verbal *heletos* (« qu'on peut saisir, prendre »), mais non le substantif *hairesis*. Mais les usages homériques du verbe portent déjà au moins en germe les sens de *hairesis*. Ce sont les résultats de cette enquête que nous allons à présent exposer, pour saisir à partir d'Homère les usages philosophiques platoniciens et surtout aristotéliciens. Nous exposerons les résultats de notre enquête d'une manière qui nous permette non pas d'atteindre l'exhaustivité, mais de faire émerger régulièrement en des excursus les sens et usages postérieurs à Homère. L'usage philosophique de *haireisthai-hairesis* apparaîtra ici comme une prolongation et un développement des prémices homériques.

1. *Haireisthai,* ou la prise intense. Système *donner-prendre-avoir*

Un des charmes de la langue grecque est l'existence d'une voix moyenne à côté des deux voix active et passive que connaissent les autres langues[12]. De manière générale, la voix moyenne note

jusque dans la définition de la *prohairesis*, quasiment comme garant ultime de la recherche achevée, *Éthique à Nicomaque*, III 5), mais même dans la *Métaphysique* (Λ, 10), où une citation de l'*Iliade* (οὐκ ἀγαθὸν πολυκοιρανίη, εἷς κοίρανος, II 204) clôture et sanctionne de son autorité tout le développement sur le bien dans le monde.

11. Dans la langue homérique, la voix passive n'est pas encore bien dessinée. Voir P. Chantraine, *Grammaire homérique,* II, p. 179 *sqq.*

12. En réalité, la voix moyenne est plus originelle que le passif. Voir P. Chantraine, *Grammaire homérique,* II § 266-269 : « Le moyen assume un rapport particulier avec le sujet, notamment dans des verbes exprimant un état, et particulièrement un état causé par autrui. Ce développement a pour conséquence

une relation plus étroite qui unit le sujet à l'action signifiée par le verbe (soit par l'intérêt qu'il y prend, le profit qu'il en retire, soit par l'initiative spéciale dont il fait preuve, soit par le fait que l'action s'applique à lui-même ou se fait en lui-même ou exprime son état, ou porte sur un objet qui lui appartient, etc.). Les nuances et les subtilités sont infinies et font l'objet de listes jamais closes dans les grammaires. Mais l'idée centrale est celle d'un engagement plus intense ou plus personnel du sujet dans son action, quels qu'en soient les motifs particuliers.

En ce qui concerne le verbe *hairein*, le résultat de notre enquête sur Homère nous montre que de l'actif au moyen se joue une sorte d'intensification de la prise, soit que la prise forme un contraste renforcé avec un « donner » auquel il s'oppose ou dont il est à l'inverse le complément, soit (et ce cas peut se combiner avec le précédent) que la prise de l'objet soit plus étroite ou plus intime que dans d'autres circonstances, soit qu'il y ait un investissement particulier du sujet dans sa prise du fait que l'objet exercera une fonction auprès de lui, etc. Cette enquête nous conduit à tempérer légèrement une appréciation générale des grammairiens que rapporte P. Chantraine sur l'absence de démarcation nette entre les deux voix dans les poèmes. En ce qui concerne le cas particulier du verbe *hairein*, il est patent que l'emploi du moyen et de l'actif n'est pas arbitraire[13].

L'étude de l'*Iliade* s'impose particulièrement, car le poème est innervé par une perspective de prise : prises de guerre, prise

que la flexion moyenne s'est prêtée à exprimer le passif. Toutefois, l'actif s'est d'abord opposé au moyen et le passif n'a pris place que secondairement dans la catégorie des voix » (§ 266, p. 179-180) ; « Le passif est une diathèse où le sujet est considéré comme agi, mais ce n'est pas un système grammatical constitué. [...] Chez Homère, la voix passive n'est pas un fait de langue, mais un fait qui relève de la parole, c'est-à-dire que le moyen (avec l'aoriste en -ην ou -θην) peut, à l'occasion, prendre la valeur que nous appelons passive » (§ 267, p. 180).

13. Voir P. Chantraine, *Grammaire homérique*, II, § 257-258, p. 172-173, où est précisément pris l'exemple du verbe *hairein*, mais avec un participe. Or le mode du participe semble exclure la voix moyenne pour ne tolérer que l'actif, et il y a probablement des raisons métriques à cela (notées par Chantaine, p. 174 ; voir nos remarques dans l'Annexe II). Il faut donc étudier la question sans faire des participes des objections aux régularités découvertes dans les autres modes. Les nuances de la voix moyenne sont exposées par Chantraine dans les § 257-265.

des cités, des nefs, des femmes, des autres biens, de la vie des guerriers, de leur personne comme captifs, des armes, des chars, des chevaux, des attributs du pouvoir, mais encore des passions et affects ou sentiments divers que « prennent » les humains (*cf.* en français « prendre courage ») ou qui inversement les prennent (comme l'effroi ou le désir), sans compter les personnes et objets divers qu'un mortel est amené à prendre dans sa vie ordinaire, comme des boissons et de simples repas. Or tout cela se dit notamment avec *hairein-haireisthai*.

Ce n'est manifestement pas un hasard si la prise des villes, des chars, des chevaux, des nefs et des hommes par des guerriers se dit toujours avec l'actif[14], quand la prise des femmes, avec sa dimension d'appropriation intime[15], se dit la plupart du temps – et, dans les cas importants, *toujours* – avec le moyen *haireisthai*[16], qui n'exprime nullement un choix, mais quelque renforcement et intensification de la prise opérée. De la même manière, une déesse prend un homme en vue d'un usage sexuel[17] avec la forme moyenne du verbe (*haireisthai*), quand un dieu en attrape un autre dans ses rets avec la forme active (*hairein*) : c'est qu'il n'a pas de perspective de possession amoureuse[18].

Ainsi dans le fil de l'*Iliade*, c'est à l'occasion du motif de la captive Briséis, véritable *leitmotiv*, que le verbe *haireisthai* s'impose dans toute l'intensité que lui confère la voix moyenne. Et ce, non pas simplement à cause de la puissance du désir érotique d'un homme pour une femme, mais encore parce qu'il se mêle à la question des femmes une question de rang, de dignité, d'honneur, histoire toute masculine de rivalité où ce qui est désiré dans la possession des femmes est avant tout une reconnaissance de la valeur du héros par un autre héros et une affaire de soumis-

14. Voir Annexe II, §§ 1, 2, 4, 4 bis, 19, 22.

15. *Cf.* l'expression grecque de l'union sexuelle par les verbes μίσγεσθαι et μίγνυσθαι, « se mélanger », donc « s'unir ».

16. Voir Annexe II, § 3. *Cf.* § 20 (hors contexte guerrier).

17. Le verbe χρῆσθαι, « user, utiliser », sert aussi à exprimer les relations intimes en grec.

18. Respectivement *Odyssée*, v 121 & viii 330. Voir Annexe II, § 33.

sion de l'inférieur au supérieur[19]. En outre, la femme est souvent une part du butin, et ce second fait entraîne une complexité de la prise, la prise des femmes étant une prise insérée dans une prise préalable de dimension plus collective. Ces trois aspects, à savoir l'aspect érotique (qui entraîne une intimité avec la captive), l'aspect de capture particularisée dans une prise plus large (celle de la cité tout entière, prise plus ou moins par le collectif des guerriers), et l'aspect de marque d'honneur et de part du chef, complexifient l'expression et sont présents – pour les deux derniers aspects – dans la dénomination de *geras* très régulièrement apposée à la femme comme butin : une part de butin qui est en même temps une part d'honneur et une prérogative du chef (*geras*). La question des femmes, surtout des captives, met donc en œuvre une densité psychologique sans comparaison avec la prise de la cité, à laquelle elle s'articule pourtant étroitement.

Le « motif Briséis » est le plus parlant et le plus abondant, car la prise de Briséis par Agamemnon (*haireisthai,* au moyen), qui prive ainsi Achille de sa part d'honneur, est la cause de la colère d'Achille et de son premier ressentiment – qui va entrer en conflit avec le second ressentiment pour un second être cher, Patrocle, qu'on va à nouveau lui « prendre », mais en le tuant au combat (*hairein,* à l'actif). D'un pôle à l'autre, de la femme Briséis à l'homme Patrocle, ces deux prises subies par Achille et qui encadrent le poème par un double courroux du jeune héros (un courroux le portant à l'abstention – Achille se retire sous sa tente –, un courroux le portant au déchaînement de la violence – Achille ira jusqu'à l'outrage suprême, celui du cadavre –), se joue la différence du moyen et de l'actif. C'est pourquoi nous accorderons au « motif Briséis » une attention toute particulière en suivant linéairement l'évolution de ce véritable *leitmotiv*, d'autant plus que c'est à nos yeux dans ces vers de l'*Iliade* qu'apparaît en clair

19. Si ce n'était qu'une histoire de femme, les proportions prises par l'affaire Briséis seraient incompréhensibles et injustifiées (*cf.* la réplique d'Achille à Agamemnon, XIX 56-58, pleine d'un cruel mépris pour Briséis, et qui trahit qu'il ne s'agissait donc justement pas que d'une affaire de femme), pas plus que l'expédition achéenne tout entière contre Troie n'est simplement due à l'amour de Ménélas pour Hélène.

le sens d'un adjectif plus tardif et utilisé en éthique dans le cadre de la réflexion sur la responsabilité : *authairetos*, traduit souvent par « volontaire, libre »[20], mais qui signifie de manière essentielle l'acte de prendre de soi-même et à soi-même, par opposition à un don ou une contrainte imposée par une personne en vis-à-vis. *Authairetos* apparaît une fois dans le corpus aristotélicien, précisément dans la discussion sur la responsabilité de l'agent moral vis-à-vis de ses dispositions éthiques[21]. L'examen des textes d'Homère permet d'élucider concrètement le sens à donner à ce terme.

Le « motif Briséis », Chant I : l'humiliation

Le chant I expose l'altercation qui aboutit à la prise de Briséis par Agamemnon, lequel en prive ainsi Achille. Agamemnon a refusé dix jours plus tôt la splendide rançon qu'apportait Chrysès, prêtre d'Apollon, pour ravoir sa fille Chryséis, et ne lui a pas rendu celle qu'il garde comme captive. Colère de Chrysès, intervention d'Apollon qui décoche ses flèches sur les Achéens mourant les uns après les autres, *agora* pour savoir ce qu'on doit faire, consultation du devin Chalcas encouragé par Achille à dire la vérité et assuré de la protection de celui-ci : Agamemnon consent à présent à rendre (« donner en retour », *domenai palin*, I 116) la fille, mais, dit-il, il convient que les Achéens lui préparent une autre part d'honneur, *geras*. L'offense va alors se déplacer : après l'offense faite au prêtre Chrysès dont on a pris la fille et l'offense indirecte faite ainsi à Apollon, après l'offense implicite faite à Agamemnon privé de sa part d'honneur, va surgir l'offense à l'impétueux et irrévérencieux Achille, dont Agamemnon exige qu'il lui donne sa captive Briséis en remplacement de Chryséis. L'affrontement est structuré par le jeu qui se joue entre « donner (remettre) » et « prendre », entre *didonai* et *haireisthai*, c'est-à-dire entre un « donner, remettre de sa propre initiative », opposé à un « prendre de soi-même », un prendre intense qui est ici « s'approprier contre le gré de celui qui ne donne pas », le tout sur

20. *Cf.* Démosthène, *Sur les forfaitures de l'ambassade*, 259 : *authairetos douleia*, rendu par G. Matthieu (cuf) par « servitude volontaire ».

21. *Éthique à Nicomaque*, III 7.1114b6 (texte cité et discuté plus loin).

le fond d'une *privation*[22] qui serait celle d'Agamemnon si les choses restaient en l'état, par opposition à un *avoir*, une *possession* d'Achille[23]. Le lien de *hairein-haireisthai* à la privation, au manque sera renforcé chez Platon, qui en fait le fondement du désir[24] et le place donc au centre de l'éthique.

Dans l'*Iliade*, tout ce contexte est dessiné en motifs d'appropriation violente et d'humiliation entraînée par cet acte même d'appropriation violente. Quand Agamemnon exige que les Achéens lui donnent un nouveau *geras* en réparation de la perte qu'il va subir, Achille intervient, pour faire valoir à Agamemnon que les Achéens n'ont plus rien, pour l'instant, à lui donner, car le partage du dernier butin a déjà eu lieu et il n'est pas d'usage de revenir sur ce qui a été attribué[25] :

> « Vraiment, comment les Achéens au grand cœur trouveront-ils moyen de te donner (*dôsousi*) une part d'honneur ? » (*Iliade*, I 123).

La hauteur de ton du jeune Achille, parlant au roi qui l'emporte sur tous les autres rois achéens, irrite immédiatement Agamemnon, qui se voit infliger un double affront, celui de voir partir sa part d'honneur, et celui de se voir contrer en pleine *agora* par Achille et par le devin Chalcas. On a alors un des deux

22. Exprimée par les termes ἀγέϱαστος, I 119 & δευόμενον, I 134.
23. Exprimée tout aussi explicitement par ὄφϱ´ αὐτὸς ἔχῃς, I 133.
24. *Banquet*, 199d-201c.
25. La manière dont est attribué le *geras* doit se comprendre à partir de la procédure du *dasmos*, « partage du butin ». On peut voir dans le *dasmos* une des premières manifestations de la problématique de la *justice distributive* entre personnes libres mais de valeur soit égale soit inégale (voir I 166-167). Il pèse une certaine ambiguïté sur ces procédures, les textes ne disant pas nettement à qui revient la prérogative d'attribuer le *geras* aux chefs ou aux guerriers éminents. L'ouvrage de Pierre Carlier (*La royauté en Grèce avant Alexandre*, p. 151-154) suggère la procédure suivante : « Il est probable que le partage du butin donne lieu à la réunion d'une Assemblée, qui se déroule à peu près comme toutes les Assemblées. Le roi et "les anciens qui ont voix au Conseil" proposent publiquement d'offrir au roi telle ou telle part de choix, d'honorer solennellement tel ou tel héros par le don d'un γέϱας : le peuple approuve avec plus ou moins d'enthousiasme, ou murmure ; le roi décide en dernier ressort. Ensuite, le roi divise le reste du butin en lots égaux, et chacun tire au sort ce qui va lui revenir » (*op. cit.*, p. 153).

passages les plus denses autour de la prise de Briséis, avec la première occurrence du verbe *hairein* (et au moyen) dans le poème. Tout à l'heure, Agamemnon demandait qu'on lui prépare sur le champ une autre part d'honneur (I 118) ; à présent, il menace : si on ne lui donne pas cette part digne de lui, il la prendra lui-même. C'est ce « prendre soi-même », et cela, « pour soi-même », que vient exprimer le verbe *haireisthai* :

> « Ne t'en va pas, tout excellent que tu sois, divin Achille, tenter de dissimuler de cette manière ta pensée, car tu ne réussiras pas à me circonvenir ni ne me persuaderas. Eh quoi ! tu prétends donc, pendant que tu es toi-même en possession (*echèis*) de ta part d'honneur, que je reste assis ainsi, tout privé (*deuomenon*) de cette part, toi qui m'enjoins de *rendre* (*apodounai*) la fille ? Eh bien ! si les Achéens au grand cœur veulent me donner (*dôsousin*) une part d'honneur qui s'accorde à mon cœur, de manière qu'elle compense [ma perte], soit ! mais s'ils ne me la donnaient (*dôôsin*) pas, alors moi (*egô*), j'irais en personne prendre (*autos helômai*) ou la tienne, ou celle d'Ajax, ou je prendrais celle d'Ulysse pour l'emmener (*axô helôn*)[26] » (*Iliade*, I 131-139).

Il se dessine ici un système d'oppositions très clair : *donner-prendre* (*didonai-haireisthai*), et *manquer-avoir* (*deuesthai-echein*). L'expression « prendre en personne » (*cf. autos helômai*) n'est porteuse d'aucune signification de choix : il ne s'agit pas de dire « j'irais en personne choisir ta part ou celle d'Ajax », mais bien « j'irais en personne prendre ta part, ou bien celle d'Ajax ». Le sens de *haireisthai* se comprend dans l'opposition au donner, ici comme dans tout le chant I. La menace d'Agamemnon a pour cadre la procédure du partage du butin (*dasmos, cf.* I 166), où il est donné à chacun la part qui lui revient selon son rang et normalement selon son mérite. Prise des villes et des corps, puis don à chacun par répartition du butin pris, voilà la procédure normale de prise et de don impliqué par le *dasmos,* auquel Achille fait allusion :

26. εἰ δέ κε μὴ δώωσιν, ἐγὼ δέ κεν αὐτὸς ἕλωμαι | ἢ τεὸν ἢ Αἴαντος ἰὼν γέρας, ἢ Ὀδυσῆος | ἄξω ἑλών· [...]. Les participes du verbe sont toujours à l'actif dans les poèmes et ne peuvent servir à comprendre la différence de l'usage du moyen et de l'actif. Voir nos remarques dans l'ANNEXE I.

« Et voilà que toi, tu menaces de me reprendre en personne (*autos aphairèsesthai*) ma part d'honneur, pour laquelle j'ai tant peiné et que m'ont donnée (*dosan*) les fils des Achéens ! » (*Iliade*, I 160-161).

Ce scandale de la *prise* violente exercée par une seule personne en un acte de sa seule initiative et qui défait le *don* normalisé opéré par le collectif lors d'une répartition recueillant l'assentiment général, revient à plusieurs reprises dans la bouche d'Achille[27]. La menace que fait Agamemnon avec l'expression *autos helômai* est donc une rupture de la procédure normale. *Haireisthai* ne nomme pas un choix, mais l'irruption en force d'un agent supérieur qui s'institue de manière autonome comme auteur d'une prise résolue, brisant le cours régulier d'une répartition collective obéissant à la règle du mérite et du rang – donc le cours normalisé de ce qui est déjà, sans que le mot y soit, une justice distributive. Achille finit par capituler, mais il ne cède qu'en tant qu'il finit par interpréter l'affaire comme une reprise collective du don collectif qui lui avait été fait :

« Je n'en viendrai pas aux mains pour cette fille, ni contre toi, ni contre un autre, puisque vous me la reprenez (*aphelesthe*) comme vous me l'avez donnée (*dontes*) » (*Iliade*, I 298-299).

L'offense repose donc tout entière sur ce *auton haireisthai*, ce « prendre en personne » d'Agamemnon en rupture avec la procédure normalisée de répartition du butin ; et avec cette offense, c'est toute l'action dramatique de l'*Iliade* qui est lancée. Car Achille fait payer à Agamemnon sa violence en refusant désormais de lui obéir et en se tenant à l'écart des opérations guerrières dont ce dernier a le commandement. On doit donc prendre la pleine mesure de la charge que porte ce verbe *haireisthai* dans les paroles de l'Atride.

Du point de vue d'Agamemnon, cette rupture de la procédure est en fait réparation de la perte qu'il subit lui-même, et obéit dans le fond à la règle du mérite et du rang, comme il l'avait dit plus haut :

27. *Iliade*, I 230, I 275-276.

> « [...] mais je m'en vais te menacer ainsi : comme Phébus Apollon me reprend (*aphaireitai*) Chryséis, moi, je la renverrai sur ma propre nef accompagnée de mes hommes ; mais je m'en irai moi-même (*egô*) et en personne (*autos*) jusqu'à ta tente pour emmener (*agô*) Briséis aux belles joues, ta part d'honneur, afin que tu saches combien je te suis supérieur [...] » (*Iliade,* I 181-186).

L'acte nommé par *haireisthai* est donc présenté par Agamemnon comme la réparation d'un « reprendre » qui le prive, *aphaireisthai.*

La menace étant mise à exécution, on arrive au deuxième passage dense du « motif Briséis », parallèle au premier, mais sans l'évocation d'une pluralité de captives (celles d'Ajax, Ulysse et Achille), puisqu'Agamemnon a resserré sa menace sur le seul Achille. Avant ce second passage, on notera que dans l'intervalle on trouve une occurrence de *hairein,* à l'actif, où il s'agit de signifier un simple contact qui permet à Athéna de retenir Achille furieux et prêt à sortir l'épée contre Agamemnon, et où l'absence du moyen parle d'elle-même (le sujet du verbe est Athéna) :

> « Elle s'arrêta derrière lui, pris (*hele*) le Péléide par sa chevelure dorée, à lui seul apparaissant ; [...] » (*Iliade,* I 197-198).

Dans le second épisode touchant Briséis, donc, Agamemnon donne l'ordre à Talthybios et Eurybate d'aller chercher la captive. La formule est parallèle à celle du premier passage :

> « Allez tous deux à la baraque d'Achille le Péléide ; prenez par la main Briséis aux belles joues pour l'emmener (*agemen*). S'il ne voulait pas la donner (*dôièsin*), j'irais moi-même (*egô*) en personne la prendre (*autos helômai*) avec une troupe plus nombreuse [...] » (*Iliade,* I 322-325).

Finalement, Achille, qui a été fléchi par Athéna, ordonne à Patrocle de « donner Briséis à emmener » (*dos agein,* I 338). En fait, le « donner » égale ici la soumission ; c'est bien, symboliquement, Agamemnon qui a pris Briséis, par le truchement de deux de ses hommes venus pour l'emmener. Il en résulte une formule récapitulative et répétée de manière lancinante au cours de l'*Iliade*, et d'ailleurs citée par Aristote :

> « Il m'a humilié : il m'a pris (*helôn*) ma part d'honneur qu'il tient en sa possession (*echei*), lui qui en personne me l'a ôtée (*autos apouras*) » (I 356 ; *cf.* I 507, II 240…)[28].

L'expression *autos apouras* insiste sur le verbe *helôn*, qui apparaît ici à l'actif à cause du mode participe. Le verbe « avoir en sa possession », *echein*, note le résultat. La *prise* est *appropriation*, *haireisthai* aboutit à une possession, *echein*. On trouvera exactement ce type de schéma chez Platon, et à sa suite chez Aristote.

Pendant ce temps-là, on remet dans les mains du devin Chrysès sa fille Chryséis. Chrysès est alors sujet d'un verbe « recevoir » (*dechesthai*, I 446), et non d'un verbe « prendre ». Un système de complémentarité se forme donc avec « donner » et « recevoir » (*didonai* & *dechesthai*), où les sujets sont en vis-à-vis et les actes complémentaires.

En conclusion de cet examen du chant I, on notera que le moyen n'apparaît en aucun cas lié à une problématique du choix mais *à une problématique d'appropriation affirmée, dont le sujet est l'acteur à part entière*, par opposition nette avec un refus de donner qu'exprime une personne en vis-à-vis. Il se dessine une structuration *donner-prendre* (*didonai-haireisthai*) comme couple antagoniste (« soit tu donnes, soit je prends ce que tu ne veux pas donner ») et *donner-recevoir* (*didonai-dechesthai*) comme couple complémentaire (« tu donnes et je reçois »). Il arrive dans les poèmes que « prendre » soit complémentaire de « donner »[29] ; dans ce cas, *haireisthai* s'assimile à *dechesthai*. Enfin, tacitement, on trouve un couple *ôter-prendre* (*aphaireisthai-haireisthai*) où le second répare le premier.

28. ἠτίμησεν· ἑλὼν γὰρ ἔχει γέρας, αὐτὸς ἀπούρας. Aristote cite le vers sans le dernier terme (*Rhétorique*, II 2.1378b32-34).

29. En particulier dans la scène sur le bouclier d'Achille (XVIII 500-501 : *apodidonai* & *haireisthai*), mais le passage reste difficile. Voir plutôt l'image de VII 482 : « Ils accueillirent (*helonto*) le don (*dôron*) du sommeil ».

La notion, secondaire, de *choix* prendra place *au sein* de ce système *donner-prendre* et en tirera son sens, ce que l'expression classique grecque signifiant « donner le choix » exprime en toute clarté : car « donner le choix » se dit en grec classique *hairesin didonai,* c'est-à-dire littéralement « donner (à faire) une prise (de son propre chef) » : est offerte à autrui une initiative personnelle de prise, don paradoxal qui manifeste l'inexprimable supériorité de celui qui donne ce qui pourtant ne saurait être donné, aussi vrai que l'initiative la plus authentique ne se donne pas de l'extérieur. Le chant IX en offre une illustration.

Le « motif Briséis », Chant IX : la réparation

Le chant IX est le second chant où le « motif Briséis » reçoit un traitement important. Les occurrences du verbe *haireisthai* concernant Briséis prennent place au moment où Agamemnon regrette son erreur vis-à-vis d'Achille et énumère les dons qu'il lui fera en réparation, dans une longue tirade (IX 115-161) où se mêlent de manière remarquable les termes du don et les formes du verbe *haireisthai.* Agamemnon déclare qu'il donnera (*domenai*) une immense réparation à Achille pour lui donner satisfaction (IX 120), et se lance dans une énumération des dons (*dôra,* IX 121) qu'il compte lui faire. Il commence par des objets (trépieds, bassins), puis passe aux animaux, des chevaux qui ont déjà été vainqueurs dans des concours, et par lesquels leur possesseur ne risque pas d'être sans butin (IX 125) ni dépourvu de richesses (IX 146). Agamemnon passe ensuite aux femmes, et c'est à ce moment que les verbes apparaissent à foison : il lui donnera (*dôsô,* IX 128) sept femmes de Lesbos, précisément celles qu'il s'était mises de côté (*exelomèn*) pour lui-même lorsqu'Achille prit la cité (*helen,* IX 129-130) ; il les lui donnera (*dôsô,* IX 131), et parmi elles se trouvera Briséis qu'il lui a tantôt enlevée (*apèurôn,* IX 131), et dont il jurera n'avoir pas partagé la couche. À ces présents, déjà acquis puisqu'Agamemnon a le pouvoir sur eux, s'ajoutera, au cas où les dieux « donneraient » (*dôôs'*) aux Achéens de piller Troie, à l'heure du partage du butin (IX 138), un don qu'Agamemnon annonce en ces termes :

CARTE POSTALE

Librairie où vous avez acheté ce livre :

. . . .

Ville : . . . .

Titre du volume acheté : . . . .

. . . .

Suggestions : . . . .

. . . .

À : . . . . le : . . . .

Société d'Édition

LES BELLES LETTRES

95, boulevard Raspail

75006 PARIS

FRANCE

« qu'il prenne lui-même (*autos helesthô*) vingt femmes Troyennes qui soient les plus belles après Hélène l'Argienne » (*Iliade*, IX 139-140).

La liste se poursuit avec le don que fera Agamemnon à Achille de sa fille, plus exactement : Achille pourra emmener, parmi les trois filles d'Agamemnon, celle qu'il lui plaira (IX 146), et ce, non seulement sans avoir à faire de ces présents coutumiers en tel cas (*anaednon*), mais encore en voyant cette fille dotée magnifiquement par Agamemnon comme personne n'a jamais doté sa fille (verbe *didonai*, IX 147-148). Enfin, il lui donnera (*dôsô*) sept cités, dont les habitants l'honoreront comme un dieu par leurs présents (*dôtinèisi*, IX 155) et lui paieront de grasses redevances.

Ces dons faits par Agamemnon sont pour ainsi dire des dons au carré, ou des sur-dons : il donne quelque chose qui donnera et rapportera des richesses (les chevaux, les citoyens), ou à qui en outre il donnera (la dot à sa fille). Mais le sur-don apparaît de manière éminente quant Agamemnon *donne* à Achille *de prendre* lui-même des femmes, don exprimé dans les mots *autos helesthô* (« qu'il prenne lui-même »), qui font incontestablement écho au *autos helômai* (« je prendrai moi-même ») qui a causé toute la querelle. Dans le cadre de cette prise offerte, prend place un choix : Achille, prenant de lui-même, pourra prendre les femmes qui lui plaisent le plus. Cette prise offerte à Achille est un don, qui surplombe la prise, comme domine dans toute la scène le caractère écrasant des dons proposés, caractère qui manifeste la puissance d'Agamemnon et qui se veut comme une telle manifestation de puissance et de supériorité. La liste des dons se conclut logiquement par une exigence de soumission, but véritable de toute la proposition[30] :

30. Nous avons ici un exemple du constat général que fait M. Mauss : « Donner, c'est manifester sa supériorité [...] ; accepter sans rendre ou sans rendre plus, c'est se subordonner [...] » (*Essai sur le don*, p. 271-272). Pour le reste, si cette scène fait penser au *potlatch*, le cas en diffère, car l'offre d'Agamemnon ne s'inscrit pas dans ce que Mauss a appelé un système de prestations totales (réciproques) de type agonistique (*op. cit.*, p. 151 & 153), même si la

« Qu'il se laisse dompter (*dmèthètô*) ! – Hadès, oui, ne s'adoucit pas et reste indomptable (*adamastos*) ; c'est aussi pourquoi il est de tous les dieux le plus haï des mortels. – Qu'il se soumette donc à moi, dans la mesure précisément où je suis plus roi que lui et que par la naissance je me flatte de venir avant lui » (*Iliade*, IX 158-161).

Tout le passage manifeste une rivalité pour la supériorité du pouvoir qu'Agamemnon prétend posséder, qui s'était trahie dans l'expression *autos helômai*, et s'était réalisée partiellement dans la soumission d'Achille (à l'instigation d'Athéna) qui a finalement « donné à emmener » sa captive mais a refusé d'obéir désormais à Agamemnon. Ce dernier cherche à manifester sa supériorité jusque dans la réparation de l'outrage, laquelle ne vise qu'à soumettre totalement Achille. De fait, le jeune héros, encore rebelle, déclinera cette trop claire manifestation d'une volonté dominatrice. Ce qui est en jeu dans *autos helesthô* est la combinaison du don et du prendre (qui est cette fois lui-même précisément ce qui est donné), en miroir de l'épisode *autos helômai* (« je prendrais moi-même ») auquel cet *autos helesthô* (« qu'il prenne lui-même ») répond, mais à l'impératif cette fois, car c'est un ordre. L'acte nommé par *haireisthai* est depuis le début, dans le « motif Briséis »,

Grèce archaïque est traversée comme toutes les sociétés par la problématique des dons obligatoires et réciproques (entre vivants, entre vivants et morts, entre mortels et dieux, etc.). En l'occurrence, le don ne s'inscrit pas dans un système de contre-don obligé (noter l'absence de contrepartie pour l'obtention de la fille en mariage, *anaednon*, IX 146). L'offre d'Agamemnon s'apparente nettement plus à la composition ou transaction en cas de meurtre, car il s'agit bien ici de *réparation*, et le mariage du meurtrier avec l'une des filles de la famille de la victime était une des voies de réconciliation des familles, le nouveau gendre remplaçant ainsi la perte subie par la famille lésée (voir G. Glotz, *Études sociales et juridiques sur l'Antiquité grecque*, p. 25-26). La situation de gendre correspond en outre à une certaine soumission vis-à-vis du beau-père. Mais à nouveau, le cas n'est pas constitué, puisque c'est celui qui offre sa fille qui a commis l'offense et non celui qui est destiné à devenir le gendre. Il semblerait qu'il y ait ici un véritable jeu du poète : tout comme Agamemnon a subverti la règle institutionnelle du *dasmos*, il subvertit d'autres pratiques régulières, et cette rupture autocratique et individuelle de la régularité et des pratiques communes vise à établir sa supériorité.

à comprendre dans un vis-à-vis complexe avec *didonai*, « donner », et signifie bien « prendre par soi-même et pour soi-même ».

Excursus 1 : hairesin didonai *&* *« donner le choix »*

Ce dispositif donne donc précisément le sens de l'expression post-homérique que nous rendons en français par « donner le choix », ce qui se dit en grec *hairesin didonai*. Une fois repéré le système *donner-prendre* dans les poèmes homériques, il est frappant de voir que ce « donner le choix » grec est précisément l'association intime en une seule expression du donner et du prendre. Littéralement, *hairesin didonai* est « donner à prendre, donner à opérer une prise ». Il s'agit d'un sur-don ou don de niveau supérieur, d'un paradoxal « donner la possibilité de ne pas rester dans la réception passive d'un don », ce qui est « donner à faire une prise (*hairesin*) par soi-même ». L'expression *hairesin didonai* est très courante dans la prose classique et correspond la plupart du temps à des situations de choix[31]. Mais l'essentiel n'en est pas moins dans le couple du don et de la prise et dans l'initiative offerte (initiative donc subordonnée) de prendre, autrement dit, dans *le vis-à-vis personnel structuré par don et prise*, plutôt que dans l'arbitrage interne à l'individu esseulé faisant un choix, arbitrage qui vient dans un second temps et dans le cadre de cette relation inter-personnelle. S'il est vrai, comme le dit M. Mauss, que « donner, c'est manifester sa supériorité »[32], donner à autrui non pas la chose, mais la possibilité de prendre de lui-même la chose, manifeste une supériorité encore plus grande, qui n'est pas loin du divin. C'est offrir non la trivialité du réel, mais l'ouverture du possible, non la position du patient, mais l'initiative de l'acteur. Dans cette perspective, le fait qu'avoir le choix parce qu'on vous le donne ne soit pas une problématique centrale dans l'éthique ancienne est en pleine cohérence avec le fait que, dès la *République* de Platon, les dieux aient été mis de côté pour ce qui est de la réflexion éthique. L'éthique philosophique

31. On trouve parfois (rarement) l'expression complémentaire *hairesin labein*, « avoir le choix » : Démosthène, *Pour Phormion*, 11. Le verbe *labein*, qui ne signifie pas littéralement « avoir » mais « prendre », est le répondant du *didonai* de l'expression *hairesin didonai*.

32. Références dans l'avant-dernière note.

ancienne ne s'élabore pas dans le dispositif du « donner le choix » que fait un être supérieur à un être inférieur.

Excursus II : authairetos *& la responsabilité*

Adjectif non homérique et du reste assez peu fréquent même dans la langue classique[33], *authairetos* doit se comprendre à la lumière de ce vis-à-vis du donner et du prendre, tel que nous venons de le voir à l'occasion du « motif Briséis ». Le terme *authairetos*, dont la dimension morale deviendra importante malgré sa faible présence dans les textes, a beau ne pas se trouver chez Homère, c'est chez lui qu'on trouve la source de son sens. *Authaireton* est à *haireton* (« prenable... ») ce que *auton haireisthai* (« prendre en personne ») est à *haireisthai* (« prendre ») : une intensification de l'engagement de la personne dans sa prise. *Authaireton* insiste sur le fait que la chose est prise à la propre initiative de celui qui la prend. La *responsabilité* ne repose pas ici particulièrement sur le choix, mais sur l'initiative, l'investissement ou l'affirmation de l'agent dans son acte.

Ainsi en va-t-il dans les occurrences qu'on trouve chez Thucydide, dont deux parlent de dangers (I 144.1, VIII 27.3), une, de la bonne délibération (I 78.4), et la dernière, de servitude (VI 40.2). Le caractère *authaireton* des dangers se comprend comme des risques pris par les Athéniens eux-mêmes de leur propre initiative, par opposition aux desseins de l'ennemi (discours de Périclès) :

> « J'ai encore de nombreux autres motifs d'espérer notre victoire, pourvu que vous vouliez bien renoncer à acquérir quelque nouvelle domination en même temps que vous guerroyez, et ne pas vous exposer à des risques pris de votre propre chef (*authairetous kindunous*) ; j'ai en effet appris à craindre davantage nos propres erreurs

33. Il n'apparaîtra qu'une fois chez Aristote (*ÉN* III 7.1114b6), jamais chez Platon. Présent chez Thucydide (4 fois : I 78.4, I 144.1, VI 40.2, VIII 27.3), Sophocle (2 fois : *Œdipe roi*, 1231 ; *Œdipe à Colone*, 523), Euripide (4 fois : *Les suppliantes*, 931 ; *Fragmenta* [Nauck], 292 l. 4 ; 339 l. 3 ; 1 026 l. 1), Xénophon (2 fois : *Helléniques*, VI 2.36 ; *Anabase*, V 7.29), Démosthène (1 fois : *Sur les forfaitures de l'ambassade*, 259), il ne se trouve pas dans les textes conservés d'Homère, Hésiode, Hérodote, Eschyle, Gorgias, Aristophane, Antiphon, Lysias, Isocrate, Isée, Platon, Lycurgue, Eschine, Dinarque, Hypéride, Démade, Andocide.

(*tas oikeias hèmôn hamartias*) que les desseins de nos adversaires » (*La Guerre du Péloponnèse,* I 144.1).

Même type de sens à propos de la « servitude volontaire », *authairetos douleia,* qui fait écho au verbe *haireisthai* utilisé dans la même phrase :

> « [...] [notre cité, Syracuse,] ne s'infligera pas une servitude volontaire (*authaireton douleian epibaleitai*) en vous prenant pour maîtres (*helomenè humas archontas*) » (*La Guerre du Péloponnèse,* VI 40.2).

L'unique occurrence dans le corpus conservé de Démosthène (dont on sait l'intérêt pour Thucydide) reprend l'expression de *douleia authairetos,* et l'inscrit explicitement dans un système *donner-prendre* :

> « ... livrant (*prodidontes*) leur propre liberté – les malheureux ![34] – [ils] attirent sur eux-mêmes une servitude volontaire (*authaireton hautois epagontai douleian*)... » (*Sur les forfaitures de l'ambassade,* 259, trad. G. MATHIEU, CUF).

Le terme *authaireton* signifie l'inverse complémentaire de *prodidontes.* Il y a ici don (abandon à autrui), et prise (à soi).

La signification de *authairetos* est donc à comprendre de la même manière que se comprend l'expression *egô de ken autos helômai* (« j'irais, moi, en personne la prendre ») dans l'*Iliade* grâce au système *donner-prendre* : comme une prise où l'investissement et l'activité de l'agent sont renforcées, par opposition à ce qui est donné de l'extérieur.

On en trouve encore confirmation dans cette occurrence d'*Œdipe roi* :

> « [...] de tous les malheurs, ce sont ceux qui viennent au jour de nous-mêmes (*authairetoi*) qui affligent le plus » (*Œdipe roi,* 1230-1231)[35].

34. L'exclamation est ironique.
35. [...] τῶν δὲ πημονῶν μάλιστα λυποῦσ᾽ αἳ φανῶσ᾽ αὐθαίρετοι.

Il ne peut s'agir de dire « les malheurs qu'on s'est librement choisis »[36], car on ne choisit pas ses malheurs – surtout pas Œdipe ! Jocaste vient de se pendre ; Œdipe, dans un mouvement impulsif, à la découverte du corps inanimé, s'est immédiatement crevé les yeux avec les agrafes prises sur les vêtements de la défunte, le tout dans un débordement tragique de lamentations et de cris. Il n'est pas question, avec cette pendaison et cet aveuglement volontaire opéré dans le tourbillon de la douleur et sous le coup de l'horreur, de maux « nés d'un libre choix ». *Authairetoi* exprime que Jocaste et Œdipe ont eux-mêmes produit ces malheurs de la pendaison et de la crevaison des yeux, malheurs dont le détail n'était pas prescrit dans l'arrêt des dieux. On pourra comparer avec l'expression de « mort *authairetos* » dans les *Helléniques* de Xénophon :

> « Sous le coup de la douleur (*hupo lupès*), Krinippos se donne la mort » (littéralement « meurt, *apothnèskei*, d'une mort qu'il prend de lui-même, *authairetôi thanatôi* », *Helléniques*, VI 2.36).

La douleur exclut qu'on ait là un « libre choix ». On trouvera de plus dans un fragment d'Euripide l'opposition entre des maladies *authairetoi* et des maladies qui viennent des dieux (*ek theôn*)[37]. Les mortels ne choisissent pas davantage des maladies qu'ils ne choisissent des malheurs, mais en revanche ils peuvent se les attirer, se les acquérir, en être la cause et la source immédiate, par opposition à celles que leur procurent les dieux sans que les humains en aient l'initiative.

C'est donc essentiellement dans le système *donner-prendre* que se comprend l'expression *authairetos*, à l'instar de l'expression d'Agamemnon *autos helômai*. Et c'est bien normal : l'élément *autos* dans le composé *authairetos* insiste sur la *personne* ; or le système *donner-prendre*, comme nous l'avons déjà analysé, implique une *relation* entre l'agent et un vis-à-vis personnalisé, qu'il soit un être humain lui-aussi, ou un dieu, ou même, à la limite, comme

36. Paul Mazon (cuf) traduit ainsi : « mais parmi les malheurs, les plus affligeants ne sont-ils pas justement ceux qui sont nés d'un libre choix ? ».
37. Euripide, *Fragmenta*, 292, ligne 4 (Nauck).

dans l'occurrence aristotélicienne que nous allons voir à présent : la nature.

Au chapitre III 7 de l'*Éthique à Nicomaque*, il est question de la *phantasia*, spécialement de la représentation de la fin et du bon, représentation dont on dispute la question de savoir si l'on en est responsable ou non (*aitioi*) :

> « Mais si quelqu'un avançait l'argument que tous poursuivent (*ephientai*) le bien apparent, mais qu'on n'est pas maître de la manière dont il apparaît, et qu'au contraire, la fin paraît à chacun revêtir la même qualité que celle, quelle qu'elle soit, qu'il revêt lui-même, [nous répondrions ce qui suit]. Si chacun est cause d'une certaine manière pour lui-même de la disposition de son caractère, il sera aussi lui-même cause, d'une certaine manière, de l'apparence [que revêt la fin pour lui]. Si au contraire nul[38] n'est pour lui-même cause de ses mauvais agissements, mais si l'on accomplit ces actions par ignorance de la fin, en croyant s'approprier (*hautôi esesthai*) le meilleur [des biens] par le moyen de ces actions ; si l'on n'a pas acquis par soi-même (*authairetos*) la manière dont on poursuit la fin (*tou telous ephesis*) mais qu'il faut naître (*phunai*) en la possédant déjà (*echonta*) comme on possède la vue, par où l'on discernera (*krinei*) correctement et l'on se saisira (*hairèsetai*) du bon véritable, et si est un homme "d'un bon naturel" celui chez qui [cette capacité] est par nature disposée correctement… » (*Éthique à Nicomaque*, III 7.1114a31-b8).

Aristote rapporte un argument qui veut que l'on n'ait pas *acquis par soi-même* la manière dont on *poursuit* la fin[39], mais qu'il faut *naître* en *possédant déjà* la bonne manière de poursuivre la fin, comme on *possède* la vue, ce qui permettra de discerner correctement le bon et de s'en *saisir* (verbe *haireisthai*), à la manière, pouvons-nous ajouter, dont une bonne vue nous rend capable de saisir les bons objets ; ce serait là la véritable *euphuia*, le véritable naturel bon et bien doué. Le passage n'oppose pas du *choix* à de l'inné, mais bien de *l'acquis* à de l'inné, et plus précisément de

38. 1114b3 : je retiens la leçon μηδείς maintenue par Susemihl-Appelt (1903). La longue suite de protases accumulées ici est reprise en 1114b12 par εἰ δὴ ταῦτ᾽ ἀληθῆ, et l'apodose suit alors immédiatement.

39. ἡ δὲ τοῦ τέλους ἔφεσις οὐκ αὐθαίρετος. On a déjà ici le système *poursuivre-prendre*.

l'acquis *par soi-même*, où l'on est l'agent actif de cette acquisition, à la différence de ce que serait, par exemple, une acquisition par l'éducation *via* un maître. Ainsi *authairetos*, « acquis par la personne elle-même », qui s'oppose ici directement à « naître en la possédant déjà », se démarque-t-il en outre (sans s'y opposer frontalement dans l'argument) du simple « prendre, recevoir » (*labein*) de la ligne 1114b10, où l'argument (refusé par Aristote) précise qu'on ne saurait « prendre ou recevoir d'autrui » (*par' heterou labein*) le bon naturel en question, « ni l'apprendre » (*mède mathein*)[40]. *Authairetos* exprime donc cet acte propre à l'agent, venant de son initiative.

Excursus III *:* haireisthai *& la justice distributive*

Le « leitmotiv Briséis » et l'usage du verbe *haireisthai* s'inscrit dans la problématique de la distribution qu'est le *dasmos*. Or il y a des enseignements à tirer de ce *dasmos* épique pour saisir le caractère de l'homme juste dans le livre V de l'*Éthique à Nicomaque* (= livre IV de l'*Éthique à Eudème*).

Il suffit de rappeler les récriminations permanentes d'Achille, qui souligne sans cesse l'injustice de sa situation : c'est lui qui prend le plus (de vies de guerriers, de cités, verbe *helein*), et qui reçoit le moins lors du partage (voir I 164-168). Par delà la revendication de la possession d'une part du butin, il s'agit d'une polémique sur la valeur du guerrier et de ce qu'il reçoit en proportion de sa valeur. Cela apparaît notamment dans le chant IX :

> « De toutes ces cités, j'ai pris (*exelomèn*) des butins sans nombre et de valeur incomparable, et portant (*phérôn*) tout à l'Atride, je les lui remettais chaque fois (*doskon*) ; lui, restant (*menôn*) près des nefs rapides[41], se bornant à les recevoir (*dexamenos*), en distribuait (*dia...*

40. Pour une explication similaire (avec quelques différences) de l'*euphuia*, voir Alexandre d'Aphrodise, la *Question 29*, dans *Praeter commentaria scripta minora* (éd. I. Bruns) t. 2, p. 161 (traduction anglaise disponible par R. W. Sharples sous le titre *Ethical Problems*).

41. Il n'est pas inutile de noter (E. Lévy nous le fait remarquer) que l'image d'un Agamemnon restant près des nefs fait pendant à celle d'Achille se tenant loin du champ de bataille après l'affront subi. Les deux personnages en rivalité sont souvent en miroir l'un de l'autre, comme nous l'avons souligné à propos de αὐτὸς ἕλωμαι et αὐτὸς ἑλέσθω.

> *dasasketo*) peu et en conservait (*echesken*) beaucoup. En outre, il donnait (*didou*) des parts d'honneur aux chefs et aux rois. Cette part est encore à eux (*empeda keitai*) ; c'est de moi seul, de tous les Achéens, qu'il a pris (*apo... eilet'*), qu'il possède (*echei*) l'épousée douce à mon cœur » (*Iliade*, IX 330-336).

Tout le contexte est donc celui de la justice distributive entre pairs. Or, le verbe *haireisthai* se retrouvera dans le livre de l'*Éthique à Nicomaque* consacré à la justice distributive :

> « L'homme injuste ne prend (*haireitai*) pas toujours une part plus grande, mais aussi une part plus petite du côté des choses mauvaises considérées absolument » (*Éthique à Nicomaque*, V 3.1129b6-7).

Cette caractérisation de l'homme injuste faite par Aristote s'applique au cas d'Agamemnon, qui, en effet, selon Achille, ne prend pas sa part des choses mauvaises[42] et prend plus que sa part des choses bonnes. Cette occurrence du texte aristotélicien renvoie bien au simple sens de « prendre (pour soi) »[43]. Or le sens du verbe en cet endroit est parfaitement homogène au sens de ses autres occurrences dans le corpus aristotélicien.

Aristote n'ignore évidemment rien des textes d'Homère, et en particulier de ces moments de la querelle entre Agamemnon et Achille. Il cite dans la *Rhétorique*, en illustration à l'*atimia*, deux vers où Achille se plaint du fait qu'Agamemnon lui a pris Briséis :

> « L'humiliation (*atimia*) relève de l'outrage (*hubreôs*), et celui qui humilie fait peu de cas ; car ce qui ne vaut rien n'a aucun prix (*timèn*), ni en bien ni en mal. C'est pourquoi, dans sa colère, Achille déclare :

42. Lesquelles choses ne sont mauvaises que considérées absolument, pour reprendre le terme d'Aristote – car si la mort et le danger, considérés absolument, sont du côté des maux, le danger au combat est affaire de vertu et rapporte la gloire à l'homme courageux, ce qui est bon.

43. On trouvera la même évidence de signification dans un passage de Platon sur la justice et le fait de *pleonektein*, « avoir plus », verbe explicité littéralement par *pleon echein* puis par la variante *pleon haireisthai*, « prendre plus » (*République*, I 350a-b).

Il m'a humilié : il m'a pris ma part d'honneur qu'il tient en sa possession, lui en personne[44],

et :

comme si j'étais un exilé sans valeur,

laissant entendre que c'est pour ces raisons qu'il est en colère » (*Rhétorique,* II 2.1378b29-35, citant *Iliade,* I 356 & XVI 59).

La valeur de la personne, qui sert de critère pour la juste répartition du butin, peut elle-même être renvoyée à la problématique du don : quand Achille s'indigne de l'affront qui lui est fait, en rappelant ce contentieux plus vieux, Agamemnon réplique que s'il est brave, il l'a reçu d'une déesse, sa mère, qui lui a fait ce don (I 178, *cf.* I 280) ; Agamemnon lui est supérieur car il règne sur un plus grand nombre d'hommes (I 281). La polémique porte ainsi sur le point de savoir qui reçoit quoi, à proportion de sa valeur et quelle est la source de cette valeur : un don des dieux ou une conquête personnelle et humaine. On est entièrement baigné dans une problématique du don, de la réception et de la prise. Or la problématique du bonheur dans l'éthique aristotélicienne conserve en arrière-plan la question du don des dieux : est-ce par un don des dieux que nous sommes heureux ? Aristote vise justement à marginaliser le rôle traditionnel dévolu au don reçu passivement des dieux et à la fortune dans le bonheur humain, pour privilégier l'activité en tant que telle, l'*energeia,* où la *hairesis* (dont le suffixe note l'activité) jouera un rôle décisif, grâce à la vertu, qui n'est rien d'autre qu'une manière d'être prédisposé à réaliser certaines prises complexes, dont la *prohairesis* est l'expression.

La prise de personnes pour une fonction

L'intensité marquée par la voix moyenne est apparue clairement avec le « motif Briséis », en contraste avec l'emploi de *hairein* à propos des hommes que l'on capture ou dont on prend la vie.

44. Nous traduisons la citation du vers par Aristote (ἠτίμησεν· ἑλὼν γὰρ ἔχει γέρας αὐτός), où manque le dernier mot du vers (ἀπούρας), vers que nous avons déjà cité plus haut (« Il m'a humilié : il m'a pris ma part d'honneur qu'il tient en sa possession, lui qui en personne me l'a ôtée [*autos apouras*]).

Elle apparaîtrait tout aussi clairement dans l'alternance de l'actif et du moyen pour parler d'un côté de simples prises d'hommes par leur corps ou une partie de leur corps, de l'autre de la prise plus abstraite d'un homme dans l'intention de lui faire exercer auprès de soi une fonction particulière. La signification de la prise, à laquelle le sujet s'intéresse particulièrement par la finalité qu'il lui assigne, est ainsi renforcée.

Quand il s'agit, par exemple, de « prendre » une personne (par tout son corps, par le bras, les cheveux, etc.) pour la retenir d'engager une entreprise funeste pour elle, l'actif s'impose :

> « C'est alors, Ménélas, que ta vie aurait vu paraître son terme dans les mains d'Hector, de beaucoup supérieur en force, si d'un bond les rois des Achéens ne s'étaient saisis (*helon*) de toi » (*Iliade*, VII 106).

En revanche, quand il est question de « prendre » une personne que l'on s'adjoint pour exercer auprès de soi une fonction particulière, on trouve exclusivement le moyen[45]. Ainsi Agamemnon, figurant une procédure de décompte des troupes, parle-t-il de prendre par groupe de dix tous les hommes troyens en vue de servir d'échanson à chacun de ses propres hommes (*heloimetha oinochoeuein*, II 123-130). Comme la totalité des hommes est prise, il ne s'agit pas d'une opération de sélection ou choix. Un autre passage inclut du choix : ainsi, au moment où Diomède doit s'adjoindre un compagnon pour une expédition, Agamemnon lui parle en ces termes :

> « Diomède fils de Tydée, cher à mon cœur, prend (*haireseai*) donc l'homme que tu voudras pour compagnon, le meilleur de ceux qui se présentent, aussi vrai qu'ils sont nombreux à y prétendre ardemment » (*Iliade*, X 234-236).

Diomède répond :

> « Puisque vous m'enjoignez de prendre de mon propre chef (*auton helesthai*) un compagnon, comment pourrais-je dans ces conditions ignorer le divin Ulysse ? » (*Iliade*, X 242-243).

45. Dans l'*Iliade* : II 127, IX 391, X 235 & 242. Voir ANNEXE II, §§ 6, 14 & 23.

Auton helesthai : à nouveau, prendre de soi-même et pour soi-même. On est dans une configuration de type *hairesin didonai,* qui inclut un choix, mais qui souligne essentiellement l'initiative laissée à celui qui opérera sa prise[46].

Excursus IV *:* hairesis *& élection*

Le grec classique a utilisé la forme moyenne *haireisthai* et le substantif *hairesis* comme termes techniques désignant en politique l'élection des magistrats. Cet emploi particularisé ne pouvait certes pas se trouver chez Homère, mais il correspond à l'usage homérique que nous venons d'exposer : il s'agit dans l'élection des magistrats de se donner à soi-même (collectivement en l'occurrence) une personne pour qu'elle exerce auprès de soi une fonction déterminée[47]. De manière générale, rien n'assure qu'il y ait eu à Athènes lors de chaque élection plus de candidats que de places à pourvoir, quelles que soient les magistratures concernées. Quand il y avait obligation d'un nombre supérieur de candidats présentés par rapport au nombre de postes à pourvoir par élection, il semble que cela ait été formellement exprimé, grâce au vocabulaire lié à *prokrinein,* signifiant qu'on constitue une liste préalable[48]. Il n'en reste pas moins qu'il y avait *hairesis*

46. Aristote fait allusion à cette scène dans la *Rhétorique,* II 23.1399b30-32 & III 15.1416b12-15 (mais *via* l'*Ajax* de Théodecte) dans le cadre des arguments rhétoriques soulignant la finalité, et utilise le verbe *prohaireisthai* (ὁ Διομήδης προείλετο Ὀδυσσέα οὐ τιμῶν). Nous commentons brièvement en note ce passage dans le Chapitre V, § « La faculté délibérative comme faculté de contempler une certaine cause ».

47. Cette fonction est souvent énoncée soit par un substantif (par ex. « élire comme stratège », *cf.* στρατηγὸς ᾕρετο, ou ᾑρέθη κατάσκοπος, Thucydide, IV 27.3 ; on a de même chez Homère ἕταρόν γ' αἱρέσεαι, X 234), soit par un infinitif (par ex. « élire pour commander », *cf.* ᾑρημένον… ἄρχειν, VIII 64.2, ou ᾑρέθη λέγειν, II 34.8 ; Homère : ἄνδρα… ἑλοίμεθα οἰνοχοεύειν, II 128).

48. Dans la *Constitution des Athéniens* par exemple, Aristote rapporte une disposition de la constitution des Quatre Cents qui stipulait expressément que le nombre de candidats présélectionnés parmi les Conseillers en exercice (les Bouleutes) devait être supérieur au nombre de stratèges, archontes, etc. à pourvoir par élection (αἱρεῖσθαι δὲ πάντας τούτους ἐκ προκρίτων, ἐκ τῶν ἀεὶ βουλευόντων πλείους προκρίνοντας, 30.2). L'expression ordinaire ἐκ

quoiqu'il n'y eût pas de choix, et le peuple levait la main[49] pour « prendre » le ou les candidats pour les magistratures concernées.

L'élection (*hairesis*) où le peuple prend de lui-même et à lui les magistrats (*haireitai*) se distingue ainsi du tirage au sort (*klèros, klèrôsis*), où il *obtient* d'autres magistrats (ou plus exactement où le candidat *obtient* la magistrature convoitée, *lanchanei*, mais qui est bien un moyen dont le peuple lui-même se voit pourvu de ses magistrats). Déjà chez Homère, on voit se faire face les verbes *haireisthai* & *lanchanein* à propos d'une personne destinée à exercer une fonction : Ulysse, dans la caverne de Polyphème, fait tirer au sort quatre compagnons parmi ses hommes pour planter avec eux le pieu dans l'œil du Cyclope. L'occurrence du verbe *haireisthai* est à nouveau soulignée par *autos* :

> « Sont désignés par le sort (*elachon*) ceux que j'aurais voulu prendre moi-même (*autos helesthai*), au nombre de quatre ; sur ce, je m'enrôlai en cinquième homme avec eux » (*Odyssée*, ix 334-335).

« Être désigné par le sort » fait face à « prendre soi-même, de soi-même ». Il en va de même dans les désigations des magistrats à Athènes. Les significations et les conséquences du tirage au sort (*klèros*) ont été diversement interprétées par les Grecs eux-mêmes : égalité de chances, souveraineté du peuple, limitation des pouvoirs des magistrats, ou encore solution efficace pour neutraliser rivalités

προκρίτων (par ex. 31.1) exprime le premier temps de cette procédure d'élection (ou le cas échéant, de tirage au sort) sur liste préétablie, avec généralement stipulation du nombre de προκριθέντες. PLATON fait un usage régulier de cette procédure dans ses *Lois*.

49. À Athènes, les élections se faisaient à main levée. Voir M. H. HANSEN, *La démocratie athénienne à l'époque de Démosthène*, p. 272. La procédure de χειροτονία est tellement régulière que les termes χειροτονία ou χειροτονεῖν ne sont souvent pas mentionnés chez Thucydide (E. LÉVY, « La prise de décision collective chez Thucydide », p. 389) ; les termes ψηφίζεσθαι et apparentés peuvent aussi bien désigner un vote au moyen de la ψῆφος qu'une χειροτονία (E. LÉVY, art. cit., p. 397). Enfin, le verbe αἱρεῖν semble avoir eu un lien privilégié à la main : voir nos remarques plus loin, à propos des armes, et à la fin du présent chapitre (§ « 3. *Hairesis* & les animaux »).

et déchirements dans l'accession au pouvoir, autant d'interprétations importantes relevées par M. Hansen[50]. Il en est une que cet historien a tenu à battre en brèche[51], mais qui nous semble néanmoins résister largement à ses critiques : c'est le rôle des dieux selon la pensée ou l'imaginaire grec. Plusieurs historiens tiennent que par le tirage au sort, les Grecs considèrent que la cité reçoit ses magistrats des dieux. Ainsi en jugent par ex. Fustel de Coulanges[52] et d'autres historiens, dont Hansen s'était efforcé de dépasser les positions. Pourtant, les *Lois* de Platon, que mentionne d'ailleurs Hansen, leur donnent raison[53]. Un passage du livre III des *Lois* confirme que les Athéniens voyaient dans le tirage au sort la manifestation de l'amitié des dieux pour celui en faveur de qui le sort penchait ; il s'agit du septième et dernier des titres qui décident du statut de gouvernant et de gouverné, tels que les Grecs en général les admettaient tant pour la sphère domestique que pour la sphère politique :

> « En mentionnant enfin un septième titre de commandement, certes chéri des dieux et quelque peu favorisé par la fortune, nous en venons à un certain tirage au sort (*klèron*), et nous prétendons qu'il est hautement juste que celui qui obtient la désignation du sort (*lachonta*) ait le commandement, et que celui qui se trouve malchanceux s'en aille obéir » (*Lois*, III 690c).

L'ironie sensible du passage[54] renforce le fait qu'il s'agit bien d'une conception vulgaire et ordinaire du tirage au sort. On y

50. M. H. Hansen, *La démocratie athénienne à l'époque de Démosthène*, p. 274-275.

51. M. H. Hansen, *op. cit.*, p. 74-77.

52. N. D. Fustel de Coulanges, « Nouvelles recherches sur le tirage au sort appliqué à la nomination des archontes athéniens », p. 210-213, en particulier n. 1 p. 213. Fustel de Coulanges critiquait déjà la thèse d'une création du tirage au sort à partir de l'existence de la démocratie. Dans le même sens, Hansen mentionne Glotz et Andrewes.

53. On trouvera aussi une étude allant à l'encontre de la thèse de Hansen sous la plume de Paul Demont, « Le tirage au sort des magistrats à Athènes : un problème historique et historiographique », *in* : F. Cordano & C. Grotanelli (éd.), *Sorteggio pubblico e cleromanzia, dall'antichità all'età moderna*, p. 63-81.

54. Le ton est à notre sens manifestement différent des paragraphes précédents (noter par exemple l'usage de τινα, deux fois, ainsi que la particule γε,

voit l'association du dieu et de la (bonne) fortune[55], comme dans la suite des *Lois*, où Platon recourt parfois au tirage au sort pour pourvoir les magistratures de sa cité.

Le tirage au sort est donc bien, par distinction d'avec la *hairesis*, une forme de désignation des magistratures où les citoyens « remettent » (*cf. apodidonta, Lois* VI 759c) au dieu et à la divine fortune le soin de donner aux mortels un magistrat que les humains ne prennent ainsi pas directement par eux-mêmes. L'élection-*hairesis* est à l'inverse une procédure où ce sont les humains eux-mêmes, indépendamment des dieux, qui se donnent et prennent d'eux-mêmes leurs magistrats. En vis-à-vis de cet acte de prendre peut se trouver la candidature spontanée d'un homme, qui se dit à l'occasion justement par un composé du verbe « se donner » :

> « [... Démosthène] s'est offert (*hauton epedôke*) au Conseil pour conduire l'ambassade sacrée » (Dinarque, *Contre Démosthène*, 82).

Inversement, l'élection à une magistrature, qui est une vraie « prise » par le peuple, peut se faire contre le gré de la personne désignée, comme ce fut le cas de Nicias désigné stratège pour l'expédition de Sicile :

> « [...] désigné (pris, *hèirèmenos*) contre son gré (*akousios*) pour commander » (*Guerre du Péloponnèse*, VI 8.4).

Nicias qui ensuite, alors même qu'il le demandait, alors même qu'il était malade, n'a pas obtenu des Athéniens qu'ils le relevassent de son commandement[56]. Ce *haireisthai* qu'est l'élec-

qui avait déjà mis à distance la loi du plus fort en 690b, ou encore φαμεν). Mais pour une lecture différente sur ce point, voir P. Demont (art. cit.), qui considère qu'il y a ici un éloge du tirage au sort.

55. Association tout à fait classique et durable ; *cf. Lois*, VI 757e, et encore par ex. Démosthène, *Lettres*, I 16.

56. Thucydide, VII 15-16. Un autre exemple célèbre est celui de Démosthène pour la troisième ambassade (celle qui suivit la prestation de serment de Philippe pour la paix dite de Philocrate) : désigné par le peuple pour faire partie de l'ambassade, Démosthène s'est « immédiatement » (*eutheôs*) récusé sous serment lors de la même Assemblée, ce qui montre qu'il n'était pas candidat (*Sur*

tion, ce *haireisthai* où la main levée du vote (*cheirotonia*) opère comme une prise symbolique, est plus que « choisir », c'est bien « prendre », avec l'élément de domination et de maîtrise que la prise renferme implicitement. Ce n'est pas un fait insignifiant si l'élection politique ne se dit pas en grec avec le vocabulaire de *eklegere*. Celui qui est choisi est véritablement pris dans le commandement dans lequel on l'a placé comme un captif qui n'a plus la liberté ni le pouvoir d'en sortir quand il le veut, mais seulement moyennant une procédure stricte[57]. À cet égard, les verbes utilisés en grec pour dire qu'on relève quelque magistrat de ses fonctions sont très expressifs : on peut trouver des composés de « délier » (*luein*), comme *paraluein* dans le cas de Nicias[58], ou comme *kataluein* dans la *Constitution des Athéniens* d'Aristote[59]. De même qu'en français, mais dans un domaine qui était originellement celui de la dette, on « libère » quelqu'un de ces liens que sont littéralement « ses obligations », de même, dans le domaine politique, le peuple athénien « libère » ou plus littéralement « délie » de son commandement la personne qu'il a prise pour l'exercer et à laquelle il a remis (donné, donc) un pouvoir[60]. Et de même que le lien qui existe originellement dans l'obligation est devenu très abstrait sans être pour autant moins

les forfaitures de l'ambassade, 122). Du reste, qu'on soit volontaire ou non pour exercer une charge, il était d'usage que votre nom soit proposé à l'Assemblée par un tiers, ce qui permettait donc de proposer des gens contre leur gré (voir Hansen, *op. cit.*, p. 273).

57. Il fallait manifestement se récuser *avant* l'entrée en charge, et cela devait en tout cas se faire sous serment : c'est la procédure de l'*exômosia,* que suit Démosthène (*loc. cit.* à la note précédente, *cf.* Théophraste, *Caractères,* XXIV 5). L'Assemblée faisait à l'occasion connaître son mécontentement, comme dans le cas de Démosthène, qui doit résister à la pression sinon institutionnelle, du moins morale. Voir les quelques indications de Hansen, *op. cit.*, p. 273.

58. τὸν μὲν Νικίαν οὐ παρέλυσαν τῆς ἀρχῆς, *Guerre du Péloponnèse,* VII 16.1 ; voir aussi VIII 54.3.

59. τότε καταλύσαντες τοὺς δέκα τοὺς πρώτους αἱρεθέντας ἄλλους εἵλοντο δέκα τοὺς βελτίστους εἶναι δοκοῦντας, *Constitution des Athéniens,* 38.3. Καταλύειν est aussi utilisé pour le renversement du régime, par ex. *Constitution des Athéniens,* 25.3, ou pour la dissolution du Conseil (*ibidem*).

60. *Cf. Constitution des Athéniens,* 38.1 : παραλαβόντες τὴν ἀρχήν, à propos d'hommes élus.

réel et efficace, de même, la prise qu'opère le peuple élisant ses magistrats est devenue aussi abstraite, sans être le moins du monde abolie.

Ce n'est ainsi manifestement pas insignifiant si le même verbe grec, jouant de la richesse offerte par les deux voix active et moyenne, a permis de dire à la fois la capture d'un homme qui devient esclave ou captif de guerre monnayable (à la voix active, usage homérique déjà cité et encore en vigueur à la période classique[61]), et la « prise » (à la voix moyenne) d'un homme par le peuple auprès de lui-même pour le commander au titre de stratège, ce commandement étant en réalité lui-même sur commande de celui qui le confie à un magistrat[62], sur commande de celui dont émane le pouvoir de prendre, de garder et de délivrer du mandat confié. *Haireisthai* a le pouvoir d'exprimer tout cela, *eklegesthai* (choisir, sélectionner) ne l'a pas. Dans cette mesure, la discussion sur le caractère démocratique ou déjà aristocratique de l'élection[63] pointe une ambivalence interne à la notion même de *hairesis* : la prise tente toujours de se porter sur ce qu'il y a de meilleur à prendre – d'où le caractère aristocratique de l'élection, qui se porte au moins théoriquement vers les meilleurs pour commander –, mais cette prise est un acte souverain opéré dans l'intérêt du peuple qui prend – ce en quoi, malgré l'élément de rupture d'égalité que peut revêtir l'élection des meilleurs, la *hairesis* est pleinement démocratique.

La prise des armes et autres objets

L'on pourrait encore saisir le sens de l'alternance de l'actif et du moyen à l'occasion de la prise des objets. Le cas des armes et des attributs du pouvoir (comme le sceptre), particulièrement intéres-

61. Par ex. Platon, *République*, V 468a. Voir aussi *République*, II 375a ; *Lois*, III 698d, VIII 833a ; Thucydide, I 110.2, I 128.7, VII 59.2.

62. On citera par exemple un passage du *Philippe* (14-15) d'Isocrate, énonçant que les Athéniens qui exercent des fonctions de commandement ne font qu'obéir à ce qui est prescrit par le peuple, par opposition au roi de Macédoine, qui a un vrai pouvoir d'action.

63. Discussion implicite dès Thucydide, II 65.9, ou chez Platon parodiant Périclès-Thucydide, *Ménexène*, 238c-d, et apparaissant chez Aristote, *Politique*, IV 15.1300a8-b5 (mais texte très accidenté).

sant parce qu'il appelle systématiquement les formes moyennes[64], apporte des indices qui vont dans le même sens, car il réunit deux critères que nous avons discernés pour l'usage du moyen à propos des personnes : *l'ajustement étroit* de l'objet pris au sujet qui prend, et l'intérêt qu'y prend le sujet du fait que l'objet est appelé à jouer *une fonction* dans la main du sujet qui le prend. Le texte homérique souligne très souvent l'ajustement précis à la paume :

> « il prit (*heileto*) sa lance vaillante, qui s'ajustait au creux de sa main » (*Iliade,* III 338).

Dans la plupart des cas, le héros prend *son* arme[65]. Le moyen s'explique par le degré d'appropriation à soi que représente la prise. Même chose dans l'*Odyssée,* où il est question du porcher d'Ulysse qui prend ses sandales pour les ajuster à ses pieds. On notera la mention explicite des mains (qui est lourde en français mais ne l'est pas en grec) :

> « [le porcher] prit de ses mains (*heileto chersi*) ses sandales, et les nouant à ses pieds, partit pour la ville » (*Odyssée,* xvi 154-155).

On trouve la même utilisation des formes moyennes quand il s'agit de prendre une arme, parfois improvisée (une pierre), dans le feu de la bataille. En XIII 611, tandis que Ménélas bondit sur Pisandre, « celui-ci saisit (*heileto*) sa belle hache de dessous son bouclier ». Ainsi encore d'Hector, qui ici ne prend pas une arme lui appartenant :

> « mais tout en reculant, Hector prit (*heileto*) de sa puissante main une pierre qui gisait (*keimenon*) là dans la plaine, noire, rude, énorme » (*Iliade,* VII 264-265).

64. Seulement deux exceptions (X 335, XIV 9) dans un nombre considérable d'occurrences. Voir ANNEXE II, §§ 7, 8, 15, 16, 24, 34, 35 & 36.

65. Par ex. XIX 374, où Achille prend (εἵλετο) son bouclier, celui que lui a forgé Héphaistos ; ou encore V 210 : Pandare, fils de Lycaon, parle de son arc qu'il a décroché du clou pour venir à Troie : *ἀπὸ πάσσαλου ἀγκύλα τόξα… ἑλόμην*, à comparer avec l'actif en XXIV 268, où les fils de Priam décrochent du clou le joug pour le char de leur père, *ἀπὸ πασσαλόφι ζυγὸν ᾕρεον*.

L'important est à présent de noter qu'on a exactement le même dispositif terminologique *au cœur des textes philosophiques traitant d'éthique*. On remarquera en effet dans l'extrait cité à l'instant tout particulièrement le participe « gisant » (*keimenon*) qualifiant l'objet pris, participe qu'on lit encore ailleurs dans l'*Iliade* (XXI 403), et qu'on trouve dans l'*Odyssée* en xxii 326. Or cette association « gésir (pour l'objet) – prendre (pour le sujet) » se retrouve chez Platon en *République* X dans la fameuse *hairesis tou biou*, « adoption d'un type de vie ». Les fils entre Homère et Platon sont ici les plus solides qui soient, car Platon parle justement d'Ulysse. Que l'on compare ces vers qui prennent place lors du massacre des prétendants avec le passage ci-dessous du mythe d'Er :

> « À ces mots, [Ulysse] prit (*heileto*, ramassa) de sa puissante main l'épée gisant au sol (*keimenon*) qu'Agelaos avait laissé tomber en mourant » (*Odyssée*, xxii 326-328).

Nul besoin d'insister sur le fait qu'il n'est pas question de choix ici. Or le passage suivant de la *République* présente la même combinaison *gésir-prendre* :

> « Le hasard ayant fait que l'âme d'Ulysse avait obtenu du sort (*lachousan*) de passer en dernière pour opérer sa prise (*hairesomenèn*), et comme elle se trouvait délivrée de toute ambition à cause du souvenir de ses précédentes peines, elle chercha, en faisant longtemps le tour, une vie de simple particulier sans histoires, et elle la trouva à grand peine, gisant (*keimenon*) dans un coin et délaissée par les autres âmes ; à sa vue, elle déclara qu'elle n'aurait pas agi autrement si elle avait obtenu du sort (*lachousa*) de passer la première, et se réjouissant, elle la prit (*helesthai*, ramassa) » (*République*, X 620c-d).

Il y a ici à l'évidence un écho des lignes de l'*Odyssée* citées à l'instant (xxii 326-328)[66]. Le texte de Platon enchaîne une séquence

66. Et peut-être même aussi, quoique plus indirectement, de l'épisode dans l'antre du Cyclope cité plus haut (ix 334-335, avec *lanchanein* & *haireisthai*), qui

chercher-trouver-prendre, c'est-à-dire *se saisir de*. Le sens de *haireisthai* est le même dans tous ces passages.

La prise des repas

On citera encore rapidement le cas des repas[67]. Comme le français, le grec parle de « prendre un repas », et il le dit sans faille avec les formes moyennes du verbe. On a ainsi « prendre le dîner » (*deipnon haireisthai*), « prendre le souper » (*dorpon haireisthai*). Il n'est pas besoin d'insister sur l'appropriation qui se joue dans la prise des repas et son caractère particulièrement intime et intérieur au corps, aspects dont on peut supposer qu'ils sont à l'origine de l'utilisation régulière et sans exception des formes moyennes[68].

Les sentiments et affects

Quant aux sentiments ou aux divers affects, il s'opère une répartition sans faille entre l'actif et le moyen selon les positions grammaticales de sujet et de complément d'objet occupées par le mortel et par le sentiment ou des affects divers[69]. Quand le sujet est une personne vivante et que l'objet est constitué par un sentiment ou une qualité, le verbe est au moyen ; quand les positions grammaticales sont inversées, le verbe est à l'actif. Ainsi on a « ils accueillirent (*helonto*) le don du sommeil (*hupnou dôron*) »[70], mais on a « le sommeil le prenait (*heloi*) » (XXII 502). Le moyen note une incorporation intime de la prise, cette appropriation poussée dont nous avons déjà relevé à plusieurs reprises que le moyen la soulignait.

Le verbe *hairein,* tout particulièrement à la voix moyenne *haireisthai,* révèle donc sa signification concrète dans un système

voyait Ulysse déclarer que le sort avait désigné précisément les compagnons qu'il aurait voulu prendre lui-même.

67. Voir Annexe II, §§ 10 & 28.

68. On en trouve d'autres exemples en dehors d'Homère, par ex. Thucydide, II 75.3, IV 26.3. Un cas d'usage de l'actif toutefois, mais pour la prise non du repas mais du vin : *Odyssée,* xxi 294 (complété par le verbe πίνειν, « boire »).

69. Voir Annexe II, §§ 11, 12, 13, 30, 31 & 32.

70. *Iliade,* VII 482 & IX 713, avec en outre le système *donner-prendre,* ici en complémentarité et non en opposition. Voir à nouveau Thucydide, II 75.3.

de termes où *donner* constitue un des deux pôles essentiels, et il débouche normalement sur l'*avoir*. La voix moyenne exprime une sorte d'intensification de la prise exprimée plus simplement dans la voix active. Les usages ultérieurs s'enracinent dans les usages homériques.

2. *Hairein* & *haireisthai*, ou la poursuite victorieuse. Système *fuir-poursuivre-prendre-avoir*

Les textes homériques présentent en outre l'esquisse d'un système de relations qui va avoir une fortune considérable dans la philosophie, mais aussi dans le vocabulaire juridique classique : *fuir-poursuivre-prendre* (qui ira jusqu'à l'*avoir* dans les textes ultérieurs), et où *hairein* nomme l'aboutissement d'une poursuite, par opposition à une fuite. Dans les textes homériques et dans le vocabulaire juridique classique, seule la forme active *hairein* est concernée. Dans les textes philosophiques à portée éthique, même la forme moyenne *haireisthai* sera intégrée et deviendra dominante.

On voit émerger ce système *fuir-poursuivre-prendre* dans le passage suivant, où Hector parle à Achille :

> « Je ne fuirai plus de peur (*phobèsomai*) devant toi, fils de Pélée, comme naguère j'ai fui (*dion*) plein d'effroi tout autour de la grande cité de Priam, enchaînant trois tours ; je n'eus pas le courage d'attendre de pied ferme (*meinai*) ton assaut (*eperchomenon*). Mais aujourd'hui, mon cœur me presse cette fois de demeurer fermement face à toi (*stèmenai antia seio*). Il se pourrait que je te prenne (*heloimi*), ou que je sois pris (*haloièn*)[71] » (*Iliade*, XXII 250-253)[72].

71. Le verbe moyen ἁλίσκεσθαι, « être pris », sert en quelque sorte de passif à αἱρεῖν. Sur le rôle que joue la voie moyenne dans un état de la langue où le passif n'est pas encore un système grammatical constitué, nous avons déjà cité P. Chantraine (*Grammaire homérique*, II, § 266-269). Sur la possible parenté étymologique de ἑλεῖν & ἁλίσκεσθαι, voir P. Chantraine, *Dictionnaire étymologique de la langue grecque*, s. v. ἁλίσκομαι.

72. Aristote fait référence à des vers de l'épisode où prend place l'extrait que nous venons de traduire : *Éthique à Eudème*, III 1.1230a19-21, référence à *Iliade*, XXII 100 & 136.

Hairein & *haliskesthai,* « prendre & être pris », constituent *l'aboutissement* de l'assaut de l'agresseur, et ce à quoi la victime veut *échapper* en *fuyant*[73], par opposition au fait de demeurer sur place en toute fermeté et stabilité.

On trouve de plus l'opposition entre *haireisthai* et *aporriptein,* « rejeter » :

> « ... redoutant qu'auprès des navires, le Péléide aux pieds agiles n'ait rejeté (*aporripsai*) le parti de la colère et embrassé (*helesthai*) celui de l'amitié » (*Iliade,* XVI 281-282).

Cette occurrence présente une combinaison antagoniste et complémentaire entre « rejeter » et « prendre », chaque action contraire se faisant sur un objet contraire. C'est exactement le schéma que l'on retrouvera à l'époque classique chez Platon, et qui se retrouvera chez Aristote. Par où l'on voit que *haireisthai* n'est pas en lui-même « choisir » l'une des deux branches d'une alternative, mais bien un acte lié à *une seule* des deux branches de l'alternative (l'amitié). Les deux verbes, ayant des objets antagonistes, sont complémentaires : la configuration en jeu ici est « prendre l'amitié *et* rejeter le ressentiment » (et non « choisir l'amitié *ou* le ressentiment »).

Enfin, on trouve déjà dans l'*Iliade* la séquence *poursuivre-prendre* (*diôkein-hairein*), où *hairein* constitue explicitement l'aboutissement de *diôkein.* Ainsi de ce passage[74] :

> « Porté par ses chevaux, Automédon combat, quelque chagrin qu'il ait pour son ami ; il s'élance (*aissôn*) avec ses coursiers, comme un vautour sur des oies. Sans peine, il s'échappe (*pheugesken hup'*) du tumulte troyen, sans peine il fonce (*epaïxaske*) et pourchasse (*opazôn*) l'adversaire à travers la foule innombrable. Mais il ne prend (*hèirei*) aucun homme, quand il se lance (*seuaito*) ainsi à la poursuite (*diôkein*)

73. *Cf.* le couple *pheugein* & *hairein* dans les passages suivants : V 50 & 56, VI 35-36, VIII 256-257, XVI 697, XXI 554-555.

74. Voir aussi, un peu différent, le cas de *Iliade,* XXIII 344-345. Platon cite les vers précédant ceux-ci dans *Ion,* 537b.

de l'ennemi » (*Iliade*, XVII 459-463, trad. P. Mazon légèrement modifiée, CUF).

Ici se dessine encore plus nettement la prise comme aboutissement de la poursuite (non réussie dans cet extrait). Il en ira de même dans le vocabulaire juridique classique et dans les textes philosophiques, qui utiliseront la voix moyenne de manière similaire à la voix active sur ce point.

Excursus v : la poursuite d'un inculpé en justice

La langue grecque classique a en effet exprimé par les verbes[75] « fuir », « poursuivre » et « prendre » les actes judiciaires de l'accusation et de la défense : *diôkein*, « poursuivre en justice, être l'accusateur », *pheugein*, « être poursuivi en justice, être le défendeur », *hairein*, « "prendre" l'adversaire, gagner le procès », *haliskesthai*, « "être pris" par l'adversaire, perdre le procès ». Tous ces termes ne font que prolonger dans un domaine spécifique ce qui se joue déjà dans l'affrontement de deux guerriers.

C'est ainsi dans le domaine juridique que le système *fuir-poursuivre-prendre* a trouvé une première application significative, et l'on peut sans trop de risque supposer qu'il n'y a là que transformation, en une procédure normée et encadrée par des lois, d'actes concrets et réels consistant primitivement pour la famille de la victime à poursuivre physiquement l'auteur d'un homicide pour l'attraper et lui faire subir des traitements inspirés par le sentiment de vengeance[76]. Ainsi le verbe *hairein* peut-il d'ailleurs signifier très concrètement, même dans le domaine

75. Parmi les substantifs correspondant à ces verbes (φυγή, δίωξις, αἵρεσις), seul δίωξις a obtenu un sens juridique technique pour nommer la poursuite par l'accusation ; la φυγή a été requise pour nommer une peine judiciaire et une condition politique, l'exil ; quant à la αἵρεσις, elle a été captée par le domaine politique pour l'élection des magistrats ou plus largement leur désignation.

76. Voir les travaux anciens mais toujours si stimulants de G. Glotz, *La solidarité de la famille dans le droit criminel en Grèce*. On trouvera aux p. 49-50 des références abondantes dans les textes homériques concernant la pratique de la fuite (φυγή, exil) par l'homicide volontaire ou involontaire, pour échapper aux représailles. Voir notamment *Iliade*, II 661-671 & *Odyssée*, xxiii 118-120 pour la fuite (verbe φεύγειν), et *Iliade*, IX 632-636 pour la compensation (ποινή) qui est

juridique et même à l'époque classique, une sorte de prise physique, telle qu'elle se joue dans le fait de « prendre en flagrant délit, sur le fait »[77].

L'usage juridique nous montre donc une simple application particulière du système structurant *fuir-poursuivre-prendre,* et le statut du verbe *hairein* comme *réussite de la poursuite* y apparaît dans toute sa clarté, ce qui nous montre que même dans un usage devenu abstrait, cette valeur est strictement conservée[78]. Elle devra en conséquence l'être aussi dans ses usages éthico-pratiques quand le verbe s'appliquera aux objets que sont le plaisant, le beau, le bon, la vie, la mesure, etc.

L'usage juridique associe aussi au système *fuir-poursuivre-prendre* la thématique de l'obtention par le sort, puisque l'ordre d'instruction des affaires en attente dans l'Athènes classique était tiré au sort (verbe *lanchanein*)[79]. L'initiative prise par l'accusateur, exprimée dans *diôkein* et *hairein,* est donc mise en contraste avec une obtention du sort.

Mais en outre, l'usage dans le domaine judiciaire fait se rejoindre ce qui nous est apparu comme constituant les deux systèmes principaux dans lequel s'insère la famille de *hairein,* à savoir *poursuivre-prendre* et *donner-prendre*. En effet, le poursui-

acceptée par la famille du mort (verbe δέχεσθαι), ce qui permet au meurtrier de ne pas avoir à fuir et de rester en son pays (ὁ μὲν ἐν δήμῳ μένει).

77. Par ex. chez Platon, *Lois,* IX 874c, etc. ; *cf. Odyssée,* xix 155.

78. Dans la même lignée, Platon, qui va jusqu'à prêter un mouvement au *logos* (par des expressions comme ὥρμηκεν ὁ λόγος, *Politique,* 265a), applique à ce dernier les termes *hairein-haliskesthai* dans leur sens judiciaire. Liste des occurrences des formules du type ὁ λόγος αἱρεῖ chez Platon : *Criton,* 48c ; *République,* IV 440b, X 604c, 607b ; *Parménide,* 141d ; *Philèbe,* 35d ; *Lois,* II 663d ; sans le terme *logos* comme sujet du verbe : *Théétète,* 179c. En *République,* X 607b, la traduction de L. Robin, « tel était en effet l'arrêt de notre raison », pour ὁ γὰρ λόγος ἡμᾶς ᾕρει, n'est pas correcte (ἡμᾶς est à l'accusatif, donc complément d'objet de ᾕρει). On trouve aussi l'expression inverse ὁ λόγος ἁλίσκεται (signifiant que le discours en question est réfuté et convaincu d'erreur) : *Théétète,* 179b-c (verbes ἁλίσκεσθαι et ἑλεῖν). Cela reproduit la situation du poursuivant et du défendeur en justice, cette fois dans le domaine de la réfutation dialectique socratico-platonicienne, laquelle se dit d'ailleurs par un terme qui a lui aussi eu un usage notable dans le domaine juridique : *elenchos.*

79. Par ex. *Lois,* VI 762b.

vant poursuit en justice son accusé afin de le « prendre » et afin que celui-ci lui « donne réparation », lui « donne justice » ou soit « débiteur de l'affaire » (*dikèn didonai, dikèn opheilein*). Ce qui est pris (en cas de succès de l'accusation) est donc à la fois la personne de l'accusé[80], et la réparation infligée par la justice, la *dikè*[81].

Excursus VI : la poursuite d'une fin en éthique

On sait suffisamment que l'éthique ancienne s'est déployée dans le cadre d'une problématique du bonheur, et que ce bonheur s'est exprimé notamment au moyen de la notion de *prattein,* qu'on traduit par « agir ». Or *prattein* est d'abord « atteindre le terme, *peras,* traverser, franchir, parvenir, aller au bout... ». Le bonheur est le *bon aboutissement* d'un mouvement tendant vers une fin : *eu prattein*. Dans ce cadre, *haireisthai* nomme d'abord un certain *aboutissement d'un mouvement de poursuite*. La correction de l'entente de *haireisthai* & *hairesis* que nous tentons de faire saisir par une plongée dans l'expression homérique vise à restituer à la problématique de la mobilité en tant que tension vers une fin sa primauté sur celle de l'arbitrage et du choix. Il en va ainsi chez Aristote, et avant lui chez Platon.

a. Platon et le système *rejeter-fuir-poursuivre-prendre-avoir*

Ainsi le verbe *hairein* s'inscrit-il chez Platon dans un système de termes complet structurant la mobilité de l'être désirant qu'est l'être humain. Les dialogues platoniciens présentent un développement et une extension considérables de l'esquisse du système *rejeter-fuir-poursuivre-prendre-avoir* émergeant chez Homère. Le fait le plus notable est d'une part l'extension métaphorique de la fuite et de la poursuite au domaine théorique et au domaine

80. Par ex. *Apologie,* 28a ; *Lois,* XII 941d. Quand il s'agit de prendre la *personne,* c'est le verbe ἁλίσκεσθαι qui exprime la même action du point de vue du défendeur condamné (système *poursuivre-prendre,* complémentarité *prendre-être pris,* αἱρεῖν-ἁλίσκεσθαι).

81. δίκην ἑλεῖν, par ex. *Lois,* VI 784e. Quand il s'agit de prendre *la réparation infligée par la justice,* c'est le verbe διδόναι, ou des verbes comme ὀφείλειν, ὀφλισκάνειν, qui expriment la situation du point de vue du défendeur condamné (système *donner-prendre* ; complémentarité *prendre-donner,* αἱρεῖν-διδόναι).

éthique, d'autre part l'inscription de la forme moyenne *haireisthai* elle-même dans ce système, en plus de la forme active, quand seule cette dernière se trouvait intégrée à ce système chez Homère. Enfin, on peut aller jusqu'à reconstituer avec les textes platoniciens un système plus complet, qui s'énoncerait ainsi :

rejeter-fuir-poursuivre/rechercher(-trouver)-prendre-avoir-utiliser

Nous nous en tiendrons ici au principal, à savoir *rejeter-fuir-poursuivre-prendre-avoir*[82]. Voici la structure des occurrences chez Platon[83] :

(1) La *fuite* et la *poursuite* sont souvent mentionnées ensemble dans un contexte éthique (en plus des usages judiciaires), avec dans l'extrait qui suit en outre le fait de demeurer ferme (*cf. Iliade*, XXII 250-253, Hector attendant Achille) :

> « Car il n'est pas d'un homme sage ni de *poursuivre* (*diôkein*) ni de *fuir* (*pheugein*) ce qu'il ne convient pas, mais de fuir (*pheugein*) et de

82. Nous avons déjà rencontré *rechercher* (forme du *poursuivre*) et *trouver* dans l'épisode d'Ulysse (*Rép.* X 620c-d), et l'*utiliser* peut se lire dans d'autres textes de Platon comme étant l'étape qui doit nécessairement compléter la possession pour que celle-ci soit réelle (*Euthydème*, 280b-281b).

83. La liste qui suit donne toutes les occurrences du corpus platonicien où il y a une proximité *manifeste* entre un verbe signifiant la poursuite (et la chasse) ou la fuite et le verbe *hairein*. – Voix active (ou passive) : *Lysis*, 205e, 206a ; *Banquet*, 182d, 182e, 182e ; *Critias*, 119e ; *République*, II 359a, II 375a, III 410b, X 613d (passif) ; *Lois*, III 698d, V 728d, VIII 833a ; *Philèbe*, 20d ; *Timée*, 64b, 86c, 87b. – Voix moyenne : *Protagoras*, 356d-e ; *République*, VI 505d, (X 618d), 619a, 620b. Il reste que bien des contextes où apparaît le verbe *hairein* sont marqués par la thématique de la mobilité, de la recherche, etc., si bien que le nombre d'occurrences de ce type est en réalité plus grand. En outre, nous n'avons pas listé ici les occurrences où figure explicitement dans la proximité un verbe du type « chercher » (ζητεῖν) au lieu d'un verbe du type « poursuivre ». De plus, il y a des systèmes *fuir-poursuivre-prendre* exprimés où ce n'est pas le verbe *hairein* mais le verbe *labein* qui figure (par ex. *Politique*, 308c, sous forme d'opposition entre « prendre » et « rejeter » : τὰ μὲν μοχθηρὰ εἰς δύναμιν ἀποβάλλει, τὰ δὲ ἐπιτήδεια καὶ χρηστὰ ἔλαβεν), et encore des passages où ne figurent que les verbes de type « fuir » & « poursuivre » (φεύγειν & διώκειν, relevant essentiellement du domaine judiciaire, par ex. *République*, 405b, et du domaine de la guerre, par ex. *Lachès*, 191a). Autant dire que ce système est considérablement plus étendu que la liste que nous retenons ici.

poursuivre (*diôkein*) ce qu'il faut en matière aussi bien d'affaires que d'hommes, de plaisirs que de peines, et, les *endurant* (*hupomenonta*), de *faire preuve de fermeté* (*karterein*) là où il le faut » (*Gorgias*, 507b).

(2) La *poursuite* et la *prise* sont souvent nommées ensemble (en plus des usages judiciaires), avec le verbe *hairein* à l'actif dans cette configuration, et parfois avec en plus *l'appropriation, la possession, l'avoir* :

— champ du combat physique, sens littéral :
« ... chacun d'entre eux doit être rapide en vue de *poursuivre* (*diôkathein*) ce qu'il a aperçu, et, de plus, fort, pour le cas où, *l'ayant attrapé* (*helonta*), il doive se battre avec lui » (*République*, II 375a) ;
— champ de la saisie par l'intelligence, sens intellectuel :
« ... car c'est de cette manière qu'il faut *se mettre à la recherche* (*metadiôkteon*) de tout ce que nous songeons à *saisir* (*helein*) » (*Timée*, 64b) ;
— champ de l'éthique, sens d'une prise pour soi en vue d'une *appropriation à soi* et d'une *possession durable dans la vie* :
« ... tout ce qui connaît [le bon] le *chasse* (*thèreuei*) et le *poursuit* (*ephietai*) en voulant *l'attraper* (*helein*) et se *l'approprier à lui-même* (*peri hauto ktèsasthai*) » (*Philèbe*, 20d).

Cf. avec le verbe *lambanein*, dans le *Phédon*, à propos du plaisir et de la douleur :

« ... si l'on *poursuit* (*diôkèi*) l'un et qu'on l'*attrape* (*lambanèi*), on est quasiment contraint d'*attraper* (*lambanein*) aussi l'autre... » (*Phédon*, 60b).

(3) Le *rejet*, qui est le but de la fuite, apparaît inscrit dans le système en opposition avec *poursuivre* et dans la continuité de *fuir* :

« ... ils te *rechercheront* (*diôxontai*) et te *chériront* (*philèsontai*), tandis qu'ils se *haïront* (*misèsousi*) et se *fuiront* (*pheuxontai*) eux-mêmes vers la philosophie, afin qu'en devenant autres ils *se défassent* (*apallagôsi*) de ceux qu'ils étaient auparavant » (*Théétète*, 168a).

(4) La *fuite*, la *poursuite* et la *prise* prolongée par une *possession durable* peuvent être nommées toutes ensemble :

« Il n'y a pour l'être humain pas de possession plus douée que l'âme pour d'un côté *fuir* (*phugein*) le mauvais, d'un autre côté *suivre à la trace* (*ichneusai*) et *attraper* (*helein*) ce qui est le meilleur parmi toutes choses, et l'*ayant attrapé* (*helonta*), *habiter avec lui en commun (koinèi sunoikein*) toute sa vie » (*Lois*, V 728c-d).

(5) La *prise* notée par *hairein* peut à l'occasion s'opposer *directement* à la *fuite*, sans passer par l'expression explicite de l'opposition entre *poursuivre* et *fuir*, par exemple :

« ... *fuir* (*phugein*) le vice, *prendre* (*helein*) son contraire » (*Timée*, 87b, *cf.* 86c).

La considération des citations précédentes prouve que *hairein* ne s'oppose à *pheugein* qu'en tant que *hairein* est l'aboutissement d'une poursuite. Il doit donc en aller de même quand c'est la voix moyenne qui se trouve insérée par Platon dans le système *fuir-poursuivre-prendre*, sous la forme d'une opposition entre *fuir* et *prendre*, exactement comme on le lira chez Aristote :

« ... elle *prit* (*helesthai*) une vie de lion ; c'était l'âme d'Ajax fils de Télamon, qui *fuyait* (*pheugousan*) une nouvelle naissance humaine, car elle se souvenait du jugement rendu sur les armes d'Achille » (*République*, X 620b).
« ... *embrasser* (*haireisthai*) chaque fois celle de ces vies qui est moyenne (*ton meson*), et *fuir* (*pheugein*) l'excès d'un côté comme de l'autre » (*République*, X 619a).

Cf. Aristote (avec *fuite*, *poursuite* et *prise*) :

« ... d'un côté il *fuit* (*pheugei*) l'excès et le défaut, de l'autre il *cherche* (*zètei*) la moyenne (*to meson*) et *s'en saisit* (*haireitai*) » (*Éthique à Nicomaque*, II 5.1106b5-7).

Comparer avec :

« car mon propos est que la vie droite ne doit pas consister à *poursuivre* (*diôkein*) les plaisirs ni inversement à *fuir* (*pheugein*) absolument les peines, mais à *embrasser* (*aspazesthai*) le milieu même... » (*Lois*, VII 792c-d).

En outre, les situations de chasse réelle[84] ou métaphorique[85] en relation avec le verbe *hairein* (à l'actif exclusivement), confirment la dimension de prédation du verbe[86], même dans ses usages intellectuels ou abstraits, qui étaient fort rares chez Homère[87], et dont on a un exemple dans l'extrait déjà cité du *Timée* (64a-b), ou dans l'extrait suivant du *Phédon* :

> « ... ce qui pour les yeux est plein d'obscurité et invisible, mais pensable et *saisissable* (*haireton*) par la philosophie, cela, habituée à le haïr, à en frémir et à le *fuir* (*pheugein*)... » (*Phédon*, 81b-c).

Le fait est net : l'usage a beau être d'ordre intellectuel et théorique, le terme n'en reste pas moins inscrit dans le système *poursuivre-prendre*, qui se révèle ainsi particulièrement structurant et prégnant dans les textes platoniciens. Il en va de même, donc, pour les contextes éthico-pratiques, et avant tout pour la fameuse *hairesis tou biou*.

84. *Critias*, 119e.

85. Cette métaphore est explicite quand Platon utilise les verbes « suivre la trace » (ἰχνεύειν, *Lois*, V 728c-d) ou « chasser » (θηρεύειν, *Philèbe*, 20b).

86. Une occurrence provenant d'une citation par Platon du poète Cydias exprime l'arrachement d'un morceau de chair par une beauté masculine comparée à un lion : εὐλαβεῖσθαι μὴ κατέναντα λέοντος νεβρὸν ἐλθόντα μοῖραν αἱρεῖσθαι κρεῶν, « de prendre garde qu'en se rendant comme un faon devant un lion, un morceau de chair ne lui soit arraché » (*Charmide*, 155d). Le verbe ἑαλωκέναι apparaît dans la phrase suivante, et confirme que la conjecture de Cobet, que l'édition Oxford se borne à indiquer en apparat critique, est en effet inutile (αἰτεῖσθαι au lieu de αἱρεῖσθαι, ce qui donnerait un sens ridicule au passage. On n'a certainement pas un double accusatif complément d'un verbe αἰτεῖσθαι dans la phrase citée, mais une construction passive où c'est la personne, complément dans la construction active, qui est devenue le sujet du verbe passif, tandis que le complément à l'accusatif du verbe actif est resté complément à l'accusatif du verbe passif – c'est une transformation grammaticalement correcte, de type ἐκκόπτει τὸν ὀφθαλμόν μου / ἐκκόπτομαι τὸν ὀφθαλμόν).

87. Quelques exemples : *Iliade*, XVIII 501, XXII 119 ; *Odyssée*, xvi 147-149.

b. *Hairesis tou biou.* L'adoption d'une vie dans le mythe d'Er de la *République*

La *hairesis tou biou*[88] exposée dans la *République*[89] présente une continuité avec Homère, comme nous l'avons déjà esquissé. On y trouve à la fois l'articulation entre ce qui est *donné* (par le sort, à savoir l'ordre de passage pour prendre la vie désirée) et ce qui est *pris,* pris par l'âme par un acte authentique (à savoir le type de vie correspondant au désir de l'âme, désir lui-même déterminé sur le fond de la vie précédente avec ses déceptions et ses regrets). La *hairesis* est l'acte de prendre de soi-même, et se situe à l'aboutissement d'un processus de mobilité (de recherche) explicitement souligné dans le mythe.

Voici en quelques mots le déroulement du propos. Au début du récit d'Er touchant à la *hairesis tou biou,* le texte inscrit l'acte de prendre par soi-même (*haireisthai*) d'abord en contraste avec le fait d'obtenir : ce n'est pas un démon qui *recevra* (verbe *lanchanein*) une âme, mais une âme qui *prendra* par elle-même (verbe *haireisthai*) un démon ; cet acte de prise à l'initiative de l'âme la rend responsable (*aitia helomenou,* 617e) et dégage le dieu de toute responsabilité (*anaitios*). L'acte de prendre par soi est ensuite subordonné à l'obtention par le sort (à nouveau verbe *lanchanein*) d'un ordre de passage pour opérer la prise de la vie désirée et recherchée (617d-e). Les sorts ayant été ainsi jetés sur les âmes, chacune ramasse celui qui est tombé près d'elle (verbe *anhaireisthai*), sans avoir à aller la chercher. Ensuite, les modèles de vies, en nombre très supérieur aux âmes présentes (ce en quoi il y a une situation de choix), sont ensuite posées sur le sol, mais devant les âmes, et non jetées sur elles comme l'étaient les sorts, ce qui implique qu'elles doivent avoir un mouvement de recherche pour aller les prendre et qu'elles ont donc l'initiative de la prise.

88. Expressions exactes qu'on trouve avec le substantif dans le corpus sur ce sujet : αἵϱεσις τοῦ δευτέϱου βίου (*Phèdre,* 249b) ; ἀνθϱωπίνου βίου αἵϱεσις (*République,* X 620a) ; avec le pluriel : αἵϱεσις τῶν βίων (*Lois,* V 734c) ; ou simplement αἵϱεσις au singulier ou au pluriel (*République,* X 619c, 619d, 619e, etc.).

89. Voir aussi le *Phèdre,* 249b.

C'est ici que, avant de passer à la description de la *hairesis tou biou*, Socrate interrompt le fil de son rapport du récit d'Er pour s'adresser à ses interlocuteurs, et ce faisant, le texte inscrit clairement cette *biou hairesis* dans le système *fuir-poursuivre-prendre*. Socrate le fait sur un mode complexe. Il préconise en effet d'abandonner toute autre étude que celle qui est relative à ceci : de chercher (*cf. zètètès*), étudier (*mathein*), trouver (*exeurein*) un homme qui puisse nous rendre capable de discerner (*diagignôskonta*) une vie bonne d'une vie mauvaise afin de prendre (*haireisthai*, « embrasser »), en chaque temps et chaque lieu, la meilleure parmi celles qui sont possibles. Il faut conserver solidement l'opinion que la meilleure vie est la vie qui conduit à la justice, afin que…

> « … l'on s'avise d'embrasser (*haireisthai*) chaque fois celle de ces vies qui est moyenne (*ton meson*), et de fuir (*pheugein*) l'excès d'un côté comme de l'autre, aussi bien dans cette vie, autant qu'il est possible, que dans la totalité du temps ultérieur » (*République*, X 619a).

Par cette phrase (citée en partie plus haut), c'est toute la *hairesis tou biou* qui se trouve inscrite dans le système de mobilité *fuir-poursuivre-prendre*, ce qui désigne sans ambiguïté *hairesis* comme une prise constituant l'aboutissement d'un mouvement de recherche. On retrouve exactement ce couple *fuir-prendre* plus loin dans les extraits que nous avons déjà cités[90].

Le verbe *haireisthai* dans tout ce passage du mythe d'Er narrant la *hairesis tou biou* de chaque âme ne signifie donc rien d'autre que *lambanein*, comme dans cette phrase qui décrit la prise faite par l'âme d'Atalante :

> « L'âme d'Atalante, qui avait obtenu du sort de passer au milieu, apercevant de grands honneurs décernés à un athlète masculin, ne put passer à côté, mais les prit (*labein*) » (*République*, X 620c).

Il faut comprendre toutes les occurrences de la *hairesis tou biou* en général, dans la *République* et ailleurs, à la lumière de son occurrence dans l'épisode d'Ulysse.

90. *République*, X 620b, 620c-d.

On pourrait encore souligner cette dimension du verbe *haireisthai,* exprimant une prise effective, grâce au jeu de nuances qui s'exprime par endroits avec le verbe *boulesthai,* lequel peut noter le désir sans sa réalisation effective. Nous renvoyons le lecteur à un ensemble d'occurrences que nous n'analyserons pas ici[91].

c. Aristote et le système *rejeter-fuir-poursuivre-prendre-avoir*

On retrouve les mêmes configurations chez Aristote, qui hérite là d'une tradition qu'il va pour sa part fonder conceptuellement et systématiquement. Car il réduit tous les mouvements de l'animal (être humain compris, avec l'action dont il est capable) à un mouvement de fuite et de poursuite :

> « Mais ce n'est assurément pas non plus la faculté intellectuelle ni ce qu'on appelle l'intellect qui meût [s.-e. l'être humain]. Car l'intellect contemplatif ne contemple rien qui relève de l'action (*prakton*), ni ne dit quoi que ce soit à propos de ce qui est objet de fuite (*pheuktou*) et objet de poursuite (*diôktou*) ; or le mouvement est toujours mouvement d'un être qui fuit (*pheugontos*) ou qui poursuit (*diôkontos*) » (*De l'âme,* III 9.432b26-29).

Aristote fonde les mouvements de fuite et de poursuite sur le désir, cœur de la faculté motrice où il est associé à une faculté de représentation (que ce soit l'intellect, ou bien l'imagination et la sensation seules). Il fait le parallèle avec les opérations de la faculté douée de parole (*logos*) :

> « Ce qu'est dans la pensée l'affirmation et la négation, la poursuite (*diôxis*) et la fuite (*phugè*) le sont dans le désir » (*Éthique à Nicomaque,* VI 2.1139a21-22).

91. Voir *Gorgias,* 469b-c ; *Lois,* IV 721e, V 732e-733b, 734c (ἡμῖν δὲ ἡ βούλησις τῆς αἱρέσεως τῶν βίων οὐχ ἵνα τὸ λυπηρὸν ὑπερβάλλῃ, « Pour nous, la volonté qui anime l'adoption de telle ou telle vie vise à ce que l'élément douloureux ne prédomine pas »). Pour ne pas allonger le propos, nous omettons ici l'explication de ces pages importantes des *Lois,* où l'on trouvera à nouveau la *hairesis* comme aboutissement d'une *zètèsis.* Distinction assez similaire avec *euchesthai-haireisthai,* qu'on trouve par ex. chez Aristote, *ÉN* V 2.1129b1-8. *Cf.* sous une modalité un peu différente et dans un autre contexte, celui de l'Assemblée délibérante, DÉMOSTHÈNE, *Prologues,* L 1, où *haireisthai* signifie bien « faire sien », « adopter ».

Ce qui était un système de notions, déjà très riche chez Platon et très structuré, mais sans principe explicitement reconnu, se voit fondé conceptuellement par Aristote sur le principe du désir. On ne se trouve plus devant un usage linguistique et encore narratif (Homère) dont un philosophe avait commencé à tirer parti sans le conceptualiser techniquement (Platon), mais bien devant une conceptualisation méthodique des mouvements des êtres vivants, dont les actions seront un cas particulier[92].

L'innovation d'Aristote fait que le système *fuir-poursuivre-prendre* est donc valable aussi bien pour le simple mouvement animal que pour ce mouvement complexe et particulier qu'est une *praxis* humaine, relevant de la sphère éthique. Le système terminologique dont nous dessinons ici la provenance depuis Homère touche ainsi au cœur de l'activité pratique de l'être humain. Aristote, de manière tout-à-fait remarquable, opère ainsi une sorte de synthèse créatrice entre l'héritage non conceptuel, sédimenté depuis Homère dans l'usage grec, et sa propre enquête philosophique.

En outre, l'identification du désir comme principe des deux mouvements fondamentaux explique la marginalisation du système *donner-prendre*, pourtant prédominant chez Homère. On aurait en effet pu attendre que ce système accède à une position éminente dans le cadre de l'éthique, puisque l'éthique est, selon Aristote lui-même, une branche de la politique, et que la politique concerne la communauté. La relation inter-humaine, qu'Aristote reconnaît comme indispensable à l'avènement de la vertu proprement éthique en l'individu (par la nécessité, reconnue dès Platon, de la formation de l'*èthos*-caractère par l'*ethos*-habitude[93]), est un espace où se déploient naturellement le don et la prise. Mais l'éthique antique s'est centrée sur le désir et son aboutissement, à tel point qu'Aristote ne s'assure de l'existence du bonheur au début de l'*Éthique à Nicomaque* qu'en s'appuyant sur l'existence du désir, dont la naturalité contraint à poser l'existence d'un

92. *Éthique à Eudème*, II 3.1220b26-27, II 6.1222b29.
93. *Lois*, VII 792e ; *Éthique à Nicomaque*, II 1.

objet destiné à le satisfaire, sans quoi une faculté naturelle serait vide et vaine[94], ce qui ne se peut puisque la nature ne fait rien en vain. Avec la primauté de la problématique du désir – et non de la problématique de la relation à autrui –, c'est là du même coup la problématique de la mobilité qui s'impose, plutôt que celle de l'échange dans le donner et le prendre. De la même manière, le fait que la préoccupation centrale de l'éthique antique est l'aboutissement du désir impulsant un mouvement de poursuite, devait faire du choix comme arbitrage intérieur entre deux options également possibles, une problématique secondaire, sans qu'elle soit pour autant inexistante.

On retrouve donc ici la même structuration que chez Platon, mais consolidée par l'identification d'un principe, le désir. La prolongation de la prise dans l'avoir est moins nette que chez Platon, quoiqu'elle transparaisse en plusieurs endroits[95]. Pour le reste, l'ensemble est tout aussi clair.

(1) La *fuite* et la *poursuite* sont régulièrement mentionnées ensemble :

> — [Aristote parle de poissons :] « … recherchant (*diôkontes*) la chaleur en hiver, […] la fuyant (*pheugontes*) en été » (*Histoire des animaux*, VIII 12.597a13-17).
> — « car [l'animal] discerne le plaisant et le déplaisant dans la nourriture par le moyen [du goût], en sorte de *fuir* (*pheugein*) l'un et *poursuivre* (*diôkein*) l'autre » (*De la sensation et des sensibles*, 1.436b15-18).
> — « … en sorte que [les animaux] *poursuivent* (*diôkôsi*) leur nourriture grâce au fait qu'ils l'ont perçue préalablement (*proaisthanomena*), et qu'il *fuient* (*pheugôsi*) ce qui est mauvais et dangereux… » (*De la sensation et des sensibles*, 1.436b20-22).
> — « c'est par les plaisirs et les peines que l'on devient mauvais, du fait qu'on les *poursuit* (*diôkein*) et les *fuit* (*pheugein*)… » (*Éthique à Nicomaque*, II 2.1104b21-22).

94. *Éthique à Nicomaque*, I 1.1094a20-21.

95. *Rhétorique*, I 6.1362a20-29 (avec αἱρετόν, ἐφίεσθαι, παρεῖναι) ; *Éthique à Eudème*, VIII 3.1248b39-1249a7 (avec αἱρεῖσθαι, ἔχειν, αὑτοῖς ὑπάρχειν) ; III 7.1114a31-b8 (avec ἐφίεσθαι, αἱρεῖσθαι, αὑτῷ ἔσεσθαι) ; V 2.1129b1-11 (avec διώκειν, αἱρεῖσθαι, πλεονέκτης).

(2) La *poursuite* et la *prise* peuvent être exprimées ensemble, très étroitement comme ici :

> « Si en effet une personne *prend* (*haireitai*) ou *poursuit* (*diôkei*) telle chose à cause de telle autre, alors elle *poursuit* et *prend* cette dernière par soi, tandis qu'elle poursuit et prend la première par accident » (*Éthique à Nicomaque*, VII 10.1151a35-b2).

(3) Le *rejet* ou fait de *se débarrasser*, qui est l'aboutissement de la fuite comme la prise est l'aboutissement de la poursuite, apparaît en quelques endroits inscrit dans le système *fuir-poursuivre-prendre* (qui est ainsi le système *rejeter-fuir-poursuivre-prendre* si on le donne en extension), quoique rarement. On a ici *la poursuite* et *le rejet* :

> « ... tout le monde *poursuit* (*diôkousi*) [l'utile], tandis qu'on *rejette* (*apoballousi*) personnellement l'inutile loin de soi » (*Éthique à Eudème*, VII 1.1235a36-37).

On peut avoir la *prise* et le *rejet*, avec les termes de la famille de *lambanein* plutôt que de *haireisthai* :

> « ... les *appropriations* (*lèpseis*) de choses bonnes sont bonnes, ainsi que les *rejets* (*apobolais*) de choses mauvaises » (*Rhétorique*, I 6.1362a34-36).

(4) La *fuite*, la *poursuite* et la *prise* apparaissent ainsi à l'occasion ensemble, sans le rejet[96] :

> — « Ainsi tout homme savant d'un côté *fuit* (*pheugei*) l'excès et le défaut, de l'autre *cherche* (*zètei*) la moyenne (*to meson*) et *s'en saisit* (*haireitai*) » (*Éthique à Nicomaque*, II 5.1106b5-7).
> — « Si A était *pris* aussi volontiers (*homoiôs haireton*) que D, alors B serait aussi *fui* (*pheukton*) à égalité avec C, car chacun est à égalité avec chacun, c'est-à-dire à égalité respectivement objet de *fuite* (*pheukton*) et objet de *poursuite* (*diôktôi*) » (*Premiers analytiques*, II 22.68a29-31).

96. Sauf inattention de notre part, nous n'avons trouvé aucun endroit où ce quatrième élément qu'est le rejet serait expressément formulé en même temps que les trois autres. Mais il est possible de le reconstituer en plusieurs endroits.

(5) La *prise* est très souvent immédiatement opposée à la *fuite* :

> — « … la capacité d'*adopter* (*helesthai*) correctement le vrai et de *fuir* (*phugein*) le faux » (*Topiques,* VIII 14.163b14-15).
> — « Alors qu'il y trois choses du côté de ce qu'on *prend* (*eis tas haireseis*), et trois du côté de ce qu'on fuit (*eis tas phugas*), le beau, le profitable, le plaisant, et leurs trois contraires, le laid, le dommageable, le déplaisant, l'homme bon est disposé à la rectitude pour ce qui touche la totalité de ces termes, quand le mauvais est disposé à l'erreur, au plus haut point pour le plaisir » (*Éthique à Nicomaque,* II 2.1104b30-34).
> — « Le dérèglement (*akolasia*) semble être davantage de plein gré que la lâcheté ; car il est causé par le plaisir, quand la lâcheté a pour cause le déplaisir ; or le plaisir est objet qu'on *prend* (*haireton*), le déplaisir objet qu'on *fuit* (*pheukton*) » (*Éthique à Nicomaque,* III 15.1119a22-24).

Le verbe *lambanein* est parfois utilisé à la place de *haireisthai* dans le système *fuir-poursuivre-prendre,* deux fois dans l'*Éthique à Nicomaque* (en plus de deux autres lieux[97]) :

> « … *prendre* (*labein*) ou *fuir* (*phugein*)… » (*Éthique à Nicomaque,* III 4.1112a3, formule répétée à la ligne 1112a4),

occurrence d'autant plus intéressante qu'elle est régie par le verbe *prohaireisthai*[98].

Ce genre de substitution de *lambanein* à *haireisthai* qui avait déjà cours chez Platon perdure donc chez Aristote. Le verbe *haireisthai,* qui devient plus abstrait et plus intériorisé, pour signifier le fait qu'on prend en pensée un objet qu'on désire, s'intériorise donc avec le sens de « prendre » et avec tout l'appareil du système *fuir-poursuivre-prendre* dans lequel il a été inscrit dès Homère.

97. En admettant le *Proteptique,* fr. 51.8 (τὰ μὲν λαμβάνομεν τὰ δὲ φεύγομεν τῶν πραγμάτων) ; *De l'âme,* III 12.434b17 (ἁπτόμενον δέ, εἰ μὴ ἕξει αἴσθησιν, οὐ δυνήσεται τὰ μὲν φεύγειν τὰ δὲ λαβεῖν).
98. Voir le texte complet traduit dans notre Chapitre V.

d. Structuration du champ des objets par Aristote

Mais non seulement Aristote fonde conceptuellement le système de mobilité *fuir-poursuivre-prendre* grâce à la faculté désirante, non seulement il fait de ce système un cadre structurant de la réflexion éthique en réduisant tous les mouvements (dont l'action fait partie) à la fuite et à la poursuite, mais encore il nous offre une structuration systématique du champ des *objets*, qui n'est pas totalement étrangère au travail platonicien, mais va bien au-delà. Car selon sa méthode habituelle, Aristote prend les objets en considération pour penser les actes psychiques corrélatifs qui s'exercent sur eux. D'où, notons-le en passant, un essort considérable chez Aristote de l'adjectif verbal *haireton*, fort peu usité avant lui ou même à son époque[99], signifiant littéralement « objet sur lequel peut s'exercer l'acte de prendre », et pour lequel nous n'avons pas d'équivalent usuel de portée comparable en français.

On peut dégager synthétiquement la structure suivante concernant les objets corrélatifs du sytème *fuir-poursuivre-prendre*.

1. Objets corrélatifs du système complet rejeter-fuir-poursuivre-prendre. – Le système complet exige deux objets antagonistes, corrélatifs des deux types de mouvements antagonistes. Ces objets sont donc opposés en termes de désirabilité. Les actes antagonistes du système s'exercent ainsi sur deux objets antagonistes, chaque acte n'ayant qu'un seul objet comme corrélatif, ce qui est étranger au choix. Il n'est en effet pas question de choisir entre un objet désirable (par exemple le plaisir) et un objet repoussant (par exemple la douleur). La complication de la situation (entrée en jeu du beau, etc.) n'altère en rien cette vérité de base, qui est le fondement sur lequel s'édifie une complexité postérieure. Les

99. L'adjectif verbal se trouve plus de trois cents fois dans le corpus aristotélicien (ce qui inclut toutefois nombre d'occurrences étrangères à l'éthique, comme les occurrences politiques pour désigner les magistratures élues), alors qu'on ne le trouve qu'une quinzaine de fois chez Platon, et à peine six fois chez son contemporain Démosthène (en incluant les fragments et les apocryphes...).

citations présentées ci-dessus dans les cas (1), (3), (4) & (5) en donnent des exemples.

Cette structuration du champ des objets apparaît déjà en clair chez Platon (voir les exemples ci-dessus) et chez Homère, avec l'antagonisme du rejet et de la prise (*Iliade*, XVI 281-282, extrait cité plus haut).

2. *Objets corrélatifs du système réduit à son volet positif* poursuivre-prendre. – Le même système, quand il n'est exprimé que par son volet positif (du côté de la poursuite) s'applique toujours à un objet désirable.

Cet objet peut être *unique*, ou pluriel mais fonctionnant comme un objet unique, sans relations particulières entre les objets qui affecteraient l'acte de prise, et sans aucune dimension de choix à faire *entre* eux :

> « Nous pourrions montrer de l'empressement pour de nombreuses choses quand bien même elles ne nous apporteraient aucun plaisir, comme voir, nous souvenir, savoir et posséder les vertus. Peu importe si des plaisirs suivent nécessairement de ces actes ; car nous les prendrions (*heloimetha*) même si aucun plaisir n'en advenait » (*Éthique à Nicomaque*, X 2.1174a4-8).

Il peut aussi y avoir plusieurs objets dont la pluralité est signifiante pour la prise, premièrement en tant qu'ils sont *concurrents* en termes de désirabilité. C'est dans cette case précise du système que *haireisthai* peut accéder à la signification du choix, moyennant une construction complémentaire[100], qui peut être exprimée ou sous-entendue :

> « l'homme qui donne à regret n'est pas non plus libéral ; car il préférerait (*mallon heloit'an*) l'argent à la belle action ; or ceci n'est pas d'un homme libéral » (*Éthique à Nicomaque*, IV 2.1120a30-31).

Mais ces objets multiples ne sont pas toujours *concurrents* en termes de désirabilité. En effet, le cas d'une pluralité d'objets

100. Avec un complément introduit par *mallon è*, ou *mallon*, ou *è*, ou dans quelques cas particuliers *anti*, mais jamais avec *pro* chez Aristote.

non antagonistes (corrélatifs du seul volet positif du système) se démultiplie de son côté en plusieurs schémas.

D'abord en un schéma de type *fin-moyens* (ou plus généralement d'éléments saisis dans une relation à une fin, *telos-ta pros to telos*) :

> « le bonheur aussi est chose qu'on prend pour elle-même (*kath'hauto haireton*) et suffisante en soi, et c'est en vue du bonheur (*heneka autou*) que nous prenons (*hairoumetha*) maintes autres choses » (*Rhétorique*, I 6.1362b10-12).

Ce schéma exclut le choix (quand on est malade, on ne choisit pas entre la santé et le médicament, qui ne sont pas en concurrence). En revanche, la fin est davantage ce que l'on prend, de même qu'elle est davantage ce que l'on veut, car on ne prend ce qui est relatif à la fin que parce qu'on veut prendre la fin. Ce qui est davantage fin est donc davantage objet de la prise (*hairetôteron*) :

> « les fins des sciences architectoniques sont davantage ce que nous voulons prendre (ou "attraper", "avoir", *hairetôtera*) que les fins qui leur sont subordonnées ; car c'est en vue des premières qu'on poursuit (*diôketai*) aussi ces dernières » (*Éthique à Nicomaque*, I 1.1094a14-16).

Par soi, la *hairesis* porte sur la fin, véritable objet de toute prise (par où la *hairesis* est bien l'aboutissement de la poursuite qui vise à s'approprier la fin).

À ce type de schéma *fin-moyens* s'apparente donc immédiatement le schéma *par soi-à cause d'autre chose* (*kath'hauto-di'allo*), où un objet pris pour lui-même est en relation à un objet pris à cause de ce premier objet[101].

À ce type de schéma est aussi apparenté, quoique différent, le schéma d'objets du type *par soi-par accident* (*kath'hauto-kata sumbebèkos*)[102].

On pourrait encore rapprocher de ces schémas d'autres schémas de type *tout-parties*, et de type *supérieur-inférieur* ou *meilleur-moins bon*, lequel forme une variante du schéma *fin-moyens*

101. Voir en plus des précédents exemples *Éthique à Nicomaque*, I 5.1097a30-34.
102. Voir *Éthique à Nicomaque*, VII 10.1151a35-b2, cité dans le cas (2) ci-dessus.

puisque la fin est le bon par définition et que le bon « est *haireton* pour lui-même »[103].

Récapitulation. – Les schémas qui structurent l'espace des objets sont donc l'occasion pour le système *fuir-poursuivre-prendre* soit [1] de déployer simultanément ses deux volets négatif et positif, soit [2] de déployer le seul volet positif *poursuivre-prendre,* pour y envisager soit [a] une déclinaison complexe de prise le long de relations d'objets non concurrents de type *fin-moyens* (*telos-ta pros to telos*), ou de type *par soi-à cause d'autre chose* (*kath'hauto-di'allo*), ou de type *par soi-par accident* (*kath'hauto-kata sumbebèkos*), ou de type *tout-parties,* soit [b] des objets en concurrence, lieu particulier du choix ; restent en outre [c] des occurrences avec objet unique ou puriel mais simple, c'est-à-dire sans relations affectant l'acte de prise pour la complexifier.

Les schémas d'objets sont donc de trois types généraux : [1] le schéma d'objets *antagonistes* corrélatifs d'actes antagonistes, [2a] les schémas d'objets *en subordination* ou *"en série"* (qui forment comme une ligne ordonnée, le long de laquelle s'égrène par degré l'acte de prendre, acte qui s'applique souvent aux deux objets envisagés en série et dans leur relation), [2b] le schéma d'objets *en concurrence* (qui forment au minimum un binôme face au sujet qui prend, et qui ne prend que l'un des objets). Seul ce dernier schéma est celui du choix. Le cas [2c] enfin est indéfini : objet simple d'une prise simple.

Ainsi, s'il y a nouveauté chez Aristote du côté de la *hairesis,* c'est seulement en tant qu'il applique à un système déjà bien structuré avant lui la richesse de ses propres analyses conceptuelles du côté des relations d'objets (finalité, rapports de causalité, distinctions par soi-par accident, etc.) et de ses recherches du côté de la faculté motrice. Ce faisant, il fait de la systématicité spontanée qui était celle du système notionnel *fuir-poursuivre-prendre* dans l'usage grec avant lui une systématicité désormais *conceptuelle, philosophiquement consolidée et argumentée.* Et il nous

103. *Rhétorique,* I 6.1362a20-22.

permet de voir peu à peu apparaître l'acte de la *hairesis* comme portant prioritairement *sur la fin*, ce qui avant la structuration du champ des objets par la relation *fin-moyens* ne pouvait pas apparaître clairement, même si le simple fait que *hairein* note *l'aboutissement* de la mobilité exprimée par les verbes de poursuite permettait déjà de le comprendre. La *prohairesis* s'insèrera ensuite à sa place dans ce schéma.

3. *Hairesis* & les animaux

Il faut dire enfin un mot des animaux, si importants dans la philosophie d'Aristote, aussi bien que chez Homère, qui est une des sources du Stagirite pour ses traités consacrés aux bêtes.

Le rapprochement des guerriers et des humains en général avec des animaux est un des traits marquants des poèmes homériques, de l'*Iliade* en particulier. Les animaux les plus divers sont représentés : serpents, mouches, abeilles, guêpes, sauterelles, bœufs, moutons, brebis, chèvres..., mais surtout, en harmonie avec la trame guerrière du poème, oiseaux de proie, chiens, loups, sangliers, et par dessus tout : lions[104]. Or, on ne peut qu'être frappé de l'absence presque totale d'utilisation du verbe simple *hairein*, tant à la voix active qu'à la voix moyenne, pour signifier en général des opérations dont les animaux seraient les agents, et en particulier les actes de prédation, d'autant plus que de nombreux traits humains sont prêtés aux animaux[105]. L'extension plus ou moins imagée du verbe *hairein* à des sujets autres que les humains, à savoir les dieux et surtout les affects, montre que le verbe admet sans conteste une extension hors du domaine qui pourrait paraître le plus original et le plus approprié, celui des

104. On trouvera une liste complète des animaux apparaissant dans les poèmes homériques dans l'Appendix A de Steven Lonsdale, *Creatures of Speech. Lion, Herding, and Hunting Similes in the Iliad*. Par ailleurs, les comparaisons, même celles destinées à éclairer les guerriers en pleine action, ne se limitent pas aux animaux, mais peuvent s'étendre aux arbres, aux fleuves, aux pierres, etc.

105. Cet anthropomorphisme est relevé par John Heath, *s. v.* « Animals » *in* : Margalit Finkelberg (ed.), *The Homeric Encyclopedia*. Steven Lonsdale donne de son côté une liste des sentiments prêtés aux animaux (*op. cit.*, Appendix B).

actions humaines. Mais cette extension ne s'est pour ainsi dire pas produite du côté des bêtes, et c'est d'autant plus frappant dans l'*Iliade* que ce poème met plus que tout autre texte en valeur à la fois la dimension de prédation de *hairein*, activité animale s'il en est, et la dimension animale du guerrier. *Hairein* sous la forme du verbe simple n'est utilisé qu'une fois avec un sujet animal (XXII 142, *heleein*), et ses composés ne le sont que rarement[106]. Il semble en outre que le verbe *lambanein* soit moins rare que *hairein*, sans être non plus très fréquent. C'est *harpazein*, « ravir... », qui emporte manifestement le morceau.

Le fait que la main semble jouer un rôle dominant dans l'action notée par le verbe *hairein* actif et moyen[107] – même si la mâchoire et les dents peuvent, dans une certaine mesure, par leur articulation et leur fermeture, réaliser une préhension analogue – pourrait avoir favorisé l'exclusion presque complète du verbe *hairein* quand il s'agit de bêtes, d'autant que l'ours (dont les pattes avant ressemblent à des mains) n'existe pas dans le bestiaire homérique, hormis comme constellation et comme ornement[108]. Le singe quant à lui n'est pas mentionné. De même, de manière peut-être inattendue, ce lien à la main pourrait avoir favorisé l'utilisation de *haireisthai-hairesis* pour les élections, du moins pour la bien nommée *cheirotonia*, élec-

106. XI 550 (ἐκ... ἑλέσθαι), XVI 353 (ὑπ´... αἱρεύμενοι), XVII 659 (= XI 550)...

107. De très nombreuses occurrences le montrent, dont certaines avec une expression quasiment figée (χερσὶ ἑλών, listée dans l'Annexe II, §§ 9, 26 & 36). On trouve aussi l'expression « prendre avec les dents », ὀδὰξ ἑλεῖν (Annexe II, § 9 & 27), qui équivaut à « mordre la poussière », ce qui s'exprime aussi par une expression contenant la main : ἑλεῖν γαῖαν ἀγοστῷ, « prendre la terre du creux de sa main », c'est-à-dire « refermer sa main sur la terre » dans une crispation d'agonisant.

108. Sur les trois occurrences de ἄρκτος, l'une désigne des ours décorant un ceinturon (xi 611), les deux autres désignent la constellation céleste (XVIII 486, v 273). On pourra objecter que les sentiments n'ont pas plus de mains que les animaux, et que les poèmes en font pourtant le sujet d'un *hairein* ou d'un *lambanein*. Mais les sentiments n'ont pas non plus d'autres organes dont la seule réalité puisse faire obstacle à l'image de la préhension, et leur évanescence même offre sans défense son indétermination à l'expression poétique la plus libre, quand les animaux ont des organes bien déterminés pour des fonctions réelles et communément observées.

tion à main levée, qui est le mode essentiel des élections dans l'Athènes classique. De fait, la seule occurrence de *hairein* avec pour sujet un animal que nous puissions trouver dans les deux poèmes homériques[109], est un cas où l'animal en question possède un organe qui se rapproche de la main dans sa capacité de préhension : la serre[110]. Dans un passage du chant XXII, Achille s'élançant à l'attaque d'Hector est comparé à un milan fondant sur une palombe :

> « Elle, en bas, s'enfuit (*phobeitai*) ; lui, non loin, lançant des cris aigus, s'élance (*epaissei*) dans les profondeurs, car son cœur le pousse à la prendre (*heleein*) » (*Iliade*, XXII 141-142).

Le verbe *hairein* est à nouveau inscrit ici dans un système où il constitue l'aboutissement de la poursuite. Cette occurrence nous montre que *hairein* peut sans conteste être utilisé pour la prédation même animale, et pas seulement humaine[111], et que pourtant, cette possibilité n'a pas fait florès dans les poèmes, et ne le fera pas non plus après eux. Comme chez Homère, l'usage de *hairein* actif ou moyen, et en outre de *hairesis*, est extrêmement rare chez Aristote quand il s'agit des bêtes[112]. Il n'est toutefois pas impossible. Voici une occurrence importante de *hairesis* :

109. Nous ne comptons pas Scylla dans les animaux (xii 96, ἕλῃσι, xii 246, ἕλεθ', xii 310, ἑλοῦσα). Elle a en effet quelque chose d'inclassable, puisque si son nom la rapproche d'une chienne (*cf.* xii 86-89, et P. Chantraine, *Dictionnaire étymologique de la langue grecque, s. v.* σκύλαξ), et donc d'un animal, elle est en réalité du côté des dieux, étant immortelle (xii 117-118). Scylla prend ses proies marines par un organe qui n'est ni une main ni rien de ressemblant à une main : par ses six têtes, montées sur six longs cous, et pourvues de trois rangées de dents.

110. Une formule concernant le vautour souligne à trois reprises dans les poèmes le caractère recourbé de la serre : αἰγυπιοὶ γαμψώνυχες, XVI 428, xvi 217, xxii 302. Le contraste entre le lion et l'être humain doué de mains apparaît particulièrement en un endroit de l'*Iliade* : V 553-560. Voir aussi XI 553, XII 306…

111. On trouve la même formule dans l'*Odyssée*, dans un contexte tout différent, sans prédation, mais toujours avec une prise, sous forme d'embrassement (Ulysse qui veut prendre sa mère dans ses bras, xi 206).

112. On ne trouve dans les textes consacrés aux animaux aucune occurrence de *hairein* (ni à l'actif ni au moyen), ni de *hairesis*, ni de *hairetos* (encore moins

> « Mais il existe de nombreuses sortes de nourriture ; c'est pourquoi les modes de vies sont eux aussi nombreux, tant pour les animaux que pour les humains. Car il n'est pas possible de vivre sans nourriture, si bien que les différences de nourriture ont engendré des modes de vie différents chez les animaux. En effet, parmi les bêtes sauvages, les unes sont grégaires, les autres solitaires, suivant la manière dont cela leur est utile en vue de leur nourriture, du fait que les unes sont carnassières, les autres frugivores, d'autres encore omnivores ; en conséquence, la nature a déterminé leurs modes de vie eu égard aux facilités et à *l'obtention* (*hairesin*) de ces nourritures [...] » (*Politique,* I 8.1256a19-27).

Le terme *hairesis* sert ici à exprimer le fait de se procurer sa nourriture, et, de manière exceptionnelle, il est utilisé pour les animaux, dans un passage dont les réflexions sont valables aussi pour les humains. La suite du texte fait allusion au plaisir, puis concerne les humains et leur mode de vie, c'est-à-dire de subsistance. Ce passage permet de faire un parallèle entre le niveau de la subsistance où il faut opérer une *hairesis* de la nourriture, et le niveau de la vie humaine comme *praxis,* où se joue encore une *hairesis,* celle du bon, du beau, etc. L'*Éthique à Nicomaque* rapproche d'ailleurs la *hairesis* opérée par la vertu morale de la prise d'aliments[113].

III. CONCLUSION

En résumé, Aristote hérite avec les termes de la famille de *hairesis* d'une expression intense de la prise, qui s'inscrit depuis Homère dans la problématique de l'appropriation, en relation à un donner qui provient d'un vis-à-vis humain ou divin (système

de *haireteon*). Ce fait n'empêche pas qu'on ait trois occurrences avec un animal pour sujet de l'action exprimée par le verbe αἱρεῖσθαι ou le substantif αἵρεσις (*Politique,* I 8.1256a26 : αἵρεσιν ; *Éthique à Eudème,* VII 1.1235a35 : αἱροῦνται ; *Éthique à Nicomaque,* X 5.1176a7 : ἑλέσθαι, qui rapporte un propos d'Héraclite). Deux occurrences à peine constituées chez Platon : *Charmide,* 155d, verbe au passif dans la citation du poète Cydias ; *République,* II 375a, où le chien est traité en même temps que le gardien humain.

113. *Éthique à Nicomaque,* II 5.1106a36 *sqq.* : verbes *lambanein* & *haireisthai.*

donner-prendre-avoir), ou en relation avec une mobilité issue du désir (système *rejeter-fuir-poursuivre-prendre-avoir*). Dans *haireisthai* s'affirme l'aboutissement d'une recherche active pour *attraper* et *avoir*, l'investissement intense d'un agent dans sa prise dont il est l'initiateur plus ou moins violent, ainsi que l'appropriation intime à soi. Si la problématique du *donner-prendre* n'a pas imprégné directement les notions premières de l'éthique (notamment la vertu en sa définition), du fait d'une philosophie morale qui privilégie le rapport à soi et qui marginalise le don des dieux et de la fortune dans la recherche du bonheur, elle n'en demeure pas moins prégnante dans des notions centrales comme la justice distributive et l'amitié, ou encore la libéralité. Quant au schéma d'un double mouvement impulsé par le désir, la fuite pour échapper et le rejet pour se libérer d'un mal d'un côté, la poursuite pour attraper un bien de l'autre, il a reçu un tel développement par Platon puis une telle consolidation par Aristote qu'il persistera longtemps dans la philosophie morale, car il épouse la dualité structurante des couples d'objets moraux : le bon & le mauvais, le plaisant & le déplaisant, le beau & le laid, entre lesquels le choix est toujours déjà fait – c'est-à-dire n'a jamais eu lieu et n'a pas lieu d'être, si ce n'est à la marge, non pas entre les deux objets d'une même dualité, mais entre les deux pôles positifs d'au moins deux de ces couples, pour autant que l'on admet que le plaisant ne se confond pas avec le beau et le bon, ce qui ne saurait être vrai que superficiellement et non à un niveau fondamental, où le beau (moral), le plaisir et le bon (le profitable) se fondent ensemble[114]. Ce n'est pas seulement chez les écoles grecques, par exemple chez Épicure ou les stoïciens[115], mais encore dans la tradition chrétienne et dans la philosophie moderne[116] qu'on trouve le

114. *Éthique à Nicomaque*, I 9.1099a24-31. *Cf. Éthique à Eudème*, I 1.1214a1-8. Même refus de cette de séparation du beau moral, du plaisant et du bon chez Platon, par ex. *Lois*, II 663a-b.

115. Épicure, *Lettre à Ménécée*, 128-129 ; Galien, *De placitis Hippocratis et Platonis*, VII 2.3 (= *SVF* t. I, p. 85, § 374) ; Stobée, *Eclogae*, II 80.14 (= *SVF* t. III, p. 32, § 131 (lien entre *hormè* et *haireton*), etc.

116. Notamment Descartes, par ex. *Méditations de philosophie première*, IV, *Œuvres*, éd. Ch. Adam & P. Tannery, t. IX, p. 46 & t. VII, p. 57-58 pour le texte latin.

système *rejeter-fuir-poursuivre-prendre,* coexistant avec une nouvelle élaboration de la problématique éthique sous forme de libre arbitre. Augustin peut écrire dans *De libero arbitrio* des phrases où se reconnaît la structuration platonicienne et aristotélicienne de la recherche du bon, comme celle-ci, avec *adsumere* comme excellent équivalent de *haireisthai,* ici appliqué aux animaux :

> « uel adpetunt animalia delectata et adsumunt uel offensa deuitant et respuunt » (« les animaux, si ces choses leur plaisent, les poursuivent et s'en saisissent, si elles les rebutent, ils les évitent et les rejettent », *Du libre arbitre,* II 8).

Cette double direction simultanée du désir épousant la dualité antagoniste des objets (fuite du pôle négatif & poursuite du pôle positif, en deux mouvements conjoints) n'est pas une innovation d'Aristote. En revanche, le Stagirite apporte une structuration du champ des objets, déjà esquissée chez Platon, mais plus nettement dessinée chez Aristote : du côté du seul mouvement de poursuite s'égrène graduellement le mouvement de recherche visant la prise, s'appliquant sur la fin à un plus haut degré que sur ce qui est en vue de la fin. C'est dans cette branche que s'insérera la *prohairesis,* dont la place a ainsi été toute préparée, et dont la notion viendra à Aristote non de la tradition philosophique et homérique, mais de l'usage neuf et proliférant qu'en ont fait les orateurs de son temps. Aristote, définissant la *prohairesis* comme un désir – ce qu'aucun orateur n'a envisagé explicitement[117] – intégrera cette notion nouvelle dans tout l'arsenal éthique de la fuite et de la poursuite et donc de la *hairesis,* opérant là une systématisation remarquablement féconde.

117. On en trouve une simple trace chez ISOCRATE, *Philippe,* 87 (texte cité ci-dessous).

Chapitre III

L'émergence de la *prohairesis* avant Démosthène : de Thucydide à Platon

La *prohairesis* est née modeste, au milieu du blé et des figues, dans un magasin de provisions ou quelque cellier domestique. Tard venue en éthique, elle a accédé de manière fulgurante au trône, pour coïncider chez Aristote avec la personne même de l'être humain et le principe de son action. Les pages qui suivent cherchent à retracer cette ascension au fil des textes que nous a transmis la tradition, à dégager la signification courante des termes *prohairein-prohaireisthai* & *prohairesis,* afin d'éclairer aussi bien le contenu de la *prohairesis* comme principe de l'action humaine chez Aristote que les raisons qui ont conduit le philosophe à lui prêter autant d'importance et de dignité.

La prohairesis *avant Démosthène.* – Nous regroupons d'abord ici les auteurs antérieurs à Démosthène, étant donné le caractère décisif joué par cet orateur, comme il ressort de notre enquête à partir des textes transmis. Ces auteurs s'échelonnent de Thucydide jusqu'à Platon, en incluant Isocrate. Pourtant, ni Isocrate ni Platon ne sont strictement antérieurs à Démosthène du point de vue de la chronologie ; en revanche, on peut considérer qu'ils le sont du point de vue de l'histoire de la *prohairesis*.

Platon meurt vraisemblablement avant même la préparation concrète de la paix de Philocrate[1], alors que Démosthène, comme Aristote, a trente-sept ou trente-huit ans. L'orateur ne monte à la tribune que depuis huit ans, au mieux. Platon n'a donc pu connaître un Démosthène exerçant activement ses droits politiques devant l'*ekklèsia* que durant les dernières années de sa vie, à une époque où il avait déjà composé la plus grande partie de son œuvre. Démosthène, en -347 / -346, n'a encore prononcé (ou écrit), parmi les discours qui nous restent, que les *Contre Aphobos I & II* (aucune occurrence de *prohaireisthai* ni de *prohairesis*), *Contre Androtion* (aucune occurrence), *Contre la loi de Leptine* (1/0)[2], *Sur les symmories* (2/0), *pour les Mégalopolitains* (aucune occurrence), *Contre Aristocrate* (comme logographe) (2/2), *Pour la liberté des Rhodiens* (3/0), *Première Philippique* (1/0), *Sur l'organisation financière* (0/1), *Olynthiennes II-III* (2/0) ; le *Contre Midias*, si important pour la *prohairesis*, a dû être rédigé à peine avant la mort de Platon. On peut donc encore ranger Platon parmi les auteurs antérieurs à Démosthène, même s'ils ont vécu une période commune de presque quarante ans – réduite toutefois à huit ans au mieux pour ce qui est de la vie politique.

Le cas d'Isocrate est plus délicat à trancher, et nous le ferons ici sans venir à bout d'un certain arbitraire. Personnalité originale, Isocrate ajoute à sa position singulière de maître de réthorique qui revendique la philosophie sans en faire, et d'orateur qui fait de la politique sans monter à la tribune, une longévité qui le rend difficilement assignable à une contemporanéité simple, puisqu'il aura été aussi bien contemporain de Démosthène que de Lysias, d'Aristote que de Platon ou de Xénophon. Mais les quatre discours principaux (en laissant de côté les lettres) où la présence du vocabulaire de la *prohairesis* est significative, tous datés après -356, furent pour trois d'entre eux écrits avant -346[3]. Isocrate

1. La première ambassade, à laquelle participa Démosthène, eut lieu à l'hiver -346.

2. Le premier chiffre indique le nombre d'occurrences du verbe *prohaireisthai*, le second, celui du substantif *prohairesis*.

3. ISOCRATE, *Sur la paix* (-356), *Sur l'échange* (-354 / -353), *Philippe* (v. -346), *Panathénaïque* (de -342 à -339). On pourrait ajouter la *Lettre VI* (*Aux fils de Jason*) (v. -359 / -358).

aura donc composé la plupart des textes importants pour l'histoire de la *prohairesis* à une époque antérieure au plein déploiement de l'activité politique et oratoire de Démosthène. On notera qu'il meurt un ou deux ans avant le lancement de l'affaire de la couronne (-337 / -336, jugée en -330). Enfin – et cela contribue pour une grande part à ce que nous le traitions dans le présent chapitre plutôt que dans le suivant –, il ne fait pas partie des orateurs ayant ferraillé avec Démosthène ou à l'inverse partagé ses combats.

Si Isocrate joue déjà un rôle important dans l'histoire qui nous intéresse, il reste que Démosthène marque sans conteste une césure, pour une raison simple : il est le premier des orateurs attiques qui, à la fois, ait utilisé le vocabulaire de la *prohairesis* et qui ait joué un rôle politique actif, quand Lysias, Isocrate, Isée (les seuls orateurs précédant Démosthène chez lequels on puisse actuellement trouver une occurrence des termes qui nous occupent) n'ont pas été des *politeuomenoi*. En effet, Lysias, fils de Céphale (le riche métèque originaire de Syracuse que Platon met en scène au début de la *République*), auteur de très nombreux discours[4] dont Platon nous offre un pastiche dans le *Phèdre*[5], n'avait finalement pas réussi à conserver le droit de cité à Athènes par suite d'un vice de procédure[6], et ne pouvait donc monter lui-même à la tribune athénienne[7], mais pouvait écrire pour des Athéniens comme logographe. Si l'on rappelle qu'Isocrate, tout Athénien qu'il était, avait renoncé à la politique active par incapacité de soutenir l'effort moral et vocal que représentait une harangue devant le peuple assemblé ; si l'on rappelle en outre qu'Isée était peut-être lui aussi métèque, qu'en tout état de cause le caractère évanescent des renseignements que les biographes

4. Dans les *Vies des dix orateurs* (836a), le Pseudo-Plutarque en mentionne 425, parmi lesquels Denys d'Halicarnasse et Caecilius en retenaient 230 comme authentiques.

5. *Phèdre*, 230e-234c.

6. Ps.-Plutarque, *Vies des dix orateurs*, 835f.

7. Il a pu plaider en personne sa propre cause lors du procès de son droit de cité ; il pouvait aussi bien sûr parler en personne dans d'autres circonstances, par exemple à l'Assemblée panégyrique d'Olympie (*Vies*, 836d).

anciens nous fournissent à son égard témoigne assez qu'il n'a pas joué de rôle politique éminent, on voit que les trois seuls orateurs attiques à faire usage du terme *prohaireisthai* (et du terme *prohairesis*, pour le cas d'Isocrate) avant la seconde moitié du -IVe siècle n'étaient pas engagés dans l'action politique. Ce n'est qu'à partir de Démosthène que l'action politique au sens le plus fort est la marque d'orateurs qui, en outre, utilisent les termes qui nous occupent, ce qui fut propre à investir ceux-ci d'une signification pratique et politique intense, sans quoi la théorisation aristotélicienne n'aurait pas eu lieu d'être.

Données d'ensemble. – L'origine de la *prohairesis* aurait de quoi surprendre si l'on n'avait pas commencé par se plonger dans le sens élémentaire de *hairein-haireisthai* & *hairesis*. Car c'est par le blé, la farine, l'huile et les figues que commencera pour nous l'histoire spécifique de cette notion. C'est en effet sous la forme active du verbe *prohairein* qu'on en trouve les prémices les plus anciennes[8] : chez Aristophane, dans les *Thesmophories* (printemps -411), où il est question de provisions tirées du cellier ; chez Thucydide, qui exprime par là le fait de s'approvisionner en blé dans un magasin du Pirée (scène de l'été -411) ; chez Phérécrate enfin, dans un fragment évoquant des figues grillées ou séchées. L'approvisionnement n'a rien d'exotique par rapport à un verbe *hairein-haireisthai* et un substantif *hairesis* qui expriment fondamentalement la prise, jusqu'au fait de se procurer de la nourriture, comme nous l'avons vu chez Aristote lui-même[9].

La forme active du verbe est donc la première à apparaître, et se trouve encore usitée à l'époque du Stagirite et au-delà, par exemple chez Théophraste. Elle n'est néanmoins pas la plus utilisée. Si on la trouve chez plusieurs auteurs de comédies, elle ne se trouve en revanche ni chez Aristote ni chez les rhéteurs dans leur ensemble, ni chez les philosophes antérieurs au Stagirite ; tous

8. Du moins les plus anciennes qui soient parfaitement attestées. Voir nos précisions sur les quelques occurrences non retenues parce non fiables, ANNEXE III.

9. ARISTOTE, *Politique*, I 8.1256a19-27.

utilisent le verbe exclusivement à la voix moyenne : Lysias, Isocrate, Xénophon, Platon, Isée, Lycurgue, Hégésippe[10], Eschine, Démosthène, Hypéride, Démade, Dinarque. Cela n'empêchera pas de voir plus que des traces de la notion d'approvisionnement derrière la forme moyenne, surtout chez Xénophon et Platon.

Tous les auteurs ne présentent pas le substantif, du moins en l'état des textes (qui sont pour certains très fragmentaires, si bien que les données quantitatives ne sont pas toujours significatives). Si les textes d'Isocrate (68 / 6)[11], Platon (34 / 1), Lycurgue (9 / 2), Hypéride (10 / 3), Eschine (15 / 3), Démosthène (67 / 30)[12], Aristote (113 / 173), Anaximène de Lampsaque[13] (8 / 9) & Théophraste (3 / 4) présentent à la fois le verbe et le substantif, ceux de Thucydide (1)[14], Aristophane (1), Phérécrate (1), Lysias (2), Xénophon (16), Isée (1), Hégésippe (3)[15], Démade (3) & Dinarque (5) ne présentent que le verbe. Aucun auteur ne présente le substantif sans présenter aussi le verbe.

En l'état des sources, si on laisse de côté le discours *À Démonicos* dont l'attribution à Isocrate et la datation sont très sujettes à caution, le substantif ne se trouve pas dans les textes antérieurs à -354, le discours d'Isocrate *Sur l'échange* (daté de -354 / -353) étant le premier où on le voie apparaître avec certitude, suivi du *Contre Aristocrate* (-352) de Démosthène ; on ne sait toutefois pas quelle est la date d'écriture du *Parménide*, qu'on range souvent

10. Hégésippe serait l'auteur réel du discours *Sur l'Halonnèse* qui est publié dans le corpus démosthénien.

11. Le premier nombre indique les occurrences du verbe *prohaireisthai*, le second, celles du substantif *prohairesis*. On trouvera dans l'ANNEXE III la liste complète des occurrences de *prohairein-prohaireisthai* & *prohairesis* (avec les termes connexes), classées par auteur, depuis Phérécrate jusqu'à Aristote (recherche exhaustive pour les auteurs nés avant ou la même année qu'Aristote) et un peu au-delà (Dinarque et Théophraste).

12. Sans compter le discours *Sur l'Halonnèse*, attribué à Hégésippe mais figurant dans le corpus démosthénien.

13. On lui attribue désormais la *Rhétorique à Alexandre*, en plus de fragments.

14. Nombre d'occurrences du verbe, actif ou moyen. Chez Phérécrate, Thucydide & Aristophane, le verbe est à l'actif ; chez les autres auteurs listés ici, il est toujours au moyen.

15. Dans *Sur l'Halonnèse*, publié dans le corpus démosthénien.

dans un groupe de textes écrits entre -370 et la mort de Platon (mais on admet généralement qu'il est tardif) ; de même, la date d'une partie de la *Rhétorique* d'Aristote pourrait remonter aux années -355 / -350 (mais rien ne garantit que sont concernés les passages contenant le substantif[16]). Le verbe est donc attesté à l'actif presque soixante ans avant le substantif (chez Thucydide et dans les *Thesmophories* d'Aristophane en -411), et au moyen quelque quarante-cinq ans avant le substantif (en -399 dans le discours de Lysias *Contre Nicomachos,* qui peut être suivi d'assez près par le *Contre les sophistes* d'Isocrate, daté des environs de -390, et par le *Lachès* de Platon que l'on range globalement dans la période -399 / -390, ou encore par certains textes de Xénophon, dont la datation[17] est toutefois tout autant difficile que celle des dialogues de Platon).

On rappellera le penchant général (avec bien sûr des variations d'un auteur à l'autre) de la langue grecque pour les formes verbales, au détriment des substantifs abstraits, par différence d'avec le français. Aristote est le seul à présenter un nombre d'occurrences du substantif *prohairesis* supérieur aux occurrences du verbe, ce qui s'explique en grande partie par le fait qu'il engage un processus théorique de définition de la notion. En tout état de cause, il ne faut pas séparer le substantif du verbe ni le traiter à part[18] : *prohairesis* est un déverbatif (nom formé à partir d'un verbe par le suffixe *-sis*) et l'on trouve jusque dans le dernier texte de la période qui nous intéresse, à savoir l'*Oraison funèbre* prononcée par Hypéride en -322, une explicitation directe du terme *prohairesis* au moyen du verbe *prohaireisthai*[19]. Nous par-

16. Voir le début de notre CHAPITRE V, § « La recommandation d'Aristote en *Rhétorique,* III 16 ».

17. Voir les hypothèses de datation des œuvres de Xénophon (sans aucune certitude) dans l'ANNEXE III, *s. v.* « Xénophon ».

18. À la différence de l'attitude spontanée des lecteurs modernes, comme D. ALLEN, ou avant elle R. A. GAUTHIER dans son commentaire à l'*Éthique à Nicomaque.* Voir le début de notre CHAPITRE V, § « La recommandation d'Aristote en *Rhétorique,* III 16 ».

19. HYPÉRIDE, *Oraison funèbre,* 3, *cf.* 40. Dans ce texte où le substantif et le verbe apparaissent chacun trois fois, le substantif n'apparaît que dans les passages où le verbe apparaît aussi, quand le verbe apparaît une fois seul (13).

lerons par commodité de « la *prohairesis* », mais cela impliquera toujours le verbe dans notre esprit, sauf différenciation expresse du cas du substantif d'avec le verbe.

On trouve en outre l'adjectif d'obligation *prohaireteon* chez Xénophon (1), Platon (2), Démosthène (2) et Aristote (1). Mais ce dernier est à nouveau le premier à utiliser les autres termes de la famille, qu'il a très probablement forgés lui-même : *prohairetikos* (11), *prohaireton* (18), *aprohaireton* (1), *aprohairetôs* (1)[20] & *antiprohairesis* (3)[21]. La prolifération terminologique dans le corpus aristotélicien est le signe de l'importance qu'a conquise la *prohairesis* dans la pensée du Stagirite et de la fécondité de cette notion pour sa théorisation de l'action humaine et des notions éthiques. C'est toutefois chez Démosthène, et déjà partiellement au moins chez Isocrate (surtout dans les discours datés à partir de -356), que la notion avait déjà gagné une place importante dans le domaine politique et juridique (chez Démosthène) et avait obtenu un début de dimension éthique, tout en restant relativement discrète chez Isocrate.

I. LES PREMIERS EMPLOIS DE *PROHAIREIN* CHEZ THUCYDIDE, PHÉRÉCRATE & ARISTOPHANE

Si, en s'étant dispensé d'une étude contextualisée, on aborde la terminologie de la *prohairesis* dans le moment de son usage le plus mûr – à savoir chez Aristote – en s'imaginant qu'elle signifie la décision, on ne parviendra pas à rendre compte des premières occurrences du verbe. Car à mille lieux de la décision individuelle ou politique, le verbe a à voir avec l'approvisionnement, et cet usage se maintient sans aucune difficulté jusqu'à l'époque d'Aristote et ses successeurs, notamment chez Théophraste. Ce sens ne s'explique qu'à partir du sens élémentaire de

20. Le corpus attribué à Théophraste contient une fois le terme, *De pietate*, frg. 4 l. 6.

21. Le verbe correspondant **antiprohaireô** n'existe ni chez Aristote ni chez d'autres auteurs classiques. *Antiprohairesis* est dérivée directement du substantif *prohairesis*.

hairein-haireisthai. Ainsi, tout comme Aristote parle d'une *hairesis* de nourriture[22], *prohairein* est d'abord aller prendre une denrée quelque part, préalablement à un usage (commercial ou domestique...) auquel on la destine.

Ainsi Thucydide écrit-il :

> « Ils coupèrent aussi l'accès du plus important magasin du Pirée, qui était tout proche et touchait directement leur mur ; ils en assurèrent eux-mêmes la direction, obligeant chacun à y *débarquer* (*exhaireisthai*) tant le blé déjà disponible que celui qu'on importait, et à *s'y ravitailler pour la vente* (*enteuthen prohairountas pôlein*) » (*La guerre du Péloponnèse*, VIII 90.5, trad. J. DE ROMILLY légèrement modifiée, CUF)[23].

Le verbe *prohairein* note ici précisément l'opération inverse de *exhaireisthai* (« débarquer sa cargaison, livrer son chargement »), et consiste à prendre du blé d'un magasin avant de le vendre. Le terme a pu être utilisé par les Athéniens de l'époque dont parle Thucydide. L'action prend place à l'été -411.

Les *Thesmophories*, représentées au printemps -411, offrent la même configuration. Une femme fait ici la liste des griefs contre Euripide :

> « Ce que nous pouvions autrefois faire de nous-mêmes, *mettre en réserve au cellier* (*tamieusai*) et nous y *approvisionner pour obtenir* (*prohairousas labein*) de la farine, de l'huile, du vin, cela non plus ne nous est plus permis » (*Thesmophories*, 418-421)[24].

De manière similaire, le verbe *prohairein* note ici l'inverse de « mettre en réserve au cellier », *tamieusai*. L'aoriste *labein*, « prendre » et plus précisément ici « obtenir, tenir, avoir », occupe la même place que *pôlein*, « vendre », dans le texte de Thucydide et note que c'est pour un usage domestique qu'on s'approvisionne au cellier.

22. *Politique*, I 8.1256a19-27.

23. (Fin de la citation :) ... εἰς ἣν καὶ τὸν σίτον ἠνάγκαζον πάντας τὸν ὑπάρχοντά τε καὶ τὸν εἰσπλέοντα ἐξαιρεῖσθαι καὶ ἐντεῦθεν προαιροῦντας πωλεῖν.

24. ἃ δ´ ἦν ἡμῖν πρὸ του | αὐταῖς ταμιεῦσαι καὶ προαιρούσαις λαβεῖν | ἄλφιτον, ἔλαιον, οἶνον, οὐδὲ ταῦτ´ ἔτι | ἔξεστι .

Autre occurrence similaire chez Phérécrate (-ve s.) :

> « Prends-moi (*moi prohele*) donc quelques unes de ces figues grillées. N'apporteras-tu donc pas des figues ? des noires. Tu comprends ? » (*Coriannô, Fragmenta*)[25].

On trouvera encore ce type d'usage chez Théophraste (v. -372 / v. -287), qui décrit le rustre tirant des provisions du cellier :

> « ... et tirant de la nourriture du cellier (*prohairôn de ti ek tou tamieiou*), le voilà qui dévore goulûment » (*Caractères,* IV 9).

Chez Ménandre[26] encore (v. -342 / v. -292), qui nous présente en outre une association avec le verbe « donner » :

> « [...] les femmes criaient en chœur : "De la farine ! de l'eau ! de l'huile ! allons, donne (*apodos*) ! des charbons !" Je donnais (*didous*) moi-même certaines de ces choses, et leur prêtais la main : il se trouva donc que j'entrai au cellier ; comme j'avais à en tirer (*prohairôn*) et à examiner plus de provisions qu'à l'ordinaire, je n'en (res)sortis pas de suite » (*La Samienne,* 395-400[27] = 226-230[28], trad. J.-M. JACQUES, CUF).

Toutes ces occurrences expriment le fait de *s'approvisionner*, de *se procurer* une denrée à partir d'un magasin ou d'un cellier, d'une réserve, *avant* d'en faire un certain usage. Nous trouverons chez Xénophon une utilisation de la forme moyenne où se lit assez clairement ce sens tout matériel et concret de la forme active (forme que Xénophon n'utilise pas dans ses œuvres). Nous trouverons chez Platon des usages de la forme moyenne qui doivent aussi être rattachés à cet usage de la voix active (voix

25. ἀλλ᾽ ἰσχάδας μοι πρόελε τῶν πεφωγμένων. ... οὐκ ἰσχάδας οἴσεις ; τῶν μελαινῶν· μανθάνεις ; *Fragments of Old Comedy*, éd. I. C. Storey, 74 (Kock fr. 68 ; Meineke : *Fragmenta comicorum Graecorum*, vol. 2.1 fr. 2).

26. Une occurrence à l'actif dans *La Samienne,* une occurrence au moyen dans les fragments du *Dyscolos*, 710 (vers effacés), et une occurrence dans les *Sententiae e codicibus Byzantinis*, 105.

27. Numérotation principale retenue par l'édition de la CUF (J.-M. Jacques, 1989).

28. Numérotation principale retenue par l'édition d'Oxford (F. H. Sandbach, 1972, rééd. 1990).

qu'on ne trouve pas non plus dans le corpus platonicien). Le sens de la forme active mérite de retenir davantage l'attention qu'il ne l'a fait jusqu'à présent pour cerner le sens de la forme moyenne.

Il serait difficile de se prononcer catégoriquement sur le sens du préfixe *pro* dans ces occurrences. L'idée d'approvisionnement étant dominante, il n'y a pas de raison particulière de voir dans le préfixe un sens préférentiel pour faire de *prohairein* un verbe signifiant « choisir » ; le texte de Thucydide se prête encore moins que les autres à cette interprétation.

II. LES PREMIERS DÉVELOPPEMENTS CHEZ LES ORATEURS ATTIQUES : *PROHAIREISTHAI* & *PROHAIRESIS* CHEZ LYSIAS, ISOCRATE & ISÉE

C'est chez les orateurs attiques que l'on constate un commencement de développement des termes *prohaireisthai* & *prohairesis*, qui se voient couramment utilisés (surtout le verbe) par Isocrate, principalement à partir de -356, fort peu par Lysias et Isée. L'état de conservation des textes peut en être la cause. Il est malgré tout intéressant que le maître de Démosthène, Isée, ait probablement si peu usé de ces termes quand Démosthène en fera un usage fort intense. D'autre part et inversement, est à noter le fait qu'Isocrate, dont la stature intellectuelle avait largement retenu l'attention de Platon, ait déjà donné un développement important à ces termes sans que cela se retrouve dans les réflexions éthiques du philosophe. L'absence d'un usage intense et significatif du verbe chez Platon malgré sa présence non négligeable dans les dialogues, est à nouveau à mettre en contraste avec l'usage intense qu'en fera Aristote, qui ainsi, à l'instar de Démosthène, ne tire pas de son maître l'importance qu'il accorde à la *prohairesis*.

Entre l'emploi de l'actif cité ci-dessus et les emplois qui suivent, il y a une progression nette : désormais, à l'emploi concret exprimant le fait de « tirer hors de, s'approvisionner (préalablement à un usage spécifique) » – et qui perdure – s'ajoute un emploi dans le domaine de l'action, sous une forme plus figurée, qui correspond au sens de « entreprendre, se proposer, avoir pour projet, etc. » et peut régir un verbe d'action à l'infinitif.

Lysias

Nous ouvrons donc avec Lysias la liste des orateurs attiques qui ont utilisé plus ou moins couramment le terme *prohaireisthai* et, pour une partie d'entre eux, aussi le substantif *prohairesis*, ce qui témoigne du fait que ces termes étaient déjà devenus familiers aux citoyens athéniens ordinaires et réunis en masse.

L'usage que Lysias fait du verbe *prohaireisthai* est encore très parcimonieux en l'état des textes, et le substantif n'apparaît pas chez lui. Il ne présente que deux occurrences, d'abord dans le discours *Contre Nicomachos*, datant de -399 :

> « Des amis, des hommes d'État se sont mis en campagne pour le soutenir : plusieurs, à mon avis, auraient bien plutôt à défendre leurs propres actes qu'à entreprendre (*prohaireisthai*) de sauver les coupables » (*Contre Nicomachos*, 31, trad. L. Gernet & M. Bizos, cuf).

La seconde occurrence, dans *Contre Philon* (-398), exprime aussi le fait de se proposer un acte :

> « Quand il n'y aurait pour témoigner qu'une seule de ses victimes, dites-vous que c'est beaucoup et détestez-le de toutes vos forces, car ceux-là mêmes à qui d'autres, par pitié pour la misère, donnaient spontanément de leur propre bien (*didonai ti par'heautôn prohèirounto*, littéralement "se proposaient de donner de leur propre bien"), il a eu le cœur de les dépouiller (*aphaireisthai ta huparchonta*) » (*Contre Philon*, 19, trad. L. Gernet & M. Bizos, cuf).

En l'état des textes, donc, l'usage que fait Lysias du verbe est relativement neutre, discret, sans recherche particulière, ne signifie pas même de loin une décision qui achèverait la délibération, n'a pas à être assimilé à un choix, et témoigne que le terme était déjà courant puisqu'on pouvait l'utiliser pour parler à un grand nombre de citoyens réunis en tribunaux populaires sans que cela constitue un effet particulier dans le discours.

Isocrate

Isocrate, de tous les orateurs ayant précédé Démosthène, est en l'état des textes celui qui aura le plus utilisé le verbe *prohaireisthai* (68 fois) ainsi que le substantif *prohairesis* (6 fois), quoique le nombre d'occurrences de ce dernier reste modeste. Une telle fréquence aurait pu attirer l'attention des philosophes, en particulier de Platon sur la valeur philosophique, éthique, pratique et politique de ces termes – quelle que soit l'ironie du fameux *vaticinium ex eventu* apparaissant dans le *Phèdre*[29] –. Mais il aurait fallu pour cela qu'Isocrate eût investi les termes d'une signification majeure dans le domaine de l'action et plus largement du comportement humain. Or il ne l'a pas fait.

La prohairesis *& la justification d'un soi comme maître de rhétorique philosophique.* – À la différence de Démosthène qui se sert de la *prohairesis* (substantif et verbe) tant pour penser l'*hubris* d'un comportement délictueux[30] ou un acte fait de plein gré[31] que pour penser l'action en politique[32], l'usage personnel du verbe *prohaireisthai* par Isocrate tend à se spécialiser à la fin de sa vie en un usage *intellectuel*, pour exprimer dans le *Panathénaïque* – à part l'adoption d'une certaine orientation dans la vie (la philosophie comme *deuteros ploûs* plutôt que la politique active) – l'intention d'un discours (le propos initial), le projet de louer, l'adoption préalable ou « choix » d'un sujet, autant d'emplois que nous qualifierons de type « méta-discours » en tant qu'ils permettent à l'auteur d'un discours et d'une réflexion de parler de ceux-ci. Par là, Isocrate et Platon présentent une certaine parenté, car l'usage le plus proprement platonicien du verbe *prohaireisthai* consiste à lui faire exprimer le fait de prendre un objet préalablement

29. *Phèdre,* 278e-279a, où l'on trouve la phrase élogieuse de Socrate sur le caractère philosophique d'Isocrate.

30. Démosthène, *Contre Midias,* 38 (& 70 *sqq.*). Comparer avec Isocrate, *Contre Lokhitès,* 5-7.

31. Démosthène, *Contre Midias,* 42-44 ; *Philippiques,* II 16.

32. Tout particulièrement dans *Sur la couronne.*

à la recherche qu'on va opérer sur lui pour parvenir à saisir essentiellement une notion (où se retrouve la séquence *poursuivre-prendre*, absente des textes d'Isocrate). Voici un exemple de ce type d'usage dans l'*Evagoras* (v. -365 / -362) :

> « Mais[33] si, après avoir *commencé par prendre* (*prohelomenoi*) les plus renommés [s.-e. parmi les souverains], nous *concentrons notre examen à leur propos* (*epi toutôn skopômen*), notre enquête n'en sera pas moins bonne, alors que notre discussion à leur sujet en sera plus concise » (*Evagoras*, 34).

Le verbe *prohaireisthai* exprime l'étape préalable de se procurer l'objet sur lequel on va ensuite appliquer l'examen, comme chez Platon (voir plus loin), et il est en pleine cohérence avec le tout premier type d'emploi de l'actif *prohairein* que nous avons noté en commençant.

L'usage des termes qui nous occupent est chez Isocrate surtout prégnant dans quatre discours, écrits à partir de -356 : *Sur la paix, Sur l'échange, Philippe* & *Panathénaïque*. Le *Panathénaïque*, dernier discours d'Isocrate, écrit de -342 à -339, permet de saisir l'aboutissement d'une trajectoire d'appropriation personnelle des termes par le maître d'une école de rhétorique philosophique, tout comme le discours *Sur la couronne* permet de saisir l'appropriation personnelle qu'en fera un *politeuomenos* investi dans la vie politique la plus concrète. Isocrate et Démosthène ont en commun de beaucoup parler d'eux et de se justifier régulièrement dans leurs discours. Le *Panathénaïque*, pourtant consacré aux mérites d'Athènes comparée à Sparte, s'ouvre par une longue justification personnelle. Mais si Démosthène rend raison de lui comme acteur politique, Isocrate rend raison de lui comme maître de rhétorique philosophique, ne participant à la vie politique que par procuration : *via* un Philippe, dont Isocrate veut faire son complément (le *logos* et la *praxis* s'agençant en sa personne et celle de Philippe

33. Isocrate, tout à son éloge posthume d'Evagoras, vient de dire que ce dernier l'emportait sur tous les « tyrans » par sa vertu et la grandeur de ses actions, mais qu'il n'est néanmoins pas possible de faire une comparaison exhaustive ; l'extrait cité indique le procédé qu'Isocrate va suivre.

selon un plan prétendu divin pour les besoins de la cause[34]), ou *via* ses disciples, dont les belles actions et la vie bien ordonnée, dit-il, le réjouissent plus que des discours composés dans les règles de l'art[35]. Dans le *Panathénaïque,* les regrets d'Isocrate quant à son incapacité politique – du fait de sa faible voix et de son manque d'audace[36] – apparaissent avec une amertume et une frustration non dissimulées[37], que renforce encore sa récrimination envers le défaut de reconnaissance de ses contemporains[38], lesquels devraient avoir compris que n'étant pas un simple professeur en habileté, mais bien un philosophe-conseiller touchant tant la vie privée que l'activité politique, le mérite des actions nobles de ses disciples devrait lui revenir en premier lieu[39]. Par contraste avec Démosthène (nous traitons plus loin de ce point), on ne peut qu'être frappé de la simplicité avec laquelle Isocrate s'abandonne à déplorer ouvertement le sort que la fortune lui a réservé[40], s'exposant là comme une sorte de victime impuissante face à une *tuchè* qui le laisse sans capacité d'action politique, et ne faisant preuve d'énergie et de volonté d'échapper à cette situation que pour « se *réfugier* dans la philosophie » (comme le Socrate de Platon se réfugia dans les discours en guise de « deuxième navigation »)[41] – quand Démosthène, on le sait, lutta contre sa nature elle aussi peu favorable à l'éloquence pour conquérir la sphère politique elle-même, et non pour fuir vers l'ambigu asile d'une situation de publiciste sans action directe[42].

Un moi politique, coïncidant avec la vie politique d'Athènes d'un côté, un moi revendiquant une philosophie pratique tout en reconnaissant et déplorant publiquement son incapacité à

34. *Philippe,* 150-151.
35. *Panathénaïque,* 87.
36. *Panathénaïque,* 9-10 ; *cf. Philippe,* 81.
37. *Panathénaïque,* 9-10, 21-22.
38. *Panathénaïque,* 75 (à l'occasion de l'éloge d'Agamemnon).
39. *Panathénaïque,* 87.
40. Voir τὴν τύχην ὠδυράμην, *Panathénaïque,* 9.
41. *Panathénaïque,* 11. Le verbe κατέφυγον rappelle *Phédon,* 99e.
42. Position ambiguë car intermédiaire, critiquée par Platon dans l'*Euthydème,* 304 *sqq.,* où l'on s'accorde à voir une pique contre Isocrate.

accéder à l'action politique : voilà à gros traits ce qui pourrait expliquer l'usage dédié exclusivement aux actes intellectuels dans le dernier discours d'Isocrate, par contraste avec l'usage intensément politique et pratique qui apparaît dans le grand discours d'apologie de soi qu'est la synégorie *Sur la couronne*. Le point commun n'en reste pas moins que le vocabulaire de la *prohairesis* s'impose dans une problématique de justification de soi. La différence est dans le *soi* en question.

Ainsi Isocrate utilise-t-il, dans *Sur l'échange*, le vocabulaire de la *prohairesis* pour exposer le sens de ses discours et de sa vie, et pour s'en justifier, dès l'ouverture :

> « Si le discours qu'on s'apprête à lire était de facture semblable à ceux qu'on produit pour les procès ou pour les cérémonies, il n'y aurait pas besoin, à mon sens, d'en entretenir préalablement le lecteur ; mais sa nouveauté et sa différence rendent nécessaire de commencer par exposer les causes pour lesquelles je me suis proposé (*proheilomèn*) d'écrire un discours à ce point différent des autres. Car si je ne faisais pas voir ces causes, ce discours pourrait paraître étrange à nombre de gens. Tout en sachant que certains sophistes calomnient mon activité en prétendant que je m'occupe de petits écrits judiciaires [...], je n'ai pourtant encore jamais ne serait-ce que pris la peine de me défendre contre cette campagne de dénigrement qui était la leur, considérant que les bavardages de ces gens-là n'avaient aucune importance, et que j'avais moi-même fait suffisamment voir à tous que j'avais pour dessein (*prohèrèimai*) de discourir et d'écrire non pas sur les relations contractuelles privées, mais au sujet d'affaires d'une dimension et d'une qualité telles, que personne d'autre n'entreprendrait (*epicheirèseien*) d'écrire à leur sujet, si ce n'est ceux qui auraient été mes disciples ou ceux qui voudraient les imiter. Ainsi donc, jusqu'à un âge avancé, tant par ce dessein (*prohairesin*) que par une vie du reste sans histoire, je m'imaginais jouir d'une position convenable vis-à-vis de tous les simples particuliers » (*Sur l'échange*, 1-4).

Apparaissant aussi dans les premiers mots qui ouvrent le *Panathénaïque*, le verbe confirme qu'Isocrate se l'est approprié comme maître de rhétorique philosophique et qu'il en fait un outil de justification de sa vie entière :

« Alors que j'étais plus jeune, je me proposais d'écrire (*prohèiroumèn graphein*), parmi les types de discours, non pas ceux qui revêtent l'aspect de fables, ni ceux qui sont remplis de prodiges et de fictions... » (*Panathénaïque*, 1).

Dans le dernier discours d'Isocrate, le vocabulaire de la *prohairesis* concerne exclusivement l'activité intellectuelle d'Isocrate (ou similaire à celle d'Isocrate) : ainsi le texte parle-t-il plusieurs fois de se proposer d'écrire ou composer un discours (1, 246), de « choisir » ou adopter la voie de la philosophie (9), de se proposer ou d'adopter ou de « choisir » un sujet (11, 39), de se proposer un discours (24), un type de commencement du discours (120), de se proposer de parler (176, avec choix de l'ordre des sujets), de louer (200). Mise à part cette dernière occurrence, toutes ont Isocrate pour sujet.

La prohairesis *& l'action.* – Le *Panathénaïque*, pourtant, était dédié à l'évocation des mérites d'Athènes comparativement à Sparte et au regard de l'intérêt supérieur commun des Grecs. Son *hupothesis* affichée (son « sujet ») trouvait sa matière dans les actions politiques. Si une partie du discours concerne les constitutions (*politeiai*), c'est néanmoins bien la question des *actions* menées par les deux grandes cités rivales de la Grèce qui est au centre du propos, la constitution étant du reste elle-même le cadre ou le principe ouvrant des capacités d'action, tout comme l'âme[43] et son intelligence sont ce qui permet à l'être doué d'un corps d'agir. Ces actions sont longuement évoquées, décrites, discutées, jugées, louées ou blâmées, appréciées à partir de leurs motivations, etc. Or jamais le vocabulaire de la *prohairesis* n'est mis à contribution pour penser ces actions ni en apprécier leur valeur morale ou utilitaire, leurs buts avoués et leurs fins cachées, leurs résultats comparés aux intentions, etc., ce qui constitue un contraste net avec Démosthène ou Hypéride.

43. C'est dans le *Panathénaïque* (138), ainsi que dans l'*Aréopagitique* (13), qu'on trouve la célèbre métaphore posant que « la constitution est l'âme de la cité ».

Que, dans un discours consacré essentiellement aux actions politiques d'Athènes et de Sparte, le vocabulaire de la *prohairesis* ne soit à aucun moment sollicité pour parler de ces actions nous paraît être le fait le plus intéressant du point de vue qui nous occupe. Car Isocrate n'avait par ailleurs pas de difficulté à utiliser ces termes pour parler du domaine pratique, soit en lien direct avec l'action[44], soit en lien avec l'adoption d'un mode de vie ou d'une orientation générale du comportement[45] ou avec des réalités morales[46]. Le texte *Sur l'échange* est à cet égard un jalon important, si on le met en relation d'un côté avec l'*Apologie de Socrate* de Platon, dont il s'inspire par endroits[47], et de l'autre avec le discours *Sur la couronne*, avec lequel il partage le fait d'être, au moins pour partie (et peut-être en définitive plus que pour partie), une justification de soi. Quand l'*Apologie* platonicienne ignorait totalement le vocabulaire de la *prohairesis*, le *Sur l'échange* l'utilise à l'occasion, aussi bien d'ailleurs pour la justification de l'activité et de la vie particulières d'Isocrate[48] que pour parler d'entreprises diverses dans l'action politique[49] ou d'orientation générale de la vie et du comportement de diverses personnes[50]. Mais les termes ne se voient pas pour autant investis d'une charge particulièrement intense et la *prohairesis* n'est pas pensée de manière expresse comme un principe permettant de justifier et de donner la valeur d'une vie, d'une action, d'un discours, ce qu'elle sera chez Démosthène, puis encore davantage chez Aristote. La relation entre *prohaireisthai* et les actions est donc récurrente mais peu exploitée.

La prohairesis *& la volonté (*Prohaireisthai *&* boulesthai*)*. – De la même manière, ce vocabulaire est à l'occasion rapproché du

44. Notamment avec *prattein* : *Sur la paix*, 107, *Philippe*, 17, 80... ; avec *praxis* : *Philippe*, 71... Voir encore *Sur l'échange*, 83 & 132.

45. Par ex. *Sur la paix*, 93, *Sur l'échange*, 24, 37, 88, 152, 164, 187, 264, 295.

46. Par ex. *Sur la paix*, 110...

47. *Sur l'échange* a été rédigé par Isocrate en -354 / -353, l'*Apologie de Socrate* a été rédigée par Platon probablement entre -390 et -385.

48. *Sur l'échange*, 3, 46, 152.

49. *Sur l'échange*, 83, 132.

50. *Sur l'échange*, 24, 37, 88, 164, 187, 264, 276, 295.

verbe de volonté *boulesthai*[51], sans qu'il y ait là une réflexion particulière sur la volonté ni sur la *prohairesis*. On constate donc une proximité que les textes d'Isocrate ne permettent pas de préciser davantage, sans qu'on puisse voir une pure et simple équivalence entre les termes, quoiqu'en un endroit au moins, les emplois soient extrêmement proches[52]. Cette proximité trouve sans conteste un écho dans la remarque d'Aristote dans l'*Éthique à Nicomaque*, énonçant que la *prohairesis* paraît très proche de la *boulèsis*[53]. Cette remarque correspond tout à fait à l'usage ordinaire du terme tel qu'on le constate chez Isocrate.

La prohairesis *& la délibération (*Prohaireisthai *&* bouleuesthai*)*. – La *prohairesis* est par ailleurs associée à la délibération[54], sans qu'il y ait insistance ni explicitation de leur articulation. Ces thèmes apparaîtront dans les *Éthique* d'Aristote, mais cette fois soumis à un examen, et agencés différemment : la réorganisation de la conception du processus de délibération sera décisive. En effet, les textes d'Isocrate présentent par endroit une délibération qui se fait pour déterminer quel est l'objet même qu'il faut se proposer (*prohaireisthai*)[55], ce qui s'apparente pour partie à ce qu'on trouve dans le *Commentaire à l'Éthique à Nicomaque* écrit par Aspasius[56], mais qu'on ne trouve pas chez les auteurs classiques (hormis vaguement chez Platon[57]), et qu'on ne trouve pas comme tel chez Aristote. Ce point s'accompagne précisément d'une diffé-

51. *Sur l'échange*, 164, 295 ; *Panathénaïque*, 24, 236-237 ; *Busiris*, 31 ; *Lettres*, II (*À Philippe*) 9 ; IV (*À Antipatros*) 5 ; …

52. *Lettres*, IV (*À Antipatros*) 5 : προαιροῦνταί τι ποιεῖν, et plus loin : πράττειν ἃ βούλονται.

53. σύνεγγυς φαινόμενον, *Éthique à Nicomaque*, III 4.1111b20.

54. Particulièrement *Éloge d'Hélène*, 47 ; *Lettres*, VI (*Aux fils de Jason*) 9 ; *Sur l'échange*, 117-119.

55. En deux endroits : *Éloge d'Hélène*, 47 ; *Lettres*, VI (*Aux fils de Jason*) 9. Implicitement dans *Sur l'échange*, 117-119.

56. Voir l'ANNEXE I. La perspective d'Aspasius est toutefois d'une autre nature que celle d'Isocrate.

57. Indirectement dans *Lachès*, 200e-201c ; ce passage est moins net que les deux d'Isocrate que nous avons cités précédemment. Un passage du *Politique* (304e) n'entre pas dans le même schéma, malgré les apparences à première vue.

rence nette de conception de la délibération par rapport aux analyses qu'en fera Aristote, puisqu'Isocrate parle d'une délibération sur la fin elle-même[58] (et Platon le revendique même hautement[59]).

Deux occurrences du vocabulaire de la *prohairesis* sont concernées. Un passage de l'*Éloge d'Hélène* fait porter le fait de délibérer sur la question de savoir quel juge il faut « choisir » (notion exprimée en propre par *eklexasthai*) ; le verbe *prohaireisthai* semble correspondre à cet acte de choisir (il s'agit ici des déesses qui choisirent Pâris pour juge) :

> « Elles mirent autant d'application à choisir (*eklexasthai*) le meilleur arbitre, qu'elles accordaient de soin à l'affaire elle-même. Il faut examiner la qualité de cet arbitre [...] à partir des raisons qui firent que toutes ensemble, après délibération, elles adoptèrent (*bouleusamenai proheilonto*, "mirent en avant, distinguèrent" ou "choisir") les capacités de jugement de cet homme » (*Éloge d'Hélène*, 47).

La désignation en question est bien un « choix » ou sélection (verbe *eklegesthai*), mais le verbe *prohaireisthai* (qui ne signifie pas plus ici qu'ailleurs la décision, laquelle est exprimée dans cet extrait par l'aoriste *bouleusamenai*, « après délibération ») n'est pourtant pas loin de signifier le fait d'avoir *distingué*, d'avoir *mis devant* les autres l'intelligence de Pâris[60].

De manière plus nette dans l'extrait suivant (issu d'une lettre), l'opération de délibérer porte sur la fin en portant sur la question de savoir quel est l'objet qu'il faut se proposer (*prohaireisthai*), objet qui constituera l'*hupothesis* d'une seconde délibération :

> « Aucune action ne peut être accomplie (*prachthènai*) de manière sensée si vous ne réfléchissez (*logisèsthe*) et ne délibérez (*bouleusèsthe*)

58. Isocrate fait porter les verbes *bouleuesthai* et *prohaireisthai* indifférement sur les moyens (*Lettres*, II [*À Philippe*] 9) et sur la fin (*Lettres*, VI [*Aux fils de Jason*] 9-11).

59. *Lachès*, 185b-d : la délibération sur les moyens est analysée comme étant en vérité une délibération sur la fin. Nous citons ce texte dans le CHAPITRE V, § « L'apport majeur de la définition aristotélicienne ».

60. *Cf.* « le naturel qui avait été jugé supérieur (*prokritheisès*) par des déesses », *Éloge d'Hélène*, 46. Comparer avec LYCURGUE, *Contre Léocrate*, 102.

pas *d'abord* avec une grande prévoyance (*pronoias*) sur les questions de savoir comment il vous faut, pour le temps qui vous reste, vous gouverner vous-mêmes, quelle vie il vous faut vous proposer (*prohelesthai*), quelle gloire rechercher et quels honneurs désirer, ceux qu'on obtient des citoyens de leur gré ou ceux qu'on obtient contre leur gré. *Une fois cela déterminé,* il faut alors examiner comment vos actions quotidiennes tendront (*suntenousi*) ensemble vers ce qui a été posé au commencement (*tas hupotheseis tas ex archès genomenas*). Et en menant votre recherche (*zètountes*) et en philosophant de cette manière, vous viserez (*stochasesthe*) par votre âme ce qui est comme une cible posée devant vous (*skopou keimenou*)[61], et vous atteindrez (*epiteuxesthe*) davantage votre intérêt. Si en revanche vous ne posez rien de tel au départ (... *hupothesin*), mais que vous entreprenez d'agir (*epicheirète prattein*) au gré des événements, il est inévitable que vous erriez en vos pensées et que vous ratiez bien des affaires.
Peut-être qu'un de ceux qui se sont proposé (*prohèirèmenôn*) de vivre sans règle déterminée (*eikèi zèn*) entreprendrait de persifler de tels raisonnements... » (*Lettres,* VI [*Aux fils de Jason*] 9-11).

Bien qu'un nombre important d'éléments présents ici se retrouvent en commun dans ce passage et dans les chapitres II 10 de l'*Éthique à Eudème* et III 5 de l'*Éthique à Nicomaque*[62], la configuration construite par Isocrate n'est pas la même que celle d'Aristote (comme cela apparaîtra clairement quand nous traiterons de la définition de la *prohairesis* dans les *Éthique*). Dans cet extrait, la délibération porte entre autres sur le type de vie qu'il faut prendre comme point de mire, et qui va être posé ainsi comme but (*cf.* « comme une cible posée devant vous ») et comme *hupothesis,* base de tout le raisonnement[63]. Ce qu'Isocrate

61. Le verbe κεῖσθαι sert régulièrement en attique de passif à τιθέναι, et répond ici au terme ὑπόθεσις. On trouvera aussi le verbe τιθέναι (au moyen) dans la description de la délibération dans l'*Éthique à Nicomaque* (III 5.1112b15 : θέμενοι τὸ τέλος), et le verbe κεῖσθαι dans l'*Éthique à Eudème* (II 10.1226b10 : τοῦτο [*sc.* τὸ τέλος] κεῖται πᾶσι).

62. Terminologie commune : ζητεῖν, σκοπεῖν, σκοπός, συντείνειν, κεῖσθαι / τιθέναι, ὑπόθεσις (*ÉN* III 5.1112b15-24, *ÉE* II 10.1226b7-11, 10.1227a5-12, 11.1227b28-30). Comparer le dernier paragraphe avec *Éthique à Eudème,* I 2.1214b6-14.

63. Le terme ὑπόθεσις dans un contexte de rhétorique a souvent le sens particulier de « sujet traité », et ce, parce qu'il est posé comme base et au départ ;

appelle l'*hupothesis* est donc lui-même objet de délibération : c'est précisément la fin, le but qu'on se propose dans la vie. Et donc, il s'agit avec *prohaireisthai* de se proposer ce but, de se proposer tel ou tel type de vie comme fin, après avoir délibéré sur la fin, alors qu'Aristote proscrira résolument ce point.

Cet extrait d'Isocrate présente en fait deux délibérations : dans le premier paragraphe, il s'agit *d'abord* de délibérer sur les fins, qui sont les *hupotheseis* de l'examen ; ces fins deviennent ensuite (« une fois cela déterminé ») dans le deuxième paragraphe non seulement des *hupotheseis* mais bien un *but* (*skopos*) par rapport auquel se fait la délibération de second niveau. Seul ce dernier paragraphe correspond à ce qu'Aristote admet être le processus propre de la délibération. La conception aristotélicienne, qui proscrit qu'on délibère sur les fins, est en revanche en contradiction totale avec le premier paragraphe.

Cette articulation temporelle en deux moments est très probablement ce qui justifie tout particulièrement l'emploi du vocabulaire de la *prohairesis*. On doit en effet remarquer que lorsque, juste à la suite de cet extrait, Isocrate commence à examiner ces types de vies, il en parle avec le terme non composé *hairetôteros*, « qu'on prendra davantage qu'une autre, de préférence » (11). Ce n'est probablement pas par hasard si c'est le composé *prohaireisthai* qui est utilisé quand on parle d'un processus articulé *en deux temps* (*cf.* « d'abord » et « une fois cela déterminé »), lesquels correspondent en gros au temps de la détermination de la fin poursuivie et au temps de la détermination des moyens, c'est-à-dire à deux délibérations qui se succèdent.

On retrouve ces deux temps dans un extrait où prend place une des rares occurrences du substantif *prohairesis*. Isocrate nous parle ici de Timothée, qui « était habile précisément là où le bon stratège doit se montrer sensé (*phronimos*, prudent) ». Il précise de quoi il s'agit :

c'est donc en ce sens général (dont « sujet » n'est qu'une application particulière) qu'apparaît ce terme ici. Aristote fait de son côté un rapprochement entre les *hupotheseis* au sens technique des sciences déductives et la fin qui sert de principe, qui se trouve posée au début dans le raisonnement touchant aux actions (*Éthique à Nicomaque*, VII 9.1151a15-17 ; *Physique*, II 9.200a15-30).

« *D'abord*, être capable d'identifier (*gnônai*) ceux contre qui il faut entrer en guerre et ceux qu'il faut prendre pour alliés ; car c'est là le commencement (*archè*) de l'art du stratège, et si l'on rate ce commencement, nécessairement la guerre sera à notre désavantage, difficile et coûteuse en efforts superflus. Or, pour ce qui est de *ce type de saisie préalable* (*tèn toiautèn prohairesin*), non seulement [Timothée] n'eut pas son pareil, mais personne ne l'a même approché, ce qu'il est facile de reconnaître à partir de ses actes mêmes ; car ayant suscité maintes guerres indépendamment de notre cité, il réussit en toutes et parut les mener en pleine justice aux yeux de tous les Grecs. Et certes, qui pourrait produire une démonstration plus claire et plus grande que celle-ci de la rectitude d'une délibération (*bouleusasthai*) ? *En second lieu*, que doit faire un bon général ? Il doit réunir une armée qui soit adaptée à la guerre présente, ranger ses troupes et s'en servir utilement » (*Sur l'échange*, 117-119).

Dans la *prohairesis* dont il est question ici, il s'agit dans un premier temps d'identifier qui il faut « commencer par prendre » pour allié et pour ennemi, puis, dans un second temps, de mettre en ordre les moyens correspondant à cette visée.

La prohairesis, *la vertu & la prudence.* – L'articulation de la vertu et de la *prohairesis*, avec la prudence en arrière-plan, ne sera pleinement pensée que par Aristote. Néanmoins, elle s'esquisse chez Isocrate. L'extrait précédent nous montre qu'une bonne *prohairesis* peut être vue comme la marque d'une bonne délibération. L'occurrence de la lettre *À Timothée*[64] associe explicitement *prohairesis*, vertu et prudence, le tout avec des considérations temporelles marquées :

« [...] je te félicite de ce que j'apprends, d'abord que tu uses de ton pouvoir présent (*tèi dunasteiai tèi parousèi*) plus honnêtement que ne le faisait ton père et de manière plus prudente (*phronimôteron*), ensuite que tu as le dessein (*prohairei*) d'acquérir une gloire éclatante plutôt que (*mallon è*) d'accumuler une grande richesse. Voilà en effet un signe non négligeable de vertu (*aretès*) que tu nous montres, le plus grand qui soit, en ayant cet état d'esprit (*tautèn echôn tèn*

64. Il ne s'agit plus du Timothée athénien, mais de Timothée d'Héraclée (du Pont), fils de Cléarchos, tyran.

> *gnômèn*) ; en sorte que si tu persistes dans ce qu'on dit actuellement (*nun*) de toi, tu ne manqueras pas de gens pour louer la prudence (*phronèsin*) qui est la tienne et ce dessein-là (*prohairesin*) » (*Lettres*, VII [*À Timothée*] 1).

La qualité de la *prohairesis* est signe de vertu, et s'accompagne de prudence. Aristote théorisera la *prohairesis* d'une manière qui puisse conceptuellement rendre compte des articulations déjà présente dans cette lettre.

On pourrait rattacher à cette manière d'utiliser la *prohairesis* les deux occurrences du substantif que l'on trouve dans *À Démonicos* où la notion de vertu est concernée, ainsi qu'une orientation générale de la vie, mais ce discours est considéré comme inauthentique[65].

Prohaireisthai *& le choix.* – Pour le reste, le verbe présente parfois un usage d'apparence similaire à celui du verbe simple *haireisthai*. Comme de nombreux verbes, il admet ainsi la construction avec « plutôt que »[66], comme ici, où la dimension éthique du verbe est patente :

> « ... qui se proposaient (*prohèirounto*) de mourir plutôt que (*mallon è*) de vivre soumis à ceux dont ils étaient auparavant les maîtres » (*Philippe*, 47).

Le verbe peut aussi à lui seul prendre place dans une situation de choix plus ou moins explicite[67] et exprimer la préférence[68],

65. Pour indication, voici le passage : « Il n'en reste pas moins que si tu te remémores aussi les desseins (*prohaireseis*) de ton père, tu tiendras dans ta propre famille un bel exemple (*paradeigma*) de ce que j'avance. Car il ne vivait ni dans le mépris de la vertu ni dans la nonchalance, mais entraînait son corps par les efforts, tandis qu'en son âme il endurait les dangers. [...] et il appréciait davantage ceux qui montraient de l'empressement pour lui que ceux qui lui étaient liés par parenté, car il considérait qu'en matière d'amitié, la nature est bien plus forte que la loi, le caractère moral que les liens du sang, et le dessein que la nécessité » (*À Démonicos*, 9-10).

66. μᾶλλον ἤ, deux fois en tout : *Philippe*, 47 & *Sur la paix*, 93.

67. Par ex. *Panathénaïque*, 9 : περὶ τὴν φιλοσοφίαν, ἣν προειλόμην ; *Sur la paix*, 35 ; etc.

68. *Lettres*, V (*À Alexandre*) 4.

grâce au contexte. Mais on se gardera néanmoins de considérer que le verbe comporte cette signification de choix et de préférence intrinsèquement et en toute circonstance, car un passage du *Philippe* oblige à abandonner cette lecture :

> « [Agésilas] était animé de deux désirs (*epithumias*), beaux tous les deux, mais en désaccord l'un avec l'autre et impossibles à réaliser ensemble. Il projetait (*prohèireito*) en effet de faire la guerre au Roi et de restaurer ses compagnons en leurs cités pour les y rendre maîtres des affaires » (*Philippe*, 87).

Agésilas n'a justement pas fait de choix ici. *Prohaireisthai* exprime son dessein politique, explicitant un double désir portant simultanément sur deux choses. Ce type d'occurrence (voir aussi Platon, *Politique*, 279b) nous montre qu'il est impossible que *prohaireisthai* signifie *intrinsèquement* le choix et la préférence, comme l'épisode d'Ulysse (*République*, X 620c-d) nous montrait le même type d'impossibilité pour le verbe simple *haireisthai*. Ce n'est qu'au sein d'un contexte particulier, avec des constructions explicites ou sous-entendues, que le verbe *prohaireisthai*, tout comme *haireisthai*, en vient à acquérir une signification de choix, qu'il ne faut donc pas présupposer par principe.

Enfin, on notera que pour une fois apparaît le thème du désir en lien avec la *prohairesis*.

Conclusion. – Cette revue des textes d'Isocrate laisse apparaître que l'orateur est le premier à utiliser le vocabulaire de la *prohairesis* d'une manière significative du point de vue de la pensée éthique et pratique, et qu'il représente ainsi le premier « saut qualitatif » dans l'histoire de cette terminologie, Démosthène constituant le deuxième, suivi de près par Aristote. Comparé à ces derniers, Isocrate reste certes en deçà : la *prohairesis* n'est pas clairement pensée comme principe de l'action ; mais toutefois, quand elle est excellente, elle peut être présentée comme signe d'une excellente délibération (*Sur l'échange*), comme signe de vertu et comme s'accompagnant de prudence (*Lettre à Timothée*). Les termes semblent donc s'être bien installés dans le domaine de l'action humaine. Il reste que le vocabulaire de la *prohairesis* sert plus personnellement dans le dernier discours d'Isocrate à des fins de justification de soi et non à une pensée de l'action. L'idiosyncrasie du « moi isocratique », rhéteur-philosophe n'exerçant la politique que par procuration, promouvant avec insistance sa valeur intellectuelle en compensation de son incapacité à l'action personnelle, et dont on a pu dire qu'il plaçait presque les discours au-dessus des actions ou considérait l'idée comme une action suffisante[69], n'est probablement pas étrangère à l'utilisation encore assez discrète des termes *prohairesis* & *prohaireisthai* dans le domaine de l'action proprement dite. Il manque certainement à Isocrate, comme le dit G. Mathieu, une volonté énergique et obstinée de faire passer la pensée à l'acte, condition qui fait l'homme politique[70]. Il lui revient cependant d'avoir donné de la consistance à un vocabulaire encore très jeune et qui allait à la suite se tailler une part importante dans le discours politique. Cela n'aurait probablement pas été possible sans Isocrate.

Isée

Le seul exemple que les textes d'Isée nous fournissent ne peut guère donner lieu à une exégèse développée :

> « En sorte que pour notre part, Athéniens, c'est aussi bien pour recevoir (*labein*) que pour donner (*dounai*) que vous trouverez en nous de véritables parents [de Cléonyme] ; alors que les individus que voici, vous les trouvez aujourd'hui alléguant, pleins d'impudence, leur proximité et leur parenté [avec lui] : c'est qu'ils s'attendent à recevoir (*lèpsesthai*) quelque chose ; mais s'il s'était agi de donner (*dounai*), ils se seraient procuré (*proheilonto*, "ils auraient fourni, ils auraient produit") nombre de parents et d'amis plus proches d'eux que Cléonyme » (*Succession de Cléonyme*, 47).

On pourrait presque ici rendre le verbe par « mettre en avant » comme dans le *Gorgias* (517a), ou même par « se découvrir »

69. G. Mathieu, *Les idées politiques d'Isocrate*, p. 34.
70. G. Mathieu, *op. cit.*, p. 39.

(P. Roussel, CUF). On voit qu'il n'y a pas de rupture avec le sens de l'actif : on tire du cellier des nourritures, on tire de ses relations des noms à produire aux juges dans son propre intérêt.

Isée a été le maître de Démosthène, et l'on peut voir que ce dernier n'a pas reçu de son aîné l'usage intense qu'il fera de *prohaireisthai-prohairesis*. Nous ne possédons pas tous les discours d'Isée, mais la douzaine qui nous est parvenue suffit à émettre l'hypothèse plausible qu'Isée n'avait pas d'usage étendu de ces termes[71].

III. LES PREMIERS DÉVELOPPEMENTS CHEZ LES PHILOSOPHES DU CERCLE SOCRATIQUE : *PROHAIREISTHAI & PROHAIRESIS* CHEZ XÉNOPHON & PLATON

Xénophon

Si l'usage du verbe à la voix moyenne chez Xénophon n'est pas rare (une quinzaine d'occurrences, et une occurrence de l'adjectif verbal *prohaireteon*), l'usage du substantif *prohairesis* est inexistant en l'état des textes.

Parmi les seize occurrences du verbe, la plus remarquable est constituée par un passage où l'on voit apparaître une séquence de type *trouver-prendre* (avec *exheuriskein* & *prohaireisthai*). Socrate parle du citoyen athénien Antisthène qui vient de se faire élire stratège, et qui est connu pour avoir assuré plusieurs chorégies victorieuses. Il défend contre Nicomachidès la thèse qu'Antisthène, malgré son incompétence totale en matière militaire, sera capable de remporter la victoire comme lors de ses chorégies…

71. Tous les dialogues conservés d'Isée relèvent du genre judiciaire, et dans ce genre, ils concernent tous des successions. Il semble que chez Démosthène, ce soit surtout les plaidoyers politiques qui aient permis une utilisation importante de *prohaireisthai-prohairesis*, mais on trouve aussi ces termes dans plusieurs plaidoyers civils, même si l'attribution de certains d'entre eux est plus ou moins douteuse (*Contre Conon, Contre Euboulidès, Contre Phormion, Contre Panténétos*).

> « … si du moins dans les affaires de la guerre aussi, comme il l'a fait dans les affaires de chœurs, il *déniche* les meilleurs (*exheuriskèi*) et se les *adjoint* ("se les procure", *prohairètai*)… » (*Mémorables*, III 4.5).

Cette séquence *trouver-prendre* est apparentée à celle de l'épisode d'Ulysse dans le mythe d'Er[72]. L'ensemble du contexte rapproche le terme *prohaireisthai* du verbe *porizesthai* (III 4.6) et correspond pleinement au sens de l'actif présent chez Thucydide et Aristophane, avec ici des personnes en jeu et des fonctions à assumer (*cf.* l'utilisation du moyen du verbe *hairein* plutôt que de l'actif dans une telle configuration). Le contexte favorise d'autant plus cette lecture que c'est autour de la figure d'un *oikonomos* que tourne l'entretien. Il est en effet question du riche Antisthène, dont l'élection comme stratège a froissé son concurrent malheureux Nicomachidès, qui dénigre devant Socrate les compétences de son rival. Antisthène n'a pas d'expérience militaire, et ne sait « rien d'autre qu'accumuler de l'argent (*chrèmata sullegein*) ». Socrate se saisit de cette compétence en faisant d'abord valoir qu'il saura « procurer (*porizein*) le nécessaire aux soldats ». Socrate argue ensuite que les victoires d'Antisthène lors de toutes ses chorégies prouvent que s'il ne sait pas lui-même diriger un chœur, il sait en revanche trouver (*heurein*) les meilleurs en ce domaine. Nicomachidès persifle en disant qu'ainsi, comme stratège, il trouvera (*heurèsei*) des gens pour mettre l'armée en ordre de bataille à sa place et d'autres pour combattre aussi à sa place. Socrate rétorque la phrase que nous avons citée, et ajoute :

> « Et il est vraisemblable qu'il soit même prêt à dépenser (*dapanan*) davantage pour une victoire de la cité tout entière dans le domaine militaire que pour une victoire de sa seule tribu dans le domaine des chœurs » (*Mémorables*, III 4.5).

La mention de la dépense (verbe *dapanan*) nous place bien dans une situation où il est question d'acquérir et de se procurer. Cette idée est reprise ensuite par Socrate dans un cas de

72. *République*, 620c-d.

figure général (applicable à tout homme qui est placé à la tête d'une mission ou d'un groupe d'hommes) avec la phrase « s'il identifie ce dont le besoin se fait sentir et qu'il est capable de se le procurer (*porizesthai*) » (III 4.6). Le verbe *prohaireisthai* correspond à la capacité, devenue effective, de se procurer ce qu'il faut, grâce en l'occurrence aux ressources financières, quand le verbe *exheuriskein* correspond encore à la phase de la recherche et de l'examen, dont il exprime l'aboutissement réussi. Socrate ajoute que l'*oikonomos* ne diffère pas de l'homme politique, car dans tous les cas, il s'agit de savoir *user* (*chrèsthai*) des hommes.

L'ensemble de l'entretien du chapitre 4 permet ainsi de voir se dessiner une séquence complète qui unit les termes *identifier-chercher-trouver(dénicher)-se procurer/prendre à soi-utiliser*[73], séquence qui pourrait encore être enrichie d'autres termes tirés du même chapitre[74].

La séquence *poursuivre-prendre* se trouve encore ailleurs chez Xénophon :

> « Que je n'ai pas œuvré en vain, n'en voyez-vous pas une preuve aussi dans le fait que maints citoyens parmi ceux qui recherchent (*ephiemenôn*) la vertu, maintes personnes parmi les étrangers, se proposent (*prohaireisthai*) de me fréquenter entre tous ? » (*Apologie de Socrate*, 17).

On peut même voir dans l'extrait suivant une variante de l'opposition *fuir-prendre*, appliquée comme il se doit à deux objets antagonistes :

> « Mais seuls les hommes maîtres d'eux-mêmes sont en mesure d'examiner les choses supérieures entre toutes, et, en les répartissant selon leur genre grâce au raisonnement et à l'expérience[75], de se procurer (*prohaireisthai*) les biens et de se tenir à distance (*apechesthai*) des maux » (*Mémorables*, IV 5.11).

73. γιγνώσκειν-ζητεῖν-(ἐξ)ευρίσκειν-πορίζεσθαι/προαιρεῖσθαι-χρῆσθαι.

74. σκοπεῖν & παρασκευάζειν.

75. Nous empruntons à L.-A. Dorion (cuf) la compréhension et la traduction de ces formules xénophontiennes touchant la dialectique.

On voit donc dans l'ensemble que les *Mémorables* utilisent le verbe *prohaireisthai* d'une manière très proche du sens simple de la voix active présente chez Thucydide et Aristophane.

On notera pour le reste rapidement que l'usage que fait Xénophon du verbe *prohaireisthai* s'assimile parfois à celui de *haireisthai*[76]. *Prohaireisthai* se substitue même à *haireisthai* dans le dispositif de type *hairesin didonai,* mais dans un contexte où il y a deux temps articulés :

> « L'armée donna (*edôke*) alors [à Agasias] la possibilité de prendre (*prohelomenon*) pour sa mission les hommes qu'il voudrait. Il prit (il s'adjoignit, *proheileto*) ainsi les stratèges. Puis il se mit en route, flanqués de ces hommes, pour aller trouver Cléandre… » (*Anabase,* VI 6.19).

Enfin, signalons qu'on trouvera dans deux passages une proximité de *bouleuesthai* (« délibérer ») avec *prohaireisthai*[77]. On trouvera en outre chez Xénophon comme ailleurs une proximité du verbe *boulesthai* (« vouloir ») avec le verbe *prohaireisthai,* sans précision particulière de leurs rapports[78].

Platon

Préliminaires. – Une intuition de P. Aubenque, peu étayée de son aveu même, sur un usage « savant » par l'école platonicienne du terme *prohairesis* au sens de « choix-intention » absolue affranchie d'une notion de préférence (qui serait, elle, un « choix relatif ») ne résistera pas à l'examen. Aubenque n'a d'ailleurs pu introduire son hypothèse que parce qu'il s'est avisé de prêter à l'Ancienne Académie – dont on ne sait pas grand chose – plus qu'à Platon lui-même un usage savant du terme *prohairesis.* P. Aubenque fait en effet part de son…

76. Cas bien visible en *Mémorables,* IV 5.6-7.

77. Voir dans la suite du passage qu'on vient de citer, *Mémorables,* IV 5.11-12 ; *Helléniques,* IV 4.2.

78. *Anabase,* VI 6.19 ; *Mémorables,* II 1.2.

« [...] sentiment qu'Aristote revient, ou affecte de revenir, à l'usage populaire par delà une terminologie savante qui, suggérée par Platon, serait celle de l'Ancienne Académie, qu'Aristote lui-même emploie par habitude lorsqu'il ne traite pas du sujet *ex professo*, et qui sera plus tard celle du stoïcisme. Autrement dit, du sens de choix-intention, qui était celui de l'Académie, Aristote retournerait au sens plus primitif de choix délibératif et préférentiel, qu'il trouve dans l'usage populaire et dont il est le premier (et aussi le dernier dans l'Antiquité) à faire la théorie » (*La prudence chez Aristote*, p. 127).

Ces hypothèses, il faut en convenir, sont totalement fantaisistes. Les textes de Platon ne présentent aucune terminologie savante du côté des vocables *prohairesis-prohaireisthai*, ce qu'Aubenque se garde d'ailleurs de soutenir – mais il veut malgré tout voir cette terminologie « suggérée par Platon ». Même sous cette version affaiblie, l'intuition de P. Aubenque est totalement prise en défaut par les textes. Pour autant qu'il y aurait un embryon d'usage savant dans le corpus platonicien, c'est plutôt un usage *théorique* des termes qui pourrait prétendre retenir l'attention, et certainement pas celui d'un « choix-intention ». Ce dernier sens n'a d'ailleurs pas grand chose de savant, même comme **prohairesis tou biou** (expression totalement absente du corpus platonicien, même sous une tournure verbale)[79], ni rien de particulièrement platonicien. La tentative d'Aubenque de faire remonter une dualité de sens de *prohairesis* chez Aristote à une origine platonicienne qui viendrait encombrer malencontreusement le génie propre du Stagirite se révèle donc plus qu'hasardeuse. Quant à la pertinence d'une distinction entre un « choix absolu » (équivalent sous la plume d'Aubenque à « choix-intention ») et « un choix relatif, une préférence »[80], nous en avons fait la critique dans notre CHAPITRE II. Mais même en admettant cette distinction, même en admettant que l'hypothèse d'Aubenque pourrait être vraie de l'Académie et des enseignements oraux, la revue des

79. Aubenque (*La prudence chez Aristote*, p. 127 n. 3) assimile sans autre forme de procès les usages de *haireisthai* (qui figure chez Platon en application à l'objet « vie ») à *prohaireisthai*, pour suppléer l'expression *προαίρεσις τοῦ βίου* absente des textes authentiques de Platon.

80. *La prudence chez Aristote*, p. 127.

occurrences que nous avons faite jusqu'à présent chez les premiers auteurs n'a pas laissé apparaître un « sens plus primitif de choix délibératif et préférentiel, qu'[Aristote] trouve[rait] dans l'usage populaire ». Le sens le plus *primitif* qui soit, celui qui au -ve siècle apparaît chez Phérécrate, Thucydide et Aristophane à la voix active, est un sens qui a à voir avec l'approvisionnement, mais non avec le moindre « choix délibératif et préférentiel ». Le premier sens de la forme moyenne que nous ayons rencontré, chez Lysias, est celui de « se proposer, entreprendre, etc. », et non un choix ou une préférence. Quant à Isocrate, il n'a plus grand chose de primitif par rapport à l'époque de Platon ou d'Aristote, et si chez lui *prohaireisthai* apparaît en lien avec la délibération, le verbe et le substantif n'expriment pas prioritairement un « choix préférentiel », puisque nous avons même trouvé chez lui une occurrence qui prouve qu'il est impossible d'attribuer une signification intrinsèque de choix à *prohaireisthai* (*Philippe*, 87, comme chez Platon, *Politique*, 279b).

L'usage intellectuel de prohaireisthai *&* prohairesis, *dérivé du sens élémentaire de* prohairein *à l'actif.* – L'essentiel de l'usage platonicien du verbe (34 occurences) comme de l'unique occurrence du substantif dans les dialogues[81] réside dans une transposition métaphorique, sur le plan de la recherche intellectuelle, du sens élémentaire de l'actif *prohairein* permettant d'exprimer qu'on se fournit préalablement d'une denrée pour un usage ultérieur – sens élémentaire qu'on pourrait encore voir en filigrane derrière la *prohairesis* aristotélicienne en tant qu'elle porte sur les moyens dont on se saisit préalablement en vue d'atteindre une fin. Il s'agit chez Platon de se procurer préalablement un objet (*prohaireisthai*), sur lequel appliquer ensuite un examen (ou un traitement assimilable à un examen), visant à trouver (*heuriskein*) et saisir (*lambanein*) une vérité recherchée (*to zètoumenon*). L'unique

81. Si l'on excepte trois occurrences dans le texte apocryphe des *Définitions*, où προαίρεσις apparaît au sein de la définition de l'amitié (προαίρεσις βίου τοῦ αὐτοῦ, puis ὁμοδοξία περὶ προαιρέσεως καὶ πράξεως, 413a) et de la προθυμία (ἐμφανισμὸς προαιρέσεως πρακτικῆς, 413e), le corpus platonicien ne contient qu'une seule mention du substantif προαίρεσις, dans le *Parménide*, 143c.

occurrence du substantif et au moins vingt-deux des trente-quatre occurrences du verbe[82] relèvent de ce schéma (présent en partie ou en totalité).

Notons d'abord que le sens tout matériel du verbe à l'actif se présente chez Platon dans le verbe au moyen :

> « La plupart des enfants jouait à l'extérieur dans la cour, tandis que quelques uns, dans un coin du vestiaire, jouaient à "pair ou impair" avec une multitude d'osselets qu'ils tiraient de petites corbeilles (*ek phormiskôn tinôn prohairoumenoi*) » (*Lysis*, 206e)[83].

La formule « prenant, tirant de petites corbeilles » (*ek phormiskôn tinôn prohairoumenoi*) est strictement parallèle à « tirant... du cellier » (*prohairôn... ek tou tamieiou*) qu'on trouve chez Théophraste, et s'apparente à l'expression « s'y ravitaillant pour la vente » (*enteuthen prohairountas pôlein*) de Thucydide, ou encore à la citation des *Thesmophories* où les femmes tirent de la farine et de l'huile du cellier[84].

L'analyse des nombreux passages qui présentent la transposition métaphorique de ce sens permet de dégager la constitution d'une séquence en trois phases de type *prendre préalablement – examiner / voir / contempler – prendre*[85], qui est en fait une variante de la séquence « *poursuivre* (sous forme de *recherche*) pour aboutir à une *prise* », avec parfois l'explicitation de l'étape du *trouver*. Si bien que, chez Platon, *prohaireisthai* nomme une *prise* préliminaire par laquelle on se procure un objet en vue de la *saisie* intellectuelle de son essence, saisie exprimée souvent par l'autre verbe grec signifiant « prendre », *lambanein*. Ainsi de la *République*, où,

82. Outre *Parménide*, 143c (*prohairesis*), sont concernés les occurrences suivantes du verbe (voir le contexte en extension) : *Gorgias*, 517a ; *Lachès*, 190d ; *Lois*, III 701e, V 733d ; *Parménide*, 136c, 136c, 143c, 143c ; *Philèbe*, 45e, 52e, 53a ; *Politique*, 257c, 257c, 279b, 279b, 281c, 292b ; *Protagoras*, 327a ; *République*, VIII 559a ; *Sophiste*, 254c, 255e ; *Théétète*, 147d.

83. (Fin de la citation :) οἱ δέ τινες τοῦ ἀποδυτηρίου ἐν γωνίᾳ ἠρτίαζον ἀστραγάλοις παμπόλλοις, ἐκ φορμίσκων τινῶν προαιρούμενοι.

84. Respectivement *Caractères*, IV 9 ; *Guerre du Péloponnèse*, VIII 90.5 ; *Thesmophories*, 418-421.

85. *prohaireisthai – skopein / horan / theasthai – lambanein.*

pour mieux saisir la différence entre désirs nécessaires et désirs non nécessaires, Socrate dit à Adimante :

> « Et si nous prenions préalablement (*prohelômetha*, nous nous proposions) un exemple de chacune de ces deux espèces existantes, afin de les saisir (*labômen*) dans leurs grandes lignes ? » (*République*, VIII 559a).

L'acte de *prohaireisthai* est bien une prise préalable à une autre prise.

Les textes platoniciens confirment que le verbe ne signifie pas intrinsèquement le choix, comme on le voit dans l'exemple qui suit, où le choix est explicitement exclu. Il y est question de se procurer d'abord un exemple permettant de conduire l'examen jusqu'à trouver le point recherché (*to zètoumenon*), lequel concerne l'art royal et non l'exemple qu'on se sera procuré :

> « Veux-tu, par Zeus ! Socrate, *si nous n'avons rien d'autre sous la main*, que nous nous proposions (*prohelômetha*) du moins l'art du tissage ? Et si tu en es d'accord, non dans sa totalité ? L'art qui s'applique aux tissus de laine suffira en effet probablement ; car même cette partie de l'art du tissage que nous nous proposerions (*prohairethen*), pourrait peut-être témoigner de ce que nous voulons » (*Politique*, 279b).

Il en va de même en *Politique*, 292b : si l'on regarde bien la totalité du contexte, on voit qu'il n'y a pas de choix non plus. La signification de sélection ou de choix que peut revêtir par endroits le verbe *prohaireisthai* lui vient donc de contextes particuliers, comme dans la *République* (VII 535a), où l'on n'en retrouve pas moins le système *poursuivre-prendre* (sous la forme *zètein-prohaireteon*), ou comme en *Lachès* (200c-201a), où il s'agit de chercher (*zètein*) un professeur sans épargner ni sa peine ni son argent (voir l'expression *mète chrèmatôn pheidomenous*), et qui est comparable au passage des *Mémorables* sur Antisthène (III 4).

On trouve encore la combinaison de deux prises, l'une préalable, l'autre finale, dans le *Sophiste* :

> « … en menant l'examen (*skopountes*) de la manière suivante, non pas à propos de la totalité des espèces, pour ne pas nous noyer dans leur multitude, mais *en prenant préalablement* (*prohelomenoi*) quelques unes parmi celles qu'on appelle les plus grandes, en examinant donc *d'abord* (*prôton*) de quelle qualité est chacune, ensuite (*epeita*) ce qu'il en est de leur capacité de participation mutuelle, *afin* qu'à défaut de pouvoir saisir (*labein*) l'être et le non-être en toute clarté, nous ne soyons pas à court d'arguments à leur propos… » (*Sophiste*, 254c).

On notera la scansion toute temporelle des étapes de l'examen et son orientation vers une fin. *Prohaireisthai-prohairesis* sert à Platon spécifiquement à marquer une certaine étape de prise préalable d'un objet, dans le cadre d'une méthode graduée avec précision et s'acheminant vers un terme. L'agencement de deux prises, une prise préalable et une prise finale, déployé ici dans un domaine intellectuel, se retrouvera chez Aristote, dans le domaine pratique. Mais cela se trouve déjà même chez Platon, de manière embryonnaire. Un passage des *Lois*, en effet, présente ce cas, dans une phrase à la syntaxe lourde et alambiquée : il s'agit de commencer par prendre les différents types de vies humaines (verbe *prohaireisthai*), pour y appliquer un examen permettant d'y discerner (verbe *horan*) ce qui en chacune d'elles est désirable et de plein gré d'un côté, ce qui est indésirable et contre notre gré de l'autre, puis de s'assigner comme loi cet examen et d'adopter (verbe *haireisthai*) ce qui nous est cher en même temps que plaisant, et qui est à la fois le meilleur et le plus beau ; le tout permet de répondre à la question de savoir quelle vie adopter pour vivre de la manière la plus heureuse qu'il est possible à un être humain de vivre[86]. Le verbe *prohaireisthai* forme donc ici un couple avec la notion d'examen (« voir »), mais aussi avec « adopter » (la vie la meilleure à l'issue de l'examen). Il *anticipe* donc, sur un plan intellectuel, l'adoption réelle d'un mode de vie.

86. τίνες δὴ καὶ πόσοι εἰσὶ βίοι, ὧν περὶ δεῖ προελόμενον τὸ βουλητόν τε καὶ ἑκούσιον ἀβούλητόν τε καὶ ἀκούσιον ἰδόντα εἰς νόμον ἑαυτῷ ταξάμενον, τὸ φίλον ἅμα καὶ ἡδὺ καὶ ἄριστόν τε καὶ κάλλιστον ἑλόμενον, ζῆν ὡς οἷόν τ᾿ ἐστὶν ἄνθρωπον μακαριώτατα… (*Lois*, V 733d-e).

Mais à côté de ce passage à la structure assez embrouillée, les dialogues présentent le plus souvent simplement la séquence formée par la prise préalable de l'objet puis l'examen (de type *prohaireisthai-skopein*) :

> « Ainsi donc il faut, en en[87] prenant préalablement quelques uns (*toutôn tinas prohelomenoi*), examiner (*skopeisthai*) quelle est cette manière d'être qui fait que nous les avons déclarés les plus grands » (*Philèbe*, 45e).

Même type de séquence plus loin dans le dialogue, complétée par « contempler, considérer » (*theasthai*) :

> « Socrate. – En commençant par prendre (*prohelomenoi prôton*) l'un d'entre eux[88], faisons-en l'examen (*skopômen*).
> Protarque. – Lequel prendrons-nous donc (*ti oun prohelômetha*) ?
> Socrate. – Le blanc, si tu veux bien, considérons-le (*theasômetha*) en premier » (*Philèbe*, 52e-53a).

Dans les *Lois*, il s'agit de même de prendre préalablement les objets théoriques à soumettre à un examen :

> « C'est dans ce but[89] qu'après avoir pris (*prohelomenoi*) la constitution la plus despotique et la constitution la plus libre, nous examinons (*episkopoumen*) à présent laquelle est correctement administrée » (*Lois*, III 701e).

Un passage du *Lachès* offre le même type de séquence *prohaireisthai-skopein* (190c-d). Dans le *Parménide*, les deux occurrences en 136c servent de même à dire qu'on commence par prendre (*prohaireisthai*) un objet intellectuel, soit le dissemblable, soit le semblable, le mouvement, etc., pour procéder ensuite à un examen (*skopein*) dans le cadre de la gymnastique dialectique proposée par Parménide. On a le même schéma même quand il

87. Il s'agit de l'ensemble des plaisirs les plus grands et les plus intenses.
88. Il s'agit des genres purs, non mélangés.
89. À savoir, de montrer que le législateur doit viser trois choses, la liberté, l'amitié et l'intelligence de la cité.

ne s'agit pas d'examiner mais, par exemple, de qualifier l'objet qu'on a préalablement tiré d'un ensemble, comme dans le passage du *Parménide* contenant le substantif *prohairesis* :

> « Eh quoi ? si nous prenons préalablement (*prohelômetha*) parmi ces objets, à ton gré, soit l'Être et l'Autre, soit l'Être et l'Un, soit l'Un et l'Autre, n'est-il pas vrai que dans chacune de ces sélections (*en hekastèi tèi prohairèsei*), nous nous proposons (*prohairoumetha*) des objets qu'il est correct d'appeler "les deux" ? » (*Parménide,* 143c).

Ou encore dans ce passage du *Politique* :

> « De ton côté, Étranger, ne te lasse pas de nous faire plaisir, mais dans la foulée, que ce soit l'homme politique ou le philosophe que tu adoptes en premier (*proteron... prohairèi*), une fois adopté ton sujet (*prohelomenos*) expose-le en détail » (*Politique,* 257b-c).

Bien d'autres lieux s'apparentent encore à cette configuration[90], typique de l'usage platonicien des termes *prohaireisthai-prohairesis*.

Prohaireisthai *& la préférence, la sélection, le choix.* – Ainsi, comme pour le verbe *haireisthai,* la dimension de choix, de sélection ou de préférence vient à *prohaireisthai* à partir du contexte ou d'une construction complémentaire. À noter, car elle est exceptionnelle (nous n'en avons trouvé qu'une parmi tous les auteurs

90. Parmi la liste des occurrences indiquée plus haut, on distinguera *Protagoras,* 327a (*prohaireisthai* avec *enthumeisthai,* « réfléchir, songer à la question ») ; *Théétète,* 147d-e (où Théodore prend une à une les puissances, κατὰ μίαν ἑκάστην προαιρούμενος – à la manière des osselets du *Lysis* tirés au fur et à mesure des corbeilles –, pour opérer une démonstration à chaque fois sur chaque puissance, ce qui est ensuite mis en contraste avec le traitement global de Théétète qui les prend toutes ensemble : συλλαβεῖν εἰς ἕν) ; *Gorgias,* 517a (qu'on rapprochera aussi de l'extrait d'Isée, *Succession de Cléonyme,* 47, car on pourrait traduire le passage par « tu as produit, avancé le nom de ces hommes », προείλου τούτους τοὺς ἄνδρας, mais l'occurrence obéit à la même structure que les précédents extraits de Platon : Calliclès a avancé des noms d'hommes politiques que Socrate a soumis à son examen et à sa réfutation).

étudiés), la construction *prohaireisthai ti pro tinos*, exprimant la préférence par la construction avec la préposition *pro* :

> « [...] il faut prendre pour ami (*prohaireisthai philon*) l'homme dans son bon sens bien avant (*pro*) celui qui est ébranlé de fond en comble » (*Phèdre*, 245b)[91].

Dans le *Criton*, le contexte est bien celui d'une préférence (*cf.* verbe *areskein*), qu'en l'occurrence Socrate n'a pas montrée pour d'autres cités qu'Athènes quand il s'agissait d'établir sa résidence ; il n'empêche qu'il s'agit toujours de la notion de prendre[92] :

> « Mais toi, tu n'adoptais pas [s.-e. pour lieu de vie] (*prohèirou*) Sparte ni la Crète, dont tu affirmes à toute occasion qu'elles sont administrées par de bonnes lois [...] » (*Criton*, 52e).

Prohaireisthai *& l'action, la délibération.* – Un fait remarquable : on ne trouve que deux occurrences de *prohaireisthai* régissant *un verbe*, c'est-à-dire s'appliquant à une *action*, ce qui lui confère une dimension *pratique* extrêmement réduite, pour ne pas dire nulle chez Platon[93]. Parallèlement, aucune occurrence de *prohaireisthai* ni celle de *prohairesis* n'ont dans les dialogues de dimension

91. [...] πρὸ τοῦ κεκινημένου τὸν σώφρονα δεῖ προαιρεῖσθαι φίλον. On rappellera que *pro* se lit sans difficulté avec un sens *temporel* même dans l'expression de la préférence (rapprocher *Lois*, X 887b [*haireisthai... pro*] & *Lois*, XI 918d [*haireisthai... proteron*], cités dans notre CHAPITRE II).

92. Voir les occurrences, avec ou sans nuance de préférence, avec ou sans nuance de sélection et choix, dans les quatre lieux suivants : *Hippias majeur*, 299d (προείλεσθε ταύτας τὰς ἡδονὰς ἐκ τῶν ἄλλων ἡδονῶν, « vous avez mis ces plaisirs à part des autres plaisirs ») ; *Lois*, VI 771c (« ... que nous avons très bien fait d'adopter [*prohèirèsthai*] le nombre de 5040 ») ; *Sophiste*, 251e (« De ces trois possibilités, Théétète, laquelle dirons-nous qu'ils sont susceptibles d'adopter [*prohaireisthai*] ? ») ; *Timée*, 54a-c (à la fois sélection du meilleur, *cf.* verbe ἐκλέγεσθαι, et étape préliminaire, *cf.* εἰ μέλλομεν ἄρξασθαι κατὰ τρόπον, et verbe ἀνευρίσκειν notant une étape de recherce méthodique).

93. Occurrences concernées : *Philèbe*, 28b (« Mais toi, Protarque, ne t'es-tu pas proposé de parler (προῄρησαι λέγειν) en mon nom ? ») ; *Politique*, 304e (voir citation à la suite).

éthique à proprement parler : l'usage de ce vocabulaire par Platon n'ouvre pas la possibilité d'une appréciation de la valeur morale d'une action ni d'une personne[94].

Parmi les deux occurrences de *prohaireisthai* régissant un verbe, seule celle du *Politique* présente un intérêt. Car il y est question de délibération. Ce passage se rapproche d'Isocrate (*Sur l'échange*, 117-119), qui pourrait l'avoir inspiré. En tout cas, ces lignes de Platon sont très probablement un écho des propos des orateurs en politique (il est d'ailleurs question de la rhétorique dans le contexte). La configuration est toutefois légèrement différente du texte d'Isocrate : la délibération ne porte pas particulièrement sur ceux qu'il faut prendre pour ennemis et amis. L'extrait concerne la subordination de l'art de la guerre à l'art politique, comme l'Étranger vient de le faire pour l'art rhétorique :

> « L'Étranger. – Que faut-il penser cette fois de la faculté suivante ?
> Socrate le Jeune. – De laquelle ?
> L'Étranger. – De celle[95] concernant la manière de faire la guerre à chacun de ceux à qui nous avons le dessein de la faire (*prohelômetha polemein*)[96] : dirons-nous qu'elle est une puissance dépourvue d'art ou relevant de l'art ?
> Socrate le Jeune. – Mais comment pourrions-nous concevoir qu'elle soit dépourvue d'art, cette faculté qu'exerce la stratégie et toute l'action touchant à la guerre ?
> L'Étranger. – À présent, la faculté[97] qui est capable et sait délibérer à fond (*diabouleusasthai*) sur le point de savoir s'il faut entrer en guerre ou s'il faut se réconcilier en nouant une amitié, devons-nous concevoir qu'elle est distincte de celle-ci, ou qu'elle se confond avec elle ?
> Socrate le Jeune. – Pour être en cohérence avec ce qui précède, il faut dire qu'elle en est distincte. » (*Politique*, 304e).

94. Au mieux, on en aura à peine une faible trace dans *Criton*, 52e, mais ce n'est pas net.

95. Il s'agit de l'art du stratège ou de l'art militaire dans son ensemble.

96. τῆς ὡς πολεμητέον ἑκάστοις οἷς ἂν προελώμεθα πολεμεῖν.

97. Il s'agit cette fois de la politique comme art supérieur qui se subordonne l'art militaire.

Le subjonctif aoriste *prohelômetha* n'a pas de valeur temporelle, et ne signifie pas l'antériorité d'un choix[98] ni d'une décision, mais l'éventualité d'un dessein. La décision est exprimée ici régulièrement par le verbe *diabouleusasthai*. Dans ce passage, il est simplement dit que la science politique délibère et donc décide (verbe *diabouleusasthai*) sur la question de savoir à qui l'on fera la guerre, et avec qui, au lieu de faire la guerre, on réglera les différends en nouant une amitié ; dans un second temps et de manière subordonnée, l'art de la stratégie règle les moyens d'accomplir le dessein guerrier (verbe *prohaireisthai*) né de la décision politique et que l'art politique lui impose. Cette configuration (dessein engendré par une délibération aboutie) correspond à celle que nous constaterons précisément chez Aristote.

Prohaireisthai *& l'élection.* – Nous terminerons cette revue détaillée de l'ensemble des occurrences du verbe chez Platon par un cas inédit, celui où *prohaireisthai* semble exprimer comme *haireisthai* l'acte d'élire (*Lois*, VI 759e). Il n'est pas impossible que le recours au verbe composé avec *pro* soit justifié par le fait que, pour une partie des magistrats à élire à la magistrature en question (les exégètes), l'élection n'est qu'une première étape, suivie par la désignation définitive par l'oracle de Delphes. Ce *prohaireisthai* serait donc l'acte d'élire préalable à la désignation par le dieu. Mais le plus probable est que *pro* s'impose ici par son sens de « à la place de, pour », parce qu'il s'agit d'élire un nouvel exégète en remplacement d'un précédent qui est décédé[99]. Il n'est enfin pas à exclure que Platon utilise ici *prohaireisthai*

98. C'est le type de traduction adopté par L. Robin : « ... à l'encontre, singulièrement, de chacun des peuples à qui nous avons choisi de la faire ».

99. Cela donnerait un commencement de solution à la syntaxe contre-intuitive de la phrase, qui fait de l'homme décédé le complément d'objet de *prohaireisthai*. Le verbe signifierait ainsi « suppléer », et il faudrait pour ainsi dire dédoubler l'objet : τὸν δέ γε λιπόντα προαιρείσθωσαν αἱ τέτταρες φυλαὶ ὅθεν ἂν ἐκλίπῃ, « celui qui laisse la place vacante, que les tribus le suppléent (*pro-*) en élisant (*-haireisthôsan*) [son successeur] dans la tribu où s'est faite la vacance », ou plus simplement : « que les tribus le suppléent par une élection (*prohairesthôsan*) dans la tribu où s'est faite la vacance ».

purement et simplement comme équivalent de *haireisthai* sans qu'il y ait une quelconque nuance apportée par le verbe composé. Mais c'est en tout cas un usage inédit et unique, que nous ne constaterons ni ailleurs chez Platon ni chez un autre auteur, et qui a parfois intrigué les éditeurs (proposition de correction de προαιρείσθωσαν en προσαιρέσθωσαν).

Conclusion. – Le trait le plus frappant, à lire Platon à la lumière de ce que fera Aristote, c'est *l'absence presque totale de dimension pratique et éthique de la* prohairesis *dans le corpus platonicien.* Le lien à l'action (politique ou non) est très ténu et apparaît principalement dans le *Politique* (304e). C'est donc l'usage intellectuel métaphorique, et sa cohésion évidente avec le sens premier exprimé dans la voix active, qui se distingue chez Platon. *Prohaireisthai* joue là un rôle précis pour marquer une étape dans une méthode bien graduée, temporellement scandée, visant une fin qui consiste en une saisie intellectuelle d'une vérité recherchée. La *prohairesis* est ainsi un acte méthodique de *prise préalable* d'un objet pour *préparer* une *saisie* intellectuelle finale.

Ce n'est ainsi pas le traitement platonicien qui aura nourri la conception éthique et pratique de la *prohairesis* développée par Aristote. Mais la structure formelle d'anticipation, portée de manière intrinsèque par le mot, est tout aussi présente chez Platon que chez Aristote ou Démosthène.

Chapitre IV

Le déploiement de la *prohairesis* chez Démosthène & les orateurs attiques contemporains : Lycurgue, Eschine, Dinarque, Hypéride, Démade

C'est avec Démosthène et autour de Démosthène que la *prohairesis* se voit investie d'un intérêt politique et bientôt philosophique. Le passage en revue des auteurs précédents mettra en valeur par contraste l'intensité nouvelle que confère Démosthène à la notion encore jeune de *prohairesis*. Cette intensité tient à ce que l'orateur utilise la notion en relation avec une double responsabilité : responsabilité proprement politique du citoyen engagé dans l'action commune, responsabilité juridique et pénale d'une personne vis-à-vis de ses actions, les deux étant du reste intimement liées dans l'Athènes démocratique. C'est d'une certaine manière, et en partie, l'Athènes des tribunaux qui aura été la cause occasionnelle du développement de cette notion, qui va devenir le point d'application du jugement juridique et moral, précisément parce qu'il est placé à l'origine de l'action. En effet, qu'il soit accusateur ou défendeur, Démosthène aura usé de la *prohairesis* aussi bien pour intensifier la responsabilité de ceux qu'il poursuit de son hostilité devant les tribunaux ou à l'Assemblée, que pour justifier son action politique mise en cause devant la justice.

Les occurrences des termes sont très nombreuses chez Démosthène. Nous ne les traiterons pas exhaustivement, mais par regroupement en trois perspectives principales, qui permettent d'agréger en outre les orateurs contemporains du grand orateur : autour de la problématique de la responsabilité juridique (Démosthène & Lycurgue), autour de la problématique de la responsabilité politique (Démosthène, Eschine, Dinarque, Hypéride & Démade), et autour de la célébration de l'action politique et du mérite militaire dans l'oraison funèbre (Démosthène & Hypéride).

I. LA *PROHAIRESIS* & LA RESPONSABILITÉ JURIDIQUE

Par comparaison avec les textes de Démosthène et de Lycurgue, un trait frappant apparaîtra rétrospectivement : aucun des auteurs précédents ne donne une portée juridique à la *prohairesis* ou au verbe *prohaireisthai*, ou pour le dire autrement : quand bien même la dimension éthique et politique est déjà attestée avec Isocrate[1] (mais presque inexistante chez Platon[2]), ce n'est que chez Lycurgue et Démosthène que l'aspect juridique apparaît, avec une dimension très nette de *responsabilité pénale*.

Démosthène accusateur, *Contre Midias* (-347)

Le plaidoyer *Contre Midias*, ce « magnifique brûlot dont Démosthène n'alluma pas la mèche »[3], ne fut pas prononcé publiquement ni publié du vivant de son auteur. Il est pour-

1. Isocrate utilise les termes dans un contexte politique et / ou avec une dimension éthique par exemple en *Philippe*, 47, 87, 133 ; *Evagoras*, 28 ; *Sur l'échange*, 117-119 ; *Lettres*, VI [*Aux fils de Jason*] 9, etc.

2. À peine une dimension éthique dans le *Criton*, 52e ; une dimension politique dans le *Politique*, 304e (outre l'occurrence exceptionnelle des *Lois*, VI 759e, pour nommer une élection).

3. La formule est de Jean HUMBERT dans sa présentation du *Contre Midias* (CUF).

tant, selon toute vraisemblance, d'une grande importance pour l'histoire de la *prohairesis*, car il témoigne d'une étape capitale dans l'évolution de l'usage de cette terminologie, et comporte le cadre exact dans lequel Aristote placera sa propre étude de la *prohairesis* : le cadre de la responsabilité d'une personne vis-à-vis de ses actes, au sens à la fois éthique et juridique. Dans ce texte, le terme *prohairesis* apparaît deux fois, sous la formule nouvelle *ek prohaireseôs*, « à dessein » C'est en faisant équivaloir, par une approximation soigneusement maîtrisée, cette expression non technique et novatrice à l'expression juridique technique et traditionnelle *ek pronoias* servant à qualifier les meurtres (homicides de plein gré), que Démosthène fait faire un saut décisif au terme *prohairesis*. Le fait que le discours n'ait pas été diffusé n'empêche pas ce texte d'être un témoin d'une pratique de Démosthène consistant à exprimer une intensification du « de plein gré » par l'expression *ek prohaireseôs*, pratique qui est aussi attestée dans un discours prononcé publiquement en -344 / -343, la deuxième *Philippique* (II 16), et encore dans une lettre (IV 10-11), laquelle, si on en admet l'authenticité, confirme que Démosthène aura utilisé régulièrement cette expression jusqu'à la fin de sa vie. Nul doute que Démosthène en usait ainsi à l'occasion dans ses innombrables prises de parole dont nous n'avons pas de trace écrite.

L'affaire qui opposa Démosthène à Midias consistait, pour le rappeler en deux mots, en des voies de fait commises en -348 par l'accusé sur la personne de l'orateur alors que celui-ci était chorège. Midias aurait tenté de saboter la chorégie dont Démosthène s'était personnellement chargé lors des Grandes Dionysies au bénéfice de sa tribu : non content de déstabiliser le chœur par des manœuvres diverses, de tenter de corrompre le jury du concours et de faire irruption chez l'orfèvre auquel Démosthène avait confié la fonte des couronnes d'or destinées aux choreutes, Midias s'en serait pris à la personne même de l'orateur, en le frappant publiquement au visage. Démosthène intente sur le champ une action en justice selon la procédure de la « plainte préalable » (*probolè*), qui lui permet dans un premier temps d'obtenir un « vote de censure » (*katacheirotonia*) de la part du peuple. Par là, Démosthène, qui aurait tout aussi bien pu intenter une simple action civile de type *aikias dikè* (« action privée pour voies de fait ») ou même une *graphè hubreôs* (« action publique pour outrage »), associe très étroitement la cité tout entière à sa cause, d'autant plus qu'en cas de condamnation, c'est la cité, et non la personne de Démosthène, qui devait tirer bénéfice d'une éventuelle peine pécuniaire[4]. Il cherche ainsi à enfler l'affaire.

Tout le plaidoyer démosthénien est ainsi marqué du sceau de l'augmentation (procédé par ailleurs de rigueur chez les orateurs attiques) : ce n'est pas la personne individuelle de Démosthène qui est atteinte, c'est la cité. En miroir, l'orateur tentera de renforcer la gravité de la responsabilité *personnelle* de Midias, et c'est à ce point précis que la *prohairesis* lui a permis un procédé qui, pour être une forme d'astuce rhétorique, n'en a pas moins une signification profonde, au point qu'on en voit les conséquences dans la théorisation aristotélicienne.

Car le fond de l'affaire, même si Démosthène n'a pas recouru à la *graphè hubreôs*, est bien une affaire d'*hubris* et engage l'orateur à préciser les conditions psychologiques et intentionnelles de l'acte outrageux. Comme il finira par le dire en toutes lettres dans le cours du plaidoyer – et justement pour se défendre de donner par l'artifice de la parole une dimension démesurée à l'affaire (70-72) –, ce ne sont pas les coups qui sont en eux-mêmes graves – quoiqu'ils le soient malgré tout, car, comme nous l'apprenons par un autre discours de Démosthène, le plaidoyer politique *Contre Androtion*, la violence exercée sur le corps d'un citoyen, c'est-à-dire d'un homme libre, revient symboliquement à le traiter en esclave[5]. Mais il y a pire que les simples coups : c'est le fait de frapper avec *hubris*. Cela est plus qu'une atteinte au corps de l'homme libre, c'est un outrage à sa personne (*Contre Midias*, 72). L'*hubris*, terme grec s'il en est, exprime, dans le contexte démocratique, l'usurpation d'une attitude en surplomb et supérieure qui rompt l'égalité entre hommes libres[6]. L'*hubris* repose ainsi

4. Voir la présentation déjà citée de Jean HUMBERT (CUF).

5. *Contre Androtion*, 55. À comparer avec l'atténuation apportée dans le *Contre Timocrate*, 167.

6. Une étymologie, quoique non tenable, fait dériver *hubris* de *huper* (P. CHANTRAINE, *Dictionnaire étymologique de la langue grecque*, *s. v.* ὕβρις).

sur des conditions psychologiques qui se manifestent dans des indices ténus et fins que, nous dit Démosthène, la victime ne saurait faire partager adéquatement aux personnes auxquelles elle en fait le récit : attitude, regards, ton de la voix, disposition intérieure ancienne comme la haine, partie du corps de la victime qui est visée (en l'occurrence le visage) (72).

C'est ainsi par une analyse des conditions intérieures à l'agent que Démosthène fait apparaître la gravité de l'acte, qu'il dessine avec son talent particulier d'orateur, capable d'allier la finesse voire la subtilité de l'analyse au grossissement rhétorique du trait. Chez Démosthène, pour le dire en passant, les ficelles du grossissement ne sont elles-mêmes jamais grosses.

Cette analyse se déploie au moment où, comme il arrive ordinairement dans les plaidoyers, Démosthène en vient à anticiper devant les juges les arguments que Midias pourrait être amené à développer. Ainsi Démosthène envisage-t-il que son adversaire fera valoir des précédents, afin d'atténuer la gravité de ses actes en les diluant dans l'ordinaire d'un comportement fréquent à Athènes (36 *sqq.*). C'est dans le cadre de la réfutation anticipée de ces arguments supposés que Démosthène, faisant une comparaison précise entre les exemples susceptibles d'être produits par Midias et le comportement de Midias lui-même, en vient à raffiner les conditions éthiques et juridiques à la lumière desquelles il enjoint les juges d'apprécier la culpabilité de l'accusé.

Midias serait ainsi susceptible d'avancer l'exemple d'un certain Polyzélos qui aurait frappé un proèdre, puis l'exemple du thesmothète qui fut frappé alors qu'il portait secours à une joueuse de flûte. Après une réflexion générale sur le fait que la répétition de ces agissements, loin de devoir atténuer la sévérité du verdict, doit au contraire la renforcer si l'on vise à l'avantage de la cité, Démosthène en vient à l'analyse précise des différences qui séparent ces exemples du cas qui l'oppose à Midias :

> « En outre, nous ne trouverons certainement pas la même possibilité d'indulgence (*sungnômèn*) pour son cas et pour ceux [qu'il allègue]. Car pour commencer, l'homme qui a frappé le thesmothète avait trois circonstances atténuantes (*prophaseis*) : l'ivresse, l'amour et

l'ignorance (*methèn, erôta, agnoian*) résultant de ce que l'affaire s'est produite dans l'obscurité, de nuit. Ensuite, Polyzèlos a fait valoir que c'est par la colère (*orgèi*) et la précipitation de son caractère (*tropou propeteiai*) qu'il a devancé le raisonnement (*phthasai ton logismon*) dans sa faute (*hamartôn*) ; il n'était en effet pas personnellement hostile au thesmothète, et n'a pas commis ces voies de fait sous forme d'outrage (*eph'hubrei*). Mais Midias ne saurait avancer aucune de ces circonstances : il m'était personnellement hostile, il m'a outragé (*hubrizen*) de jour en pleine connaissance de cause (*eidôs*), et c'est non seulement en cette occasion, mais bien en toute occasion qu'il semble manifestement s'être proposé de m'outrager (*prohèirèmenos me hubrizein*) » (*Contre Midias*, 38).

L'hostilité de longue date de Midias à l'encontre de Démosthène est ici rappelée, et permet à Démosthène d'indiquer l'existence d'une disposition intérieure stable, distinguée d'un élan passionnel, et qui se trouve à la source d'un véritable dessein (verbe *prohaireisthai*). L'orateur met en opposition « la précipitation du caractère » de Polyzèlos, qui entraîne celui-ci à « devancer le raisonnement » d'un côté, et de l'autre, une disposition haineuse, hostile depuis un long temps, orientant un dessein[7], dans une temporalité qui se distingue de celle de la précipitation, autrement dit de l'intempérance quant à la colère (*akrasia thumou*), comme le dira Aristote au livre VII de l'*Éthique à Nicomaque*, qui parle aussi de devancer le raisonnement et commettre une faute de ce fait[8]. Tout ce passage correspond ainsi aux considérations d'Aristote dans le livre III de l'*Éthique à Nicomaque* : le Stagirite y procède à un examen des possibilités d'indulgence ou compréhension (*sungnômè*[9]), des degrés de gravité de l'acte en vue du jugement[10], des modalités d'action *hekousion* et *akousion*, en lien notamment avec l'ignorance, l'ivresse, le désir, la colère[11],

7. Même dispositif d'une disposition à la source de l'acte de *prohaireisthai* dans la phrase « après qu'il a rassasié son impudente disposition d'esprit (τὴν ἀναιδῆ γνώμην) en vertu de laquelle il fait tout cela à dessein (ᾗ ταῦτα προαιρεῖται ποιεῖν)... » (*Contre Midias*, 91).

8. *Éthique à Nicomaque*, VII 7.

9. *Éthique à Nicomaque*, III 1.1109b32, 2.1111a2.

10. *Éthique à Nicomaque*, III 1.1109b30-35.

11. *Éthique à Nicomaque*, III 2-3.

les quatre affects précisément nommés par Démosthène ici. Les considérations de ce passage de la *Midienne* et de l'*Éthique à Nicomaque* sont donc homogènes, et sont en cohérence avec l'expression *ek prohaireseôs* du § 44 du *Contre Midias*. Elles sont ainsi en cohérence avec ce que recouvre l'expression *ek pronoias* – que l'on va voir apparaître dans un instant dans le texte de Démosthène – telle qu'elle était comprise traditionnellement, comme cela ressort d'un passage d'Antiphon (il s'agit du meurtre d'Hérode dont se défend le plaideur) :

> « [...] il doit exister une profonde hostilité chez celui qui se prépare à commettre un meurtre de cette nature, et la préméditation (*pronoian*) doit avoir été manifestement (*phaneran*) délibérée (*epibouleuomenèn*) très à l'avance (*ek pollou*) » (ANTIPHON, *Sur le meurtre d'Hérode*, 57).

La haine est à la source d'une délibération dirigée contre la victime, délibération qui donne corps à la *pronoia* ici, équivalente à l'acte de *prohaireisthai* dans l'extrait précédent de Démosthène.

Après cette comparaison concernant les auteurs de l'outrage, Démosthène passe à la comparaison des victimes (*Contre Midias*, 39-40), dans un paragraphe où il se décrit comme refusant tout arrangement à l'amiable au nom de l'intérêt supérieur de la cité et du respect des lois – ce qui sera pourtant ce à quoi il se résoudra en définitive. Après cette protestation de l'orateur drapé dans le sacrifice de ses intérêts, Démosthène revient sur une ultime tentative de Midias de se trouver une excuse, la colère, déjà mentionnée pourtant, mais sur laquelle Démosthène fait un nouveau développement, décisif pour le sujet qui nous occupe :

> « Car quelle circonstance atténuante (*prophasis*), quelle excuse (*skèpsis*) humaine et convenable pourra être produite pour ses agissements ? Mais la colère, par Zeus ! Voilà ce que, si cela se trouve, il prétendra. Mais l'action qu'un homme, devançant le raisonnement (*ton logismon phthasas*), est entraîné à commettre dans l'instant (*aphnô*), même s'il le fait avec outrage on peut certes dire que c'est à cause de la colère qu'il a agi ; tandis qu'un individu pris sur le fait de perpétrer des actes contraires aux lois par suite d'une longue préparation (*ek pollou*), de manière continue (*sunechôs*), au fil de nombreux jours (*epi pollas hèmeras*), celui-là, non, ne se contente pas de ne pas agir avec

colère : il s'est révélé au grand jour (*phaneros*) comme commettant un outrage parfaitement prémédité (*bebouleumenôs*) » (*Contre Midias*, 41).

La délibération préalable au délit est clairement mentionnée, et appréhendée en termes temporels, à l'instar de ce que fait Aristote dans les *Éthique*. C'est alors qu'entre en scène la *prohairesis*, dans un passage d'une subtilité juridique bien calculée. En effet, nous dit Démosthène, à présent qu'il est établi que Midias a agi par *hubris* et non par colère ni par aucune autre passion (ivresse, amour), ni encore par ignorance (à cause de l'obscurité), autant de circonstances qui pourraient lui valoir l'indulgence, il convient de considérer ce qu'en disent les lois :

> « Car vous avez prêté le serment de juger selon ces lois. Voyez donc combien elles estiment ceux qui commettent des infractions de plein gré et par *hubris* dignes d'une colère et d'une punition supérieures à celles que méritent les fautifs agissant selon d'autres modalités.
>
> D'abord, toutes ces lois qui touchent au dommage (*blabès*) – pour commencer par elles –, ordonnent de réparer le dommage au double lorsqu'on le cause de plein gré (*hekôn*), et au simple lorsqu'on le cause contre son gré (*akôn*) ; et ce, à juste titre. Car pour ce qui est de la victime, il est juste qu'elle trouve assistance en toutes circonstances, mais pour l'auteur du dommage en revanche, la loi a prescrit une inégale vindicte selon qu'il a agi de plein gré ou contre son gré.
>
> Ensuite, les lois sur l'homicide punissent les coupables de meurtre avec préméditation (*ek pronoias*) de la peine de mort, de l'exil à vie et de la confiscation publique de leurs biens, tandis qu'elles estiment dignes de composition et d'humanité les meurtriers contre leur gré.
>
> Et ce n'est pas seulement dans ces cas qu'on peut voir la sévérité des lois envers les coupables d'*hubris* agissant à dessein (*ek prohaireseôs*), mais dans tous les cas » (*Contre Midias*, 42-44).

Nous n'avions encore jamais rencontré l'expression *ek prohaireseôs*, « à dessein ». Sauf si une inscription attique ou un texte nouveau venait contredire cette hypothèse, il semble bien qu'on ne trouve pas avant Démosthène la formule *ek prohaireseôs* pour servir d'équivalent à *ek pronoias*. Cette dernière formule est en revanche bien antérieure à Démosthène et sert régulièrement à l'expression de la préméditation dans le champ de l'homicide, ou plus exactement elle sert à qualifier l'homicide qui n'est pas contre gré, *phonos akousios*. Quand il s'agit d'homicide, l'expression *ek pronoias* est originellement le vis-à-vis de *akousios* et se confond pour ainsi dire avec *hekousios*, tandis que *mè ek pronoias* se confond avec *akousios*[12].

Ce passage de la *Midienne* est intéressant en ce qu'il fait glisser une distinction auparavant réservée à l'homicide (du moins quand on est dans le domaine juridique)[13] vers l'ensemble des

12. Nous revenons sur ce point dans notre CHAPITRE V, § « La classification des injustices : de *"ek pronoias"* à *"ek prohaireseôs"* » (« Éclaircissements » apportés à l'*Éthique à Eudème*).

13. Chez DÉMOSTHÈNE, l'expression ἐκ προνοίας est en effet utilisée exclusivement pour qualifier les homicides, en opposition le cas échéant à ἄκων ou ἀκούσιον (*Contre Aristocrate*, 22, 45, 50 ; *Contre Midias*, 43). Quand il ne s'agit pas d'homicide, Démosthène utilise notamment μετὰ προνοίας (*Sur la couronne*, 301 : τὸ μετὰ πάσης προνοίας καὶ προθυμίας καὶ δικαιοσύνης, où l'on est loin de la formule canonique), ou ἐκ προαιρέσεως (*Contre Midias*, 44, 66 ; *Philippiques*, II 16). Même chose chez DINARQUE qui utilise l'expression pour l'homicide seulement (mais on dispose d'une unique occurrence, *Contre Démosthène*, 6). Même configuration avant eux chez ANTIPHON, dont les occurrences de la formule concernent toutes des homicides (*Sur le choreute*, 19 ; *Accusation d'empoisonnement contre une belle-mère [In novercam]*, 5 [avec renforcement et opposition en chiasme de ἐκ προβουλῆς ἀκουσίως pour la victime et ἑκουσίως ἐκ προνοίας pour l'accusée], 22, 25), avec une fois une expression qui semble dépasser le cas des homicides, quoiqu'on soit toujours dans ce contexte (τοῖς ἑκουσίοις καὶ ἐκ προνοίας ἀδικήμασι καὶ ἁμαρτήμασι, 27). En revanche, PLATON l'utilise non seulement pour l'homicide (*Lois*, VIII 838e : assassinat du genre humain, à quoi il faut rattacher IV 721c ; IX 871a, 873a, 877b, 877c), mais encore pour les blessures – mais il faut dire qu'elles sont justement divisées de manière parallèle aux homicides (*Lois*, IX 874e) –, pour les atteintes par le biais de poisons non létaux (*Lois*, XI 932e : ἑκὼν ἐκ προνοίας), et avec plus ou moins d'ironie dans la bouche de Socrate envers Phèdre qui le pousse vers les Nymphes et lui fait commettre des fautes envers la divinité (*Phèdre*, 241e). ESCHINE ne réserve pas non plus ἐκ προνοίας strictement aux homicides, lui qui utilise deux fois l'expression, une fois à propos de l'attribution d'une couronne (*Contre Ctésiphon*, 178, en opposition avec ἐξ ἔθους) et une fois dans le cadre de l'homicide (τραύματος ἐκ προνοίας γράφας, *Contre Ctésiphon*, 212). ARISTOTE, tout comme Démosthène, suit beaucoup plus strictement la tradition et réserve l'expression aux homicides (*Const. Ath.*, 57.3 : loi sur les meurtres, *cf. Contre Aristocrate* ; *Politique*, IV 16.1300b26 : opposé à ἑκούσια), ce qu'on peut deviner même quand le contexte semble indifférencié (*ÉE* II 10.1226b38 : subdivision juxtaposée à ἑκούσια et ἀκούσια ; *ÉN* V 10.1135b26 : ἐκ προνοίας rapprochée de ἐκ προαιρέσεως, et

actes d'*hubris*, et en définitive vers l'ensemble des fait délictueux (la suite du texte prenant des vols comme exemple). Dans l'extrait cité, tant que Démosthène ne considère que le simple dommage (au deuxième paragraphe), on ne voit pas apparaître l'expression *ek pronoias*, mais seulement l'opposition entre *hekôn* et *akôn*. C'est quand le texte en vient, dans le troisième paragraphe ci-dessus, à traiter des lois spécifiques sur *l'homicide* que la modalité *akôn* se trouve opposée non plus simplement à *hekôn*, mais à *ek pronoias*, ce qui est strictement conforme à la tradition juridique athénienne – et Démosthène connaît très bien et l'esprit et la lettre de ces lois, comme en témoigne le *Contre Aristocrate*. Enfin, la phrase que nous avons distinguée en un quatrième paragraphe, et qui semble être cette fois un apport de Démosthène, étend la notion exprimée par *ek pronoias* à la totalité des actes réprimés par les lois, et dont les modalités de commission peuvent en général être qualifiées par le couple *hekôn* / *akôn* ; mais dans le moment où il en étend *la notion*, Démosthène respecte ici comme ailleurs scrupuleusement *la lettre* de l'usage traditionnel, qui réserve l'expression *ek pronoias* aux homicides. L'orateur trouve ou forge comme équivalente l'expression *ek prohaireseôs*. Cette dernière expression dédouble avec ostentation *ek pronoias*.

La première conséquence – et c'est là l'effet rhétorique recherché – consiste en une *intensification* de la responsabilité de Midias : l'expression *ek prohaireseôs*, par sa ressemblance avec *ek pronoias*, transfère subrepticement la charge émotive portée par les affaires de meurtre sur l'acte d'*hubris* commis par Midias. Il y a là un effet d'emphase très habile, et qui frappe précisément parce que, dans son à-peu-près, il manifeste malgré tout un respect scru-

opposée à ἐκ θυμοῦ). Ce qui nous semble se dessiner à partir de ces occurrences, c'est que la formule ἐκ προνοίας n'est pas absolument réservée aux homicides, mais que quand on parle de délits et crimes et qu'on est ainsi dans un contexte juridique, elle est alors chez la plupart des auteurs réservée aux homicides (*cf.* même analyse chez L. Gernet, *Recherches...*, *op. cit.*, p. 360), quoique Platon au moins fasse exception à la liste des auteurs que nous avons étudiés sous cet angle. Mais *Démosthène et Aristote sont très stricts*. Enfin, le terme seul πρόνοια (hors formule précise ἐκ προνοίας) semble jouir, comme on peut l'attendre, de nettement plus de liberté.

puleux de la part de Démosthène vis-à-vis de la lettre du droit athénien touchant l'homicide. Ce genre d'effet emphatique est obtenu, quoique différemment et sans évocation expresse des homicides, dans la deuxième *Philippique* (prononcée en -343/-344 devant l'Assemblée) :

> « Pour ma part, voici ce que je crois : si Philippe avait jadis agi contre son gré (*akôn*) sous l'empire de la contrainte (*biastheis*), et dans l'hypothèse où il renierait aujourd'hui les Thébains, il ne s'opposerait pas avec constance aux ennemis de ces derniers ; non, à en juger à partir de ses actes présents, il est évident qu'il a agi jadis à dessein (*ek prohaireseôs*) ; et à en juger à partir de la totalité de ses actes, pour peu qu'on les examine correctement, il est encore évident que c'est à dessein (*ek prohaireseôs* s.-e.) qu'il met en ordre (*suntattôn*) contre notre cité tous ses agissements » (*Philippiques*, II 16).

Dans la *Midienne*, l'expression *ek prohaireseôs* intensifie par sa proximité avec l'expression qualifiant les meurtres la catégorie traditionnelle du « de plein gré » pour aggraver la responsabilité de Midias. Ici, l'expression *ek prohaireseôs* permet à Démosthène d'intensifier le danger que représente Philippe et d'en souligner l'hostilité délibérée et organisée totalement en vue d'un but (*cf. suntattôn* ; ce tableau de Philippe correspond parfaitement à la définition aristotélicienne de la *prohairesis*, et nous le rapprocherons d'un passage de l'*Éthique à Eudème*, I 2.1214b6-11).

Le terme même de *prohairesis* est donc investi par l'orateur d'une dimension juridique et pénale, et sert à l'intensification de la responsabilité. Le rapprochement du *Contre Aristocrate* (-352) et du *Contre Midias* permet de souligner l'innovation de la *Midienne* et la stratégie volontairement rhétorique de son argumentation, par laquelle l'expression *ek prohaireseôs* atteint sa puissance emphatique. La première partie de l'argumentation dans le plaidoyer *Contre Aristocrate* (19-99), consacrée à démontrer l'illégalité du décret d'Aristocrate, consiste en une exégèse tant de la lettre que de l'esprit des lois athéniennes sur l'homicide[14]. Il n'y a ici

14. Georges Maridakis a montré dans un article très convaincant que Démosthène devait être lu comme un véritable théoricien du droit, et ne pas

nulle place pour le terme *prohairesis*. Démosthène, tout occupé à une explication rigoureuse, confirmant là sa maîtrise du droit athénien, est parfaitement fidèle au vocabulaire en usage pour qualifier l'homicide, comme il l'est en fait dans la *Midienne*.

Un autre rapprochement – mais on en pourrait citer bien d'autres – soulignera la singularité de Démosthène. Qu'on se reporte à l'argumentation qu'Isocrate composa contre Lokhitès pour souligner, dans un passage similaire au *Contre Midias*, la dimension insigne de l'*hubris*, qui excède de manière impalpable la réalité physique des coups[15]. Nulle trace ici pour le vocabulaire de la *prohairesis*, là où, pourtant, dans un mouvement équivalent à celui qu'on a vu chez Démosthène, l'*hubris* se voit rapportée aux dispositions intérieures de l'agent, qu'Isocrate évoque seulement en termes de *tropos*, « tour d'esprit ou de caractère ».

La deuxième conséquence, qui va bien au-delà de l'effet rhétorique du moment, consiste en l'ouverture de la question de savoir comment s'articulent les actes commis *ek prohairesôs* par rapport aux actes commis simplement « de plein gré ». À la différence d'*ek pronoias*, l'expression *ek prohaireseôs* n'est pas traditionnelle, ni restreinte aux homicides mais s'étend à tous les actes, si bien qu'elle doit logiquement *rencontrer* la distinction déjà existante pour les actes en général entre *hekôn* et *akôn*, car elle n'est pas traditionnellement confondue avec *hekôn*, comme c'est en revanche le cas pour *ek pronoias* dans le champ des homicides. En conséquence, si le passage cité de la *Midienne* ne dit pas explicitement que les actes *ek prohaireseôs* sont un sous-ensemble des actes de plein gré, on voit que la question de leur rapport est toute préparée à surgir, question qu'Aristote, en théoricien qu'il est, affrontera dans ses *Éthique* : c'est précisément par là qu'Aristote aborde la *prohairesis*, en demandant comment elle s'articule dans le genre des actes de plein gré[16]. Nul philosophe avant lui n'avait abordé cette question, non plus que Démosthène, dont

être abordé seulement comme une source d'information historique sur le droit positif athénien du -IVe siècle (« Demosthenes als Rechtstheoretiker »).

15. ISOCRATE, *Contre Lokhitès*, 5-7, à comparer aussi aux § 70 *sqq.* de la *Midienne*.

16. *Éthique à Nicomaque*, III 4.1111b6-8 ; *Éthique à Eudème*, II 10.1225b21.

le propos était rhétorique et non théorique. Aristote fera une remarque touchant les trois caractères traditionnels des atteintes graves à la personne d'autrui, à savoir *hekousia, akousia, ek pronoias*[17], et cela, *à l'intérieur* d'une étude de la *prohairesis*. Or cela ne se comprend pas à partir du cadre juridique traditionnel d'Athènes, qui ne reconnaît pas le terme *prohairesis* comme un terme technique. Cela ne se comprend qu'à partir de la pratique rhétorique de Démosthène.

L'équivalence instaurée par Démosthène (avec la subtilité que nous avons dite) entre *ek pronoias* et *ek prohaireseôs* est décisive pour la compréhension de la *prohairesis* et doit servir de pierre de touche. La dimension temporelle de l'expression *ek pronoias* est patente. De même, l'expression *ek prohaireseôs*, dont la construction est parallèle, doit assumer l'idée de « pré-méditation », avec la substitution du thème de la prise (*-hairesis*) à celui de la méditation (*-noia*). La dimension temporelle de la *prohairesis* sera mise en avant par Aristote dès le début de sa tentative de délimitation des actes commis en vertu d'une *prohairesis* à l'intérieur du champ des actes de plein gré (*hekousia*).

On ne saurait donc trop s'appuyer sur la correspondance entre *ek pronoias* et *ek prohaireseôs* pour progresser dans la compréhension de la *prohairesis* conceptualisée par Aristote, qui ne fait que tenter de définir un terme dont il n'invente ni le sens ni les usages[18]. Le trait marquant de cette conceptualisation va être le rôle qu'y joue la *délibération* et (en conséquence de la conception qu'Aristote a de la délibération) la détermination de l'objet de la *prohairesis* comme consistant en des moyens en vue d'une fin. Les textes de Démosthène ne présentent encore aucune précision sur la relation exacte qui doit être pensée entre la *prohairesis* et la déli-

17. *Éthique à Eudème*, II 10.1226b36-1227a2.

18. L'exégèse aristotélicienne a tendance à considérer qu'Aristote développe un concept technique distinct de la notion courante. Elle espère par là résoudre quelques contradictions qui apparaissent dans le corpus aristotélicien (notamment entre une *prohairesis* qui semble porter sur la fin des actions et les déclarations d'Aristote qui la font porter sur les moyens). C'est une mauvaise voie, à notre sens, car le philosophe ne cherche pas à définir une notion philosophique qu'il inventerait mais bien une notion en usage dans la communauté politique.

bération, et encore moins sur la question des fins et des moyens. La relation existe, elle n'est pour autant pas pensée précisément. Nous avons vu apparaître la délibération dans le paragraphe qui précède l'expression *ek prohaireseôs* dans la *Midienne* (41, cité ci-dessus). D'un autre côté, le rhéteur Antiphon utilise à proximité d'*ek pronoias* la formule *ek proboulès* (« à partir d'une délibération préalable, délibérément »[19]) et *ex epiboulès* (ou expressions assimilées), comme plusieurs auteurs[20]. Tout cela est encore à l'état de germes, et c'est Aristote qui fera éclore pleinement la subdivision des actes de plein gré en actes non délibérés d'un côté et en actes délibérés de l'autre, commis *ek prohaireseôs*.

Le lien entre *ek pronoias* et la délibération est donc attesté, sans avoir fait pour autant l'objet d'analyses par les orateurs[21] ; le lien entre la *prohairesis* et la délibération est aussi esquissé, mais c'est par son rapprochement avec *ek pronoias* que la *prohairesis* pourra avoir un commencement de rapport solide à la délibération. Et, fait intéressant, on peut tirer de certains textes parlant de la *pronoia* des éléments instructifs pour comprendre la

19. *In novercam*, 3-5.

20. Par exemple Platon, *Lois*, IX 877c ; dans l'*Hippias mineur*, 370e, ἐξ ἐπιβουλῆς s'oppose à ἄκων et s'assimile pratiquement à ἑκών (ἑκών τε καὶ ἐξ ἐπιβουλῆς, *cf.* ce type d'assimilation entre ἑκών et ἐκ προνοίας, par ex. *Lois*, XI 932e : ἑκὼν ἐκ προνοίας) ; Antiphon, *In novercam*, 22 : ἐπιβούλως ; 3 : ἐξ ἐπιβουλῆς καὶ προβουλῆς. L'ἐπιβουλή présente par son préfixe une dimension d'agression, la προβουλή, une dimension temporelle, comme la πρόνοια (*cf.* Antiphon, τὴν πρόνοιαν ἐκ πολλοῦ φανερὰν εἶναι ἐπιβουλευομένην, *Sur le meurtre d'Hérode*, 57 ; Lysias, ἐκ πολλοῦ προνοεῖται, *Contre Simon*, 42 [extrait cité en extension plus loin]).

21. C'est en cela que l'on peut concilier les interprétations opposées de R. Maschke et M. Gagarin. En effet, R. Maschke admet que l'expression ἐκ προνοίας a évolué entre le temps de Dracon et celui des orateurs attiques (*op. cit.*, p. 53-63), où elle signifierait vraiment la préméditation, comme semblent en effet nous le montrer les textes. M. Gagarin n'admet pour sa part pas de sens spécifique de préméditation pour ἐκ προνοίας même à l'époque classique, car il considère qu'il n'y a que deux catégories d'homicides dans le droit attique (ἑκούσιος / ἀκούσιος, « intentionnal / unintentionnal »). Tout en reconnaissant qu'il n'existe au -ɪᴠ^e^ siècle que deux catégories juridiques, il n'en reste pas moins que les orateurs tirent parti de la dimension temporelle de la *pronoia*, et la développent avec la notion de délibération, sans faire là de référence à une *sous-catégorie juridique* formellement établie et sans en proposer une nouvelle.

relation complexe de la *prohairesis* aux moyens et aux fins dans la conceptualisation d'Aristote.

Nous trouvons en effet chez Lysias, dans le discours *Contre Simon* (vers -394) l'expression *ek pronoias* et le terme simple *pronoia* associés à la délibération[22]. Car il s'agit d'une action en justice de type « procès pour blessures avec préméditation », *dikè traumatos ek pronoias*[23]. Celle-ci, paradoxalement, ne signifie pas que l'objet de la préméditation (*pronoia*) aurait été les blessures elles-mêmes (le plaideur parle d'abord de son propre jugement puis de celui des législateurs sur lesquels il se fonde) :

> « [...] je considérais qu'il n'y avait aucune préméditation de blessure (*pronoian traumatos*) chez qui a blessé sans volonté (*boulomenos*) de tuer. Qui est en effet assez stupide pour méditer longtemps à l'avance (*ek pollou pronoeitai*) le moyen de porter atteinte physiquement à l'un de ses ennemis ? Il est en revanche bien évident que les législateurs qui ont institué chez nous ces lois n'ont pas soumis à la peine de l'exil ceux qui d'aventure se seraient rompu le crâne en se bagarrant – ou alors, ils auraient bannis bien des gens ! –, mais ceux qui ont blessé des personnes en ayant délibérément (*epibouleusantes*) tenté de les tuer sans y réussir (*ouk edunèthèsan*) : c'est sur leur tête à eux qu'ils ont fait tomber de si lourdes sanctions, considérant que ce sur quoi ces gens avait délibéré (*ebouleusan*) et médité à l'avance (*prounoèthèsan*), c'est sur cela qu'ils devaient rendre des comptes à la justice ; car pour avoir échoué, ils n'en ont pas moins accompli ce qui relevaient d'eux-mêmes (*to g'ekeinôn pepoièsthai*) » (Lysias, *Contre Simon*, 41-42).

22. *Cf.* ἐβούλευσαν, *Contre Simon*, 42, et les formes du verbe ἐπιβουλεύειν, qui exprime l'attaque mais avec la notion de délibération, et qui parsème les paragraphes principaux de ce discours où la πρόνοια est abordée (voir particulièrement les §§ 28-34, 37, 41-43, le § 42 étant à rapprocher de Platon, *Lois*, IX 876e-877c).

23. Voir l'expression πρόνοιαν... τραύματος chez Lysias (*Contre Simon*, 41, et dans le titre donné à l'un des discours de Lysias, Περὶ τραύματος ἐκ προνοίας ὑπὲρ οὗ καὶ πρὸς ὅν <ἄδηλον>, *Au sujet d'une accusation pour blessure*), l'expression ἐὰν... ὄφλῃ τραύματος ἐκ προνοίας chez Platon (*Lois*, IX 877c), l'expression φόνου καὶ τραύματος ἐκ προνοίας chez Démosthène (*Contre Aristocrate*, 22 = extrait de la loi sur les meurtres, *cf.* Aristote, *Constitution des Athéniens*, 57.3), l'expression τραύματος ἐκ προνοίας γράφας γραφόμενος chez Eschine (à propos de Démosthène, *Contre Ctésiphon*, 212).

Paradoxalement, la condition de la « *préméditation* de *blessures* » (*pronoia traumatos*) est la *volonté* non de *blesser* mais de *tuer* (ce qui justifie que ce soit le tribunal de l'Aréopage qui ait à en connaître). L'acte de préméditer (*pronoeisthai*) s'articule donc ici précisément à un vouloir (*boulesthai*) portant sur la mort de la victime. Mais il faut ajouter que ce qui est *prémédité* et donc *délibéré* est bien le *même* objet que celui qui est voulu : la mort, objet *voulu*[24], *pensé*[25] et *délibéré*[26], et non la blessure. La « préméditation de blessure » n'est donc pas simple préméditation de blesser. On a affaire à un déplacement : la « préméditation de tuer » fondée sur la volonté de tuer s'est muée, par incapacité de parvenir à ses fins, en « blessures avec préméditation », ce qui correspond à ce que nous appelons aujourd'hui des blessures avec intention de donner la mort. Le texte de Lysias le fait comprendre clairement, et un texte correspondant de Platon n'est pas moins éloquent (l'extrait qui suit envisage pour commencer le cas d'une tentative de meurtre sur un proche) :

> « Quant à l'action publique touchant les blessures, instituons-la ainsi : Si quelqu'un, étant en pensée disposé par la volonté (*dianoètheis tèi boulèsei*) à tuer un proche [...] le blesse sans parvenir (*adunatèsèi*) à le tuer, cet homme ainsi disposé en pensée (*dianoèthenta*) et qui a blessé dans ces conditions, il n'y a pas lieu d'en avoir pitié, et il faut le contraindre à se soumettre à un procès pour meurtre sans composer avec lui autrement que s'il avait tué » (*Lois*, IX 876e).

24. *Cf.* βουλόμενος en 41.

25. *Cf.* verbe προνοεῖσθαι, 41, 42 ; *cf.* PLATON, *Lois*, IX 876e : διανοηθεὶς τῇ βουλήσει κτεῖναι.

26. *Cf.* ἐβούλευσαν, 42 ; *cf.* PLATON, *Lois*, IX 876e : ἐξ ἐπιβουλῆς τοῦ ἀποκτεῖναι. Par ailleurs, on relèvera la construction grammaticale du verbe βουλεύεσθαι avec la préposition ὑπέρ chez Lysias ici (ὑπὲρ ὧν ἐβούλευσαν), exactement comme dans l'*Éthique à Nicomaque*, III 5.1112a20-21 (οὐχ ὑπὲρ οὗ βουλεύσαιτ᾽ ἄν τις ἠλίθιος ἢ μαινόμενος, ἀλλ᾽ ὑπὲρ ὧν ὁ νοῦν ἔχων). C'est bien sur la fin que porte l'acte de délibérer dans le passage de Lysias, qui utilise les mêmes termes qu'Aristote, mais pour dire précisément le contraire (*cf.* la contradiction entre Isocrate et Aristote à propos d'une délibération sur la fin, relevée à l'occasion de l'examen de la *Lettre aux fils de Jason*).

On retrouve plus loin l'expression *ek pronoias* à propos des blessures, complétée par « de propos délibéré de tuer » (ἐξ ἐπιβουλῆς τοῦ ἀποκτεῖναι, 877b-c). Nous avons donc les mêmes éléments que chez Lysias.

Ces points éclairent la manière dont Aristote envisage l'assignation respective du vouloir (*boulèsis*) à la fin et de la *prohairesis* aux moyens. D'une part, nous voyons avec ce cas de la « préméditation de blessures » (*pronoia traumatos*), qu'il y a au fondement de la *pronoia* une certaine volonté, et qu'au départ la préméditation (*pronoia*), le vouloir (*boulèsis*) et la pensée (*dianoia*), et avec celle-ci la délibération (*bouleusis*), sont *toutes* appliquées au *même* objet, la *fin*, à savoir le meurtre : la préméditation est une préméditation du meurtre lui-même, la délibération porte aussi sur le meurtre. Puis nous voyons un déplacement de la *pronoia* en direction des blessures, et ce, parce qu'elles sont impliquées dans la visée de la fin par la volonté. Il y a là un transfert logique de la fin vers ce qui occupe en gros la place des moyens (même si les blessures ne se rangent pas rigoureusement sous cette catégorie). À notre sens, c'est un même type de transfert qu'opère Aristote, à propos cette fois de la *prohairesis*, qui, tout en portant initialement sur la fin, se déporte en partie vers ce qui, lié à la fin, en tire analytiquement son existence et son sens, au titre de ce qui est *relatif à la fin* : *ta pros to telos*, comme le dit Aristote. De là l'ambiguïté qui apparaît comme une forme de contradiction entre certaines parties du corpus aristotélicien où la *prohairesis* porte explicitement sur la fin, et d'autres où cette application est exclue. Il n'y a en fait pas là de contradiction, mais une complexité similaire au cas de la préméditation, dont la *prohairesis* est l'équivalent en dehors du domaine des homicides.

Dans la seconde occurrence du discours *Contre Midias*, l'expression *ek prohaireseôs* n'est plus accompagnée de l'expression *ek pronoias*, mais n'en conserve pas moins la portée juridique que sa première occurrence a permis d'entendre. On remarquera en outre la dimension de mobilité qui parcourt ce passage :

> « Ce genre d'actes, Athéniens, quand ils sont commis par un chorège en exercice et emporté (*hupachthenta*) par l'émulation du concours,

peuvent recevoir quelque indulgence ; mais quand ils le sont par un quidam qui vous poursuit (*elaunonta*) de sa haine, à dessein (*ek prohaireseôs*), en toutes occasions, et qui veut faire montre d'une puissance qui le mette au dessus des lois, par Héraclès ! voilà qui est insupportable, et qui n'est ni juste ni dans votre intérêt » (*Contre Midias*, 66).

Conclusion. – Magnifique brûlot, la *Midienne* l'est assurément. Que la mèche n'en ait pas été allumée n'ôte rien à la force de la composition oratoire ni à l'importance conceptuelle des analyses touchant la responsabilité de l'agent, et témoigne donc d'un investissement de la notion de *prohairesis* par une dimension juridique affirmée. Cette dimension se retrouve chez Aristote, mais aussi chez l'orateur Lycurgue, dont le seul discours conservé (hormis quelques bribes d'autres discours) insiste lui aussi sur la responsabilité individuelle d'un citoyen athénien au moyen du vocabulaire de la *prohairesis*, *via* l'expression « selon un dessein », *kata prohairesin*, qu'on retrouvera telle quelle chez Aristote[27].

Lycurgue accusateur, *Contre Léocrate* (-331 / -330)

Né vers -390 et mort en -324, Lycurgue est le contemporain de Démosthène. Il serait toutefois entré en politique plus tardivement, aux alentours de -340, et ne semble avoir exercé de fonction prédominante qu'après la défaite de Chéronée en -338. Ami de Démosthène et d'Hypéride en politique, il aurait peut-être participé à des ambassades conduites par Démosthène en -343[28], et il a en tout cas plaidé avec lui contre Aristogiton autour de -325 / -324, si bien que son activité d'orateur n'est pas étrangère à celle de Démosthène, avec

27. On la trouve aussi en opposition à ἑκουσίως dans la *Rhétorique à Alexandre* (XXXVIII 21.1446b39), transmise par les manuscrits sous le nom d'Aristote et dont l'auteur réel et principal pourrait être ANAXIMÈNE DE LAMPSAQUE (*ca* -380 / -320). Cette occurrence prend place dans des « notes annexes » ajoutées à la fin du texte principal, notes qui ne sont vraisemblablement pas de la même main que le corps du texte et qui présentent un certain désordre. Il est donc difficile d'exploiter cette occurrence.

28. Voir PS.-PLUTARQUE, *Vie des dix orateurs*, 841e, et l'Introduction de Félix DURRBACH aux œuvres de Lycurgue, CUF, p. XIII.

qui il partage d'ailleurs le fait de ne pas aimer l'improvisation et de beaucoup s'exercer[29]. Auteur de multiples discours, il semble n'en avoir publié qu'une quinzaine, tous postérieurs à la défaite de Chéronée et donc contemporains de son engagement actif dans la vie politique d'Athènes. Un seul discours nous est parvenu dans son intégralité. Le *Contre Léocrate*, prononcé en -331 / -330, présente un usage du terme *prohairesis* similaire – quoique nettement moins subtil – à celui de la *Midienne*, en ce qu'il entre dans une volonté de renforcer l'expression de la responsabilité individuelle d'un accusé. Lycurgue, comme cela est reconnu depuis l'Antiquité, se distinguait par son élévation morale, si ce n'est par son « fanatisme de la vertu »[30]. Sa droiture et sa préoccupation authentique de l'*aretè* sont reconnues dès l'Antiquité[31], en cohésion avec un sentiment patriotique et religieux profond auquel le sacerdoce héréditaire de sa famille donnait corps. On le dépeint même comme vivant d'une manière frugale malgré son aisance personnelle, et ce tableau n'est pas sans évoquer les philosophes[32]. Il passe d'ailleurs pour avoir fréquenté l'école de Platon (quoique ce genre d'imputation relève souvent d'un lieu commun obligé dans les biographies des grands hommes athéniens de l'époque) et pour avoir commencé sa vie par la philosophie, et n'être qu'ensuite passé à l'activité politique, après avoir été disciple d'Isocrate[33]. De manière cohérente avec son rigorisme moral, il manifeste un penchant à augmenter considérablement la gravité des actes commis par ses concitoyens et à requérir des peines qui, aujourd'hui, nous paraissent démesurées, ou à recourir à des procédures disproportionnées au regard des faits incriminés[34]. Comme l'écrit l'auteur des *Vies des dix orateurs*,

29. Ps.-Plutarque, *Vie des dix orateurs*, 842c.

30. *Cf.* l'Introduction de F. Durrbach, *op. cit.*, cuf, p. xvi.

31. Et notamment dans les *Vies des dix orateurs*, 842f & *passim*, mais déjà, par exemple, dans la *Lettre III* attribuée à Démosthène, et dont l'authenticité est généralement admise aujourd'hui.

32. *Vies des dix orateurs*, 842c, où il est dit qu'il portait le même manteau hiver comme été et ne chaussait des sandales que lorsque la nécessité l'imposait, ce qui rappelle Socrate.

33. *Vies des dix orateurs*, 841b.

34. Touchant la procédure, voir Hypéride : dans le *Pour Lycophron* (12), il souligne l'abus du recours à la procédure de l'*eisangelia* (réservée normalement

c'est en trempant son calame non dans le noir de l'encre mais dans celui de la mort qu'il composait ses accusations[35]. C'est ainsi que la lecture du *Contre Léocrate,* même en nous replaçant dans un contexte politique où la peine de mort était considérée comme pleinement légitime pour nombre de crimes, ne peut manquer de nous remplir d'un certain effroi devant la dureté accusatoire que déploie Lycurgue face à un homme qui, en définitive, semble n'avoir été rien d'autre qu'un minable.

Aussi est-ce une hypothèse plausible que de rattacher à ce trait de caractère son utilisation particulière de la *prohairesis* pour souligner la responsabilité personnelle. L'expression *ta kata prohairesin adikèmata,* qui lui vient une fois telle quelle et qui est anticipée dans le discours par l'expression *kata tèn toutou prohairesis,* lui sert en effet comme *formule d'insistance* sur la responsabilité pénale de Léocrate, comme si le vocabulaire technique juridique en vigueur ne suffisait plus et qu'il était besoin, peut-être non pas tant d'une nouvelle catégorisation, que d'une rénovation emphatique de l'expression :

> « [...] Léocrate alla si loin dans la trahison qu'à suivre ses desseins (*kata tèn toutou prohairesin*), déserts étaient les temples, déserts les postes de gardes sur les remparts, abandonnée la cité et son territoire » (*Contre Léocrate,* 38).

La *prohairesis* semble prendre place dans une formule en train de se figer, et de ce fait, de se techniciser. Ce serait ainsi un lustre de catégorie juridique que Lycurgue commencerait à conférer à une expression emphatique permettant de renforcer la notion de crimes ou injustices (*adikèmata*) :

> « Et après cela, on l'acquittera ? On lui pardonnera (*sungnômèn hexei*) des crimes commis à dessein (*tôn kata prohairesin adikèmatôn*) ? Qui est à ce point insensé qu'il forme pour l'avenir le dessein (*prohairèsetai*)

aux crimes les plus graves contre l'État) pour une affaire d'adultère. Le *Pour Euxénippe* (1 *sqq.*) est tout entier organisé autour de la dénonciation du même abus, cette fois pour une question religieuse mineure.

35. Ps.-PLUTARQUE, *Vies des dix orateurs,* 841e.

d'abandonner en sauvant cet individu son propre salut à qui voudra déserter ? de s'offrir en ayant pitié de cet individu à une mort sans pitié sous les coups des ennemis ? et de se livrer au châtiment des dieux pour avoir grâcié celui qui a livré la patrie ! » (*Contre Léocrate,* 148).

Lycurgue joue dans cette phrase sur une accumulation d'oppositions, touchant le salut, la pitié et le châtiment. Mais la première opposition est celle de la *prohairesis* : avoir de l'indulgence pour l'accusé qui a commis des crimes « à dessein » reviendrait à former soi-même un dessein absurde pour n'avoir pas reconnu que les desseins de l'accusé ne pouvaient entraîner le moindre pardon.

On retrouvera l'expression *kata prohairesin* chez Aristote[36], qui est ainsi devenue une expression à part entière, comme l'expression *ek prohaireseôs* de la *Midienne.* Comme le verbe lui-même, apparaissant huit fois dans le même discours, n'est jamais utilisé avec Léocrate comme sujet, l'effet résultant est une sorte d'autonomisation de l'expression *kata prohairesin,* devenant presque une formule technique (quoiqu'elle ne soit utilisée telle quelle qu'une seule fois dans ce discours), forgée par un orateur qui ne trouve plus assez de poids dans les vocables usuels et admis en justice pour exprimer son accusation juridique et son indignation morale. Il y a là manifestement l'utilisation d'un ressort de la langue par un orateur habile et par un homme politique féru de vertu patriotique, aggravant emphatiquement autant qu'il est en lui le degré de responsabilité de l'accusé qu'il poursuit de sa vindicte.

Quant au verbe *prohaireisthai,* à part une occurrence où il se teinte d'une nuance particulière[37] et une occurrence dans un pas-

36. *Éthique à Nicomaque,* III 4.1111b18-19, V 9.1134a2…

37. En 102, Lycurgue rappelle que les pères des Athéniens auxquels il s'adresse faisaient si grand cas d'Homère « qu'ils ont institué une loi en vertu de laquelle, tous les quatre ans, aux Grandes Panathénées, ses vers seraient déclamés par les rhapsodes à l'exclusion des autres poètes, montrant par là aux yeux de la Grèce qu'ils mettaient en avant (*prohèirounto*) les plus belles actions » (ὥστε νόμον ἔθεντο καθ´ ἑκάστην πενταετηρίδα τῶν Παναθηναίων μόνου τῶν ἄλλων ποιητῶν ῥαψῳδεῖσθαι τὰ ἔπη, ἐπίδειξιν ποιούμενοι πρὸς τοὺς Ἕλληνας ὅτι τὰ κάλλιστα τῶν ἔργων προῃροῦντο, *Contre Léocrate,* 102 ; comparer avec Isocrate, *Éloge d'Hélène,* 47).

sage très obscur[38], il ne présente rien de différent par rapport à ce que nous avons déjà rencontré, et nous renvoyons aux occurrences listées dans l'ANNEXE III.

II. LA *PROHAIRESIS* & LA RESPONSABILITÉ POLITIQUE

En -347, Démosthène inscrivait la *prohairesis* dans le cadre d'un argument sur la responsabilité au sens le plus juridique du terme. Un discours tel que *Sur les forfaitures de l'ambassade* (-343) montre que dans le même temps où il inventait (selon toute vraisemblance) l'expression *ek prohaireseôs* dans le domaine pénal, Démosthène forgeait dans le domaine politique cette autre formule, *prohairesis tès politeias,* « dessein animant une politique », et accordait un usage politique à *prohairesis.* En -337 / -336, le procès qu'Eschine lui intente indirectement à travers Ctésiphon l'amène à argumenter sans détour sur la responsabilité en politique et sur le sens de ses actions. Il le fait à l'aide du vocabulaire de la *prohairesis,* qui se voit utilisé de la manière la plus intense qui soit, en association étroite avec sa propre personne.

Le sens politique de la *prohairesis* se dégage ainsi à travers trois affaires politiques dans lesquelles fut impliqué Démosthène : l'affaire de l'ambassade, l'affaire de la couronne et l'affaire d'Harpale.

38. *Contre Léocrate,* 31, passage dont le sens n'est pas clair et qui est rendu ainsi par Ian WORTHINGTON *et alii* : « But all of you realize, I think, that it is typical of clever men who try to bring baseless charges to anticipate this objection (ἅμα τοῦτο προαιρεῖσθαι) [= l'argument utilisé par l'accusé, qui fait valoir qu'il est victime d'un sycophante habile] and look for topics (καὶ ζητεῖν τὰ χωρία ταῦτα) where they can confuse and distract their opponents » (*in* : DINARCHUS, HYPERIDES, AND LYCURGUS, *The Oratory of Classical Greece,* vol. 5, translated by Ian Worthington, Craig R. Cooper & Edward M. Harris, p. 170). Si cette lecture est juste, cela fait porter au verbe προαιρεῖσθαι le sens de « prévenir » une objection. Le passage reste un peu obscur, car Lycurgue veut ici se démarquer des sycophantes ; or, avec l'argument ainsi compris, il fait précisément ce dont il dit que c'est le propre des sycophantes, à savoir de se défendre par avance d'être un sycophante.

L'affaire de l'ambassade (de -346 à -343)

Dans la mesure où c'est l'affaire de la couronne qui permet de saisir le mieux la dimension politique de la *prohairesis* et l'usage novateur qu'en fait Démosthène, nous ne traiterons que rapidement des trois textes touchant à l'affaire de l'ambassade, d'abord le discours d'Eschine *Contre Timarque* (-346 / -345), puis les deux discours en vis-à-vis que sont l'accusation de Démosthène *Sur les forfaitures de l'ambassade* et la défense d'Eschine *Sur l'ambassade infidèle* (-343).

Eschine accusateur, Contre Timarque *(-346 / -345)*

Le procès contre Timarque, première passe d'armes entre Eschine et Démosthène[39], eut probablement lieu à la fin de l'année -346 ou au début de l'année suivante. La paix de Philocrate, qui laissait à désirer pour Athènes, avait été signée à l'issue de deux ambassades envoyées par Athènes à Pella pour y être reçues par Philippe, et Démosthène (dont nous n'avons aucun discours faisant pendant au *Contre Timarque* d'Eschine) aurait suscité au moment de la reddition des comptes, par l'intermédiaire de Timarque et dès la paix conclue, un procès contre Eschine, lui-même ambassadeur avec Démosthène et d'autres Athéniens et quelques représentants d'alliés. Eschine trouve dans la procédure de la mise en cause de Timarque une parade à sa propre mise en accusation. Son discours accusatoire vise à démontrer que Timarque, du fait de ses mœurs, n'était pas autorisé par la loi athénienne à exercer pleinement ses droits civiques touchant la prise de parole à l'Assemblée ou dans les tribunaux.

Le discours présente six occurrences du verbe et deux occurrences du substantif, sans relief particulier, comme c'est le cas pour tous les autres discours : Eschine n'aura jamais investi la terminologie de la *prohairesis* d'une stratégie oratoire personnelle (mais il aura en revanche une stratégie par omission, voir plus loin).

39. Nous suivons ici la présentation du discours *Contre Timarque* par V. Martin & G. de Budé, cuf.

La première occurrence du verbe, au parfait, exprime un projet formé qui commande un plan d'action, lequel plan est paré d'un prétexte qui finit par être démasqué par les actes. Le tout s'inscrit dans le propos principal d'Eschine, qui veut montrer que l'intention de se prostituer a guidé Timarque depuis toujours, ce qui doit l'empêcher d'exercer une partie de ses droits politiques. C'est donc la continuité d'un projet ou dessein qui est mise en valeur par Eschine :

> « Timarque, au sortir de l'enfance, commença par s'établir au Pirée dans la maison de santé d'Euthydique, sous prétexte d'étudier la médecine ; en réalité, il avait l'intention (*prohèirèmenos*) de se vendre, comme les faits l'ont prouvé par la suite » (*Contre Timarque*, 40, trad. V. Martin & G. de Budé).

La dimension continue de cette intention depuis le début et à travers les années est encore soulignée dans le paragraphe suivant :

> « [Ce Misgolas], s'étant aperçu des raisons pour lesquelles Timarque ici présent fréquentait la maison de santé, l'en fit sortir à renfort d'argent pour l'avoir chez lui, cet être charnu, juvénile, versé dans l'infâmie et approprié à la chose que le premier avait l'intention (*prohèireito*) de faire (*prattein*), le second, de subir (*paschein*) » (*Contre Timarque*, 41).

Les troisième et quatrième occurrences du verbe prennent place dans une situation de choix qu'introduit la construction avec « plutôt que » :

> « Si donc Misgolas consent (*ethelèsèi*) à venir ici pour témoigner de la vérité, il agira en toute justice ; si en revanche il a pour dessein (*prohairètai*) de se faire déclarer défaillant plutôt que (*mallon è*) de témoigner de la vérité, voyez ce qu'il en est de l'affaire dans son ensemble : s'il se fait que l'auteur des actes incriminés en a honte et se propose (*prohairèsetai*) plutôt (*mallon*) de payer au trésor public l'amende de mille drachmes pour s'épargner de paraître en personne devant vous, alors que celui qui a été le patient des actes en question s'en vient parler devant le peuple, alors, sage est le législateur qui veut qu'on écarte de la tribune des hommes si infâmes » (*Contre Timarque*, 46).

Les deux dernières occurrences du verbe expriment l'intention de l'orateur qu'est Eschine pour l'une (116), pour l'autre une situation de sélection préalable d'un objet sur lequel on va appliquer un examen (159), comme chez Platon.

Quant au substantif, qu'Eschine n'utilise que trois fois dans tous les textes que nous possédons, l'une figure dans le *Contre Ctésiphon* (voir plus loin), et deux dans le *Contre Timarque*. La première, par l'expression difficilement traduisible de *prohairesis tès ergasias*, nomme « l'intention ou orientation générale d'une activité », qui permet de saisir la réalité de telle action ponctuelle. Ainsi cette *prohairesis tès ergasias* fait-elle connaître l'acte ponctuel (*ergon, praxis, pragma*). Le passage concerné est un exemple fictif où Eschine imagine qu'un passant aurait vu un prostitué, dont la profession serait connue de tous, rentrer à l'intérieur de la maison close avec son client :

> « Vous voyez ordinairement ces gens installés en maisons closes, gens dont il est notoire qu'ils pratiquent la chose (*tèn praxin prattontas*). Ces gens-là du moins, lorsqu'ils en viennent par nécessité à cette condition, jettent un voile pudique sur leur infâmie et ferment leur porte. Si donc quelqu'un vous demandait, alors que vous passez dans la rue, ce que fait (*prattei*) à présent cet homme, vous prononceriez immédiatement le nom de la chose (*tou ergou*), sans même voir qui est entré chez lui ; car étant avisés (*suneidotes*) du dessein général de l'activité de l'individu en question (*tèn prohairesin tès ergasias tou anthrôpou*[40]), vous connaissez aussi l'acte (*to pragma*) » (*Contre Timarque*, 74).

Ce genre de construction (*prohairesis tès ergasias*) est similaire à *prohairesis tès politeias* (Démosthène, Aristote[41]), *prohaireis tou agônos* (Démosthène[42]), ou encore *prohairesis tou biou* (Aristote[43]),

40. *Anthrôpos*, utilisé à la place d'*anèr*, a ici un sens péjoratif, comme « individu » en français.

41. *Politique*, II 9.1269b12-14. Pour Démosthène, voir ci-dessous, *Sur la couronne*.

42. « le dessein d'ensemble du procès, l'intention animant le procès », *Sur la couronne*, 12.

43. « le dessein de vie », *Métaphysique*, Γ 2.1004b22-25. Voir nos explications de l'expression aristotélicienne (et anticipée par les orateurs) de *prohairesis tou biou* dans le Chapitre V.

et nomme chaque fois l'orientation générale, le dessein, l'intention qui anime de l'intérieur la chose indiquée en complément (respectivement l'activité, la politique voire la constitution, le procès, la vie).

La seconde occurrence de *prohairesis* est assez indéterminée, et pourrait signifier aussi bien une préférence ou « passion favorite », comme interprètent V. Martin & G. de Budé dans la Collection des Universités de France, ou, plus simplement, encore et toujours les desseins qu'on a formés et les fins qu'on se propose :

> « Quant aux chasseurs de jeunes gens faciles à prendre (*hosoi rhadiôs haliskontai*), ordonnez-leur de se tourner vers les étrangers et les métèques, afin que, sans que ces gens-là soient frustrés dans leur dessein (*tès prohaireseôs aposterôntai*), vous n'en subissiez point les dommages » (*Contre Timarque*, 195).

On n'aura donc pas de difficulté à admettre que l'usage que fait Eschine des termes *prohairesis-prohaireisthai* n'a pas beaucoup de relief, ce qui soulignera dans la suite le rôle de Démosthène pour l'accession de ces termes au premier plan de la vie politique.

Démosthène accusateur,
Sur les forfaitures de l'ambassade *(-343)*

Après l'échec de Timarque, qui fut privé de ses droits civiques, Démosthène laissa passer quelques années avant de susciter, cette fois en son nom propre, un procès contre Eschine. Formant avec le plaidoyer *Sur la couronne* le texte le plus admiré de Démosthène, le discours *Sur les forfaitures de l'ambassade* reste, du point de vue de l'histoire de la *prohairesis*, très en deçà de ce dernier. Mais quoiqu'il ne recoure que trois fois au verbe et une fois au substantif, le discours n'en présente pas moins une fois l'expression propre à Démosthène parmi les orateurs (et reprise par Aristote) de *prohairesis tès politeias*, « dessein animant la politique », qui est donc attesté chez Démosthène dès -343 :

> « Afin que vous examiniez sa soudaine confiance et amitié pour Philippe en vous ressouvenant du dessein animant sa politique (*prohairesin autou tès politeias*) du temps où il n'était pas corrompu,

combien elle était pleine de prévention et de défiance contre lui… » (*Sur les forfaitures de l'ambassade,* 27).

L'expression *prohairesis tès politeias* nomme ici, comme ce sera le cas dans *Sur la couronne,* une politique initiée par un citoyen. Mais elle peut aussi désigner l'orientation générale de la politique de la cité et même de sa constitution, laquelle s'exprime aussi par le terme *politeia.* Ainsi, dans *Sur l'organisation financière,* qu'on tient toutefois souvent pour inauthentique, et qui aurait peut-être été écrite aux alentours de -349, se trouve certes non pas exactement l'expression, mais l'idée de la *prohairesis* de la constitution :

> « Mais, Athéniens, il faut tenir l'hostilité [d'une démocratie] envers les oligarchies par suite de l'orientation [de leur politique (= de leur constitution)] comme dépassant celle qui existe entre les démocraties pour les motifs les plus divers » (*Sur l'organisation financière,* 8).

Cette phrase est en effet à rapprocher d'Aristote, qui parle aussi de la contrariété du dessein ou de l'orientation d'une *politeia.* L'expression entière *prohairesis tès politeias* ne figure pas ici, mais elle est sous-entendue[44] :

> « Car il est évident que la volonté [de s'affronter] existera [dans chacune des constitutions] à cause de la contrariété de leur orientation [politique] (*tès prohaireseôs,* s.-e. *tès politeias*) » (*Politique,* V 10.1312b1-3).

Cette orientation générale de la *politeia* que nomme *prohairesis* se rattache d'ailleurs à l'initiative d'un citoyen, en l'occurrence un législateur, par exemple Solon, comme on le voit chez Aristote[45]. Pouvant donc s'attacher aussi bien au collectif qu'au citoyen singulier en tant qu'il fait de la politique, l'expression *prohairesis tès*

44. On le voit à partir de *Politique,* II 9.1269b12-14 : « De plus, le relâchement qu'on constate du côté des femmes est dommageable aussi bien au dessein de la constitution (*tèn prohairesin tès politeias*) qu'au bonheur de la cité ».

45. Voir *Politique,* II 9.1271a31-33 & II 12.1274a11-12.

politeias sera mise à profit par Démosthène essentiellement dans *Sur la couronne*.

De son côté, l'usage du verbe correspond à ce que nous avons déjà vu à plusieurs occasions chez d'autres auteurs et chez Démosthène :

> « Durant le temps où nous étions là-bas et où nous restions inactifs à Pella, examinez ce que chacun de nous s'est proposé de faire (*prattein... proheileto*). Moi, je me suis proposé de ramener les prisonniers, de partir à leur recherche (*zètein*), d'y dépenser même mon propre argent (*chrèmat'analiskein*)... » (*Sur les forfaitures de l'ambassade,* 166).

On notera que le verbe porte à la fois sur ce qui peut tenir lieu de fin (ramener les prisonniers sains et saufs) et de moyen (partir à leur recherche, dépenser son argent). Les deux citations suivantes inscrivent l'acte de *prohaireisthai* dans la visée d'un but :

> « Examinez encore ce point, juges : dans quel but (*tinos heinek'*) me serais-je, moi, proposé (*proheilomèn*) d'accuser ces hommes alors qu'ils n'auraient commis aucune injustice ? » (*Sur les forfaitures de l'ambassade,* 221).
>
> « Mais encore, dans le même temps qu'il [*sc.* Eschine] accusait celui-ci, il m'a calomnié à dessein (*kakôs legein proheilet'eme*), et à nouveau devant l'Assemblée du peuple il menaçait d'intenter contre moi une action publique et autres mesures de ce genre. Dans quel but (*hina ti*) ? » (*Sur les forfaitures de l'ambassade,* 257).

Le verbe *prohaireisthai* porte donc sans aucune difficulté aussi bien sur les moyens et autres médiations en relation aux fins que sur les fins elles-mêmes.

Eschine défendeur, Sur l'ambassade infidèle *(-343)*

Dénué de toute occurrence du substantif, le discours d'Eschine utilise à cinq reprises le verbe. Dans la première occurrence, Philippe invite Démosthène tout décontenancé et tétanisé à se reprendre tranquillement, à se ressouvenir de son discours et à...

> « ... parler comme il se l'était proposé (*proheileto*) » (*Sur l'ambassade infidèle,* 35).

Dans la deuxième occurrence, il est fait allusion à ce que proposait Philocrate devant l'Assemblée athénienne, à savoir de conclure un traité de paix plutôt que de guerroyer. Eschine se défend, face à l'accusation de Démosthène, d'avoir argumenté en faveur de la motion de Philocrate lors d'une seconde séance de l'Assemblée, alors qu'il l'avait au contraire critiquée lors de la première séance :

> « Et d'ailleurs dans quel but (*boulomenos*), si vraiment j'avais eu les mêmes desseins (*proheilomèn*) que Philocrate, l'accuserais-je la veille pour, après l'intervalle d'une seule nuit, devant les mêmes auditeurs, venir ensuite l'appuyer ? » (*Sur l'ambassade infidèle*, 66).

Comme chez Démosthène (voir *infra*), dans un contexte d'Assemblée délibérante, *prohaireisthai* s'applique non pas à un acte de décision succédant à la délibération et la clôturant, mais trouve place lors de la phase de proposition de décret ou motion d'un orateur-conseiller qui parle à l'Assemblée. Cette phase est très en amont de la décision et n'a rien à voir avec celle-ci rigoureusement conçue. Le verbe correspond aux intentions, aux buts que le citoyen a déjà adoptés en pensée de son côté et qui animent son discours lorsqu'il tente de convaincre l'Assemblée. Ailleurs, la *prohairesis* peut être celle de la cité en tant qu'orientation générale de son état d'esprit et de sa politique et qui prédispose ainsi à certains votes[46], ou, enfin, elle peut aussi désigner le dessein précis d'une action de la cité[47].

Dans la troisième occurrence, Eschine utilise le verbe au parfait pour, en incise, caractériser le mode de parole qu'il a adopté et en vertu duquel il est en train de parler aux juges, à savoir la franchise :

> « car j'ai pour ferme intention (*prohèirèmai*) de parler en toute franchise, et de n'être sauvé que par un discours libre et véridique » (*Sur l'ambassade infidèle*, 70).

46. Eschine, *Contre Ctésiphon*, 124-126.
47. C'est le cas par exemple dans l'*Oraison funèbre* d'Hypéride.

Dans la quatrième occurrence, comme le contexte traite de l'alternative entre conclure une paix ou poursuivre la guerre, une traduction par « préférer » peut être adoptée (CUF), sans s'imposer néanmoins :

> « … ils avaient pour dessein (*prohèirounto*) de poursuivre la guerre, bien qu'ils en fussent incapables […] » (*Sur l'ambassade infidèle*, 76).

Dans la dernière occurrence enfin, on trouve l'objet « vie » en complément de *prohelesthai*, rendu ici par les traducteurs V. Martin & G. de Budé par « préférer ». Eschine présente au tribunal les membres de sa famille qui implorent l'acquittement, dont…

> « … mes frères, qui ne sauraient former le dessein (*proheleinto*) de vivre séparés de moi… » (*Sur l'ambassade infidèle*, 179).

Ces éléments, sans informations remarquables *a priori*, montrent au moins qu'Eschine n'a aucune difficulté à utiliser le verbe *prohaireisthai* dans des occasions diverses, et qu'il lui a donné une fois pour sujet Démosthène lui-même (*Sur l'ambassade infidèle*, 35). Cela n'en donnera que plus de poids au fait que dans son discours accusatoire lors de l'affaire de la couronne, il ne fait jamais de Démosthène le sujet d'un verbe *prohaireisthai* ni d'une *prohairesis*, quand Démosthène, à l'inverse, aura dans son discours synégorique l'usage le plus intense qui soit de ces termes, le plus souvent en relation à sa propre personne et à son *moi* politique.

L'affaire de la couronne (de -337 à -330)

Responsabilité pénale & responsabilité politique

Le procès sur la couronne se tint à très peu de temps du procès intenté par Lycurgue à Léocrate, et il est fort probable que le discours d'Eschine *Contre Ctésiphon* y fasse directement allusion[48]. Les deux aspects de la responsabilité, politique et juridique, sont

48. *Contre Ctésiphon*, 252.

intimement liés. C'est une des caractéristiques de la démocratie athénienne, démocratie au sens propre du terme, que d'absoudre le *dèmos* de toute responsabilité à ses propres yeux (le *dèmos* ne se met pas en accusation et ne se rend pas de compte à lui-même) et de tenir pour personnellement responsable chaque *rhètôr*, c'est-à-dire chaque citoyen volontaire, *boulomenos*, montant à la tribune pour proposer, soutenir ou contrer un décret[49] : loin de l'immunité moderne qui préserve les représentants de la nation et les ministres de toute responsabilité personnelle pour les actes commis dans le cadre strict de leurs fonctions, et à la différence d'un contrôle des lois sans accusation des personnes tel que, par exemple, le Conseil constitutionnel en France peut l'exercer, dans la démocratie athénienne tout *rhètôr* qui propose une motion (décret ou plus rarement loi proprement dite) est *personnellement* responsable de ce décret, et peut se voir attaqué *personnellement* (durant un an, seul son texte étant ensuite susceptible d'être poursuivi) pour avoir proposé une rédaction contraire aux lois existantes, quand bien même le peuple a adopté sa proposition[50]. Plus largement, même s'il n'y avait manifestement pas

49. Le *boulomenos* est aussi bien celui « qui veut haranguer » le peuple lors de l'Assemblée (*bouletai agoreuein*) que celui « qui veut accuser » lors de la reddition des comptes (*Contre Ctésiphon*, 23, *boulètai katègorein*) et plus généralement celui qui prend l'initiative d'un procès, puisque, comme on le sait, il n'y a pas de ministère public de la poursuite juridique à Athènes et que même pour les procès d'ordre politique, seul le citoyen a l'initiative. Cela n'est pas une privatisation de l'espace public, c'est au contraire une politisation de l'individu, avec ses avantages (implication civique) et ses inconvénients (apparition des sycophantes, plaie de la démocratie athénienne).

50. Démosthène théorise et justifie l'irresponsabilité du peuple : les citoyens assemblés ne sont pas passibles de la justice puisqu'ils sont censés voter en toute bonne foi en vertu de leur serment (sans inimitié, sans intrigue pour favoriser quelqu'un et sans aucun autre motif injuste), alors que le citoyen-*rhètôr* (qui est pourtant ni plus ni moins citoyen que ceux qui votent et dont il fait en outre partie), qui de son initiative personnelle propose un décret ou le défend publiquement devant le peuple, celui-là est juridiquement responsable du fait que le peuple aura mal voté : c'est qu'il l'aura mal conseillé, en lui faisant croire que son intérêt se trouvait là où il n'était pas. On est coupable d'avoir mal instruit, on n'est jamais coupable de n'avoir pas compris ou d'avoir été mal instruit voire abusé (*Contre Aristocrate*, 97). Voir en outre M. H. Hansen, *La démocratie athénienne*, p. 243.

de possibilité formelle de poursuites directes contre une personne pour avoir préconisé dans l'ensemble une politique qui, à l'épreuve et plusieurs années après, se serait révélée désastreuse ou simplement néfaste, les voies de droit détournées pour attaquer personnellement un adversaire politique étaient nombreuses, les prétextes abondants. Ce fut précisément le cas dans l'affaire de la couronne : l'ennemi de longue date était Démosthène, l'accusé de circonstance fut Ctésiphon ; la cible était l'ensemble de la politique du brillant orateur au fil des ans, l'affaire fut instruite autour d'un point de droit touchant une proposition récente de décret, dont Eschine attaqua la présumée triple illégalité. Ctésiphon dans son décret avait proposé, premièrement, que le *dèmos* décernât une couronne d'or à Démosthène alors qu'il n'avait pas encore accompli la reddition des comptes de ses magistratures en cours, deuxièmement, que la proclamation en fût faite non devant l'Assemblée sur la Pnyx mais au théâtre de Dionysos, enfin, que ce couronnement se fît au motif que Démosthène avait toujours parlé et agi en faveur du peuple (ce qui, étant faux selon Eschine, est contraire à la loi qui interdit d'écrire rien de faux dans un décret). Ce dernier point était donc le moyen trouvé par Eschine pour tenter de faire désavouer toute une politique et faire condamner moralement un adversaire grâce à la procédure prévue contre une proposition de décret contraire aux lois (*graphè paranomôn*). Le propos fut donc d'atteindre personnellement Démosthène, et d'en faire reconnaître publiquement la responsabilité funeste dans la suite des événements qui avaient conduit à la défaite de Chéronée. La position de « l'homme politique », c'est-à-dire plus exactement du *politeuomenos,* du citoyen athénien qui exerce activement les droits politiques attachés à son statut de *politès,* est donc particulièrement risquée, et la démocratie athénienne présente une situation paradoxale quant à la répartition des responsabilités, ou du moins inverse de nos démocraties modernes. Aucun *rhètôr* n'a le pouvoir souverain et direct de la décision, qui appartient au peuple[51]. Et pourtant, l'Assemblée n'est pas responsable devant

51. Voir à cet égard la personnification du *dèmos* par Aristophane, *Les cavaliers*. Il ne viendrait plus à l'idée d'aucun comique de nos démocraties actuelles

elle-même[52] et ne se reproche jamais ce qui est pourtant sa propre décision. C'est le *rhètôr*, dénué de tout pouvoir de décision quant à la politique de la cité[53], qui en est à la fois cause et responsable, *aitios*, et comme tel il est celui envers qui l'on peut lancer une accusation, *aitia*. On a là une partition paradoxale, et dans le fond contradictoire, qui veut – au moins par tour rhétorique – que les mérites et les succès d'une politique initiée par un citoyen reviennent au peuple qui l'a votée, tandis que les torts et les échecs restent attachés à l'individu et ne passent jamais au peuple[54]. Le terme même de *boulomenos* révèle ainsi déjà à lui seul la dimension de responsabilité attachée à l'individu exerçant activement ses droits politiques (*politeuomenos*) : exprimant originellement l'égale liberté donnée à chaque citoyen de prendre part activement aux délibérations, il complète l'expression de ce qui est au départ un *droit* par celui d'une *responsabilité résultante* : c'est par sa volonté propre (*boulomenos*) que le citoyen-*politès* se fait citoyen prenant des initatives dans les affaires de la cité, c'est-à-dire se fait *politeuomenos*. Dans le cadre des procès, les parties adverses ne manquaient pas de s'accuser mutuellement non seulement d'avoir été un *boulomenos*, mais même de ne l'avoir pas été. La liberté de parler entraîne le silence dans sa sphère et en fait un acte politique dont on peut être sommé de rendre des comptes. Le reproche du silence est adressé même à ceux qui avaient une activité politique

de représenter un maître de maison décidant de tout (fût-il abusé par un esclave) par la figure d'un Monsieur Peuple.

52. Athènes peut bien sûr en revanche être mise en accusation au moins informellement par les autres cités dans des instances communes.

53. En revanche, les magistrats les plus variés, et notamment les stratèges, avaient un pouvoir de décision dans le cadre de l'exécution des décisions souveraines prises à l'Assemblée, c'est-à-dire un pouvoir subordonné de décision et de commandement. C'est pourquoi les stratèges, notamment, délibèrent (par ex. ESCHINE, *Contre Ctésiphon*, 143, délibération du stratège sur le salut des soldats). À noter que la délibération sur la question de savoir si l'on fera la guerre appartient précisément non au stratège, mais à l'Assemblée, ou, autre manière de dire que cela revient au souverain, à l'art politique : PLATON, *Politique*, 304e ; ISOCRATE ne prête une telle délibération au stratège Timothée qu'en précisant qu'il s'agit justement de guerres menées indépendamment de la cité d'Athènes : *Sur l'échange*, 117-119.

54. Voir par exemple *Contre Ctésiphon*, 231.

intense. C'est même en proportion directe de sa prise de parole en politique qu'un citoyen se voit reprocher son silence, tant il est vrai que le silence prend consistance par contre-coup d'une parole, dont l'absence en une circonstance précise est d'autant plus un acte politique que cette parole est en d'autres moments omniprésente. Ainsi, par exemple, dans le plaidoyer *Contre Ctésiphon*, Eschine anticipe-t-il[55] le reproche que lui fera Démosthène de ne s'être pas opposé en chaque occasion à ses propositions à l'Assemblée ni de les avoir contestées individuellement et au fur et à mesure devant les tribunaux, mais d'avoir attendu ce jour pour contester sa politique dans son ensemble, en s'abstenant d'une activité politique régulière[56]. Le reproche, assez ordinaire, revient à blâmer un citoyen de n'avoir pas été un *boulomenos* dans l'Assemblée et de s'être réservé pour une action en justice tardive, postérieure aux événements (la question du temps sera centrale dans la réflexion démosthénienne) et en les prenant dans leur globalité une fois que l'indétermination marquant l'avenir en sa progression a laissé place à la réalité entièrement dessinée du passé. Responsable, le *boulomenos* l'est donc quand il est volontaire pour parler à la tribune, mais par contre-coup, aussi quand il ne l'est pas : la faculté d'être un *boulomenos*, faculté attachée au statut de citoyen de la démocratie athénienne, entraîne une responsabilité radicale. C'est ainsi que le silence même est imputé au citoyen comme un acte politique, au même titre que la prise de parole. C'est la force de la démocratie originelle que d'inscrire au cœur même du citoyen cette responsabilité absolue qui fait corps avec l'être-citoyen, depuis la parole jusqu'au silence, depuis l'ac-

55. Par commodité, nous prendrons au pied de la lettre les déclarations des parties lorsqu'elles prétendent répondre à un argument ou l'anticiper. On sait que les discours étaient retouchés après le procès (si bien que l'accusateur, parlant le premier, pouvait *a posteriori* écrire dans son discours remanié qu'il anticipait un argument découvert, en réalité, lors de l'audience). Certains arguments étaient improvisés et non retenus dans la version écrite finale (ainsi du célèbre passage sur les sirènes, *Contre Ctésiphon*, 228, qu'Eschine prétend anticiper, et que Démosthène a probablement improvisé lors de l'audience sans l'insérer dans la version écrite ultime).

56. *Contre Ctésiphon*, 217 ; *Sur la couronne*, 170, 189, 191, 198, etc.

tion jusqu'à l'abstention. On sait que certains orateurs pouvaient monnayer leur silence[57] ; mais ce n'est pas en ce sens dévoyé que l'abstention de paroles est un acte politique. Le silence, qui est une modalité de la parole, résulte finalement d'un même geste politique du *politeuomenos* actif. Justifiant son silence, Eschine écrit :

> « Mon silence, Démosthène, c'est la modération de mon train de vie qui le disposa. Car je me contente de peu, sans vils désirs pour de plus grands biens ; en sorte que c'est par ma décision (*bouleusamenos*) que je me tais et que je parle, non par la nécessité pressante d'un goût invétéré pour la dépense. Mais toi, je crois bien, l'argent encaissé, tu te tais ; l'argent dilapidé, tu vocifères. Tu parles non quand tu le décides (*soi dokèi*), ni ne dis ce que tu veux (*boulei*), mais quand tes employeurs te l'ordonnent » (*Contre Ctésiphon*, 218).

La libre faculté de prendre la parole sur le fondement de sa volonté individuelle et de sa décision individuelle est donnée comme le signe même de toute démocratie :

> « Dans les oligarchies, ce n'est pas qui veut (*ho boulomenos*) qui harangue le peuple, mais celui qui a le pouvoir (*ho dunasteuôn*) ; dans les démocraties au contraire, c'est celui qui le veut (*ho boulomenos*) et quand il le décide (*autôi dokèi*) » (*Contre Ctésiphon*, 220).

Cette libre initiative laissée au citoyen, qui est à la fois un droit positivement garanti (attaché au statut même de citoyen) et un devoir moralement imposé (sans la réalisation duquel on est certes citoyen, mais non bon citoyen[58]), est le socle de la responsabilité individuelle, et néanmoins éminemment politique et

57. L'accusation en est régulièrement portée contre Démosthène, et les *Vies des dix orateurs* nous rapportent à ce sujet une célèbre anecdote : à l'acteur Pôlos qui se vantait devant lui d'avoir gagné un talent en deux jours de jeu, Démosthène répliqua : « et moi, j'en ai gagné cinq pour m'être tu l'espace d'un seul jour » (848b). Aulu Gelle, *Nuits attiques*, XI 9-10, présente des variantes de cette anecdote, qui fut aussi attribuée à Démade ; cela fait partie de ces hautes répliques que les biographes se plaisent à reprendre pour ajouter au pittoresque.

58. Voir par exemple la revendication par Démosthène d'avoir en une certaine occasion fait tout ce qu'on peut exiger d'un bon citoyen (ἀγαθὸς πολίτης, *Sur la couronne*, 180) en prenant la parole, quand Eschine ne s'est pas levé pour

non privée, dans cette alliance spécifique à la démocratie réelle où l'individu, tout individu qu'il soit, est d'abord une réalité politique avant d'être une réalité privée et relevant de la sphère intime, familiale ou sociale (relation d'échanges entre acteurs privés contractant les uns avec les autres). Ce statut politique de l'individu s'attache à tout citoyen et se réalise au plus haut degré dans le *politeuomenos*, qui participe donc de la *politeia* en un sens *actif* et non plus seulement *constitutif* ou *constitutionnel*[59].

C'est dans ce cadre singulier, mais ordinaire aux yeux des Athéniens, que Démosthène va être amené à réfléchir à la responsabilité de l'homme engagé dans l'action politique. Il y a là les conditions d'une dialectique complexe entre le collectif politique et l'individuel lui aussi politique quoique singulier, entre le pouvoir souverain détenu par la cité assemblée et l'initiative effective qui repose sur l'individu – aussi vrai que si aucun *boulomenos* individuel ne s'engageait dans la rédaction d'un décret ou dans une procédure accusatoire, quasiment rien ne pouvait se passer en politique dans la démocratie athénienne, en tout cas ni décision à l'Assemblée, ni jugement dans les tribunaux. Cette alliance singulière, propre à la démocratie dans sa version la plus authentique, entre les citoyens comme collectif nommé *dèmos* (ou « la cité », ou encore « les Athéniens »), et les citoyens comme individus nommés chacun de leur nom singulier, est propice à faire apparaître un problème d'articulation entre l'individu avec sa responsabilité individuelle politique d'un côté, et le collectif qui est souverain et pourtant sans responsabilité – sauf à le considérer dans le concert des cités grecques. Cette position étrange, où paradoxalement se scinde le sujet de la décision et celui de la responsabilité, est comme l'équilibre instable nécessaire à la pérennité de la démocratie, toujours menacée de

aller parler à la tribune et, comme tous les autres Athéniens ce jour-là, a gardé le silence (*ibid.*, 170-173).

59. La *politeia* est en effet à la fois la constitution (statique) ou régime politique d'une *polis*, le statut (statique) de citoyen-*politès* et la politique *active* de cette *polis*, menée à l'instigation de ses citoyens quand il s'agit d'une démocratie. La *prohairesis tès politeias* peut concerner le premier et le troisième de ces sens de *politeia*.

virer à un pouvoir personnel et individualisé. On sait l'aversion de la démocratie athénienne pour « les têtes qui dépassent » en tant qu'elles menacent la constitution démocratique en son fond même, et le sens qui a été donné à l'ostracisme[60]. Cette aversion se lit par exemple dans les oraisons funèbres, où la mention de noms de personnages singuliers semble exceptionnelle, l'objet de louange étant le collectif des citoyens morts, et plus encore, à travers eux, la cité elle-même, dont les faits héroïques sont souvent célébrés dans une fresque d'apparence impersonnelle et par là grandiose[61]. Ainsi Thémistocle est-il exceptionnellement – et très brièvement – nommé dans l'oraison funèbre rédigée par Lysias (42), tandis qu'aucun autre nom de stratège ou de législateur n'apparaît dans ces pages qui retracent toute l'histoire d'Athènes ; ainsi en va-t-il du brillant pastiche composé par Platon dans le *Ménexène*, d'où s'absente tout nom propre ; l'oraison funèbre attribuée à Démosthène en use de même. Hypéride va partiellement rompre et faire ressortir la singularité personnelle du stratège Léosthène tout au long de son oraison. Or il le fera précisément avec l'aide du terme *prohairesis* (voir ci-dessous). Si bien que, de manière discrète mais ferme, ce terme va nous apparaître comme s'imposant dans l'interstice ambigu qui traverse la démocratie : décision collective, initiative individuelle et

60. On notera toutefois l'interprétation originale de NIETZSCHE, qui, à l'inverse d'une aversion pour les hommes supérieurs, voit dans l'ostracisme une mesure dont le sens originel consiste précisément à garantir la perpétuité de l'esprit de la joute, « fondement éternel qui est au principe de la vie de l'État grec », et que la suprématie écrasante d'un unique génie mettrait radicalement en péril (*La joute chez Homère*, trad. M. HAAR & M. DE LAUNAY, *in* : F. NIETZSCHE, *Œuvres*, I, p. 318-319). L'ostracisme ne peut en tout état de cause pas être vu comme un simple culte de la médiocrité.

61. Il en va de même dans les représentations visuelles de la statuaire et de la peinture : le discours d'ESCHINE, *Contre Ctésiphon*, nous apprend que le *dèmos* décida un jour d'ériger des statues d'Hermès en l'honneur de stratèges vainqueurs, mais refusa d'y voir inscrit leur nom personnel, auquel il substitua le nom collectif « les Athéniens » (183-185) ; sur le Portique Pœcile, une fresque représentait la bataille de Salamine avec Miltiade au premier plan exhortant les soldats : ce fut, nous dit Eschine, la seule concession que fit le peuple à la demande de Miltiade, qui se vit refuser que son nom soit inscrit en toutes lettres sur la fresque (186).

donc responsabilité et mérite politiques individuels qui tendent à se substituer au mérite collectif. L'équilibre est toujours menacé, et les Athéniens eux-mêmes font preuve d'une grande ambivalence sur ce point, toujours prêts à récompenser publiquement les mérites individuels d'un *politeuomenos* brillant par son excellence politique mise au service de la cité – d'où les couronnes –, et simultanément prompts à s'effrayer de la possibilité qu'a ce *politeuomenos* de se constituer un pouvoir personnel par ses qualités mêmes. Eschine laisse entendre dans son plaidoyer *Contre Ctésiphon* que Démosthène aurait vidé de son sens la démocratie pour n'en laisser subsister que le nom : le pouvoir serait devenu personnel[62]. Jouant habilement de la hantise qui habite toute démocratie en général et celle d'Athènes en particulier[63], Eschine ne fait pas ici qu'une manipulation d'orateur faisant vibrer une susceptibilité aiguë de l'auditoire : il touche à un problème essentiel, au cœur de la démocratie.

Le terme de *prohairesis* va permettre à Démosthène de maîtriser dans le discours cette situation singulière d'un individu jouant un rôle politique majeur sans avoir aucunement le pouvoir souverain de la décision. L'accusation de s'accaparer le pouvoir et de vider la démocratie de sa substance pour n'en laisser que le nom est une accusation majeure, et suffit à s'assurer que *prohairesis* ne peut pas signifier une décision, car Démosthène va parler haut et fort de « sa *prohairesis* », ce qui serait, dans le cas où ce terme signifierait la décision, précisément donner raison à l'accusation. Tout comme dans le domaine pénal la notion de *prohairesis* lui a permis (ainsi qu'à Lycurgue), par un jeu d'approximations soigneusement contrôlées, d'exprimer un renforcement de la responsabilité signifiée déjà par le terme technique *hekôn*,

62. *Contre Ctésiphon*, thème lancé dès le prologue (3), et réapparaissant régulièrement (248-251 ; voir aussi 145, 234...).

63. Cette problématique apparaît déjà chez Thucydide, dans un célèbre passage sur Périclès : « Dans les mots, c'était une démocratie ; dans les faits, c'était le commandement du meilleur homme (*tou prôtou andros*) » (II 65.9). Platon reformule l'idée dans son pastiche du *Ménexène* : « D'aucuns l'appellent démocratie ou du nom qu'il leur plaît, mais c'est en vérité le gouvernement par les meilleurs (*aristokratia*), avec l'approbation de la foule » (238c-d).

de même la notion de *prohairesis* viendra renforcer le terme déjà canonique et technique en politique de *boulomenos*, exprimant la volonté du citoyen-*politès* se faisant citoyen actif-*politeuomenos*. Cette insistance que représente la *prohairesis* par rapport au vouloir se retrouvera dans l'enquête définitionnelle aristotélicienne, qui lui donnera une portée différente mais comparable.

Il n'est probablement pas fortuit que la destinée politique du terme *prohairesis* ait pris son essort au moment de la confrontation terrible entre la démocratie athénienne et la royauté macédonienne : la lutte qui les opposait, comme c'était d'ailleurs le cas dans les guerres médiques, était celle de deux systèmes politiques. La personnalisation a toutefois atteint ici un degré nouveau : du fait probablement du caractère, du talent, en un mot de la personnalité de Démosthène lui-même, l'opposition entre la Macédoine et Athènes devient opposition personnalisée et paradoxale entre un maître *autokratôr* et un rhéteur d'une démocratie qui ne lui accorde aucun pouvoir de décision propre. Le rhéteur qu'est Démosthène ne s'en situe pourtant pas moins dans un couple qu'il forme avec l'*autokratôr*. L'opposition que fera Démosthène entre son absence de pouvoir autre que celui des mots et l'autocratie philippienne dans *Sur la couronne* (235-236) le place justement, par cette comparaison même, en vis-à-vis de Philippe dont il partage ainsi paradoxalement – et dangereusement – le rang. Malgré le risque périlleux que cet argument représente quand il est utilisé devant un tribunal populaire de la démocratie athénienne, Démosthène en vient par endroits à se glorifier d'un rôle prêt à verser dans le monarchisme, tout en restant pourtant sur la crête de la démocratie : « c'est par mes décrets, mes lois et mes ambassades que tout était administré »[64]. L'image d'un Philippe dansant sur les cadavres, s'enivrant dans son propre chant des mots « Démosthène, fils de Démosthène, du dème de Paiania, a proposé à l'Assemblée… »[65], est un macabre autant que paradoxal hommage à Démosthène, parvenu, au titre d'adversaire privilégié, à être l'égal du roi de Macédoine sans

64. *Sur la couronne*, 320.
65. Plutarque, *Vies : Démosthène*, 20.3.

être roi d'Athènes. La *prohairesis* démosthénienne, développée sur le sol de la démocratie athénienne et favorisée par le talent oratoire de Démosthène, aura prêté son concours à l'expression de cet affrontement paradoxal.

Eschine accusateur, Contre Ctésiphon

Par son sujet, par son excès même, le plaidoyer à charge *Contre Ctésiphon* que composa Eschine devait inévitablement entraîner une réponse qui ne se bornerait pas à tenter de se disculper des torts incriminés, mais qui engagerait jusqu'à une réflexion sur la responsabilité individuelle en politique relativement à la cité et aux autres acteurs qui l'animent, et sur la responsabilité proprement humaine relativement aux dieux et à la fortune. Car Eschine, par de ces formules qui portent l'invective au rang d'art littéraire, peignit Démosthène en « fléau de la Grèce »[66], « honte de la cité »[67] et « pirate en politique, sillonnant la démocratie sur le navire des mots »[68], et se proposait de démontrer que les dieux étaient responsables de tout ce qui était arrivé de bon à Athènes, quand Démosthène l'aurait été de tous ses malheurs[69], le plus grand de ses malheurs étant la dissolution même de la constitution démocratique par l'instauration subreptice d'un pouvoir personnel. Cet exploit négatif, consistant à être cause de *tous* les maux, a dû devenir un tour obligé des adversaires de Démosthène,

66. ὁ τῆς Ἑλλάδος ἀλειτήριος, *Contre Ctésiphon*, 131, 157. Le terme *aleitèrios* a une dimension religieuse, dont use à dessein Eschine. Réplique de Démosthène dans *Sur la couronne*, 158.

67. αἰσχύνη τῆς πόλεως, *Contre Ctésiphon*, 241.

68. ληστὴν τῶν πραγμάτων ἐπ' ὀνομάτων διὰ τῆς πολιτείας πλέοντα, *Contre Ctésiphon*, 253.

69. Eschine, avec lourdeur, y revient tout au long de son discours. Cette thèse est bien évidemment plus forte que la seule exagération, courante, consistant occasionnellement au cours d'un discours accusatoire à présenter l'accusé comme cause de tous les maux. Démosthène lui-même dans *Sur les forfaitures de l'ambassade*, après avoir circonscrit le périmètre des torts précis qu'on pouvait reprocher à Eschine (91 *sqq.*), se laisse ensuite aller par endroits à dire qu'il est cause de tous les malheurs (132), mais la thèse d'Eschine dans *Contre Ctésiphon* est d'une tout autre portée, comme nous allons le voir à l'instant.

puisqu'on le retrouve cité comme exemple typique de sophisme par Aristote, qui l'attribue en l'occurrence à Démade :

> « Un autre [lieu des enthymèmes apparents] repose sur le fait de donner comme cause ce qui n'en est pas une, par exemple en se servant du fait qu'une chose s'est produite en même temps ou après une autre ; on prend en effet l'expression "après cela" comme "à cause de cela", comme le font tout particulièrement ceux qui s'occupent de politique, à la manière dont Démade, par exemple, donnait la politique de Démosthène (*tèn Dèmosthenous politeian*) comme cause de tous les maux (*pantôn tôn kakôn aitian*) ; en effet, la guerre se produisit après celle-ci » (*Rhétorique*, II 24.1401b29-33).

Ce qui est en jeu est donc le caractère d'*aitios* de Démostène : *aitios* comme cause de tous les maux dans l'histoire récente d'Athènes, entraînant l'accusation (*aitia*) devant le tribunal d'Athènes. Cette question de la *responsabilité* de Démosthène, on le notera dès maintenant à partir de la citation d'Aristote, engage la question de la *temporalité*. Or la notion même de *prohairesis* unit précisément toutes ces dimensions, comme nous allons le voir en détail avec les textes de Démosthène.

L'excès même de l'accusation formulée par Eschine n'en trahissait que trop la malveillance envers un adversaire qui la lui rendait au centuple, et en fit probablement la faiblesse. L'accusateur échoua devant les Athéniens, qui le désavouèrent de manière cinglante, puisque l'orateur n'obtint pas même le cinquième de leurs suffrages, ce qui le porta à se retirer définitivement, par un exil volontaire, de la vie politique athénienne. Mais il a pour mérite d'avoir contraint l'accusé à s'engager dans une tentative de détermination et de délimitation de la responsabilité proprement *individuelle* face à la cité et aux autres acteurs politiques, ainsi que de la responsabilité proprement *humaine*, face à la fortune, aux dieux et au simple cours des événements, donc au temps. Dans cette réflexion de Démosthène, qui pour être celle d'un virtuose de l'éloquence et d'un citoyen politiquement actif n'en est pas moins profonde et digne d'un intérêt philosophique – ce que confirmera, si besoin en est, le rapprochement avec Aristote –, les considérations sur le temps jouent un rôle décisif, et à n'en pas douter, le sens temporel de la *prohairesis* a trouvé là matière à développement. Démosthène montre d'ailleurs une sensibilité exceptionnelle à la temporalité (sous les modalités du *chronos* et du *kairos*, relativement à l'action, à la parole & au jugement), comme cela apparaît autant dans le discours *Sur les forfaitures de l'ambassade* ou dans *Contre Timocrate* que dans *Sur la couronne*. Ce dernier discours est tout entier traversé par la question du temps : la vie entière de Démosthène est mise en accusation et doit être défendue dans l'espace d'une seule journée (8) ; le jugement se déroule dans le présent mais porte sur des faits révolus et sur une politique élaborée dans le passé, et doit donc se reporter aux circonstances de l'époque (13-15, 17...) ; la politique elle-même consiste pour une grande part à saisir le *kairos* et à comprendre les stratégies temporelles (en particulier celles de Philippe, quand il s'arrangeait pour repousser la prestation de serment) ; le rôle même du conseiller, c'est-à-dire de l'orateur politique, consiste à voir à l'avance, prédire, pressentir, avoir la prémonition, et tout ceci se cristallise dans son « dessein politique », *prohairesis tès politeias* ; la succession temporelle n'est pas sans autre forme de procès traduisible en termes de cause et effets, car les efforts du citoyen actif se heurtent ou se combinent au destin, à la fortune, aux autres acteurs politiques, etc.

Le thème de la responsabilité politique de Démosthène apparaît assez vite dans le discours d'Eschine, quoique ce dernier se soit efforcé de donner une priorité insistante à la question de droit. Après, donc, avoir traité de l'illégalité d'un couronnement avant reddition des comptes, puis de l'illégalité d'une proclamation au théâtre de Dionysos, c'est en traitant, sous prétexte d'un troisième chef d'inculpation en illégalité, du caractère selon lui mensonger de la justification de ce couronnement, qu'Eschine en vient à ce qui, de son aveu même, est le point capital : à savoir la politique de son adversaire, ce qu'il appelle ses méfaits publics (*dèmosia adikèmata*, à partir du § 49), dont l'examen se voit précédé d'accusations brèves sur la vie privée et les mœurs de Démosthène (51-53).

La thèse principale est que Démosthène est cause de toutes les infortunes d'Athènes (*atuchèmata*), tandis que les dieux, ainsi que quelques hommes mesurés, sont causes de son salut (57). Répétée à l'envi avec quelques variations mineures[70], cette thèse voit son registre religieux initial largement déployé par la suite, quand Eschine prétend que du fait de la faute à portée religieuse que son adversaire aurait commise en recevant de l'argent de la part des Locriens d'Amphissa (eux-mêmes coupables d'impiété pour avoir cultivé à leur profit une plaine dédiée à Apollon Pythien, Artémis, Lètô, Athéna et au sanctuaire de Delphes), Démosthène aurait attiré sur lui une malédiction divine qu'il communiquerait à la cité et à tout ce qu'il touche. Il ne s'agirait donc pas d'un simple trafic d'influence et de corruption, mais d'une véritable faute religieuse propre à attirer sur lui la malédiction énoncée par les Amphictyons, pesant déjà sur les Locriens et se transmettant à son tour par Démosthène à Athènes[71]. L'*atuchia* démosthénienne est un leitmotiv de ses adversaires, car on le retrouvera porté à un haut degré par Dinarque dans des passages non dénués d'intérêt rhétorique et littéraire (voir ci-dessous). On en trouve la trace jusque dans une lettre de Démosthène entièrement dédiée à ce type d'accusation[72]. Ce procédé revient à rabattre la responsabilité proprement humaine et politique d'un homme, maître de sa parole et de ses actes, sur une causalité qui échappe à l'être humain. D'auteur d'actions, celui-ci devient suppôt de malédiction.

En conséquence, Eschine ne se contente pas de dénoncer les actions de Démosthène comme nuisibles à la cité et comme frappées d'une *atuchia* divine, il va jusqu'à nier que Démosthène soit

70. *Contre Ctésiphon*, 134, 147, 155, 188, 226, 236, 237, 253...

71. *Contre Ctésiphon*, 106 *sqq.*, surtout 113-114. Sur l'attitude d'Eschine dans cet épisode de l'affaire d'Amphissa (-340 / -339), qui conduisit au déclenchement de la quatrième guerre sacrée, voir Pierre Carlier, *Démosthène*, p. 207-213. L'*atuchia* attachée à Démosthène traverse tout le discours (*Contre Ctésiphon*, 78, 79, 88...).

72. La *Lettre IV*, qu'on peut accepter pour authentique, est tout entière consacrée au thème de la *dustuchia*. Démosthène y répond cette fois à un certain Théramène, qui l'aurait diffamé sur ce point. Postérieure au plaidoyer *Sur la couronne* avec lequel elle présente de nombreux parallèles, la lettre témoigne donc de la permanence de ce thème (par ailleurs assez usité à Athènes) chez les adversaires de Démosthène.

le sujet d'une action véritable, digne d'un homme : c'est l'occasion (*kairos*), la peur (*phobos*) ou le besoin d'alliés (*chreia summachôn*) qui a produit ces événements bénéfiques dont Démosthène s'arroge la causalité[73] ; c'est encore la spontanéité du hasard (*to automaton*), dont profiterait un Démosthène se bornant à vibrionner en belles paroles à la tribune sans jamais agir d'une action virile (*praxis andros*)[74]. Démosthène est donc *aitios* uniquement de manière négative et passive, jamais *aitios* d'un événement positif activement produit par lui[75]. Cette calamité qui le touche étant présentée comme une sorte de châtiment divin, il n'est jamais la cause d'une action au sens le plus authentique du terme. Pris entre un jeu erratique des circonstances sous la forme de l'*automaton*, et la volonté des dieux se manifestant dans la *tuchè*, le Démosthène dépeint par Eschine n'existe pour ainsi dire plus comme véritable acteur : il n'est plus qu'un être de paroles[76], doublé d'une volonté de dévoyer la démocratie pour s'arroger un pouvoir politique personnel, ce qui ruinerait l'action de la cité elle-même en tant que telle. C'est une énième variation que nous lisons ici de l'opposition classique entre l'agir et le parler, qu'un Périclès – reconstitué par Thucydide – tentait de dépasser en présentant les Athéniens comme ces seuls Grecs qui savaient allier la parole à l'action[77]. Rabattu sur la seule parole, c'est cette puissance athénienne de l'union du *logos* et de l'*ergon* qui est déniée à Démosthène.

Dans cette stratégie de négation de l'adversaire comme acteur politique, il n'est pas étonnant que la *prohairesis* n'émerge à aucune place bien en vue, du moins quand Eschine parle de Démosthène, et qu'elle ne serve pas à mettre en avant une responsabilité concrète, d'ordre humain, reposant sur une rationalité et une initiative venant de l'agent lui-même. À l'inverse, la réponse de Démosthène se servira de cette notion pour une

73. *Contre Ctésiphon*, 236-240.

74. *Contre Ctésiphon*, 167.

75. *Contre Ctésiphon*, 226, *passim*.

76. Voir *Contre Ctésiphon*, 229 : « un individu qui tient en pures paroles » (ἐξ ὀνομάτων συγκείμενος ἄνθρωπος).

77. Thucydide, II 40.2-3.

disculpation complexe. Il ne s'agit en effet pas simplement de se déclarer innocent des méfaits publics dont Eschine l'accuse, mais bien plus de se constituer de nouveau comme auteur d'action au plein sens du terme, d'action politique authentique, tout en maintenant celle-ci d'une part dans sa délimitation humaine face aux imprévus du hasard et à la puissance de la fortune divine, d'autre part dans sa délimitation individuelle face au collectif politique qu'est la cité. Dans ce cadre, on voit la revendication se joindre à la disculpation. Au rejet d'une responsabilité (quant aux malheurs d'Athènes) doit s'allier la position d'une autre responsabilité (celle qui s'attache au statut d'auteur d'actions authentiques), tout en délimitant soigneusement celle-ci pour parer au risque, en voulant repousser la destitution par Eschine du rang d'homme d'action, de tomber dans l'excès honni des Athéniens, celui de revendiquer le pouvoir et les actions collectives en son nom personnel, ce qui reviendrait à donner raison à la moitié de l'accusation d'Eschine en voulant se disculper de l'autre.

Ainsi le texte d'Eschine est-il étonnamment pauvre en termes de *prohairesis-prohaireisthai* comparé au discours antithétique de Démosthène, et, par comparaison, son absence se fait sentir en des moments cruciaux. Notamment, alors que, afin de faire comprendre aux juges qu'il faut mettre Démosthène hors d'état de nuire, Eschine fait valoir que les nochers qui font chavirer leur navire en transportant des Athéniens du continent à l'île de Salamine se voient interdire de continuer à exercer leur métier *même si* l'accident est arrivé *contre leur gré* (*akôn*), il ne souligne aucune responsabilité accrue de Démosthène dans les malheurs qu'il inflige aux Athéniens, alors qu'on attendrait ce tour rhétorique ou argument *a fortiori* : puisqu'on prend des mesures contre ceux qui entraînent des malheurs contre leur gré, à plus forte raison la cité doit-elle sévir contre ceux qui les provoquent *ek prohaireseôs*, à dessein. Mais cet argument n'est nullement utilisé par Eschine. La raison ? Il vient, dans la phrase précédente, de présenter à nouveau sous un angle religieux le « cas Démosthène », fléau auquel s'attache un démon et une *tuchè* divine (Eschine parle du sort réservé, après la défaite de

Chéronée, par Philippe aux Thébains, que Démosthène avait réussi à attacher au parti d'Athènes) :

> « Mais puisque vous n'y avez pas assisté en personne, en pensée du moins tournez vos regards vers leurs malheurs, et figurez-vous que vous voyez leur cité prise, leurs remparts abattus, leurs maisons en flammes, leurs femmes et leurs enfants réduits en esclavage, les veillards, hommes et femmes, désapprenant la liberté au seuil de leur vie, pleurant, vous suppliant, laissant éclater leur colère non contre ceux qui les châtiaient, mais contre les responsables de cette situation, vous implorant de ne couronner en aucune manière ce fléau de la Grèce (*ton tès Hellados aleitèrion*), mais de prendre garde à la divinité (*daimona*) et à la mauvaise fortune (*tuchèn*) qui suit partout cet homme » (*Contre Ctésiphon,* 157).

Le statut causal de Démosthène n'est pas rapporté à un principe interne et rationnel d'action, mais à une dimension divine qui fait de l'individu humain qu'est Démosthène une cause néfaste. Ayant si bien filé le motif de la *tuchè* divine, Eschine n'avait pas à recourir à un vocabulaire qui aurait insisté sur la responsabilité proprement humaine, sur un dessein rationnellement constitué par des anticipations et des calculs. Ce n'est pas qu'Eschine ignore le sens immanent à la *prohairesis,* celui d'une initiative personnelle, attachée à la personne humaine ; tout au contraire, comme en témoigne ce passage :

> « Chose plus odieuse encore, des hommes qui avaient obtenu des villes étrangères le titre de proxène parvenaient à faire proclamer que le peuple de Rhodes, ou, suivant les cas, de Chios, ou de quelque autre État, leur décernait une couronne en récompense de leur vertu et de leur intégrité. À la différence des citoyens qui sont couronnés par le Conseil de votre cité ou par le peuple, après vous en avoir persuadé et suivant un décret dicté par la reconnaissance qu'ils ont su s'acquérir, ils agissaient (*epratton*) de leur propre chef (*autoi prohelomenoi*), sans décision de votre part (*aneu dogmatos tou humeterou*) » (*Contre Ctésiphon,* 42, traduction V. MARTIN & G. DE BUDÉ légèrement modifiée).

Clairement opposée à la décision collective, l'expression *autoi prohelomenoi,* « agissant de leur propre chef », ou encore « selon leur dessein personnel », insiste sur l'initiative individuelle à l'origine de l'action, et n'est pas sans rappeler la formule *auton haireisthai* qui apparaît dès les poèmes homériques, ainsi que l'adjectif *authairetos*. Une deuxième occurrence du verbe confirme ce sens d'initiative, et Eschine se l'attribue personnellement :

> « M'ayant fait mander, le hiéromnémon me demanda de venir au Conseil et de dire un mot aux Amphictyons en faveur de notre cité, dessein que j'avais déjà moi-même formé (*auton... prohèirèmenon*) » (*Contre Ctésiphon*, 116).

À nouveau, on retrouve la construction *auton prohaireisthai* permettant l'insistance sur le *soi* et la dimension d'initiative personnelle par distinction d'avec une injonction extérieure. Eschine est lui-même en pleine possession du sens fondamental de *prohairesis* & *prohaireisthai*, qui signifie en fait ce que dit l'expression française « prendre (*haireisthai*) les devants (*cf. pro-*) concernant telle ou telle action, tel ou tel objet ».

Ce n'est donc pas un hasard si, quand il s'agit d'une *prohairesis* qui pourrait avoir pour sujet Démosthène, elle *s'évapore*. Occupé à démontrer que Démosthène n'est pas un démocrate, Eschine liste les qualités d'un tel homme, et en présente ainsi la quatrième :

> « En quatrième lieu, [le démocrate] doit être judicieux et capable de bien parler ; car il est beau qu'à la fois la pensée se propose le meilleur parti (*prohaireisthai ta beltista*), et que l'instruction de l'orateur et son éloquence convainquent les auditeurs ; à défaut, il faut toujours placer le sage jugement avant l'éloquence » (*Contre Ctésiphon*, 170).

La suite, où Eschine applique à Démosthène, mais *a contrario*, la qualité que nous venons de citer (174), présente un développement décevant. Au lieu d'une explicitation de ce que devient dans le cas de Démosthène ce « se proposer le meilleur parti » (*prohaireisthai ta beltista*), Eschine frappe ici, pour le dire familièrement, très « en dessous de la ceinture », tout en faisant semblant « de ne pas y toucher », ce qui est du reste un tour rhétorique commun pratiqué par tous les orateurs. Traitant essentiellement – et allusivement – des mœurs sexuelles de Démosthène, la dimension politique du *prohaireisthai ta beltista* est totalement effacée : il n'y a même plus trace d'un quelconque acte de *prohaireisthai*. Ainsi, la seule *prohairesis* que Démosthène parvienne à réaliser dans le discours d'Eschine est celle d'un ennemi d'Athènes, Callias : l'unique occurrence du substantif *prohairesis* dans ce discours désigne trois visées ou desseins de cet homme, qui veut acquérir, par la seule corruption de Démosthène, à la fois l'alliance des Athéniens, l'exemption pour les Chalcidiens de siéger à Athènes dans l'Assemblée des alliés, et l'exemption de contribution :

> « Et de ces desseins (*prohaireseôn*), Callias n'en manqua aucun [...] » (*Contre Ctésiphon*, 92).

Cette même stratégie – car nous voulons croire que c'en est une – se retrouvera chez le logographe Dinarque à l'époque de l'affaire d'Harpale (-323), qui tentera aussi d'instiller l'idée que Démosthène n'avait pas *agi* au sens le plus fort de ce terme (voir ci-dessous).

À cet égard, la mention faite par Eschine à la fin de son discours de la pratique courante à Athènes et encore assumée par Platon jusque dans les *Lois*, consistant à juger les animaux et les objets inanimés lorsqu'ils ont été accidentellement *causes* – sans être le moins du monde *responsables* – d'un homicide ou de blessures sur des êtres humains[78], cette mention n'est pas anodine. Eschine s'en sert pour dicter l'attitude qu'il convient d'avoir contre Démosthène, traité ici comme les objets sans voix et les animaux sans raison :

> « Voici qui serait extraordinaire, Athéniens : s'ils tuent un homme par leur chute, nous jetons hors de nos frontières (*huperorizomen*) les morceaux de bois, les pierres, les masses de fer, autant d'objets sans voix et sans jugement (*ta aphôna kai ta agnômona*) ; si un être humain met fin à ses jours, nous enterrons séparément du corps la main qui perpétra cet acte ; mais Démosthène, ô Athéniens, cet homme

78. Platon, *Lois*, IX 873e-874a ; *cf.* Démosthène, *Contre Aristocrate*, 76 (et voir notre Chapitre V, § « La classification des injustices : de *"ek pronoias"* à *"ek prohaireseôs"* »).

qui proposa par décret l'envoi de la plus funeste des expéditions, cet homme qui trahit nos soldats, vous iriez l'honorer, vous ! » (*Contre Ctésiphon*, 244-245).

On attendrait, après la mention des êtres sans voix (*aphôna*) et sans jugement (*agnômona*), une opposition avec le *rhètôr*, grand discoureur de *logoi* et doué de pensée, donc doué d'une responsabilité proprement humaine, d'une capacité d'initiative faisant prendre les devants, bref, d'une *prohairesis*. Rien de tel. Ce serait traiter Démosthène en auteur d'une action pleinement humaine, alors qu'il est traité comme une souillure. Plus haut, Eschine, dans un passage aux échos expressément religieux, avait déjà demandé qu'on jetât Démosthène hors des frontières (*huperorizesthai*, 131). « Fléau de la Grèce », il n'est plus un homme d'action. La dimension religieuse s'est substituée à la dimension politique.

Démosthène synégore, Sur la couronne

Aujourd'hui encore, la simple lecture comparative des discours *Contre Ctésiphon* et *Sur la couronne* suffit en elle-même, par l'évidente vigueur et supériorité du second, à faire comprendre pourquoi Eschine se vit si cruellement désavoué. Cette supériorité est loin de n'être que rhétorique et stylistique. Le fond même du discours, notamment du point de vue qui nous intéresse – la pensée de l'action –, contribue pour beaucoup à faire de ce plaidoyer un chef d'œuvre.

Nous venons de voir que sous des dehors un peu grossiers et assurément excessifs, la charge d'Eschine contre Démosthène contenait néanmoins quelques subtilités. En lui déniant toute action digne d'un homme (*anèr*, 167), c'est en fait toute action *humaine* (d'un *anthrôpos*) que lui conteste Eschine. Ainsi font naufrage les nochers de Salamine, ballotés par des vagues où se noyent tout autant leur capacité d'action que les corps de leurs passagers.

Démosthène va, en réponse, constituer une apologie de soi où il s'agit de se réinstituer comme principe véritable d'une action humaine, d'une action digne d'un homme-*anèr*, dans toute l'acception à la fois virile, politique et morale du terme, mais aussi dans les limites de cette position spécifique d'*aitios* humain vis-à-vis du pouvoir des dieux ou du hasard, et d'*aitios* individuel vis-à-vis du pouvoir politique collectif du peuple. Dans cette disculpation paradoxale, prise entre Charybde et Scylla, le terme *prohairesis* semble avoir été une aubaine pour Démosthène. Exprimant l'initiative, ayant déjà été mis à contribution dans la *Midienne* pour insister de manière emphatique sur la responsabilité que le terme technique et traditionnel *hekôn*, « de plein gré », ne suffisait apparemment plus à exprimer, le terme de *prohairesis*, n'étant d'un autre côté pas un terme technique de la politique, était apte à exprimer les desseins proprement humains et personnels mais politiques du citoyen actif, bref à le ré-instituer comme principe d'action au sens le plus plein de ces termes, afin de faire porter le jugement des Athéniens sur ce qui était le cœur de l'action politique de Démosthène, à savoir sa *prohairesis*, permettant ainsi de justifier le décret de son couronnement. Démosthène trouve là un élément de solution à la périlleuse situation de *periautologia*, fortement décriée dans l'Athènes démocratique, et qui, comme le souligne Démosthène au début de son discours (4), risque de le rendre odieux aux juges tout en étant inévitable, puisque sa personne même comme acteur politique est mise en cause. Nous sommes là de plain-pied avec un problème inhérent à l'« homme d'État » de la démocratie, comme l'exprime L. Pernot :

> « Admissible dans les sociétés aristocratiques, l'éloge de soi-même est devenu un problème dans la cité démocratique, lorsqu'une tension s'est fait jour entre, d'une part, la nécessité de se mettre en avant pour être élu, pour rendre compte de son action, et, d'autre part, le modèle idéologique qui voulait que tous les citoyens fussent mis sur un pied d'égalité. C'est pourquoi l'ancrage politique et rhétorique de la question est privilégié dans les sources. L'éloge de soi-même, dans la pensée antique, est d'abord un problème d'homme d'État » (L. Pernot, « *Periautologia*. Problèmes et méthodes de l'éloge de soi-même dans la tradition éthique et rhétorique gréco-romaine », p. 111).

Démosthène place ainsi son moi politique au centre de son discours, et à chaque fois qu'il y place son moi, il y place simultanément sa *prohairesis* et sa *politeia*, source de toutes ses actions (politiques par définition), et objet central du jugement que doivent porter les Athéniens.

Il se lit en effet dans deux passages parallèles du discours *Sur la couronne*, abordé sous l'angle que nous retenons, une mise en scène du moi démosthénien, dotée à chaque fois d'une forte charge rhétorique et néanmoins soutenue par une conception très solide de la responsabilité en politique ; or chacun de ces passages touche à son achèvement avec, après l'entrée en scène soigneusement composée du moi démosthénien, une expression emphatique associant *prohairesis* et *politeia*, association qui apparaissait déjà dans le discours *Sur les forfaitures de l'ambassade*, mais qui trouve ici un déploiement supérieur. Nous commencerons donc par examiner ces deux séquences parallèles, portant l'une sur les événements ayant suivi la paix de Philocrate (-346), l'autre sur les événements liés à la prise d'Élatée (-339) et ayant précédé de peu le désastre de Chéronée, dans lequel Eschine veut voir la responsabilité de Démosthène.

Première mise en scène exemplaire du soi, et reprise dans la prohairesis. – La lecture du discours dans sa continuité, abordé sous l'angle spécifique de la responsabilité du *politeuomenos*, fait apparaître une première séquence qui amène l'auditeur vers un point culminant après une ascension longue et obéissant par ailleurs à d'autres impératifs fixés par l'art rhétorique. Ce point culminant est atteint au § 94, où Démosthène réussit, par un tour de force et sur le point central du procès, à savoir la couronne, à se mettre en surplomb vis-à-vis de la cité sans même donner l'impression qu'il s'élève au-dessus du *dèmos*. Accusé indirectement d'être couronné à tort par la cité, l'orateur, par un renversement remarquable des positions, énonce que la cité a souvent couronné de nombreux *politeuomenoi*, mais que lui seul est cause du fait que la cité elle-même s'est vue couronnée par les autres cités :

« Et certes, que vous ayez déjà couronné nombre d'hommes engagés dans l'action politique, tout le monde le sait ; mais grâce à *qui* d'autre la cité elle-même s'est-elle vu décerner des couronnes, je parle d'un

> conseiller et d'un rhéteur, il n'est personne qui puisse dire autre chose que c'est *grâce à moi* (*di'eme*) » (*Sur la couronne*, 94).

Cette position surplombante et renversante est présentée par l'orateur comme résultant précisément de son dessein propre et de sa politique :

> « C'est donc non seulement le salut de la Chersonèse et de Byzance, c'est non seulement le coup d'arrêt mis alors à la conquête de l'Hellespont par Philippe, c'est non seulement l'honneur reçu par notre cité suite à ces événements, que *le dessein qui était le mien et ma politique* ont produits (*hè prohairesis hè emè kai hè politeia*), mais encore ils ont révélé aux yeux de l'humanité entière l'excellence de notre cité en même temps que la vilénie de Philippe » (*Sur la couronne*, 93).

C'est ainsi la première fois que l'on voit apparaître dans le discours cette association toute particulière des termes *prohairesis* et *politeia*[79].

Ce moment culminant, portant la personne de Démosthène et sa *prohairesis & politeia* au faîte de la cité d'Athènes, est amené de loin. À l'ouverture de son discours, Démosthène prie les dieux que les juges lui accordent ce qui lui revient de droit et qu'Eschine a prétendu lui interdire[80], à savoir de parler pour sa défense comme il l'a « voulu » et comme il en a « formé le dessein », ce qui donne l'occasion de la première occurrence du verbe *prohaireisthai*, aux côtés de *boulesthai* qu'il renforce[81]. Immédiatement à la suite, Démosthène explique comment ce procès le ramène à sa propre personne : il se voit contraint de parler de ses actions, et donc de lui-même (4), si bien qu'il aura à rendre raison en ce jour unique de la totalité de sa vie privée et de la totalité de son action publique (8). Après avoir souligné que, « à lui seul, le dessein animant le

79. Association sous plusieurs formes. Voir *Sur la couronne*, 59, 93, 192, 292, 317.

80. *Cf. Contre Ctésiphon*, 50, 182, 197, 199-202.

81. ὡς βεβούληται καὶ προῄρηται, *Sur la couronne*, 2.

présent procès »[82] intenté par Eschine suffit à manifester « la machination d'un être haineux, l'outrage, l'insulte, la diffamation réunis ensemble, et ainsi de suite », l'orateur met en valeur efficacement le caractère doublement bancal de l'accusion, temporellement et juridiquement : si le décret postulant l'excellence des actions de Démosthène est faux, c'est qu'il aurait fallu, du temps même des actions en question, attaquer Démosthène en justice[83] ; si Ctésiphon est passible des tribunaux à cause des actions commises par Démosthène, Démosthène aurait donc dû lui aussi être considéré par Eschine comme passible de poursuites à cause de ses propres actions ; mais Eschine n'en a rien fait (13-15).

C'est ainsi d'entrée de jeu que Démosthène met en place un ensemble de thèmes structurant sa défense : sa propre personne en tant qu'acteur politique à part entière, les considérations de temporalité comme liées de manière éminente à l'action politique et servant de cadre de référence pour la pertinence ou l'intempestivité des poursuites judiciaires et plus largement des appréciations portées sur ces actions.

L'argument de fond peut alors commencer, avec une première justification politique (17-52) touchant aux événements historiques de la paix de Philocrate conclue en -346. Immédiatement, ce sont les questions de causalité et de temporalité qui constituent le thème majeur de l'argumentation :

> « Il est nécessaire, Athéniens, et sans doute convenable, de rappeler où en étaient les choses en ce temps-là (*kat'ekeinous tous chronous*), afin que vous puissiez considérer chaque point en le rapportant aux circonstances de l'époque (*pros ton huparchonta kairon*) » (*Sur la couronne*, 17).

Aucune responsabilité dans l'action ne saurait être appréciée sans se rapporter au moment de l'action (*kat'ekeinous tous chronous*) et aux circonstances données à cette époque (*pros ton*

82. τοῦ δὲ παρόντος ἀγῶνος ἡ προαίρεσις αὐτή, *Sur la couronne*, 12.

83. Voir παρ᾽ αὐτὰ τἀδικήματα (13), παρ᾽ αὐτὰ τὰ πράγματα (15), τοσούτοις ὕστερον χρόνοις (15).

huparchonta kairon), comme Aristote lui-même le rappelle dans l'*Éthique à Nicomaque* lorsqu'il traite de la qualification « de plein gré » et « contre gré » des actions :

> « la fin de l'action est relative au moment (*kata ton kairon*) ; il faut donc aussi qualifier [l'action] par "de plein gré" et "contre gré" au moment où la personne agit (*hote prattei*) » (*Éthique à Nicomaque*, III 1.1110a13-15).

Remontant aux événements antérieurs, Démosthène enchaîne immédiatement, et ironiquement :

> « Quand la guerre de Phocide éclata – non à cause de moi, car je ne m'occupais pas encore de politique à cette époque... » (*Sur la couronne*, 18).

Tout le développement est tissé de considérations temporelles et opère un dégagement de la responsabilité de Démosthène dans les événements précédant la paix de Philocrate et la conclusion de cette paix, pour mieux préparer l'apparition théâtralisée de Démosthène sous les traits d'un acteur politique doué d'un dessein :

> « Une fois donc que la cité eut conclu la paix, examinez à nouveau en ce point ce que chacun d'entre nous deux[84] s'est proposé comme action (*proheileto prattein*). C'est de là que vous saurez en effet *qui* était l'allié de Philippe dans la paix et *qui* était celui qui menait une action en votre faveur et recherchait l'avantage de la cité » (*Sur la couronne*, 25).

Se plaçant d'abord ici sur la scène politique athénienne, soulignant sa position avec cette question insistante du *qui*[85], Démosthène énonce immédiatement son action en termes d'anticipation, de prévision des événements, ici à propos de l'affaire de l'échange de serments que Philippe a su si perfidement dif-

84. À savoir, Eschine et Démosthène.

85. Ce tour rhétorique parsème le discours (*cf.* 158, etc.). Nul doute que l'action oratoire (*hupokrisis*) de Démosthène devait appuyer ces questions

férer pour se donner le temps de conquérir encore d'autres territoires entre le moment de la prestation de serment d'Athènes et sa propre prestation. Un art du temps, voilà ce que se révèle en filigrane être l'art politique, et Démosthène ne se prive pas de souligner son intelligence de cette dimension (26-27), par sa capacité à voir à l'avance (*prohorômenos*, 27) comment Philippe comptait jouer du temps lui-même. L'action et son agencement en une politique complète (*politeia*) contient comme part essentielle une relation spécifique d'anticipation de la temporalité, que la *prohairesis* est précisément propre à exprimer.

Le second moment de justification politique (59-109), touchant la période de -346 à -340, va porter à son point culminant la question de la personne de Démosthène comme acteur politique à part entière. Abordant cette fois ce qu'il appelle ses actions concernant la Grèce tout entière (*hellènikai praxeis*, 59), il en fait un dessein ou une orientation politique parmi d'autres possibles :

> « [...] alors qu'il existe plusieurs orientations (desseins) en politique (*prohaireseôn tès politeias*), j'ai embrassé celle qui s'attache aux actions concernant la Grèce entière [...] » (*Sur la couronne*, 59)[86].

Démosthène, non sans orgueil, va ici mettre en scène sa personne même dans le théâtre politique de l'époque, et faire émerger toute la dimension d'une *prohairesis*, d'un dessein orientant et structurant une politique (*politeia*), s'incarnant dans un homme et constituant une certaine manière d'inscrire l'action dans la temporalité, ou plutôt à l'inverse *d'inscrire la temporalité incertaine de la politique dans un principe d'action déterminé* nommé *prohairesis*, innervant la *politeia*. Démosthène introduit ainsi son rôle :

> « Alors que tous les Grecs se trouvaient dans une situation telle [que je l'ai rappelée], encore dans l'ignorance de ce fléau qui naissait et croissait, il vous faut examiner, Athéniens, quelles actions, quels actes

86. πολλῶν προαιρέσεων οὐσῶν τῆς πολιτείας τὴν περὶ τὰς Ἑλληνικὰς πράξεις εἱλόμην ἐγώ.

notre cité devait adopter[87], et de cela, en recevoir des comptes de ma part. Car celui qui s'est assigné à ce rang de la cité, c'est moi » (*Sur la couronne*, 62).

La suite va mettre au centre la temporalité, la responsabilité et l'articulation de l'individu vis-à-vis de la cité comme collectif. Démosthène continue de se présenter comme celui qui, parmi tous les Grecs, s'est levé contre les entreprises hégémoniques de Philippe :

> « Fallait-il que quelqu'un parmi les Grecs parût pour empêcher Philippe de parvenir à ses fins, ou non ? » (*Sur la couronne*, 71).

Sauf que le « quelqu'un », qui laissait attendre Démosthène en personne, est tout d'un coup le *dèmos* athénien, derrière lequel Démosthène se fond légèrement pour mieux magnifier son entrée en scène. Après avoir, dans un mouvement tout rhétorique, envisagé la réponse négative à la question posée et réclamé en ce cas qu'on le considère lui, et non la cité, comme cause de tous les méfaits et de toutes les erreurs (72), il énonce en effet ainsi la bonne réponse, la réponse positive :

> « S'il fallait que quelqu'un parût qui l'en empêchât, *qui* d'autre que le *peuple athénien* convenait-il que ce fût ? Voilà donc ce à quoi *moi* je m'employais en politique, et voyant Philippe s'efforcer d'asservir l'humanité entière je m'opposais à lui et passais mon temps (*dieteloun*) à vous prédire les événements (*prolegôn*) et à vous expliquer qu'il ne fallait pas abandonner la partie » (*Sur la couronne*, 72).

L'articulation du temps et de l'action, de l'individu et de la cité en termes de responsabilité se développe dans les pages qui suivent, jusqu'à culminer dans les paragraphes aboutissant à l'expression déjà citée, « le dessein qui était le mien, ma politique » :

> « Ainsi, après que Philippe eut été chassé d'Eubée *par vous* au moyen des armes, mais aussi – dussent-ils[88] en crever de l'entendre – au

87. τί προσῆκον ἦν ἑλέσθαι πράττειν καὶ ποιεῖν τὴν πόλιν.
88. Démosthène vise Eschine et ses adversaires politiques assistant au procès.

moyen de la politique (*politeia*) et des décrets *par moi*[89], le voilà qui cherchait un autre stratagème contre notre cité. Voyant que nous recourons plus que tout autre peuple à des importations de blé, voulant se rendre maître des voies d'importation, passant en Thrace, il commença par demander aux Byzantins, ses alliés, de se joindre à la guerre qu'il entreprenait contre vous ; mais comme ceux-ci refusaient et faisaient valoir en toute vérité que l'alliance n'avait pas été conclue à ces conditions, Philippe se mit à les assiéger par l'édification de palissades et l'installation de machines de guerre. Les choses ayant pris ce cours, que fallait-il faire ? Je ne vous le demanderai pas, car cela est évident pour tout le monde. Mais *qui* fut celui qui se porta au secours des Byzantins et les sauva ? *Qui*, celui qui à ce moment-là empêcha l'Hellespont de tomber sous domination étrangère ? *Vous*, Athéniens. Et quand je dis *vous*, je veux dire la cité. Et *qui* est celui qui, pour la cité, parla, proposa des décrets, agit, et pour le dire purement et simplement, se donna lui-même sans ménagement dans le cours des affaires ? *Moi* » (*Sur la couronne*, 87-88[90]).

L'énergie du développement tout entier vient se concentrer dans l'apparition du *egô* esseulé en fin de séquence, et dont le différé met encore plus en valeur, sous couleur d'humilité, l'apparition finale : dès le premier *qui* de cet extrait, on attend Démosthène, mais c'est d'abord un *vous* qui surgit, contrastant avec le singulier *qui* (*tis*). Il faut une troisième question *qui* pour voir apparaître le moi démosthénien. La dernière phrase tient en un seul mot vers lequel tout le dévelopement tendait et qui réunit en lui la charge de tout le questionnement précédent auquel il apporte sa réponse : *egô*. Ainsi, le moi démosthénien est légèrement différé, par où l'orateur obtient paradoxalement un effet simultané d'humilité (par le différé) et de rehaussement (par l'effet d'intensification de l'attente consécutive au différé). On appréciera aussi dans les premières lignes le jeu subtil des compléments de moyen et d'agent (datif et génitif) structurés en chiasme, permettant à Démosthène de se mettre quasiment à égalité avec le *dèmos*, tout en réalisant ici aussi

89. Noter le chiasme, que nous respectons ici littéralement pour les besoins du commentaire, au prix de la lourdeur de la traduction.

90. Voici le texte de la fin de l'extrait : τίς δ᾽ ὁ τῇ πόλει λέγων καὶ γράφων καὶ πράττων καὶ ἁπλῶς ἑαυτὸν εἰς τὰ πράγματ᾽ ἀφειδῶς δούς; Ἐγώ.

une présentation différée de la personne de Démosthène, passant après le *dèmos,* mais s'arrogeant la *politeia.*

Démosthène enchaîne ensuite rapidement avec les avantages manifestes que son action politique a valu aux Athéniens, par contraste avec les desseins de ses adversaires[91], avantages célébrés par les couronnes mêmes décernées à Athènes par les autres cités grecques. Faisant lire les décrets de couronnement, Démosthène synthétise alors ces bienfaits par ces phrases que nous avons déjà citées et où apparaît enfin la formule dense associant *prohairesis & politeia* :

> « C'est donc non seulement le salut de la Chersonèse et de Byzance, c'est non seulement le coup d'arrêt mis alors à la conquête de l'Hellespont par Philippe, c'est non seulement l'honneur reçu par notre cité suite à ces événements, que *le dessein qui était le mien et ma politique* (*hè prohairesis hè emè kai hè politeia*) ont produits… » (*Sur la couronne,* 93).

L'association *prohairesis & politeia* est ainsi investie de tout le développement précédent, réceptrice d'une charge puissante, de la même manière que le *egô* était le réceptacle de la charge rhétorique créée par les périodes y aboutissant : se constitue ici le moi démosthénien comme faisant corps avec sa *prohairesis* et sa politique complète, soumis en un seul jour au jugement des Athéniens.

Dans ce cadre, la *prohairesis* est aubaine sans pareille : elle exprime le principe de l'action politique, elle inclut dans l'action la dimension temporelle – si importante que Démosthène l'a mise au centre de sa réflexion depuis le début –, elle n'est pas un terme technique de la politique athénienne et permet ainsi cette mise en valeur nouvelle de l'individu dans sa responsabilité propre de *sumboulos* et dans son articulation au pouvoir souverain qui reste l'apanage de la cité. Mot encore jeune, apte à exprimer l'initiative d'un agent individuel, elle permet de mettre cet agent en avant, sans usurper pour autant le pouvoir et l'autorité qui reviennent au peuple assemblé constituant la cité même. En un mot : elle permet d'articuler l'individu à la

91. ὧν αὐτοὶ πϱῄϱηνται, *Sur la couronne,* 89.

cité, et notamment en le plaçant dans une temporalité spécifique, celle du conseiller qui, par ses décrets, anticipe de loin ce qu'il faut faire et propose ses plans à l'Assemblée. C'est précisément ce qui va être dit en clair dans la suite du discours.

Deuxième séquence : deuxième mise en scène théâtrale du moi démosthénien associé à sa prohairesis, *avec délimitation de la responsabilité de l'orateur par la temporalité.* – L'affaire d'Amphissa et la prise d'Élatée par Philippe (-339), abordées dans un troisième moment de justification politique (*Sur la couronne*, 139-198), est l'occasion d'une deuxième mise en scène du moi démosthénien encore plus ouvertement théâtralisée que la première, et constitue un second point culminant du discours. De manière parallèle, cette entrée en scène d'un moi quasiment glorieux voire héroïque, offert à l'admiration des Athéniens pour mieux justifier le décret de couronnement, s'accompagne ensuite, plus loin mais dans le même mouvement oratoire, d'une mention de la *prohairesis* associée à la *politeia*, cette fois sous la forme *hè prohairesis tès politeias*, « le dessein qui anime ma politique », quand la première formule juxtaposait simplement – mais quasiment en hendiadyin – *hè prohairesis hè emè kai hè politeia*, « le dessein qui était le mien et ma politique ». C'est ainsi en un deuxième endroit du discours que la *prohairesis* se voit dotée de la charge d'un moi mis en scène peu avant, donc du poids de la personne même de l'acteur politique. Mais on trouve ici plus que ce qui était exposé dans la première séquence : se trouvent exposées en clair des réflexions théoriques sur la délibération, la temporalité, la causalité et la délimitation de la responsabilité qui ont peu à envier aux développements aristotéliciens et dont on retrouve bien des traits dans les *Éthique*.

Après avoir dénoncé longuement l'action selon lui traîtresse d'Eschine dans l'affaire d'Amphissa au cours de la session amphictyonique de -339, qui a de fait donné prétexte à Philippe pour intervenir en Grèce (139-159) et permit à celui-ci d'occuper Élatée, Démosthène en vient à son action en vue de susciter la résistance (160 *sqq.*). Dans le cours de son exposé, il compose un récit vivant par lequel il ramène ses auditeurs à un jour crucial de cet épisode.

« C'était le soir ; quelqu'un vint annoncer aux prytanes qu'Élatée était occupée » (169). Les prytanes interrompent brusquement leur dîner, se rendent sur l'agora où ils réveillent les boutiquiers et incendient leurs échoppes (probablement pour faire place nette au plus vite), convoquent les stratèges, appellent le trompette. L'affolement règne. Le lendemain, au point du jour, les prytanes convoquent le Conseil pendant que le peuple se réunit sur la Pnyx, si promptement que les bouleutes n'ont encore pas même traité l'ordre du jour ni voté les décrets préliminaires à soumettre à l'Assemblée (*probouleumata*). Puis, une fois que le Conseil a paru dans l'Assemblée, qu'il a présenté l'état des informations et fait parler le messager, le héraut pose la question rituelle, « *qui* veut parler » :

> « [...] le héraut demandait : "Qui veut prendre la parole ?" Personne ne s'avançait. À plusieurs reprises, le héraut eut beau répéter, personne ne se levait pour autant. Tous les stratèges étaient là cependant, tous les rhéteurs, à un moment où la patrie appelait un homme qui parlât pour son salut ; car la voix que fait entendre le héraut en vertu des lois, il est juste de la tenir pour la voix commune de la cité. Et certes, s'il avait fallu que s'avançassent ceux qui voulaient sauver la cité, vous tous, ainsi que les autres Athéniens, vous seriez levés pour monter à la tribune ; car tous, je le sais, vous vouliez son salut. S'il avait fallu que ce fût les plus riches, cela aurait été les Trois Cents ; s'il avait fallu que ce fût ceux qui présentaient ces deux qualités, à la fois la bienveillance envers la cité et la richesse, ç'eût été ceux qui par après on fait de grands dons à la cité, car ils l'ont fait à la fois par bienveillance et par richesse. Mais, à ce qu'il semble, cette circonstance décisive et cette journée majeure (*ekeinos ho kairos kai hè hèmer'keinè*) appelaient un homme qui fût non seulement bienveillant et riche, mais encore qui eût suivi pas à pas (*parèkolouthèkota*) les développements de l'affaire depuis le début et qui eût correctement embrassé dans un raisonnement d'ensemble (*sullelogismenon orthôs*) en vue de quoi Philippe agissait ainsi et ce qu'il voulait[92]. Car celui qui se serait trouvé ignorant en ces questions et qui ne les aurait pas examinées depuis un long temps, fût-il bienveillant ou riche, n'en eût été en rien plus avancé pour savoir ce qu'il fallait faire ni pour

92. καὶ παρηκολουθηκότα τοῖς πράγμασιν ἐξ ἀρχῆς καὶ συλλελογισμένον ὀρθῶς τίνος ἕνεκα ταῦτ᾽ ἔπραττεν ὁ Φίλιππος καὶ τί βουλόμενος, *Sur la couronne*, 172.

avoir de quoi vous conseiller. Je parus donc être cet homme-là, ce jour-là, moi[93]. Et montant à la tribune je pris la parole devant vous [...] » (*Sur la couronne*, 170-173).

La répétition d'un procédé de différé, patent à nouveau ici, manifeste qu'il s'agit là d'une volonté délibérée de Démosthène de ménager ses effets pour mieux se mettre en valeur, tout en laissant la première place aux Athéniens. Cette mise en scène de soi sous la figure du conseiller, lors d'une journée présentée ici comme décisive et historiquement singulière, sera complétée plus loin par une réflexion générale sur la fonction du conseiller dont l'apparition est peinte ici de manière dramatique : ce sera le moment de penser le rôle du conseiller au moyen de la *prohairesis*.

Dans l'extrait qui nous occupe (170-173), où se manifeste formellement une maîtrise de la temporalité sur le plan littéraire, se déploient en outre concrètement des considérations temporelles sur le plan politique : le conseiller est celui qui, pas à pas, a suivi dans le passé le déroulement des affaires dans leur progressive apparition (verbe *parakolouthein*), puis qui, sur ce fonds en extension, a réalisé un raisonnement ou calcul synthétique rassemblant les données engrangées au fil des événements, un *sullogismos* par lequel il se saisit de la *fin* poursuivie par l'ennemi (*tinos heineka, ti boulomenos*), fin que le déroulement passé et progressif des affaires laisse entrevoir au point de fuite de toutes ces lignes extensives convergentes. Capacité d'épouser la temporalité dans son égrènement progressif, doublée d'une capacité synthétique de calcul ou raisonnement, le rôle du *sumboulos* est ainsi d'opérer une reprise rassemblante du temps passé extensif pour anticiper l'avenir que les événements mêmes dessinent. C'est là que prend place non seulement la pré-vision (verbe *pro-horan*, verbe *pro-*

93. Citons pour cette phrase la très belle et très efficace traduction de G. Matthieu (CUF) : « Il parut donc, cet homme, ce jour-là : c'était moi ». Le texte grec, une fois n'est pas coutume, est légèrement inférieur à cette traduction même : ἐφάνην τοίνυν οὗτος ἐν ἐκείνῃ τῇ ἡμέρᾳ ἐγώ (173). La rédaction de Démosthène est donc en réalité légèrement plus modeste que la traduction de G. MATTHIEU, puisque Démosthène ne parle pas de lui à la troisième personne.

aisthanesthai plus loin, « pressentir »[94]), la pré-monition (verbe *pro-noein*), la pré-diction (verbe *pro-legein*) de ce qui se prépare (et sur quoi Démosthène insiste en permanence dans la totalité de son discours comme faisant le fond de son action de conseiller), mais encore le *pro-jet* politique, le dessein : la *pro-hairesis*, à savoir l'orientation de la politique préconisée par le conseiller lui-même en tenant compte des visées de l'adversaire. C'est ce qu'a fait Démosthène en conseillant aux Athéniens de se proposer de ne pas raviver aujourd'hui leurs griefs du passé envers les Thébains (176). À l'inverse de cette attache intempestive au passé, il fallait à ce moment, dit Démosthène, pour éviter que les Thébains, rejetés par les Athéniens, ne s'alliassent pleinement à Philippe, voir que les dangers menaçaient les Thébains eux-mêmes « avant » de menacer Athènes (*cf. proterois*, 177), se manifester auprès d'eux pour leur faire comprendre qu'Athènes était là pour soutenir les partisans de la liberté, en contrepoids à l'assurance que la proximité de Philippe donnait dans Thèbes même aux partisans de la Macédoine ; une délégation devait se rendre à Thèbes pour faire comprendre aux Thébains qu'on les aiderait, eux qui étaient plus près du danger, et que les Athéniens « prévoyaient l'avenir » (*cf. to mellon prohorômenôn*, 178) mieux qu'eux. Démostène souligne ensuite la *continuité* de son action durant tout le temps de l'exécution de ce conseil : il a parlé, fait adopter un décret conformément à ses paroles, pris part à l'ambassade conformément à son décret, et persuadé les Thébains (179). Ainsi...

> « [...] *depuis le début jusqu'à la fin, durant la totalité du temps*[95], j'ai poursuivi dans cette voie et je me suis donné à vous sans détour contre les dangers qui cernaient Athènes de toutes parts » (*Sur la couronne*, 179).

C'est ce rôle de conseiller que Démosthène délimite, pour ne pas dire définit, dans sa différenciation *temporelle* d'avec le syco-

94. *Sur la couronne*, 246.
95. ἀπὸ τῆς ἀρχῆς διὰ πάντων ἄχρι τῆς τελευτῆς.

phante, dans un passage qui, comme celui révélant qu'un traître vend en premier lieu sa propre personne avant même de vendre ses concitoyens[96], constitue un morceau d'anthologie où un type humain et politique général émerge d'une plaidoirie contre un adversaire particulier :

> « Ce décret fit que les dangers qui encerclaient alors notre cité passèrent comme une nuée. Il était ainsi du devoir du citoyen juste de faire voir à ce moment-là à tous s'il avait quelque chose de meilleur à proposer, mais non de venir aujourd'hui faire des reproches. Car le conseiller et le sycophante, totalement dissemblables par ailleurs, diffèrent l'un de l'autre au plus haut point en ceci : le premier fait une proposition (*gnômèn*) avant les événements et s'offre pour rendre des comptes à ceux qu'il a persuadés, à la fortune (*tèi tuchèi*), au moment décisif (*tôi kairôi*), à qui veut [le mettre en accusation[97]] (*tôi boulomenôi*) ; le second, gardant silence au moment où il fallait parler, répand son fiel sitôt paru un événement fâcheux. Ce moment décisif était donc, comme je l'ai dit, celui d'un homme soucieux de la cité et des discours justes. En ce qui me concerne, je place la barre si haut en cette affaire que si quelqu'un est en mesure de faire voir aujourd'hui une mesure meilleure, ou, plus généralement, qu'il y avait quelque autre possibilité en dehors de celles que j'ai eues pour dessein (*proheilomèn*), je conviens que je suis coupable. Car s'il est une possibilité que quelqu'un en soit venu à voir à présent, une possibilité qui, mise en œuvre, aurait alors été utile, je reconnais qu'elle n'aurait pas dû m'échapper. Mais s'il n'y en a pas, s'il n'y en avait pas, si personne n'en peut trouver aujourd'hui même encore, que devait donc faire le conseiller ? Ne devait-il pas se saisir (*helesthai*) du meilleur parti parmi les possibilités qui se faisaient voir ? C'est donc ce que j'ai fait, lorsque le héraut demandait, Eschine, "Qui veut prendre la parole ?", et non "Qui veut porter des accusations touchant le passé ?", ni "Qui veut se porter garant de l'avenir ?". Mais tandis que toi, bien assis, tu restais en ce temps-là bouche close dans les Assemblées, moi je montais à la tribune pour prendre la parole. Mais puisque tu ne l'as pas fait à l'époque, allons ! montre-nous maintenant ! dis-nous quel discours dont j'aurais dû avoir l'idée, quelle occasion profitable à notre cité j'aurais laissé passer ? Quelle alliance, quelle action, vers

96. *Sur la couronne*, 46-47.
97. *Cf. Sur les forfaitures de l'ambassade*, 92 : βούλεταί τις τούτου κατηγορεῖν.

> lesquelles j'aurais plutôt dû conduire les Athéniens que voici ? Mais assurément, le passé, tout le monde le laisse livré à lui-même, personne ne propose en aucun lieu du monde de délibération à son sujet ; le futur, en revanche, ou le présent, appelle la fonction de conseiller. Ainsi donc à l'époque, parmi les événements redoutés, les uns, comme cela apparaissait, se préparaient, les autres étaient déjà présents ; dans le temps de ces événements, examine mon dessein touchant la politique de notre cité (*tèn prohairesin mou... tès politeias*) ; cesse de jouer au sycophante après coup. Car l'issue (*peras*), en toutes choses, advient comme le veut la divinité ; mais le dessein (*prohairesis*) lui-même manifeste la pensée (*dianoia*) du conseiller. Ne m'impute donc pas cela à crime (*adikèma*), s'il s'est fait que Philippe l'emporta au combat ; car le terme (*telos*) en était dans les mains du dieu, non en moi ; mais que je ne me serais pas saisi (*heilomèn*) de tout ce qui était possible en vertu d'un raisonnement humain (*kat'anthrôpinon logismon*), que je n'aurais pas accompli cela avec justice et dévouement, avec un acharnement dépassant mes forces, ou que je n'aurais pas entrepris des actions belles, dignes de notre cité et nécessaires, voilà ce que tu dois me montrer ! et alors seulement, accuse-moi ! » (*Sur la couronne*, 188-193).

On ne saurait trop surestimer l'importance de ces réflexions. Insérées dans un mouvement rhétorique à l'énergie remarquable, elles ne sont pourtant pas de simples artifices de persuasion. On trouve ici des éléments essentiels qui apparaîtront dans la théorisation aristotélicienne de l'action humaine, de la délibération et de la *prohairesis* : aussi bien dans cet extrait que dans l'*Éthique à Nicomaque* (III 4-5, VI 2), la *prohairesis* est revendiquée comme proprement humaine, elle a à voir avec la délibération, avec le futur et non avec le passé sur lequel nul ne délibère, et elle s'insère dans la différence entre ce qui dépend de nous et ce qui n'en dépend pas (ici, ce qui repose dans les mains du dieu et ce qui est au pouvoir du conseiller). L'articulation entre la *prohairesis* comme intention mentale, les capacités réelles et matérielles inhérentes à l'auteur de cette *prohairesis* et l'issue effective et résultante du dessein projeté n'est pas étrangère à un passage des *Topiques* (I 3.101b5-9), où le verbe *prohaireisthai* a paru suffisamment obscur pour qu'on propose (à tort) de supprimer le membre de phrase qui le porte. Enfin, la *prohairesis* est le point nodal du jugement de la responsabilité et de l'application d'une accusation : sans examen du dessein animant intérieurement l'agent, l'accusation ne peut pas être constituée car la faute ne l'est pas non plus et ainsi il n'y a pas de véritable *adikèma*[98]. En cohérence avec cette idée, la *prohairesis* manifeste ici la pensée ou disposition intérieure (*dianoia*) du conseiller ; chez Aristote, la *prohairesis* montre le caractère en son sens éthique (*èthos*)[99], quoiqu'on ne puisse pas confondre simplement ce qu'entend Démosthène par *dianoia* avec l'*èthos*. Tout le passage témoigne chez Démosthène comme chez Aristote d'une problématique où le jugement des actes doit se faire sur le fondement de l'intention, du dessein que s'est proposé la personne soumise à un jugement, ce qu'on retrouve chez Aristote dans l'*Éthiqe à Nicomaque*. À cet égard, la recommandation faite par Aristote dans la *Rhétorique*, énonçant que…

> « […] il ne faut pas parler comme si cela émanait de la pensée (*hôs apo tès dianoias*), comme le font ceux d'aujourd'hui, mais comme si cela découlait du dessein (*hôs apo prohaireseôs*) : "Or moi, je le voulais (*eboulomèn*) ; j'en ai en effet même eu le dessein (*kai proheilomèn gar touto*)" » (*Rhétorique*, III 16.1417a24-26)[100],

cette recommandation, donc, trouve un écho dans la citation de Démosthène : celui-ci associe la pensée (*dianoia*) et le dessein (*prohairesis*) pour le jugement qu'on doit porter sur sa personne, de même qu'Aristote recommande qu'on ne se contente pas d'en rester au niveau de la simple *dianoia*, la simple pensée, mais que l'orateur qui veut convaincre aille jusqu'à la mention de son dessein, en plus de son simple vouloir (*boulesthai*) (point que le

98. Voir sur ce point Aristote, *Éthique à Nicomaque*, V 10.1135a19 *sqq*. (où Aristote fait toutefois commencer l'*adikèma* avec le simple caractère « de plein gré » de l'acte, la *prohairesis* étant un degré supérieur permettant de supposer la méchanceté morale pleine et entière).

99. *Rhétorique*, I 8.1366a14-16 ; voir aussi II 21.1395b12-17, et *Poétique*, 15.1454a17-19. Les deux *Éthique* font reposer le caractère éthique (vertu et vice) sur la *prohairesis*, par ex. *Éthique à Nicomaque*, II 3.1105a28-33, mais c'est d'abord la définition de la vertu comme *hexis prohairetikè* qui le dit.

100. Nous revenons sur ce passage au début de notre Chapitre V, § « La recommandation d'Aristote en *Rhétorique*, III 16 ».

Stagirite développe ensuite avec des considérations particulières sur l'avantageux et le beau).

Le conseiller est celui qui parle à l'Assemblée et propose des décrets. Le décret est lui-même une manière de parler par anticipation de l'avenir, *prolegein*[101]. Conseiller est donc proférer une parole présente pour l'avenir. L'essentiel de l'action du conseiller, ainsi que sa responsabilité, repose en cette anticipation présente du futur :

> « Mais assurément, ce dont le rhéteur peut avoir à rendre des comptes, faites-en une enquête complète : je ne demande aucun infléchissement de la règle. De quoi s'agit-il donc ? De voir les affaires dans leur commencement (*ta pragmat'archomena*), de les pressentir (*proaisthanesthai*) et de les dire à l'avance aux autres citoyens (*prolegein*). Voilà ce que j'ai fait » (*Sur la couronne*, 246).

C'est en termes de temps que Démosthène ouvre sa caractérisation du rôle et de la responsabilité du conseiller[102], et c'est en termes de temps qu'il exprime le signe distinctif le plus clair pour départager le conseiller et le sycophante. Le croisement dessiné par Démosthène dans la confrontation de ces deux figures est à la fois complexe et bien accusé : le conseiller parle dans le temps présent qui est celui du conseil et de l'action, et il le fait en vue de l'avenir ; le sycophante se tait dans le temps présent du conseil et de l'action, et parle postérieurement sur le passé, comme un médecin qui viendrait prescrire ses remèdes après la mort du malade (243). Le premier manifeste sa *gnômè* par sa parole, c'est-à-dire son avis dont il fait une proposition à l'Assemblée, et qui s'inscrit dans un calcul complet tenant compte des possibles du moment et adoptant des dispositions en vue du futur ; le tout constitue implicitement une *prohairesis tès politeias*, un dessein

101. *Cf. Sur la couronne*, 235 (προλέγων ἐν τοῖς ψηφίσμασιν), et *passim*.

102. Démosthène ajoute ensuite, comme actes dont le conseiller doit être tenu de rendre des comptes, la réduction autant que possible des lenteurs, hésitations, manques d'information, rivalités et tous les autres obstacles et erreurs politiques, ainsi que, inversement, l'encouragement des citoyens à la concorde, à l'amitié et à la diligence vis-à-vis de ses devoirs (*Sur la couronne*, 246).

politique d'ensemble, qui manifeste non pas simplement la *gnômè* du conseiller, l'avis précis sur une question en délibération, mais encore plus largement la *dianoia* personnelle, la manière dont le conseiller est disposé à l'égard de la cité, l'état d'esprit pur et simple qui est le fondement personnel de chaque *gnômè* particulière et de chaque raisonnement. La *prohairesis* est donc le point sur lequel doit porter le jugement rétrospectif en cas de procès : en elle le futur qui a été anticipé se fait présent, mais présent sur le mode de l'anticipation. Ce n'est donc pas le futur une fois advenu, qui doit être le point d'application du jugement quand on juge une *politeia* ; la rétrospection impliquée par le jugement est une rétrospection se ressaisissant du caractère intrinsèquement anticipatif de la politique-*politeia,* ce qui veut dire que le point essentiel est précisément la *prohairesis* animant cette *politeia.*

La projection temporelle est donc l'essentiel du conseiller et de son action propre en tant que conseiller. Le point d'aboutissement de l'action entreprise par la cité, le *peras* (issue) ou le *telos* (terme), revient aux dieux et à la fortune, qu'il s'agisse d'un échec ou d'un succès (*katorthôsis*)[103]. Plus précisément, l'action comme exécution revient, par exemple, au stratège (en cas d'action guerrière), qui complète l'action du conseiller, sans que l'un et l'autre se confondent par soi en une seule personne, puisque Démosthène n'a jamais été stratège et rappelle qu'il n'était maître que de la parole, quand Philippe était un chef *autokratôr,* aux pleins pouvoirs[104].

Ainsi, le sycophante se distingue au plus haut point par sa temporalité : il se tait quand il faut parler, il parle quand il faut se taire ; il omet de pro-poser dans l'instant décisif et opportun (*kairos*) une *gnômè* entrant dans un dessein fondé sur la pré-vision de l'avenir et un calcul humain des possibles présentement manifestes ; à l'inverse, il jette sur le passé un regard à la rétrospectivité faussée et dont il nie la rétrospectivité même pour mieux faire aboutir une condamnation.

103. *Sur la couronne,* 306. Le thème est déjà chez Thucydide, II 42.4, avec mention de l'espoir à la place de la fortune ou des dieux.

104. *Sur la couronne,* 194, 235-236, 247, 300…

Si ce critère par lequel le sycophante se trahit comme sycophante aux yeux de tous, est si décisif, si ce critère est si temporel, ce n'est pas un hasard : c'est parce que l'activité même du conseiller est pensée par Démosthène comme se résumant précisément en une structure temporelle condensée en une *prohairesis,* qui est une manière de dessiner au présent sur le fond des événements passés un dessein pour l'avenir qui puisse innerver un ensemble d'actions d'exécution, en vue de l'atteinte d'un terme anticipé mais non contrôlé de part en part par l'agent humain. Il se joue dans la *prohairesis* une temporalité particulière, celle de l'anticipation présente – fondée sur une synthèse du passé – d'un futur indéterminé qu'on essaie de faire advenir par un ensemble d'actions que cette *prohairesis* innerve en extension. Substance de la fonction propre du conseiller en tant que conseiller, elle est donc aussi le point nodal de l'application du jugement et de l'accusation portée sur le conseiller en tant que conseiller. Enfin, ainsi structurellement et substantiellement pétrie d'une temporalité spécifique, celle de l'anticipation humaine, la *prohairesis* du conseiller est précisément *humaine,* articulée au pouvoir des dieux et de la fortune, maîtres de l'issue de l'action seulement projetée dans la *prohairesis.* La responsabilité du conseiller s'arrête à sa *prohairesis,* laquelle révèle la *dianoia,* et s'articule certes à une *praxis* dont l'issue a pu être fatale, mais qui, en tant qu'à venir, ne pouvait relever de la responsabilité du conseiller que dans la mesure où elle était correctement ou mal anticipée au vu de la situation d'alors et de ses possibles propres.

Juger Démosthène, c'est donc juger sa *prohairesis tès politeias.* Ainsi la *personne politique* est ramenée à sa *prohairesis.* Si bien que c'est encore par la *prohairesis* qu'on peut comparer un acteur politique à ses prédécesseurs :

> « Tu rappelles ensuite le souvenir des hommes qui se sont distingués dans le passé. Et tu fais bien. Mais il est certes injuste, Athéniens, qu'après avoir préempté votre bienveillance envers les morts il tente de me soumettre à un examen comparatif vis-à-vis d'eux, moi qui partage ma vie avec vous. Qui ne sait donc en ce monde qu'il subsiste chez tous une jalousie plus ou moins grande envers les vivants, tandis que les morts, personne, même parmi leurs ennemis,

ne les hait plus ? Et quand il en va ainsi naturellement, je devrais, moi, être jugé et considéré aujourd'hui par rapport aux hommes qui m'ont précédé ? Qu'il n'en soit rien, car ce n'est ni juste ni équitable, Eschine, mais qu'on me juge par rapport à toi ou à un autre que tu voudras parmi ceux qui ont formé les mêmes desseins que toi (*prohèirèmenôn*), pourvu qu'ils soient en vie. [...] Et du reste, s'il faut que j'en vienne à le dire : ma propre politique et mon dessein (*hè emè politeia kai prohairesis*), si on l'examine, apparaîtra comme semblable et animée de la même volonté (*tauta boulomenè*, tendant aux mêmes buts) que la politique et le dessein de ces hommes qu'on louait alors, et la tienne apparaîtra semblable et animée de la même volonté que celle des sycophantes qui attaquaient de tels hommes en ce temps-là » (*Sur la couronne*, 314-317).

On voit donc que la comparaison des personnes comme auteurs d'action en politique se concentre dans ce passage immédiatement sur le point nodal de la *prohairesis*, lieu d'application de la pensée qui juge et compare. Comparer les hommes, c'est comparer leur *prohairesis* – du moins quand il s'agit d'hommes d'action.

Dans ce passage où la temporalité est une fois de plus centrale, l'essentiel de la valeur d'un acteur politique est constitué par le dessein qui anime sa politique par la tension vers un but voulu, dans une indépendance marquée sinon complète vis-à-vis autres critères, en particulier de celui de la puissance propre permettant la réussite, comme Démosthène va le dire à la suite. Après avoir développé l'image des athlètes qui ne se mesurent qu'à leurs concurrents contemporains (319), ce qui permet de souligner encore davantage les exigences temporelles d'une comparaison non faussée, Démosthène ramène ensuite la question à la disposition intérieure du conseiller. De même que le meilleur athlète est celui qui a vaincu ses concurrents lors de la course et non les athlètes du passé contre lesquels il n'a pas concouru, de même c'est dans la compétition avec ses propres contemporains que Démosthène doit être jugé ; or, dans cette compétition, qui n'est plus physique mais se révèle ici proprement morale, Démosthène se présente comme ayant toujours gagné par sa bienveillance (*eunoia*) envers la cité, quand bien même il s'est révélé sans force une fois la victoire militaire acquise à Philippe :

> « Moi, j'étais sans force (*asthenès*), j'en conviens, mais je l'emportais sur vous en bienveillance vis-à-vis des Athéniens ici présents. Or le citoyen qui de nature (*phusei*) est dans la juste mesure doit posséder deux qualités, Athéniens – et c'est en parlant en ces termes de moi-même que je serai le moins en butte à la jalousie : dans les situations où il est en capacité d'agir (*en tais exousiais*), il doit conserver de part en part pour la cité le dessein (*prohairesin*) d'atteindre à ce qui est noble et de premier rang[105], tandis qu'en tout moment, en toute action, il conservera la bienveillance (*eunoian*) ; car voilà ce dont la nature [de chacun] (*hè phusis*) est maîtresse, alors qu'être puissant et fort relève d'autres instances » (*Sur la couronne*, 320-321).

En toute circonstance et en toute action ordinaire ou non, le bon citoyen doit avoir de la bienveillance (*eunoia*) pour la cité, qu'il soit ou non en responsabilité. Mais quand il est en responsabilité, il s'ajoute un trait particulier : il doit avoir en plus « le dessein d'atteindre à ce qui est noble et de premier rang », expression qui se comprend par distinction d'avec la simple *eunoia*. La *prohairesis* en question est plus qu'une disposition d'esprit et de sentiment comme l'est l'*eunoia*, elle est liée au pouvoir supérieur d'action que confèrent les responsabilités, elle est la ligne, le dessein général et efficace, qui oriente les actions politiques en direction de la noblesse et de la supériorité d'Athènes. Il y a donc dessein, *prohairesis*, quand il y a une certaine capacité d'action ; sans quoi l'on en reste à la simple disposition d'esprit du type de l'*eunoia*. Cette gradation n'est pas sans faire écho à celle que fait Aristote entre l'amitié et l'*eunoia* ; or le Stagirite fait reposer l'amitié sur une certaine *prohairesis*[106].

La prohairesis *& la valeur éthique de l'agent humain*. – La dimension humaine de la *prohairesis*, face aux arrêts de la fortune et

105. τὴν τοῦ γενναίου καὶ τοῦ πρωτείου τῇ πόλει προαίρεσιν.

106. Nous revenons sur ce point dans notre CHAPITRE VI et dans notre CONCLUSION.

des dieux qui sont les vrais maîtres de la puissance et de la force humaine dans le cours de l'histoire, est donc immédiatement aussi une dimension personnelle, où se révèle la personnalité éthique de l'individu agissant, sa *phusis* au sens moral. Cette révélation d'un *qui* éthique au sein de l'action dont le principe – et non l'issue – est le critère est exposée clairement par Démosthène. Dans un mouvement qui est bien moins rhétorique qu'il n'y paraît, l'orateur va jusqu'à poser l'hypothèse qu'on aurait pu connaître le désastre de Chéronée à l'avance ; cela n'en aurait pas été moins honteux de renoncer à combattre Philippe, pour autant qu'on tenait quelque compte de la gloire ou des ancêtres devant la postérité :

> « Puisqu'il [*sc.* Eschine] s'est répandu sur les faits passés, je souhaite dire quelque chose, aussi paradoxal que cela soit. Et que nul, par Zeus et les dieux, ne voie là une étonnante exagération, mais que l'on considère ce que je vais dire avec un esprit ouvert. En admettant même, en effet, que les événements à venir eussent été évidents par avance (*prodèla*) aux yeux de tous, que tous les citoyens en eussent eu connaissance de manière anticipée (*prohèidesan*) et que toi, Eschine, tu les aient prédits (*prouleges*) et que tes alarmes et tes cris en aient témoigné, toi qui n'a pas ouvert la bouche, même ainsi il n'était pas du devoir de la cité de faire défection, si toutefois elle faisait entrer en ligne de compte pour la postérité sa gloire ou ses ancêtres. À présent, notre cité paraît avoir échoué (*apotuchein*), ce qui est le lot commun à tous les êtres humains (*anthrôpois*) dès lors que le dieu en a décidé ainsi (*hotan tôi theôi tauta dokèi*) ; mais alors qu'elle se jugeait digne jadis de présider aux destinées des autres, si elle avait fait défection de son poste, elle aurait été accusée par tous de les avoir livrés à Philippe. Si en effet sans même combattre elle avait abandonné ce pour quoi il n'est aucun danger que nos ancêtres n'aient enduré, qui donc ne t'aurait craché à la figure ? Car certes, je ne peux même envisager qu'on crache sur la cité ni sur moi » (*Sur la couronne*, 199-200).

Il est question ici du *kalon*, c'est-à-dire du beau moral ou de l'honneur, qui se révèle comme devant être le véritable objet que vise le conseiller, et non simplement le succès militaire d'Athènes. On a ici implicitement un *prohaireisthai ta kallista*, une *prohairesis tou kalou*[107]. L'anticipation n'est donc pas pensée par Démosthène comme une anticipation du futur au sens purement événementiel du terme, mais encore avec ses répercussions en termes de qualification morale pour l'auteur de l'action lui-même. En l'occurrence, au § 200, il s'agit bien, dans l'anticipation du futur par le conseiller, d'inclure comme visée essentielle de cette anticipation le beau lui-même.

Or ce type d'approche de la *prohairesis* finit par apparaître en clair dans les paragraphes suivants :

> « Car les Athéniens de ce temps-là ne cherchaient ni un orateur ni un stratège par l'entremise duquel ils se couleraient dans un esclavage bienheureux, ils jugeaient même au contraire indigne de vivre s'il n'était plus possible de le faire dans la liberté. Chacun considérait en effet qu'il était né non seulement pour son père et sa mère, mais encore pour sa patrie. Quelle différence ? Qui considère qu'il n'est né que pour ceux qui l'ont mis au monde attend la mort fixée par le destin, la mort qui vient d'elle-même ; mais qui pense qu'il est né aussi pour la patrie consentira à mourir pour ne pas la voir réduite en esclavage, et tiendra les outrages et les indignités qu'on subit dans une cité asservie pour plus effrayantes que la mort. Assurément, si j'entreprenais d'affirmer que c'est moi qui vous ai conduits à avoir des pensées (*phronein*) dignes de vos ancêtres, il n'y aurait personne qui ne me blâmât à bon droit. Mais en vérité, je suis celui qui révèle que de tels desseins (*prohaireseis*) sont vôtres, et je montre que la cité avait même avant mon temps ce type de pensées (*phronèma*) ; en revanche, j'affirme que j'ai aussi ma part dans leur exécution au fil de chacun des actes accomplis. Mais l'accusateur universel que voici, qui vous presse de me manifester votre acrimonie au titre des peurs et dangers dont je serais la cause pour la cité, il s'attache à me priver d'un honneur présent, mais il vous ôte les éloges pour la totalité du temps à venir. En admettant en effet que, au motif que je n'aurais pas exercé la meilleure des politiques, vous condamniez Ctésiphon, vous serez réputés vous être trompés, et non avoir été victimes des errements de la fortune (*tèi tès tuchès agnômosunèi*). Mais c'est impossible ! impossible que vous vous soyez trompés, Athéniens, en assumant le danger en faveur de la liberté et du salut de tous – impossible ! par ceux de nos ancêtres qui ont autrefois affronté le danger à Marathon, par ceux qui ont formé les lignes à

107. *Cf. Sur la couronne*, 254 (*prohelesthai ta kallista*).

> Platées, par ceux qui ont combattu sur mer à Salamine, par ceux qui étaient à l'Artémision et par beaucoup d'autres, qui reposent dans les monuments funéraires de notre peuple, hommes de valeur, que tous à égalité la cité a ensevelis en les jugeant dignes des mêmes honneurs, Eschine, et non pas seulement ceux dont les efforts avaient obtenu une issue favorable (*tous katorthôsantas*), ni seulement ceux qui avaient emporté la victoire. En toute justice : car ce qui était l'œuvre d'hommes de valeur, tous l'ont accompli ; quant à la fortune, chacun en a eu ce que la divinité lui distribuait » (*Sur la couronne*, 205-208).

Si le ton de l'oraison funèbre se mêle ici au plaidoyer politique, dans un passage dont le morceau final est depuis l'Antiquité fort apprécié pour son inspiration et son efficacité oratoires[108], il n'en reste pas moins que le fond du propos mérite lui aussi une attention pour sa dimension philosophiquement féconde. On a d'abord ici une distinction implicite entre l'*atuchèma*, la malchance, et l'*hamartèma*, l'erreur, dont Démosthène sait par ailleurs user explicitement dans leur différence vis-à-vis de l'*adikèma*, « méfait, crime »[109], et qu'on retrouve chez Aristote, aussi bien dans l'*Éthique à Nicomaque* que dans la *Rhétorique*[110]. Ce qui est en question, c'est de contester la possibilité même d'une erreur (*hamartèma*) qui s'attacherait à un dessein visant le beau moral au cas où la fortune, par l'issue qu'elle donne à l'entreprise, semblerait lui apporter un démenti. Un tel dessein, demeurant fermement en sa qualité éthique, résiste à la qualification postérieure qu'on prétendrait tirer de son issue. C'est à l'inverse lui qui sert de pierre de touche pour qualifier la fortune, et pour qualifier l'issue malheureuse comme étant une malchance, *atuchèma*. La fortune ne peut donc pas conduire à qualifier d'erreur (*hamartèma*) un dessein dont l'issue est malheureuse, car c'est à l'inverse le dessein noble qui qualifie l'issue malheureuse d'infortune (*atuchèma*), et révèle l'incohérence et l'aveuglement de la fortune (*agnômosunè*). Ce faisant, Démosthène pourrait sembler donner

108. Pseudo-Longin, *Du sublime*, 16.

109. *Sur la couronne*, 274-275. Voir aussi, par exemple, *Sur les forfaitures de l'ambassade*, 119, où l'on retrouve implicitement la distinction entre *atuchèma*, *hamartèma* et *ponèria*, « méchanceté ».

110. *Rhétorique*, I 13.1374b6-9 ; *Éthique à Nicomaque*, V 10.1135b11-25.

raison à Eschine, qui l'accuse précisément d'une culpabilité infra-humaine et fait de lui un suppôt de malchance. Mais la fin du texte coupe cette interprétation. La phrase finale, décisive, dessine un resserrement de l'action sur le dessein qui innerve l'action : il y a déjà quelque chose de paradoxalement accompli dans et par le dessein lui-même, indépendamment de l'issue des événements. Dans la partie invocatoire du texte, qui illustre précisément les desseins des ancêtres, Démosthène affirme que l'œuvre même correspondant à ces desseins a été accomplie (*ergon… pepraktai*) par tous les hommes valeureux morts aux combats, indépendamment de leur succès ou de leur échec au niveau des événements historiques et des faits militaires. L'action est pour ainsi dire achevée en vertu même de la qualité de la *prohairesis*, du *phronèma* qui animait les acteurs : le combat *valeureux* mené par les anciens Athéniens est en lui-même une réussite, l'*ergon* a été accompli en tant qu'œuvre d'hommes de valeur, et il a été accompli précisément parce qu'il est commandé par des pensées et des desseins dont la réussite tient en premier lieu à leur propre qualité éthico-politique consistant à mettre l'honneur, la valeur et la gloire de la cité à la première place, avant toute autre chose. Un élément essentiel est donc donné ici par la protestation pourtant d'apparence toute rhétorique, « Mais c'est impossible ! impossible que vous vous soyez trompés » : l'erreur et la rectitude d'une *prohairesis* ne dépendent pas de l'issue événementielle (échec ou succès) telle qu'elle est donnée par l'avènement du futur ; l'erreur et la rectitude d'une action viennent de la qualité des pensées et des desseins des agents, et la visée du beau moral qui anime leurs desseins en garantit une forme de succès. La qualité de ce qui est au principe des actions des citoyens est donc présentée ici comme totalement indépendante de la fortune. L'articulation de la *prohairesis* avec la fortune, correspondant à l'articulation d'un acte d'anticipation avec l'issue réelle des événements dans l'ordre chronologique du temps, permet donc de purifier la *prohairesis* de l'extériorité de la fortune et de l'avènement temporel de l'issue, pour mieux saisir cette *prohairesis* en termes moraux et resserrer l'essentiel de l'œuvre humaine et de l'action sur son principe.

L'intention apologétique de Démosthène est certes évidente. D'autant plus qu'il lui arrive de faire valoir l'argument contraire – du moins à première vue –, dès lors que cela lui paraît utile pour tenter de dissuader l'Assemblée de décider la guerre[111]. Et pourtant il n'en va pas moins ici d'un point moral capital, celui du lieu même de la réussite de l'action, laquelle est précisément le bonheur (*to eu prattein*), et que la pensée aristotélicienne envisagera aussi comme résidant d'une manière essentielle en son point de départ, à savoir en son principe qu'est la *prohairesis*, quand bien même la qualité de l'issue, à savoir le succès de l'action étant allée à son terme, ne peut certes pas être totalement éliminée. C'est ce qui fera la différence entre le bonheur (*eudaimonia*) de l'homme vertueux et la félicité (*makariotès*), dans laquelle la bonne fortune (*eutuchia*) s'ajoute au bonheur (*eudaimonia*)[112]. La bonne fortune va toutefois être elle-même réinterprétée par Aristote (à la suite d'ailleurs de Platon) à partir de la vertu : l'*eutuchia* ne se comprend qu'à partir du bonheur[113], et le bonheur repose sur les actes commis selon la vertu[114]. La chance est donc refondée sur la vertu morale, aussi vrai qu'une grande richesse peut faire le malheur de qui n'est pas vertueusement structuré. La vertu de l'agent est donc première et fondamentale pour toute bonne fortune ultérieure. Or un dernier pas est fait aussi par Démosthène dans ce sens, mais il en exprime l'idée différemment. La bonne fortune n'est même plus tant ce qui est extérieur et différent du dessein présidant à l'action politique ; c'est le dessein lui-même qui, parce qu'il vise un but élevé et noble, moralement beau, constitue en soi et par soi une part de la bonne fortune. Répondant (à partir du § 212) à l'excès même

111. Démosthène, *Prologues*, L 2 : « D'aucune action le dessein n'est célébré (οὐδενὸς γὰρ εὐδοκιμεῖ πράγματος ἡ προαίρεσις), s'il ne reçoit pas aussi une issue (τέλος) qui soit profitable (*sumpheron*) et belle (*kalon*) ». En fait, cette dernière mention de la beauté fait que cet argument n'est pas frontalement contraire à l'argumentation de *Sur la couronne* et peut même se concilier pleinement avec elle.

112. *Éthique à Nicomaque*, I 11.

113. Voir *Éthique à Nicomaque*, VII 14.1153b21-25.

114. *Éthique à Nicomaque*, I 11.1100b9-10.

de l'accusation d'Eschine touchant la question de sa malchance personnelle et contagieuse, Démosthène commence par souligner, en parlant d'Eschine, que...

> « Si l'on peut percevoir son inintelligence et son fiel de tous les côtés de son discours, le moindre n'est pas ce qu'il a dit de la fortune. En ce qui me concerne, de manière générale, un être humain reprochant sa fortune à un autre être humain, je le tiens pour insensé ; cette fortune, dont l'homme qui pense agir excellemment et croit de bonne foi qu'il a la meilleure du monde ne sait pas si elle durera ne serait-ce que jusqu'au soir, comment lui faut-il en parler, comment lui faut-il en faire reproche à un autre ? Mais puisque l'individu que voici a en cette matière comme en bien d'autres parlé avec une insolente présomption, examinez, Athéniens, considérez avec combien plus de vérité que lui et combien de sentiments plus conformes à la condition humaine (*anthrôpinôteron*) je parlerai pour ma part de la fortune. En ce qui me concerne, je tiens la fortune de notre cité pour bonne, et je vois même Zeus de Dodone vous le signifier par oracle ; la fortune qui s'est abattue sur tous les autres êtres humains, je la tiens pour mauvaise et terrible. Qui des autres Grecs, qui des autres Barbares n'a fait la dure épreuve de grands et nombreux maux dans le temps présent ? Assurément, le fait d'avoir eu pour dessein ce qui était le plus beau (*to prohelesthai ta kallista*), combiné au fait d'avoir mieux réussi que les autres Grecs qui croyaient, en nous abandonnant, s'assurer une vie heureuse (*eudaimoniai*), je compte cela comme relevant de la bonne fortune (*agathès tuchès*) ; de l'autre côté, quant au fait de se heurter à des obstacles et que ne se soit pas produit tout ce que nous voulions (*eboulometha*), je considère que la cité n'a fait là que prendre sa part de l'infortune des autres êtres humains » (*Sur la couronne*, 252-254).

Démosthène présente donc la bonne fortune elle-même comme consistant d'abord en une bonne *prohairesis*, et non une bonne *prohairesis* comme étant révélée *a posteriori* par une bonne fortune. Si la volonté peut être déçue par les événements, la *prohairesis* n'en est pas moins accomplie, quand bien même l'issue n'a pas apporté l'objet du vouloir[115]. On a là une pensée paradoxale de l'action en son principe, qui joue avec une structure temporelle complexe.

115. Comparer avec ce que nous avons dit à propos de la *pronoia* dans la procédure de *trauma ek pronoias* (Lysias, *Contre Simon*, 41-42) et avec Aris-

Conclusion. – Les discours d'un Démosthène ou d'un Lycurgue sont aujourd'hui lectures d'érudits et délices d'amoureux de la rhétorique ; ils étaient jadis l'activité même d'Athènes comme réalité politique. Tout citoyen pouvait les entendre de la bouche de leurs auteurs, animés par leur passion politique et la défense de leur honneur, de leurs ambitions sinon de leurs intérêts. L'espace public, l'Assemblée, les tribunaux, étaient pour ainsi dire un théâtre, de même que le théâtre était un espace politique au sens le plus profond du terme[116]. La bataille de géants qui opposa Démosthène à Eschine à travers la pâle figure de Ctésiphon tournait justement autour d'un événement public qui devait avoir lieu au théâtre (couronnement au théâtre de Dionysos), et dut être un spectacle politique autant qu'un événement historique. On sait la véhémence de Démosthène dans ce que l'art rhétorique nomme l'action et que les grecs appelaient du nom même du jeu d'acteur, *hupokrisis*. Démosthène lui-même, selon une anecdote que la tradition nous rapporte, aurait pris des cours auprès d'un comédien, et aurait répondu à qui lui demandait ce qui venait en premier dans l'art rhétorique : « le jeu d'acteur (*hupokrisis*) », et à la question de ce qui venait en second, puis en troisième, à chaque fois, cette même réponse : « le jeu d'acteur, le jeu d'acteur »[117]. On imagine, à lire la parodie d'Eschine à laquelle se livre Démosthène dans *Sur la couronne*,

TOTE, *Topiques*, I 3.101b5-9, où l'on retrouve une complexité comparable : le but voulu n'est pas atteint, et pourtant ce qui a été prévu par la *pronoia* tout comme par la *prohairesis* a été accompli. Même schéma chez HYPÉRIDE, *Oraison funèbre*, 40.

116. La comparaison des discours politiques avec le théâtre a été utilisée dès l'Antiquité pour critiquer la démagogie et la politique-spectacle (THUCYDIDE, III 38, où se voit dénoncée la dénaturation de la délibération politique en un spectacle d'orateurs brillants, dans un discours de Cléon qui fait lui-même montre par là – à travers la recomposition de Thucydide – d'un grand talent d'orateur). Il n'empêche que le théâtre dans sa vérité vise à autre chose qu'au plaisir superficiel des mots et à l'agrément irréfléchi des auditeurs.

117. PS.-PLUTARQUE, *Vies des dix orateurs*, 845a-b. *Cf.* PLUTARQUE, *Vies : Démosthène*, 11.2-3.

ce qu'a pu être le jeu démosthénien[118]. Que serait-ce donc, si nous avions entendu « *la bête en personne* » ! Car même le texte écrit vibre encore aujourd'hui, dans la lecture silencieuse, de l'énergie exceptionnelle de l'Athénien et du rythme qu'il savait donner à un discours pourtant très long et parfois répétitif, mais jamais lassant, grâce aux ruptures de niveau de langage et de composition, tantôt argumentation rationnelle s'élevant posément à des considérations générales, tantôt récit historique immergeant les auditeurs dans la singularité des événements dont la vie même est restituée avec quelque pittoresque, tantôt expression d'une indignation culminant en des éclats de protestations avant de fondre sur son adversaire en des invectives saignantes, pour mieux étaler enfin une calme condescendance et un irrémédiable mépris envers un ennemi finalement par trop stupide et à peine digne qu'on lui réponde. Eschine lui-même – et Démosthène le rappelle à loisir pour l'en flétrir – était au départ un acteur – de troisièmes rôles (*tritagônistès*) – et la beauté de sa voix, que Démosthène, peut-être par jalousie mal rentrée, raillait régulièrement, devait être un attrait non négligeable du personnage[119], pour le reste moins brillant que son redoutable adversaire. Autour des tribunaux, comme autour de l'Assemblée sur la Pnyx, les étrangers ou les Athéniens pouvaient se masser comme un public assistant à une représentation[120]. Si, comme le dit Aristote dans la *Poétique*, le

118. Par ex. la parodie qu'on lit au § 127 du discours *Sur la couronne* porte sur les derniers mots d'Eschine dans le § 260 du *Contre Ctésiphon*, invocation dont le ridicule est à vrai dire sensible même à plus de deux millénaires de distance et sans la contrefaçon de Démosthène. Le jeu démosthénien était du reste apprécié diversement, à en croire la tradition : tantôt admiration, tantôt sentiment d'exagération voire de ridicule (*Vies des dix orateurs*, 845b ; *Vies : Démosthène*, 11.3-4).

119. Les *Vies des dix orateurs* parlent de la belle voix d'Eschine (841e), qui permit sa première vocation et l'on sait les difficultés qu'eut Démosthène en matière d'élocution (*Vies : Démosthène*, 11.1). Les allusions caustiques aux fonctions d'acteur d'Eschine parsèment les discours de Démosthène contre Eschine : *Sur la couronne*, 13, 15, 180, 242, 262, 313 ; *Sur les forfaitures de l'ambassade*, 246-247.

120. *Cf.* par ex. *Sur la couronne*, 196. Démosthène lui-même compare ironiquement les procès qu'intentait Eschine à des drames pleins d'innovations (*Sur les forfaitures de l'ambassade*, 120).

drame théâtral était une imitation des hommes en action[121], inversement, la vie politique athénienne était déjà en elle-même un théâtre d'actions. L'acteur politique dans l'espace public de la démocratie originelle directe, espace qui se fait scène de théâtre pour la cité et même la Grèce tout entière, compose par ses discours son propre rôle et l'interprète à la tribune, en même temps qu'il fait avancer par cette parole même l'histoire de sa nation.

En un mot, il est impossible que la charge rhétorique et théâtrale dont Démosthène a lesté le vocabulaire de la *prohairesis* n'ait pas attiré l'attention d'Aristote sur cette notion, quelles que soient les réticences que le philosophe ait pu par ailleurs avoir quant à l'action oratoire en général[122]. Que le discours *Sur la couronne* ait été remanié après le procès (car il est dans son état actuel manifestement trop long pour une audience d'une journée), ne change rien au fond de l'affaire, puisque les traits structurants du plaidoyer n'ont pas pu être modifiés. On ne peut de toutes façons pas assurer qu'Aristote aurait disposé de la version écrite du discours *Sur la couronne*[123]. Ce qui nous intéresse ici est que les textes que nous possédons ne sont qu'une partie et une trace écrite non seulement de la réalité vivante des discours tenus par les orateurs engagés en politique, mais encore des propos échangés dans l'espace public athénien, des fuites sur les stratégies de défenses, des conciliabules ou « promenades » en ville, etc. Dans le temps précédant l'audience proprement dite, l'agora elle-même bruissait de toutes les rumeurs politiques du moment

121. Aristote, *Poétique*, 3.

122. Voir *Rhétorique*, III 1.1403b20-1404a19. Il revient très probablement à Théophraste, selon L. Pernot, d'avoir été le premier à composer un traité de l'action oratoire (*Peri hupokriseôs*), dans lequel il aura pu prendre pleinement acte du « phénomène Démosthène », quand Aristote constatait l'importance de l'*hupokrisis* tout en la regrettant (L. Pernot, « Théophraste, un innovateur dans le domaine de la rhétorique », p. 1303-1306).

123. S'il est possible que les deux discours antagonistes du procès de la couronne aient fait l'objet, comme le dit P. Carlier, d'une publication qui aurait suivi de peu la tenue du procès (*Démosthène*, p. 317), cela reste une question délicate. Pour la question de la publication des œuvres de Démosthène, nous renvoyons à l'Annexe de cet ouvrage sur l'orateur athénien (*op. cit.*, p. 305-326).

et des stratégies voire des arguments des discours que tiendraient les parties au procès[124], et l'on parla manifestement de ce fameux procès encore après qu'il avait eu lieu[125].

Aristote terminait son premier séjour à Athènes au moment où eu lieu l'altercation entre Midias et Démosthène et où celui-ci entreprit la rédaction de la *Midienne* (-348 / -347). Il y est revenu en -335 / -334, peu après que fut lancée la procédure contre Ctésiphon (-337 / -336). Il y était présent au moment où se tint le procès sur la couronne (-330). Ces années correspondent à la période où il fonda et anima le Lycée. Il ne quitta définitivement Athènes qu'en -323 / -322, soit peu de temps avant la fuite de Démosthène lui-même. Dans les périodes précédentes, quand Aristote, après son premier séjour auprès de Platon, n'était pas à Athènes (-348 / -335), il était en grande partie à la cour macédonienne (-343 / -335), où l'on se préoccupait fort des discours de « la Bête », que Philippe se faisait rapporter[126]. Aristote vivait donc sans conteste dans le même espace politique que les orateurs que nous avons croisés, et les discours politiques faisaient entièrement partie du fonds vivant sur lequel il édifiait ses propres théories éthico-politiques. En conséquence, sa réflexion sur la *prohairesis* comme principe de responsabilité et principe de l'action humaine ne peut pas consister à inventer un concept technique spécifique à la philosophie (comme se le représente une partie de l'exégèse aristotélicienne), mais bien à théoriser une réalité qui était dans le même temps la plus vivante qui soit au sein des discours des *politeuomenoi* et de Démosthène particulièrement.

Certes, Démosthène n'écrit pas un traité de philosophie de l'action, et il n'entreprend pas une définition de la *prohairesis*. Mais il n'a pas davantage entrepris une définition de la délibération, ni des institutions d'Athènes, ni de la guerre ni de la

124. Voir par exemple le tout premier paragraphe du *Contre Ctésiphon*. *Cf.* l'allusion récurrente aux promenades bruissantes de rumeurs auxquelles les Athéniens se livraient, comme le signale régulièrement Démosthène (verbe περιιέναι, *Sur la couronne*, 158 ; *Philippiques*, I 10, 48).

125. Théophraste, dans les *Caractères*, représente justement le Loquace comme s'étendant à loisir sur le procès de la couronne (VII 6).

126. Ps.-Plutarque, *Vies des dix orateurs*, 845d.

plupart des réalités qui relevaient de son action de citoyen de premier plan. Cela n'empêche en rien toutes ces notions d'avoir la plus grande consistance dans ses propos. En particulier, ce n'est qu'avec un discours doté de la charge rhétorique que possède le discours *Sur la couronne*, de cette force d'apologie de soi, que l'on peut être amené à soupçonner qu'avec la *prohairesis* s'exprime quelque chose qui coïncide avec l'être humain lui-même, dans sa distinction d'avec le hasard, les dieux, et qui est le support à la fois de la responsabilité et de la qualité éthique de la personne.

Aristote a pu écrire que la *prohairesis* comme principe de l'action coïncidait avec un *anthrôpos* ; Démosthène ne l'a pas *écrit*, il a *été* cette identification de l'homme même à sa *prohairesis*. Au philosophe, la théorie ; au politique, le théâtre.

L'affaire d'Harpale (-324 / -323)

Si, dans l'affaire de la couronne, nous avons la possibilité de mettre en vis-à-vis le discours de Démosthène et celui de son adversaire, il n'en va malheureusement pas de même dans l'obscure affaire d'Harpale (-324), qui n'est du reste pas sans lien avec le cuisant échec que subirent les adversaires de Démosthène lors du procès de Ctésiphon. Quelque trouble qu'ait été l'attitude de Démosthène lors de la venue du trésorier d'Alexandre à Athènes, il semble certain que l'alliance contre-nature qui s'est conclue entre les partisans athéniens du pouvoir macédonien et les opposants résolus à la Macédoine avait pour but de se débarrasser définitivement d'un adversaire qui avait déplu aux pro-macédoniens par son opposition antérieure à Philippe et aux anti-macédoniens par ses tergiversations réelles ou apparentes, aussi bien dans le passé que plus récemment, à partir de l'accession d'Alexandre au trône (-336). C'est en effet toute la politique passée de Démosthène qui est à nouveau mise en accusation à travers ce procès, comme elle l'avait été dans l'affaire de la couronne, et l'on sait qu'une fois Démosthène – qu'on avait à dessein fait comparaître en premier – condamné par le tribunal suite au rapport (*apophasis*) de l'Aréopage, les verdicts pour les sept accusés suivants (dont Démade) furent nettement plus cléments.

Dans ces conditions – un procès visant la politique incarnée par Démosthène et sa personne même –, il est particulièrement frappant de voir ici l'absence du terme *prohairesis* et le faible emploi du verbe *prohaireisthai* dans les plaidoiries restantes d'un procès tenu en -323, quelque six ans après le procès où Démosthène prononça le discours *Sur la Couronne*. Aucun des deux orateurs dont nous conservons soit le texte entier (Dinarque, en l'occurrence logographe) soit des fragments étendus (Hypéride, accusateur désigné par l'Assemblée) ne fait usage de ces expressions marquantes qu'avait utilisées Démosthène, comme celle de *prohairesis tès politeias,* alors même qu'ils mettent ouvertement en question toute la politique démosthénienne, et que par ailleurs l'usage des termes *prohairesis* & *prohaireisthai* que fait Hypéride est conforme à ce qu'on voit chez celui dont il fut longtemps l'ami.

Comme ce n'est pas seulement l'expression *prohairesis tès politeias* qui manque dans ces dicours, mais encore toute utilisation des mots *prohairesis* & *prohaireisthai* dont le nom de Démosthène pourrait être le sujet, on est probablement devant autre chose qu'une absence fortuite. Il s'agirait là d'une contestation radicale de Démosthène, similaire à celle qu'avait tentée Eschine six ans plus tôt : non pas une contestation de son action politique, mais une destitution de son statut d'auteur authentique d'action politique. Les partisans radicaux de l'indépendance d'Athènes, Hypéride notamment, lui reprochaient durement ce qu'ils tenaient pour un manque d'action.

Dinarque logographe, Contre Démosthène

Dinarque était métèque. Il n'était donc pas un *politeuomenos.* Non engagé directement dans une action politique à laquelle il ne pouvait prétendre à Athènes, il exerça ses talents comme logographe, à l'instar de Lysias. Il rédigea à ce titre cinq discours prononcés dans l'affaire d'Harpale, dont il nous reste *Contre Démosthène* (le plus long et le plus travaillé), *Contre Aristogiton* & *Contre Philoclès.* Composé pour l'un des dix accusateurs désignés par l'Assemblée, le plaidoyer *Contre Démosthène* est une deutérologie. Comme tel, il a pour fonction non de produire une argumentation fournissant des preuves (qui ne sont du reste données nulle part, ni par les discours des accusateurs, ni par ce qu'il est dit par eux du rapport de l'Aréopage) ni même une narration des faits incriminés, mais de jouer sur les affects des juges afin de s'assurer de la sévérité de la peine en excitant leur indignation et leur colère[127]. Les accusateurs ne demandent pas moins que la peine de mort contre Démosthène, et la justification en est tirée non seulement de la gravité du crime de trahison – dont les accusateurs estiment que la simple déclaration dans le rapport de l'Aréopage suffit à en établir la réalité[128] –, mais encore de la totalité de la politique passée de Démosthène. Si l'on considère le fait que ce discours de Dinarque s'inspire non seulement d'Eschine, mais des discours mêmes de l'accusé, et notamment du discours *Sur la couronne*[129] – ce qui signifie qu'il l'avait en sa possession et l'avait étudié –, on voit que l'absence du terme de *prohairesis* dans ce plaidoyer et l'usage tout-à-fait insignifiant du verbe *prohaireisthai* (5 occurrences) ont quelque chose de remarquable et en définitive de très signifiant. Car aucune des occurrences du verbe chez Dinarque n'a Démosthène pour sujet, bien qu'elles apparaissent pourtant toutes dans ce discours dirigé contre Démosthène, et dans aucun des deux autres discours (qui avaient pour cible Aristogiton et Philoclès). Or ce discours accusatoire file à nouveau avec insistance le thème de la mauvaise fortune de Démosthène. Ainsi, l'accusateur reproche à Démosthène de n'avoir pas agi, et non seulement de n'avoir pas agi, mais encore d'avoir porté malchance à ceux qui se proposaient d'agir (verbe

127. Voir les explications de M. Nouhaud, Notice des *Discours* de Dinarque (cuf), p. xii-xiii.

128. *Cf.* l'argument d'Hypéride, *Contre Démosthène* (Frg. 3, H. col. 7), pour le moins exotique considérée depuis notre moderne présomption d'innocence : « Pour moi, que tu aies reçu de l'or [d'Harpale], je considère que les juges en ont une preuve suffisante dans le fait que l'Aréopage t'a déclaré coupable, alors même que tu t'en étais remis à lui ». Voir aussi Dinarque, *Contre Démosthène*, 84.

129. Comparer Dinarque, *Contre Démosthène*, 96, avec Démosthène, *Sur la couronne*, 311 (et dans une moindre mesure, avec *Sur les forfaitures de l'ambassade*, 282). Plus de détails dans la Notice de M. Nouhaud aux *Discours* de Dinarque, p. xiii-xiv.

prohaireisthai), et par là à la cité tout entière. Le motif de l'agir et du *prohaireisthai,* attaché aux citoyens de valeur, s'oppose à la *tuchè* néfaste de Démosthène, privé par le discours de Dinarque de toute *prohairesis*. Quand les autres agissent, Démosthène ne fait que porter la poisse :

> « Depuis qu'il a commencé à conseiller le peuple – plût au ciel que cela ne fût jamais arrivé ! – [...], n'est-il pas vrai que pas le moindre bien n'est arrivé à notre cité, tandis qu'il a précipité toute la Grèce, et non seulement notre cité, dans les périls, les malheurs et le discrédit ? Et que profitant de maintes occasions dans ses harangues au peuple, il a laissé passer la totalité des occasions qui vous étaient favorables ? Et que dans des circonstances où un homme patriote et soucieux de sa cité se serait proposé de conduire quelque action (*proheileto ti praxai*), il s'en faut tant que ce conducteur du peuple (*dèmagôgos*), qui prétendra dans un instant vous avoir été utile, ait suscité quelque action (*praxin tina propherein*), qu'il a même communiqué de sa poisse personnelle (*tès hautou tuchès*) à ceux qui agissaient (*tous prattontas*) en votre intérêt ? Charidème leva l'ancre pour se rendre auprès du roi des Perses, voulant vous être utile non en paroles mais en actes (*ou logois all'ergois*) et vous assurer le salut ainsi qu'au reste des Grecs, à ses propres risques et périls ; notre accusé, lui, faisait tranquillement le tour de l'agora en inventant des histoires et se donnait pour partie-prenante des actions en cours (*tôn prattomenôn*) : ainsi la fortune (*hè tuchè*) les ruina-t-elle, si bien que l'affaire fut contraire à nos attentes. Ephialte appareilla, tout animé de haine contre notre homme, contraint néanmoins par nécessité de lui faire prendre part à l'affaire (*tôn pragmatôn*) : la fortune l'enleva lui aussi à notre cité. Euthydicos se proposait d'accomplir des actions en faveur de notre démocratie (*prohèireito tas huper tou dèmou praxeis*) ; Démosthène fit savoir qu'il était son ami : il périt » (*Contre Démosthène*, 31-33).

Le logographe se plaît ici à accumuler à un rythme rapide, favorisé par l'asyndète, une liste d'hommes engagés dans l'action et doués de véritables desseins, tandis qu'un seul et même trublion leur porte à chaque fois la poisse, une poisse qui lui est personnellement attachée et qu'il transmettrait ainsi à tout ce qu'il touche, ne serait-ce qu'en paroles. Le geste de Dinarque est ici exactement inverse de celui de Démosthène dans le discours *Sur la couronne*. Dinarque attache ici à la personne même de Démosthène une malchance qui serait purement comique si les exemples choisis n'étaient dramatiques, quand Démosthène s'était évertué à attacher à sa personne le principe d'une action politique d'ampleur, à savoir une *prohairesis,* dans la complexité de sa structure temporelle et éthico-politique. Nulle *prohairesis,* nulle action véritable ne sont attachées à Démosthène chez Dinarque mais seulement une fortune malchanceuse, comme on le voit à nouveau au § 101, où cette fois Dinarque, après avoir reproché à Démosthène de s'en être tenu aux mots et d'avoir porté malchance à ceux qui agissaient, lui reproche même de n'avoir pas usé comme il fallait de ce ministère de la parole qu'il a exercé en tant que conseiller :

> « As-tu donc attaqué ne serait-ce qu'un décret, ô Démosthène, parmi tous ces décrets redoutables et contraires aux lois que Démade proposait en nombre ? As-tu jamais empêché une de ces actions (*tina praxin*) que celui-ci entreprenait (*ekeinos prohelomenos*) pour conduire sa politique (*pepoliteutai*) contre notre démocratie ? » (*Contre Démosthène,* 101).

Ainsi l'absence de la *prohairesis* et du *prohaireisthai,* ainsi que de la *praxis* et de la *politeia* quand Dinarque parle de Démosthène n'a manifestement rien de fortuit, et ne peut guère l'être de la part d'un logographe qui par ailleurs s'inspire du discours *Sur la couronne* : ce qui se réalise dans de tels passages composés par Dinarque est la pure et simple négation du statut d'homme d'action politique de Démosthène. Cette tentative de présenter Démosthène comme *un pur néant politique* est tellement osée et entre dans une contradiction si flagrante avec les faits, qu'elle ne pouvait se réaliser qu'implicitement, par une absence soigneusement calculée des termes évoquant le mieux l'action politique quand il s'agit de Démosthène, tout en utilisant ces termes pour tous les autres acteurs. Le thème de la *tuchè* est lourdement filé[130] pour effacer la dimension politique de l'orateur. L'affaire d'Harpale est elle-même une chance (*agathè tuchè,* 98) de se débarrasser de ce néant qu'est Démosthène doté d'un pouvoir négatif : sans

130. *Contre Démosthène,* 31-33, 91-93, 98...

fiabilité dans l'action militaire, sans utilité dans l'administration des affaires intérieures, versatile, délaissant les actions favorables à la cité (97). Cette chance, Dinarque prétend la prouver par la lecture d'une prophétie (98), impliquant ainsi directement les dieux dans l'affaire. L'ensemble du discours vise ainsi à déplacer la causalité inscrite en Démosthène (*cf. aitios*, 86), à la faire passer à une causalité d'ordre en partie religieux, la *tuchè* divine s'exprimant à travers Démosthène, qui donc en conséquence est et n'est pas cause[131].

Ce jeu stylistique très calculé manifeste ainsi que les orateurs contemporains de Démosthène ont saisi le poids que celui-ci avait réussi à donner à ces termes et en ont pris acte pour leur propres stratégies oratoires lorsqu'ils s'opposaient à lui.

Enfin, on mentionnera les deux occurrences des §§ 50-51, qui présentent de leur côté un intérêt politique nouveau quoiqu'il n'y ait là aucune signification nouvelle, car elles concernent une instance politique délibérative, à savoir le Conseil de l'Aréopage, et sont inscrites dans une opposition qui fait ressortir la dimension d'initiative attachée à *prohaireisthai*, par distinction d'avec une action entreprise sur injonction d'une autre instance :

> « Nécessairement, Athéniens, le Conseil de l'Aréopage fait tous ses rapports selon deux modalités. Quelles sont-elles ? Ou bien il en prend lui-même l'initiative (*autèn prohelomenèn*) ; ou bien il mène l'enquête sur injonction du peuple » (*Contre Démosthène*, 50).

Dans cette opposition, c'est la dimension d'initiative qui ressort le plus, et qui rejoint le sens du terme *authairetos*.

Hypéride accusateur, Contre Démosthène

Hypéride, longtemps l'ami de Démosthène en politique, mais qui se brouilla avec lui au point de figurer en -323 comme son accusateur dans l'affaire d'Harpale, et qui se retrouva à nouveau dans le même camp que lui à la mort d'Alexandre, a lui aussi

131. Voir δι᾽ ἥντιναδήποτ᾽ αἰτίαν ἢ τύχην, ἐῶ γὰρ τοῦτο, *Contre Démosthène*, 93.

composé un discours où la *prohairesis* de l'acteur politique qu'est Démosthène est passée sous silence, du moins à en juger par les fragments que nous possédons. Encore plus que Dinarque, Hypéride avait des raisons pour effacer l'action de Démosthène, puisque, faisant lui-même partie des opposants à la Macédoine, il reprochait précisément à son ancien ami de ne s'être pas assez prononcé en faveur d'une action ferme contre l'ennemi, par suite de ce qui lui apparaissait comme des tergiversations et des manœuvres dilatoires. Il n'empêche qu'avant de s'instituer comme son ennemi mortel pour une période en définitive assez courte, Hypéride avait longtemps partagé avec Démosthène sa *politeia & prohairesis*. Et c'est un fait que l'usage, généralement politique (mais non juridique), que fait Hypéride des termes *prohairesis* et *prohaireisthai* est conforme, grossièrement, à ce que l'on voit chez Démosthène[132]. Sans nous aventurer à avoir sur ce point plus d'assurance que la prudence n'en recommande au vu de l'état mutilé du texte, on notera au moins que la seule mention du verbe *prohaireisthai* dans les fragments du *Contre Démosthène* est accolée à l'accusé, sans lui revenir de plein droit, et que cela se produit précisément lorsque l'amitié politique qui liait l'accusateur à l'accusé est évoquée :

> « Après cela, tu oseras dans un instant, au sujet de notre amitié, faire valoir contre moi que je n'ai pas jugé honteux de la trahir, une amitié que tu as toi-même rompue lorsque tu pris l'or d'Harpale au détriment de notre patrie, et que tu renversas tes positions. Et si

132. Comparer par ex. *Contre Philippide* (plaidé probablement durant l'hiver -336 / -335), Frg. 15b, L. col. 6 lg. 13-16 (καιτοὶ οὗτοι μέν, τὴν Ἑλλάδα σῴζειν προελόμενοι, ἀνάξια τῶν φρονημάτων ἔπασχον), avec *Sur la couronne*, 206 (προαιρέσεις & φρόνημα) ; *Pour Lycophron* (procès plaidé probablement vers -333), Frg. 2, H. col. 43 lg. 3 (τῇ κατηγορίᾳ χρῆσθαι, οὕτω καὶ ἐμὲ ἐᾶτε ὃν τρόπον προῄρημαι καὶ ὡς ἂν δύνωμαι ἀπολογεῖσθαι), avec *Sur la couronne*, 2 (τὸ καὶ τῇ τάξει καὶ τῇ ἀπολογίᾳ, ὡς βεβούληται καὶ προῄρηται τῶν ἀγωνιζομένων ἕκαστος, οὕτως ἐᾶσαι χρῆσθαι). Les occurrences du *Pour Euxénippe* (plaidé probablement entre -330 et -325) sont d'ordre politique (A. col. 37 lg. 23 : ἐπείπερ προῄρησαι πολιτεύεσθαι, καὶ νὴ Δία καὶ δύνασαι. A. col. 38 lg. 9 : παρὰ γὰρ τούτοις [*sc.* les orateurs et les stratèges, par opposition à un simple particulier comme Euxénippe] ἐστὶ καὶ τὸ δύνασθαι βλάπτειν τὴν πόλιν, ὅσοι ἂν αὐτῶν προαιρῶνται).

tu couvris ta propre personne de ridicule, c'est de honte que tu as accablé ceux qui, dans les premiers temps, avaient pour partie adopté les mêmes visées politiques que toi ([τῶν αὐ]τῶν τί σοι προ[ελομέν]ους) (*Contre Démosthène*, Frg. 5, H. col. 20-21, p. 257 CUF[133]).

L'usage que fait Hypéride des termes qui nous occupent est ainsi similaire à celui de Démosthène. Porteur chez Démosthène d'une forte charge personnelle, principe d'une action pleine et entière, le terme conserve ces qualités chez Hypéride, raison pour laquelle, selon les besoins de son discours accusatoire, l'ami devenu accusateur en prive Démosthène, et, selon les besoins d'un style rénové d'oraison funèbre, le même orateur va le prêter à un Léosthène dont il entend mettre en valeur nommément et personnellement les qualités (voir ci-dessous).

Démade

Partisan ouvert de la Macédoine, ne faisant pas mystère de sa vénalité, personnalité intéressante au moins par son refus de l'hypocrisie ambiante sur ce point[134], l'Athénien Démade, du même dème que Démosthène mais dans l'ensemble opposé à lui en politique, fit partie des accusés dans l'affaire d'Harpale.

Il ne nous reste que des bribes de son activité d'orateur. Indépendamment même des questions d'authenticité, la considération des textes disponibles sous le nom de Démade n'apportera donc pas d'élément nouveau. Le seul enseignement qu'on puisse en tirer, c'est qu'il y a chez lui un usage du verbe conforme à celui des autres orateurs. Le substantif *prohairesis* n'apparaît pas dans les fragments. L'une des trois occurrences du verbe est en étroite association avec la notion de volonté, *boulèsis,* point qui fera l'objet des analyses aristotéliciennes[135]. Avant celle-ci, une

133. Le texte cité ici est celui qu'a établi G. COLIN (HYPÉRIDE, *Discours*, CUF). Les lettres entre crochets droits sont une réfection.

134. DINARQUE, dans *Contre Démosthène* (104), prête à Démade la reconnaissance publique de sa vénalité vis-à-vis de la Macédoine. À la différence de Démosthène, Démade n'avait pas de fortune personnelle. Il semble avoir eu généralement un franc-parler irrévérencieux envers Athènes.

135. Frg. 87.7 : rapprocher ἡ τῶν ἀκουόντων βούλησις de ὑμῶν ἀκούειν προαιρουμένων μετ᾽ εὐνοίας.

occurrence s'inscrit dans une formule désormais courante : une prière faite aux juges de laisser parler l'orateur comme il se l'est proposé[136]. La troisième occurrence parle simplement de ceux dont l'audace les porte à n'importe quelle entreprise[137]. On trouve une quatrième occurrence, qui appartient en fait au citateur[138].

III. LA *PROHAIRESIS* & L'ÉLOGE FUNÈBRE

En -338, Athènes enterre ses morts de Chéronée. Démosthène se voit désigné pour prononcer l'oraison funèbre, le traditionnel *epitaphios logos* dont les Athéniens se vantaient d'être les seuls à le pratiquer[139]. En admettant que le texte qui nous est parvenu sous le nom de l'orateur soit bien de sa main, on y constate, six ans avant le grand discours *Sur la couronne*, que la *prohairesis* n'y joue aucun rôle important[140]. Parallèlement, il n'y a pas d'innovation notable dans cette oraison. Il faut dire qu'il s'agit d'un genre solennel et codifié – ce qui entraîne une sobriété qui a précisément conduit à soupçonner l'authenticité du discours, la « patte » démosthénienne n'y ayant pas apposé son empreinte de manière franche[141].

136. Frg. 87.5 : δότε δή μοι πρὸς θεῶν, ὦ ἄνδρες Ἀθηναῖοι, δότε διαλεχθῆναι ὡς προαιροῦμαι πρὸς ὑμᾶς περὶ τῶν δικαίων.

137. Frg. 134 lg. 2 : τοῖς πάντα τολμᾶν προῃρημένοις.

138. Frg. 44 lg. 1. Élien (+IIe s.), qui rapporte un mot de Démade, est amené à écrire : προείλοντο τοῦ Φωκίωνος Ἀθηναῖοι τὸν Δημάδην στρατηγεῖν. Cette construction, de type προαιρεῖσθαί τι πρό τινος est totalement inusitée à l'époque d'Aristote (en *Philippiques*, II 5, signalons la présence d'une leçon de ce type présentée par deux manuscrits, leçon concurrencée par celle des autres manuscrits qui présentent ἀντί, et qu'il faut à notre sens retenir). Cette construction se trouve aussi chez Stobée prétendant rapporter un mot de Démosthène (*Florilège*, 3, 9, 27, publié dans Démosthène, *Lettres et fragments*, cuf, n° 40 p. 145).

139. Démosthène, *Contre la loi de Leptine*, 141.

140. La seule occurrence de *prohairesis* au § 28 ne sert pas à mettre en valeur les actions des morts, mais concerne un principe directeur adopté par Thésée (à savoir l'égalité civique, ou *isègoria*). La seule occurrence du verbe *prohaireisthai* (12) est quant à elle de l'ordre du méta-discours.

141. Voir les raisons de cette mise en cause dans la présentation qu'en fait R. Clavaud (cuf).

L'heure de la justification du désastre n'est pas encore venue, et Démosthène se fait discret dans cet éloge officiel de morts dont il pourrait être tenu pour responsable. L'éloge ne laisse de toute façon pas la place à une justification de celui qui le prononce et doit être tout entier dédié à la célébration de la cité.

En -322, Athènes enterre ses morts de la première année de la guerre lamiaque, qui a éclaté après la disparition subite d'Alexandre en -323. Hypéride se voit cette fois désigné pour prononcer l'oraison funèbre. Le vocabulaire de la *prohairesis* y figure en bonne place[142]. Il accompagne et prête son expression à une innovation décisive et régulièrement soulignée par les spécialistes du sujet : l'irruption d'une individualité dans l'éloge, en l'occurrence le stratège Léosthène, dans une institution politique centrale pour la démocratie athénienne, l'oraison funèbre, par laquelle la cité se célébrait elle-même traditionnellement dans son unité à travers le temps et les générations. Nous sommes ici huit ans après la prononciation du discours *Sur la couronne*.

La facture normale de l'oraison funèbre classique (*epitaphios logos*), premier mode attesté de l'éloge en prose[143], veut, comme l'a exposé Nicole Loraux, que « les morts eux-mêmes, [...] dépêchés par l'orateur dans l'éternité du souvenir, s'effacent devant la cité, instance ultime de toute Mémoire : la cité toujours vivante »[144]. Alors que dans les éloges poétiques (notamment chez Pindare), l'individu qui se distingue par une qualité exceptionnelle « fait participer sa patrie aux honneurs qu'il acquiert »[145], alors qu'ainsi,

142. L'*Oraison funèbre*, le dernier des textes que nous possédions d'Hypéride, est le seul, parmi les textes de cet orateur parvenus jusqu'à nous, à présenter le substantif *prohairesis* (3 occurrences), et elle contient trois des dix occurrences du verbe chez cet auteur. Les termes apparaissent dès le commencement de l'éloge.

143. Voir L. Pernot, *Rhétorique de l'éloge*, t. I, p. 19. L'oraison funèbre ou *epitaphios (logos)* comprend en fait trois éléments : une exhortation (*parainesis*), une consolation (*paramuthia*) et un éloge proprement dit (*epainos*), ce dernier constituant la partie principale. La première attestation d'un tel discours est constituée par Thucydide, II 34-46 (recomposition du discours de Périclès pour les premiers morts de la guerre du Péloponnèse, -431 / -430).

144. Nicole Loraux, *L'invention d'Athènes. Histoire de l'oraison funèbre dans la « cité classique »* (1981), p. 3.

145. Pindare, *Isthmiques*, VI 69.

« chez le poète, la cité bénéficie comme par ricochet du renom gagné par l'un des siens », en revanche, dans l'éloge en prose constituant l'essentiel de l'oraison funèbre, la cité « concède à ses soldats l'hommage d'un souvenir qui n'est qu'un reflet de son propre éclat »[146]. Institution profondément démocratique où ce que le poète réserve de son côté à l'élite se voit offert à tous (à condition d'une belle mort, elle aussi héritée des valeurs aristocratiques), miroir que la cité fabrique pour s'y contempler en une image savamment composée, l'oraison funèbre se déploie sur l'anonymat des citoyens morts : « la cité démocratique ne fait pas de différence entre ses membres [...] ; alors que le noble est célébré par son nom, les orateurs officiels se font un devoir de n'accorder à personne, fût-ce au stratège, l'honneur d'une mention spéciale »[147].

Hypéride rompt avec cet impératif tacite. Alors que les sujets de l'éloge étaient traditionnellement d'une part la cité comme réalité collective traversant les âges et de l'autre les citoyens – laissés anonymes – morts lors d'une bataille située en un point précis du temps, alors que l'équilibre initial semble avoir voulu que la prépondérance fût donnée à la cité toujours vivante sur les morts présents, Hypéride fait entrer un troisième acteur, le stragège nommément loué, et déplace l'équilibre de la cité vers les défunts avec leur stratège, loué en premier et d'abord à part avant de l'être avec les autres citoyens soldats et à travers eux[148]. Nicole Loraux note que « seul un succès inespéré succédant à bien des vicissitudes autorise Hypéride à transformer l'éloge des morts en une louange de Léosthène »[149]. Les cinq autres éloges funèbres transmis par la tradition, à savoir l'oraison de

146. N. Loraux, *op. cit.*, p. 51.

147. N. Loraux, *op. cit.*, p. 51.

148. L'oraison de Périclès-Thucydide consacre la plus grande partie de l'éloge à la cité et une partie moindre aux morts présents ; l'oraison d'Hypéride ne consacre plus que deux paragraphes à l'éloge de la cité (4-5, numérotation de la CUF), et en vient très vite aux morts présents (6-40), partie qui aborde en premier le stratège lui-même (10-14), puis passe aux autres citoyens (15-40), sans abandonner la figure du stratège dans cette partie (23, 34, 35...).

149. N. Loraux, *op. cit.*, p. 51.

Périclès recomposée par Thucydide, le pastiche de Platon dans le *Ménexène*, le fragment d'oraison de Gorgias[150], l'oraison de Lysias et l'oraison de Démosthène, ne mentionnent jamais de nom de citoyen, à l'exception de Lysias, qui nomme une fois Thémistocle, sans insister[151]. Mais Hypéride annonce dès la première phrase le stratège Léosthène, et tout l'éloge funèbre le prend pour centre. « Une telle subversion des critères de l'oraison funèbre », nous dit Nicole Loraux, « s'explique aisément : on sait l'importance toujours plus grande que, depuis la fin du ve siècle, ont acquise les individualités exceptionnelles », et Hypéride « est lui-même profondément marqué par ces nouvelles représentations : réduisant une partie des opérations à une lutte d'influence entre Philippe et Alexandre d'une part, et Léosthène de l'autre (§ 13), il substitue à l'histoire des cités celle des grands hommes »[152]. Il n'en reste pas moins qu'Hypéride respecte malgré tout les autres contraintes du genre, par exemple en refusant la généalogie individuelle des citoyens morts (7). Et si Léosthène est nommé, les autres citoyens sont laissés dans l'anonymat traditionnel (1), déséquilibre dont Hypéride se sent obligé de se justifier (15), précisément en tentant de faire valoir que louer la vertu singulière de Léosthène (de manière nominale) permet de louer (anonymement) les autres citoyens. Telle est l'oraison d'Hypéride : innovant singulièrement sur un point, elle n'en reste pas moins pour la plupart des autres aspects dans les limites très contraignantes du genre. « Ainsi, dans le discours d'Hypéride,

150. Cité par Maxime Planude (xiiie s.), *Commentaire à Hermogène, « Les Catégories stylistiques du discours,* V 548.8-551.1 (éd. C. Waltz), édité par Diels & Kranz, *Die Fragmente der Vorsokratiker*, fr. B6, t. II, p. 285. Ce discours d'éloge aux morts athéniens n'a évidemment pas pu être prononcé par Gorgias et on ne peut assurer qu'il aurait été prononcé par un autre.

151. Lysias, *Oraison funèbre*, 42. Rappelons que Lysias, comme métèque, n'a jamais prononcé son oraison funèbre et l'on ne peut assurer que le discours aurait été prononcé par un autre. Des six discours qui nous restent, seuls celui de Démosthène (si l'on en admet l'authenticité) et celui d'Hypéride ont été écrits pour être prononcés conformément à la destination politique de l'*epitaphios* et l'ont été effectivement. Seul le discours d'Hypéride ne fait l'objet d'aucune contestation.

152. N. Loraux, *op. cit.*, p. 111-112.

toute nouveauté ponctuelle se paie d'un surcroît d'orthodoxie dans les développements traditionnels »[153].

Cette innovation de fond se double d'une nouveauté dans l'expression, qui apparaît sitôt qu'ont été expédiées les protestations d'usage sur l'impuissance alléguée de l'orateur à égaler la valeur de son sujet, afin de mieux rehausser celle-ci (1-2). Dès le début du développement concret de l'éloge (3), c'est la *prohairesis* qui apparaît immédiatement (deux fois, avec en outre le verbe), et qui apparaît précisément comme le point d'application de l'éloge, ce qui est inédit dans les oraisons funèbres que nous possédons :

> « Il est mérité de louer notre cité de son dessein (*prohaireseôs*) – du fait qu'elle s'est proposé (*prohelesthai*) des actes (*cf. tôn... pepragmenôn*) semblables et même encore plus vénérables et beaux que ceux qu'elle a accomplis par le passé – ; de louer nos morts de leur courage dans la guerre – de ne pas avoir fait honte aux vertus de leurs ancêtres – ; de louer enfin le stratège Léosthène pour ces deux motifs : car, de ce dessein (*prohaireseôs*), il fut l'initiateur (*eishègètès*) pour la cité, et de l'opération armée, il devint le chef (*hègèmôn*) pour les citoyens » (*Oraison funèbre*, 3).

Tout comme Démosthène faisait de la *prohairesis* le point d'application d'une accusation[154], de même Hypéride fait de la *prohairesis* le point d'application de l'éloge. En quoi consiste cette *prohairesis* ? Elle se voit explicitée par le verbe *prohaireisthai*, ce qui fait apparaître clairement que la *prohairesis* est un dessein touchant des actions[155]. Ces actions sont exposées au fil de l'éloge : ce sont toutes les actions permettant de viser à l'indépendance des Grecs face au pouvoir macédonien et de restaurer l'hégémonie athénienne. Voilà le grand dessein, le dessein louable, dont Léosthène a été à la fois l'initiateur et l'exécutant insigne. La *prohairesis* ici, sous l'effet de l'amplification rhétorique, n'est pas loin d'être une mission dont Athènes se

153. N. Loraux, *op. cit.*, p. 225.
154. Voir particulièrement *Sur la couronne*, 188-193.
155. Voir aussi les §§ 13-14, extrait cité ci-dessous.

saisit (s'investit) de sa propre initiative. Aussi n'est-il pas vrai que la *prohairesis* serait ici, comme le pensait Nicole Loraux, le choix de la belle mort. N. Loraux voit en effet dans cette apparition de la *prohairesis* la continuation d'une tradition présente dès le début des oraisons funèbres : la célébration d'un choix de la mort pour la patrie (réinterprétation démocratique de la belle mort aristocratique et homérique) plutôt que de la vie[156] : « ce qui est loué [dans les citoyens morts] est toujours la *proairésis*, c'est-à-dire finalement la belle mort »[157]. Sans contester qu'un certain choix soit central dans les éloges et que ce choix se joue entre la vie honteuse et la mort noble[158], il est en revanche faux que la *prohairesis* serve à l'exprimer et qu'elle ne constituerait de ce fait qu'un renouvellement terminologique d'une notion présente depuis toujours dans les éloges funèbres. Tributaire du commentaire sur l'*Éthique à Nicomaque* de R. A. Gauthier & J. Y. Jolif pour la compréhension de la *prohairesis*, N. Loraux la perçoit comme une décision, qu'elle assimile à un choix. Cette lecture est pourtant interdite par le texte d'Hypéride, qui laisse comprendre sans ambiguïté que la *prohairesis* porte sur des actions et non sur la belle mort, actions qui ont ici un contenu politique bien précis, la restauration de l'indépendance grecque sous l'hégémonie athénienne. Le sacrifice des citoyens-soldats n'est qu'un acte (même si c'est un acte suprême) parmi d'autres actes entrant dans la réalisation de ce dessein dont l'exécution se déploie en une multiplicité d'actions. En tout état de cause, ce sacrifice n'est pas l'objet de la *prohairesis*, du dessein initial de la cité, qui ne s'est pas proposé (et n'a pas non plus « choisi ») de faire mourir ses citoyens, mais de vaincre l'ennemi afin de retrouver sa position dominante d'antan.

Le plus important est précisément que, comme chez Démosthène, le vocabulaire de la *prohairesis* serve une stratégie de mise en valeur de l'individu dans son action politique tout

156. N. Loraux, *op. cit.*, p. 101-102 particulièrement.

157. N. Loraux, *op. cit.*, p. 105.

158. Choix exprimé par le verbe *haireisthai* construit avec *mallon è* ou par d'autres verbes assimilés.

en restant dans le cadre des institutions démocratiques. Comme chez Démosthène, la cité se voit toujours conféré le premier rang – elle apparaît en première dans l'ordre de l'extrait cité (3) –, mais c'est pour mieux faire surgir derrière elle l'individu, premier en réalité dans l'ordre réel : la cité est certes louée pour son dessein politique, mais celui-ci a été introduit par Léosthène qui en a eu l'initiative et l'a promu avant d'en conduire la réalisation au moyen des autres citoyens. Le stratège est supérieur à la cité : non seulement il a eu l'initiative de la *prohairesis* louée, mais il réunit de manière complète ce que les morts d'un côté et la cité de l'autre ne possèdent que partiellement, à savoir la *prohairesis* (possédée par la cité) et le courage (possédé par les morts, qui participent malgré tout de la *prohairesis* de la cité et de leur stratège, *cf.* 40). Léosthène n'est certes pas l'*hègèmôn* de la cité – il n'est que l'*hègèmôn* des citoyens partis pour l'expédition militaire (*tès strateias hègèmôn tois politais*) –, mais il est malgré tout l'*eishègètès* de son dessein (*tès... prohaireseôs eishègètès tèi polei*). Le parallélisme voulu des deux membres de la phrase finale et la commune racine de *hègèmôn* et *eishègètès* mettent en valeur la stature de chef de Léosthène, visée oratoire qui se manifeste dès le début de l'éloge plus spécifiquement consacré à Léosthène, où Hypéride, à la manière d'un équilibriste, suggère sans le dire que l'homme avait stature de chef d'Athènes :

> « Léosthène, voyant la Grèce entière rabaissée et comme paralysée par l'effroi, minée profondément par les traîtres à leurs patries stipendiés par Philippe et Alexandre, voyant que notre cité avait besoin d'un homme et la Grèce entière d'une cité qui pût présider à sa direction (*hègèmonias*), donna sa personne à la patrie et la cité aux Grecs pour leur liberté » (*Oraison funèbre*, 10).

À l'instar des discours démosthéniens, le vocabulaire de la *prohairesis* chez Hypéride se retrouve donc à nouveau pris dans une stratégie oratoire permettant de mettre en valeur l'individu tout en restant en équilibre sur le fil des institutions démocratiques, dans un contexte politique de confrontation à une personnalité singulière, le roi de macédoine, qui s'est réaffirmé dans la personne d'Alexandre après la mort de Philippe. Cette confrontation personnelle apparaît en clair dans le deuxième passage où est utilisé le vocabulaire de la *prohairesis* (verbe seul) :

> « Les Thessaliens, les Phocéens, les Étoliens, et tous les autres peuples de cette région, il en fit des alliés. Et ceux dont Philippe et Alexandre se rengorgeaient de les diriger contre leur gré, Léosthène en prit le commandement de leur plein gré.
> Il se fit que Léosthène domina les affaires sur lesquelles portait son dessein (*tôn pragmatôn hôn proheileto*) ; mais du destin, il n'était pas en lui d'en triompher » (*Oraison funèbre,* 13).

Outre la confrontation ici entre les rois macédoniens et un citoyen athénien qui prend par cette confrontation une stature supérieure à celle de simple citoyen d'une démocratie, on retrouve l'opposition entre dessein et destin (*heimarmenè*), qui rappelle les réflexions de Démosthène sur la fortune dispensée par la divinité[159].

Le troisième et dernier passage du texte conservé présentant le vocabulaire de la *prohairesis* constitue probablement une partie de l'exhortation. Tout exclamatif, il reprend l'idée du début, le double motif de l'éloge :

> « Oh ! la noble, la surprenante audace dont ces hommes ont fait preuve ! le glorieux, le magnifique dessein (*endoxou de kai megaloprepous prohaireseôs*) qu'ils se sont proposé (*proheilonto*) ! l'insurpassable vertu, l'insurpassable excellence virile dans les dangers, que, déployant pour la liberté commune des Grecs... [*la suite du passage est perdue*] » (*Oraison funèbre,* 40).

Dans cet envol de l'orateur, les citoyens anonymes morts au champ d'honneur sont traités sans distinction avec Léosthène, et participent ici *via* leur stratège à la *prohairesis* dont celui-ci a été l'instigateur. La *prohairesis,* terme non technique, permet ainsi avec souplesse de passer du collectif au singulier et du singulier au collectif, et les unit dans la visée commune et grandiose d'une seule et unique fin : la liberté commune des Grecs.

159. *Sur la couronne*, 192, 200, 208, 254. À rapprocher de Lysias, *Contre Simon*, 41-42 & d'Aristote, *Topiques,* I 3.101b5-9.

Conclusion. – La *Rhétorique à Alexandre*, attribuée faussement à Aristote et revenant probablement à Anaximène de Lampsaque (*ca* -380 / -320), mentionne, à côté des discours (*logoi*) et des actions (*praxeis*), la *prohairesis* parmi les thèmes possibles d'amplification pour réaliser l'éloge d'une personne[160]. En l'état des textes, seule l'*Oraison funèbre* d'Hypéride fournit un exemple répondant rigoureusement à cette caractérisation[161]. Le point important est que la célébration de la *prohairesis* dans l'oraison d'Hypéride ne la présente que comme ayant une dimension *politique* et portant sur des *actions* au sens le plus fort du terme, même si d'autres textes – mais qui ne relèvent pas de l'éloge proprement dit – peuvent présenter la *prohairesis* d'un simple particulier comme moralement qualifiable – donc, le cas échéant, louable[162]. Un trait saillant de l'usage rhétorique de la *prohairesis* est ainsi de mettre en valeur *l'individu*, certes, mais en tant que *politique*, dans le cadre des institutions démocratiques d'Athènes.

160. *Rhétorique à Alexandre*, III 1.1425b36-38.

161. Hormis le cas particulier du discours *Sur la couronne*, qui est d'abord apologétique et n'est un éloge que sur le mode particulier de la *periautologia*. Voir l'article déjà cité de L. Pernot, « *Periautologia*. Problèmes et méthodes de l'éloge de soi-même dans la tradition éthique et rhétorique gréco-romaine ».

162. Par ex. Eschine, *Contre Timarque*, 74, 195 ; [Isocrate], *À Démonicos*, 9-10.

Chapitre V

Définition de la *prohairesis* par Aristote

I. DES ORATEURS AU PHILOSOPHE

La recommandation d'Aristote en *Rhétorique*, III 16

On recherche ce qu'est une chose (*ti esti*), nous dit Aristote, une fois que l'on sait si elle est (*ei esti*)[1]. Nulle recherche de l'essence sans constat préalable de l'existence.

Il en va ainsi de la *prohairesis* : si Aristote n'avait pas constaté son existence, il n'aurait pas cherché à la définir. Ce constat, nous avons vu qu'il avait de quoi le faire : il n'est pas vrai que la notion de *prohairesis* n'aurait eu qu'une réalité évanescente avant Aristote[2]. La *prohairesis* ne devient certes pleinement un concept, avec ses déterminations précisément pensées, qu'avec

1. Voir *Seconds analytiques*, II 1. Aristote applique régulièrement cette méthode dans ses propres traités. Par exemple, l'*Éthique à Nicomaque* prend soin d'établir l'existence d'une fin ultime dans l'ordre des actions et du désir (I 1, particulièrement 1094a18-22 : εἰ δέ τι τέλος ἐστί...), avant de commencer la recherche de ce qu'est cette fin (I 2.1095a15 : τί ἐστίν).

2. C'est le propos de R. A. Gauthier & J. Y. Jolif, *Éthique à Nicomaque*, t. II : *Commentaire*, 1re partie, p. 190, où ils parlent « d'un terme encore rare et au sens indécis » avant l'entrée en scène d'Aristote.

l'entreprise définitionnelle d'Aristote ; en revanche la notion, comme contenu concret de pensée, n'a pas été formée à l'origine par le travail philosophique d'Aristote, et l'usage linguistique étendu du terme n'est pas une conséquence de ce travail. Il en va ici de même que pour la délibération : nul n'a probablement défini la délibération avant Aristote ; pour autant, cette notion était d'une réalité on ne peut plus concrètement constituée avant cette définition. De plus, la manière dont Aristote caractérise la délibération ne coïncide pas parfaitement avec la manière dont les autres auteurs, orateurs ou philosophes, en usent, car ils ne se privent pas de la faire porter sur la fin, ce que la conception d'Aristote exclut ; pour autant, Aristote n'a pas prétendu créer un nouveau concept de délibération, mais bien définir cette délibération que l'on pratiquait à son époque. Il en va de même pour la *prohairesis*, qui a simplement comme particularité d'être beaucoup plus jeune et de ne pas hériter d'une longue tradition politique et intellectuelle. D'où la question que nous posions, celle de savoir comment cette notion a pu se faire remarquer d'un philosophe et le conduire à l'inscrire au cœur de son éthique. La réponse se trouve chez les orateurs attiques, plus particulièrement chez Isocrate et Lycurgue, mais encore davantage chez Démosthène, lequel effectue un saut décisif pour l'usage des termes.

Un passage de la *Rhétorique* a pu être sollicité pour soutenir la thèse du transfert de la notion depuis la philosophie vers la rhétorique : sur conseil technique du philosophe, les orateurs se seraient mis à utiliser la *prohairesis* dans leurs discours. Ainsi Danielle Allen, dans un article par ailleurs intéressant car confrontant les orateurs au philosophe[3], fait valoir le passage de la *Rhétorique* que nous avons déjà eu l'occasion de rapprocher de Démosthène, disant que pour rendre éthique la narration d'un discours judiciaire (la doter d'une dimension morale), il faut se saisir de ce qui produit du caractère éthique (*èthos*) ; l'un

3. D. Allen, « Talking about revolution : on political change in fourth-century Athens and historiographic method ». Nous rejoignons entièrement l'idée que « by using *prohairesis* instead of *hairesis*, Aristotle sneaks a concentrated focus on trajectory, or teleology, into moral reasoning » (p. 200). On notera qu'Allen réactive le sens originel de *hairein*, « to take with the hand » (*ibid.*).

de ces moyens est la *prohairesis*, qui, si l'on en montre la qualité à partir de la fin qu'elle vise, fait voir à son tour la qualité du caractère de la personne. Aristote ajoute ensuite, après quelques remarques supplémentaires :

> « [...] il ne faut pas parler comme si cela émanait de la pensée (*hôs apo tès dianoias*, "de l'état d'esprit"), comme le font ceux d'aujourd'hui, mais comme si cela découlait du dessein (*hôs apo prohaireseôs*) : "Or moi, je le voulais (*eboulomèn*) ; j'en ai en effet même eu le dessein (*kai proheilomèn gar touto*). Et si cela ne m'était pas profitable, c'était du moins meilleur", car cela relève d'un côté de l'homme prudent, de l'autre de l'homme bon : de l'homme prudent, en ce qu'il y a poursuite du profitable ; de l'homme bon, en ce qu'il y a poursuite du beau » (*Rhétorique*, III 16.1417a24-28).

Retenant l'hypothèse d'une lecture publique de la *Rhétorique* entre -355 & -350, D. Allen remarque que le terme *prohairesis* ne se trouve dans aucun des textes des orateurs antérieurs à -355 et en conclut que c'est à la suite de cette remarque technique d'Aristote que ceux-ci auraient recouru à la notion ; ce serait là, selon elle, un cas exemplaire de transfert d'une notion philosophique vers l'éloquence.

Cette hypothèse n'est pourtant pas satisfaisante. Sans même parler de l'impossibilité de dater simplement la *Rhétorique* d'Aristote[4], l'extrait cité ne permet pas de soutenir une telle interprétation historique.

C'est un fait que le substantif n'apparaît, dans les textes des orateurs qui nous ont été transmis, pas avant la date probable de -354 / -353, dans le *Sur l'échange* d'Isocrate. Mais le verbe apparaît déjà très couramment avant la période de -355 / -350, comme il

4. Si l'on s'accorde à dire que la rhétorique fait partie des sujets auxquels Aristote s'est intéressé très tôt, et si l'on considère notamment le livre III de la *Rhétorique* comme rédigé probablement entre -355 et -350, on ne s'accorde pas moins à admettre pour ce traité comme pour d'autres plusieurs couches de rédaction, qui pourraient être distantes de trente ans. Le texte a subi des modifications et ajouts constants, et l'on ne saurait assurer que telle ou telle phrase, même dans le livre III, a été écrite en telle année. Pour une présentation du débat, voir l'Introduction de P. Chiron à sa traduction de la *Rhétorique* (GF Flammarion).

apparaîtra à nouveau après cette période sans le substantif dans un nombre non négligeable de discours. Or on doit remarquer que l'extrait d'Aristote, recommandant de parler « comme si cela venait de la *prohairesis* », énonce à la suite en clair un exemple où ce n'est pas le substantif mais le verbe qui apparaît : *kai proeilomèn gar touto*, « en effet, j'en ai même eu le dessein ». Son conseil ne prône donc pas spécialement l'usage du substantif. Cela n'a du reste pas de pertinence linguistique que d'isoler le substantif – ce que fait Allen, qui ne traite jamais du verbe, et ce que faisaient déjà R. A. Gauthier & J. Y. Jolif. Il y a là projection inconsciente sur la langue grecque de la prédilection de certaines langues modernes pour les substantifs abstraits : le grec ancien, en effet, n'en use pas aussi volontiers[5]. On peut en l'espèce d'autant moins négliger le verbe, que *prohairesis* étant un déverbatif, il reste étroitement attaché au verbe dont il est dérivé, et qui apparaît normalement avant lui (*cf. hairein* & *hairesis*). On notera qu'Hypéride, dans son oraison funèbre de -322, l'année de la mort d'Aristote, utilisait de manière très étroite le verbe pour expliciter le sens du substantif, comme peut le faire ordinairement le grec[6].

De plus, le passage de la *Rhétorique* ne dit pas que les orateurs contemporains n'auraient pas mentionné la *prohairesis* (substantif ou verbe), mais qu'ils ne l'utilisent pas comme il faut dans la stratégie de suggestion du caractère moral du locuteur en vue de persuader les auditeurs. Un passage pris chez Isocrate montre parfaitement comment la critique d'Aristote pourrait s'appliquer à un auteur utilisant pourtant le vocabulaire de la *prohairesis*. Dans *Sur la paix*, Isocrate, annonçant un bref développement pour conjurer l'impression que pourraient ressentir les auditeurs qu'il aurait pour intention (verbe *prohaireisthai*) de mettre Athènes en accusation, n'en argumente pas moins sur la seule *dianoia*, laquelle, selon lui, derrière la similitude des paroles et des sujets traités, distingue la remontrance bienveillante d'une

5. Nous passons ici sur maintes subtilités et nuances à apporter à cette tendance générale. On les trouvera dans J. D. Denniston, *Greek Prose Style*, Chapter II : « Abstract expression ».

6. Hypéride, *Oraison funèbre*, 3 (et, dans une moindre mesure, au § 40).

accusation[7]. Isocrate y fait donc l'inverse de ce que dit Aristote : il justifie et clarifie ses intentions, sa *prohairesis* (exprimée par le verbe *prohaireisthai*) et son discours « *à partir de* la *dianoia* » ; il ne parle donc pas « *à partir de* son dessein ou intention » (*apo tès prohaireseôs*). Il n'en reste pas moins qu'il parle déjà de *prohairesis*, qu'il s'agisse du verbe ou du substantif.

Nous avons déjà rencontré un passage de Démosthène qui présente des ressemblances frappantes avec ce passage de la *Rhétorique*. Dans les §§ 188-193 de *Sur la couronne*, Démosthène dit explicitement que la *prohairesis* rend manifeste la *dianoia* du conseiller. L'orateur argumente donc bien « à partir de la *prohairesis* », pour manifester la qualité morale de la *dianoia*. Faut-il considérer que Démosthène aurait appliqué la recommandation d'Aristote ? Cela reste possible. Athènes était « un petit monde, où les idées se rencontraient et se mêlaient, comme dans un creuset »[8]. Les allers-retours entre philosophes et rhéteurs étaient inévitables, et l'on a pu rapprocher les remontrances d'un Démosthène envers les Athéniens de la critique platonicienne d'une rhétorique sacrifiant au plaisir du peuple plutôt que visant à son bien[9], quoiqu'à vrai dire ce genre de critique se trouve déjà

7. ISOCRATE, *Sur la paix*, 70-72 (même procédé et mêmes idées dans *Panégyrique*, 130, avec *dianoia* et sans *prohaireisthai*) ; cas similaire dans *Philippe*, 14 & *Panathénaïque*, 246-247. Pour un exemple avec la présence du substantif, on pourra se reporter à *Panathénaïque*, 11 & 15 : l'occurrence de *dianoia* au § 15 répond en écho à l'occurrence du substantif *prohairesis* au § 11, et rien dans ce passage de ce texte tardif (-342 / -339) ne montre une application de la recommandation d'Aristote, au contraire (Isocrate continue de parler « comme si cela émanait de la *dianoia* »). Voir d'autres passages où Isocrate fait allusion à sa *dianoia* censée transparaître de ses paroles : *Aréopagitique*, 60, *Philippe*, 2, *Panathénaïque*, 87... Aristote associe lui aussi parfois sans précision la *prohairesis* et la *dianoia* (*Éthique à Nicomaque*, VII 6.1148a6-10). La remarque de la *Rhétorique* pourrait très bien viser tout particulièrement Isocrate et son enseignement. Isocrate est, après Homère, l'auteur le plus souvent cité ou nommé dans la *Rhétorique*.

8. L. PERNOT, *La rhétorique dans l'Antiquité*, p. 81 (voir sur ce point à partir de la p. 77).

9. Ainsi, « la façon [...] dont Démosthène brusque son auditoire dans l'intérêt de ce dernier » pourrait-elle être « une réponse aux critiques philosophiques [platoniciennes] d'une éloquence-miroir de son public, incapable de promouvoir le bien » (P. CHIRON, Introduction à la *Rhétorique*, p. 29).

largement exposée dans Thucydide[10], dont Démosthène était à n'en pas douter un admirateur. Mais rien ne permet de dire qui, de Démosthène ou d'Aristote, a donné à l'autre l'occasion d'écrire son passage sur *dianoia* et *prohairesis*. On peut difficilement se fonder sur l'affirmation d'Aristote visant « ceux d'aujourd'hui », car Aristote prête ou à l'inverse dénie l'utilisation de concepts à ses contemporains et prédécesseurs selon des points de vue qui lui sont personnels[11]. On remarquera enfin que les discours d'un orateur sont composés à l'intention d'une *foule* et non d'un petit cercle d'initiés. Les règles et moyens auxquels il recourt pour écrire son discours doivent tous tendre à la persuasion d'une « masse » – à défaut d'y atteindre à coup sûr. Si la notion même de *prohairesis* n'avait pas été déjà suffisamment usitée dans le langage ordinaire, les orateurs ne s'en seraient pas servi, quand bien même un philosophe le leur aurait recommandé depuis son cercle d'initiés – on devine alors l'efficacité de ce conseil.

Le débat sur le sens de l'influence entre les orateurs et le traité de rhétorique d'Aristote n'est pas nouveau. Déjà Denys d'Halicarnasse « défendait », si l'on peut dire, Démosthène contre des allégations sur l'origine toute aristotélicienne de son talent[12]. Sur le point précis de la *prohairesis*, cela n'a rien de plausible ni de solide que de dériver la pratique oratoire à partir du traité d'Aristote, car aucun orateur ne présente les caractéristiques que va prêter Aristote à la notion de *prohairesis* : définition comme une espèce de désir, distinction expresse de la *boulèsis*, application aux moyens et non aux fins, inscription dans le système *fuir-poursuivre-prendre*. Même en -322, quand Hypéride compose avec

10. Thucydide, III 38. On pourra en outre comparer *Guerre du Péloponnèse*, III 38.4 & 7 et *Sur la couronne*, 226, où Démosthène semble réagencer contre Eschine les formules que Cléon adressait au peuple.

11. Ainsi Platon se voit-il dénier le recours à la cause finale (voir *Métaphysique*, A 6.988a8-10) – ce qui reviendrait à nier, si l'on prenait à la lettre l'affirmation d'Aristote sans la replacer dans la perspective très spécifique qu'il adopte en cet endroit, que Platon ait écrit le *Phédon* & le *Timée* –, tout en se voyant attribuer l'inscription explicite de la notion de matière (*hulè*) dans le *Timée* (voir *Physique*, IV 2.209b33-210a2) – ce que Platon n'a jamais fait.

12. Denys d'Halicarnasse, *Première lettre à Ammée*.

son *Oraison funèbre* un des derniers discours du vivant d'Aristote, on ne trouve strictement *aucune* de ces déterminations apportées précisément par le Stagirite à la notion. À l'inverse, les orateurs ont présenté des éléments, des traces de déterminations non abouties qui sont autant de matière dont le philosophe se sera saisi.

Le cadre démosthénien de la définition aristotélicienne : la *prohairesis* comme espèce du « de plein gré »

Si aucune des déterminations techniques que le travail philosophique d'Aristote apportera en propre à la notion ne se retrouve chez les orateurs, en revanche, il est une caractéristique essentielle du travail aristotélicien qui provient de l'éloquence attique, que nous avons soulignée avec Démosthène et Lycurgue : l'inclusion de la *prohairesis* dans l'opposition entre « de plein gré » et « contre gré », inclusion totalement absente du droit athénien, qui ne connaît, en plus des expressions *hekôn* & *akôn*, que la formule *ek pronoias*, complétée par d'autres couples de catégories juridiques comme *autocheir* & *bouleusis* ou *epibouleusis*[13], etc. Aristote aborde explicitement la catégorisation *ek pronoias* dans le cadre de son analyse de la *prohairesis*[14], ce qui ne peut se faire que parce que préalablement un orateur comme Démosthène avait forgé l'expression *ek prohaireseôs* et l'avait rapprochée d'*ek pronoias*. De même, l'expression *kata prohairesin* utilisée par Lycurgue se retrouve chez Aristote. Cette expression témoigne elle aussi d'une stratégie oratoire d'insistance. C'est tout naturellement que ce qui était chez les orateurs un moyen *d'intensification* non rigoureuse mais très habile de la notion du « de plein gré » devint, chez un philosophe, un cas particulier du « de plein gré » dont il fallait déterminer précisément la nature. L'articulation de type « genre »

13. Distinction classique entre un meurtre exécuté par la personne même du meurtrier et un meurtre machiné par l'intermédiaire d'une tierce personne (par ex. Platon, avec le verbe *bouleuesthai*, *Lois*, IX 872a : ἐὰν δὲ αὐτόχειρ μὲν μή, βουλεύσῃ δὲ θάνατόν τις ἄλλος ἑτέρῳ καὶ τῇ βουλήσει τε καὶ ἐπιβουλεύσει ἀποκτείνας αἴτιος ὢν κτλ.).

14. *Éthique à Eudème*, II 10.1226b36-1227a2.

& « espèce », qui s'introduit alors entre « de plein gré » et « à dessein », est ainsi la déclinaison philosophique et désormais pleinement théorique (avec ses exigences de précision) d'une pratique oratoire d'intensification de la responsabilité exprimée traditionnellement par la catégorie du « de plein gré ».

On trouvera une confirmation supplémentaire de la dette envers les orateurs dans la manière dont Aristote sollicite la *prohairesis* dans l'étude des vertus particulières : quoiqu'il ait défini la vertu éthique en général comme une disposition relative à l'intention ou au dessein (*hexis prohairetikè*), Aristote ne se sert de la notion de *prohairesis* pour *définir* une vertu particulière que dans le cas de la justice[15]. On peut supposer que l'introduction de la *prohairesis* au cœur de l'éthique, c'est-à-dire l'introduction d'une terminologie très jeune au cœur de définitions de notions morales lestées d'une longue tradition, ne s'est pas faite aisément. Ainsi, si le livre rédigé à part et consacré à l'acrasie sollicite abondamment le vocabulaire de la *prohairesis*, les chapitres consacrés à la définition de la modération (*sôphrosunè*), dont la provenance est très ancienne, ne sollicitent pas du tout la *prohairesis*, alors que cette vertu et son vice correspondant sont des pierres de touche de la conceptualisation de l'acrasie. Il est probable qu'il y ait là matière à discerner des strates de rédaction – ce dont nous nous abstiendrons personnellement, étant donnés l'arbitraire et l'incertitude qui règnent en ces questions. En tout cas, il est patent que c'est là où nous trouvons des textes d'orateurs ayant préparé le terrain que la *prohairesis* s'est le plus installée dans le texte de l'éthique aristotélicienne : car de même que pour la vertu de justice, le problème de l'acrasie engage des questions aiguës sur le caractère « de plein gré » ou non des actes commis et sur le degré de ce « gré » – ce que la *sôphrosunè* ne fait pas. Nous avons d'ailleurs déjà relevé des points communs entre la *Midienne* et les analyses d'Aristote touchant l'acrasie. Seul le

15. En dehors de la justice, l'amitié (liée du reste à la justice) inclut la *prohairesis* dans sa définition (dans l'*Éthique à Eudème*). D'autres vertus ou notions connexes font intervenir la *prohairesis* à un moment de l'exposé, mais ne l'incluent pas dans leur définition. Voir à la fin de ce chapitre, § « V. De la définition de la *prohairesis* à la définition des vertus & autres notions connexes ».

recours à la *prohairesis* pour définir l'amitié ne semble pas avoir été préparé par les discours des orateurs – quoiqu'il soit possible que Démosthène ait là aussi exercé une influence[16].

C'est donc essentiellement dans le cadre dessiné pour le vocabulaire de la *prohairesis* par les orateurs au gré de leurs besoins rhétoriques, et tout particulièrement par Démosthène, que le travail philosophique a trouvé matière à se déployer.

L'apport majeur de la définition aristotélicienne : la *prohairesis* comme espèce de désir & la délibération comme recherche des moyens

Forme spécifique du « de plein gré », la *prohairesis* va en conséquence être pour Aristote une forme spécifique du *désir*, lequel est précisément le fondement général de la qualité « de plein gré » des actes humains[17] ou des mouvements des animaux, en tant qu'il est ce principe interne dont émanent les actes ou mouvements et auquel renvoie Aristote pour les distinguer des actes commis par contrainte[18]. La définition élaborée par Aristote consiste en effet à faire de la *prohairesis* une espèce de désir, dont la particularité est d'être associé à un processus de délibération, donc à une opération intellectuelle (dianoétique) dans le domaine pratique. Définissant la *prohairesis* comme un désir délibératif (*orexis bouleutikè*), Aristote en fait, au moins par la formule, une espèce du genre qu'est le désir, circonscrit par la différence spécifique de la délibération. En réalité, au-delà de la forme présentée par la définition, on ne saurait penser le rapport entre le désir et la délibération comme celui du genre et de la différence spécifique, car il s'agit plutôt de la coopération en un acte commun de deux facultés de l'âme,

16. Voir notre CONCLUSION.

17. Qu'il s'agisse de véritables actions ou de simples actes ne se hissant pas encore au niveau d'une action. Au sens strict, il n'y a action (*praxis*) que si le principe de l'acte est une *prohairesis*. Si le principe en est un simple désir (non délibératif), nous parlerons d'acte ou de mouvement.

18. Aristote parle dans l'*Éthique à Nicomaque* (III 1-3) d'un principe interne sans préciser ce qu'il est. C'est pourtant bien la faculté désirante qui est le fondement général des actes de plein gré tels que le Stagirite les analyse.

laquelle ne voit pas ses facultés ni les actes de ces facultés organisés sous le rapport de genre à espèce : la *prohaireis* n'est, en ce sens, pas une faculté constituant une espèce subsumée sous la faculté générique du désir – sans compter qu'elle n'est d'ailleurs jamais pensée par Aristote comme une faculté, mais seulement comme un acte commun de la faculté désirante et de la faculté intellectuelle dans son application pratique[19].

La cohérence que présente l'ensemble des concepts aristotéliciens est remarquable : ce qui est fait en vertu d'une *prohairesis* est un cas spécifique de ce qui est fait de plein gré ; or la *prohairesis* est un cas spécifique de désir, lequel est le fondement du « de plein gré » en général. De même, la *prohairesis*, sorte de désir, sera principe de l'action, sorte de mouvement, tandis que le désir en général est principe du mouvement en général.

Cette caractérisation de la *prohairesis* comme désir – inédite chez les orateurs[20], même dans les dernières années de la vie d'Aristote – a pour effet logique l'inscription dans ce que nous avons appelé le système *fuir-poursuivre-prendre* – inscription elle aussi inédite chez les orateurs et dont on trouve seulement des esquisses chez les philosophes du cercle socratique, Xénophon et Platon. Le désir ayant été explicitement défini par Aristote comme principe de mouvement, et les mouvements ayant été ramenés à la fuite et à la poursuite[21], la *prohairesis* se trouve inclue elle aussi dans ce système. On le constate en effet explicitement au moins à cinq reprises[22], dont une fois dans l'*Éthique à Nicomaque* :

19. On ne trouve jamais *_to prohairetikon_* chez Aristote (hormis dans l'apocryphe *Grande morale*, I 35.1196b33 & 1196b27), quand on trouve bien sûr *to orektikon* pour nommer la faculté désirante. *_Dunamis prohairetikè_* ne se trouve pas même dans les *spuria*. Aristote parle uniquement de *prohairesis* et de *to prohairoumenon*, considérant donc l'acte même d'intentionner sans jamais identifier une faculté psychique unitaire correspondante.

20. Isocrate utilise à l'occasion une fois le terme *epithumia* en le reprenant ensuite par *prohaireisthai* (*Philippe* [v. -346], 87), mais cela ne va pas plus loin. On ne peut voir là aucune trace de la conception d'Aristote, qui oppose au contraire l'*epithumia* (repensé comme appétit) à la *prohairesis*.

21. *De l'âme*, III 9.432b26-29.

22. *Poétique*, 6.1450b8-13 (*prohaireisthai* & *pheugein*) ; *Rhétorique*, III 5.1407a32-34 & 1407b5-6 (*prohaireisthai* & *pheukteon*) ; III 16.1417a24-28 (*pro-*

« On a pour dessein d'avoir du plaisir, tandis qu'on fuit le déplaisir » (*Éthique à Nicomaque*, X 1.1172a25-26)[23].

Toutes ces expressions insèrent *prohaireisthai* à la place occupée par le verbe *poursuivre* (*diôkein*), en vis-à-vis de la fuite (*pheugein*), ce qui range la *prohairesis* dans l'une des deux colonnes d'opposés.

C'est sur cette base qu'on doit comprendre même les passages qui présentent en revanche *prohaireisthai* & *prohairesis* dans une position d'antériorité par rapport à *pheugein* et par rapport à *diôkein* qui est son vis-à-vis ordinaire[24], comme dans le livre VII de l'*Éthique à Nicomaque* :

« ... celui qui poursuit les excès du plaisir et fuit ceux des peines non par dessein (*mè toî prohaireisthai*)... mais à l'encontre de son dessein et de sa pensée (*para tèn prohairesin kai tèn dianoian*)... » (*Éthique à Nicomaque*, VII 6.1148a6-10).

Il s'agit du fait d'avoir le dessein de poursuivre ou le dessein de fuir tel objet, le dessein étant lui-même une manière de recherche.

En cohérence avec cette inscription de la *prohairesis* dans le système *fuir-poursuivre-prendre*, la délibération, qui va caractériser le type de désir qu'est la *prohairesis*, est précisément pensée comme

haireisthai & *diôkein*). Nous n'incluons dans ce nombre que les inscriptions très nettement dessinées. Il y a en réalité bien plus d'occurrences de la terminologie de la *prohairesis* où l'on peut retrouver le système *fuir-poursuivre-prendre* avec plusieurs variantes, comme la première phrase de l'*ÉN*, ou le chapitre VI 2, ou encore I 3.1095b17-28, IV 10.1125b8-11, VII 3.1146a31-34, VII 10.1151a29-b4, etc.

23. τὰ μὲν γὰρ ἡδέα προαιροῦνται, τὰ δὲ λυπηρὰ φεύγουσιν.

24. Le cas de la *prohairesis* est le même que celui de l'*orexis* : le désir est d'abord situé par Aristote en vis-à-vis de la fuite et constitue par soi une poursuite, étant alors synonyme de *diôkein* (*cf. De l'âme*, III 7.431a9-13 : διώκει ἢ φεύγει, puis ἡ φυγὴ καὶ ἡ ὄρεξις ou encore τὸ ὀρεκτικὸν καὶ τὸ φευκτικόν), avant d'être considérée comme principe du double mouvement de fuite et de poursuite, ce qui n'efface pas le fait que par soi, le désir est poursuite (d'autant moins que la fuite dont le désir est principe est toujours fuite du négatif – mauvais, laid, déplaisant –, ce qui revient à la poursuite du positif – bon, beau, plaisant).

une *recherche* (*zètèsis*), c'est-à-dire une déclinaison intellectuelle de la poursuite. En effet, la définition de la *prohairesis* se fait au prix d'une caractérisation précise du processus concret de la délibération, que les prédécesseurs d'Aristote n'avaient manifestement pas tentée, du moins pas aussi strictement. L'opération de la délibération est pensée par Aristote comme recherche de ce qui est *relatif à une fin* ou *en vue d'une fin* (*pros to telos*) – à savoir principalement les moyens, et tout ce qui peut se rapporter à l'atteinte de la fin, autrement dit tout ce qui *y tend*. Logiquement, la fin joue donc le rôle d'*hupothesis*, d'hypothèse de départ permettant la recherche qu'est la délibération. Isocrate pensait déjà cette visée de la fin qui appartient au processus de la délibération en termes d'*hupothesis*[25]. Mais il s'agissait de l'*hupothesis* en un sens rhétorique ou même simplement littéral : ce qu'on pose au départ, et surtout, ce qui, étant ainsi posé, est l'objet *sur lequel* porte la délibération, tout comme l'*hupothesis* du discours composé par le rhéteur en est le « sujet » ou « thème ». Si bien qu'Isocrate, à l'instar d'autres orateurs comme Lysias, considère évidemment que la délibération s'opère tout autant sur la fin que sur ce qui y tend[26]. Aristote de son côté réinterprète l'*hupothesis* à l'instar des procédés scientifiques et à l'appui de sa syllogistique : l'hypothèse est ce à partir de quoi se fait la démonstration, la recherche ou le raisonnement, et jamais ce sur quoi ils portent. Ainsi, la délibération ne porte plus sur la fin, nécessairement posée comme point de départ à titre de base (*hupothesis*), puisque délibérer, c'est dans la pensée d'Aristote chercher un moyen relatif à la fin, moyen qui, à l'instar d'une cause produisant un effet, permettra d'atteindre cette fin ; il faut donc qu'une fin soit préalablement donnée et posée, sans quoi la recherche ne peut commencer. La délibération, repensée par Aristote, est une affaire de rapports de causalité et requiert une faculté capable de considérer les causes[27].

La délibération telle qu'Aristote la caractérise ne correspond donc pas exactement à ce qu'on en voit chez ses prédéces-

25. Isocrate, *Lettre aux fils de Jason*, 9-11.
26. Voir Isocrate, la *Lettre au fils de Jason*, 9-11 ; Lysias, *Contre Simon*, 41-42.
27. *Éthique à Eudème*, II 10.1226b25 *sqq*.

seurs et contemporains, qui la font sans hésitation porter sur la fin elle-même, voire revendiquent hautement que l'examen délibératif sur les moyens soit précisément en vérité une délibération qui a pour objet premier la fin elle-même. Ainsi de Platon dans le *Lachès*, où il précise « à propos (*peri*) de quoi nous délibérons » :

> « Socrate. – Mais lorsqu'on mène un examen sur (*peri*) un remède relativement (*pros*) aux yeux d'une personne, consistant à se demander s'il faut l'appliquer ou non, penses-tu que la délibération (*boulèn*) porte alors sur (*peri*) le remède ou sur les yeux ?
> Nicias. – Sur les yeux.
> — N'est-ce pas aussi que, lorsqu'on examine s'il faut mettre un mors à un cheval ou non et à quel moment, on délibère sur (*peri*) le cheval et non sur le mors ?
> — Cela est vrai.
> — Ainsi, en un mot, lorsqu'on examine quelque chose en vue de quelque chose (*ti heneka tou*), la délibération (*boulè*) se trouve porter sur (*peri*) la chose en vue de laquelle on menait l'examen, et non sur ce que l'on cherchait en vue de cette autre chose ?
> — De toute nécessité » (*Lachès*, 185c-d).

En contradiction avec ses contemporains, Aristote fait donc de la délibération une opération qui ne peut pas porter sur la fin. L'essentiel est ainsi que la délibération se concentre sur *ce qui tend* vers la fin[28]. Cela met au centre de l'activité pratique de l'être humain la faculté de la causalité et redouble sur le plan intellectuel la tension finalisée que toute *orexis* constitue déjà par elle-même. Cette *tension des moyens* intellectuellement découverts est ainsi redoublement de la poursuite : la poursuite simple du désir se double de la poursuite qu'opère la délibération sous forme de recherche visant à constituer l'enchaînement causal qui mène jusqu'à la fin.

Le résultat du travail aristotélicien est ainsi sans ambiguïté, et c'est la réorganisation de la notion de délibération qui en est

28. *Éthique à Eudème*, II 10.1226b10-11 : « Ainsi donc, pour ce qui est de la fin, personne ne délibère à son propos, mais elle est établie pour tous ; en revanche, on délibère sur ce qui tend (*teinontôn*) vers la fin (*eis to telos*), pour savoir si c'est ceci ou cela qui y tend (*sunteinei*) ».

la cheville ouvrière : héritant d'un usage de la *prohairesis* pour *intensifier* rhétoriquement la responsabilité d'un acte de plein gré, Aristote fait de la *prohairesis* un désir, *orexis*, c'est-à-dire littéralement une « *tension* », doublée intimement d'une délibération dont il réorganise le processus entier autour de la recherche de ce qui est *en vue des fins* poursuivies, autrement dit, autour de ce qui y « *tend tout ensemble* » (*sunteinei*). Par ce double acte – définition de la *prohairesis* comme désir-tension avec délibération, caractérisation de la délibération comme examen de ce qui tend vers la fin – Aristote fait de la *prohairesis* un acte psychique entièrement commandé par la *tension finalisée* vers un terme, point d'aboutissement médiatisé par des points intermédiaires. Par là, il dégage ce que nous pourrions légitimement appeler en français une *intention*.

II. LA *PROHAIRESIS* COMME INTENTION OU COMME DESSEIN : QUESTIONS DE TRADUCTION

La question de la traduction n'est pas notre préoccupation principale, puisqu'il est acquis qu'il n'existe pas en français de mot permettant de rendre parfaitement *prohairesis-prohaireisthai*. Mais nous dirons rapidement un mot des deux options qui nous paraissent les moins mauvaises pour rendre en français la *prohairesis* : « intention » et « dessein ».

Le terme français d'« intention » a été éliminé par les traducteurs pour rendre la *prohairesis* aristotélicienne, au motif principal que l'intention porte sur la fin, alors qu'Aristote dit explicitement que la *prohairesis* ne porte pas sur la fin mais sur les moyens (notons que les termes « choix » et « décision » présentent de toutes façons une difficulté similaire). Ils n'ont admis la traduction par « intention » que là où ils voyaient la présence d'une notion non technique de *prohairesis* – à savoir là où Aristote fait porter la *prohairesis* sur la fin[29] – pour l'exclure

29. Par ex. *Éthique à Eudème,* II 8.1225a12-13 : « [...] l'intention (le dessein) ne porte pas sur l'action même qu'on accomplit, mais sur ce en vue de quoi on l'accomplit » (οὐκ αὐτὸ τοῦτο προαιρεῖται ὃ πράττει, ἀλλ᾽ οὗ ἕνεκα).

des passages définitionnels où apparaîtrait selon eux une notion technique de la *prohairesis*, élaborée en propre par Aristote. Pour notre part, nous contestons qu'il y ait à dissocier une notion technique d'une notion ordinaire dans le corpus aristotélicien ou ailleurs, et nous considérons que les *ambiguïtés* du corpus aristotélicien vis-à-vis de la relation de la *prohairesis* à la fin tiennent à la *complexité* de la notion elle-même et en particulier à la caractérisation stricte – et non adéquate aux usages courants – de la délibération comme portant sur ce qui est relatif à la fin, à l'exclusion de la fin elle-même, du moins dans les déclarations d'Aristote. Car cette caractérisation, pour stricte qu'elle se veuille, entraîne malgré elle immédiatement que la fin, réaffirmée sans cesse dans l'expression « *ce qui est relatif à la fin* », ne peut nullement sortir de ce champ de la délibération dont on prétend précisément l'exclure.

Nous venons de voir que l'assignation par Aristote de la délibération aux éléments relatifs à la fin plutôt qu'à la fin n'était pas du tout partagée par ses contemporains : ni par Platon, qui pense la délibération résolument comme portant prioritairement sur la fin même quand elle porte sur les moyens, ni par les orateurs, qui la font porter sur la fin tout autant que sur les moyens, et qui font de même pour la *prohairesis*[30]. Il serait donc possible d'assumer en français avec le terme « intention », traduisant la *prohairesis* dans les textes d'Aristote, une dissonance similaire vis-à-vis de l'usage ordinaire de ce mot en français (« l'intention… concerne ce qui est en vue des fins »[31]). Cette revendication d'une dissonance n'a rien d'exorbitant ni d'inhabituel : il est choquant de dire en français qu'on ne délibère pas sur la fin mais seulement sur les moyens. Que cela soit choquant est très bien venu : ce l'était aussi en grec. De même, dire en français que « l'intention porte sur les moyens et non sur les fins » présenterait une dissonance accordée à la dissonance de l'affirmation grecque correspondante.

30. Par ex. DÉMOSTHÈNE, *Sur les forfaitures de l'ambassade*, 166, 221, 257, et toujours ISOCRATE, *Lettre aux fils de Jason*, 9-11.

31. *Éthique à Nicomaque*, III 5.1113a13-14.

D'un point de vue conceptuel, il y a dans l'histoire de la pensée et dans l'étymologie du mot « intention » des ressources qui permettraient sans trop de difficulté de revendiquer le terme pour l'utiliser de manière pertinente à propos de la *prohairesis*. Ce ne serait pas le seul terme que l'on soustrairait ainsi à la patine lénifiante d'un usage trop courant. Tout lecteur d'Aristote entend le mot « prudence » non pas dans son sens affadi par l'emploi ordinaire, qui en fait la « qualité d'une personne qui ne prend pas de risque », mais bien comme un assez bon équivalent latin de la *phronèsis* grecque. Ou encore, aucun lecteur d'Aristote ne confond le sens du mot « pratique » qu'il rencontre dans un contexte philosophique, avec le sens dérivé et vidé de sa substance philosophique qu'il peut donner à ce terme quand il parle d'un sac ou d'une commode. On joue le jeu, en quelque sorte, selon les règles du texte où apparaît le mot : on purifie les termes de ce qu'ils ne doivent pas contenir et on sollicite en eux leurs ressources étymologiques ou conceptuelles englouties pour les faire servir à l'entente du propos aristotélicien. De même, il y a moyen de revendiquer pour le mot « intention » un usage restauré en son étymologie et débarrassé des approximations de l'usage courant. Cette revendication n'est pas fantaisiste ni sans lettres de recommandation. Elle peut se faire à l'appui de Thomas d'Aquin, qui procure une analyse de l'*intentio* qui correspond en bonne partie à la *prohairesis* dont le concept a été précisé par Aristote.

Thomas d'Aquin n'a certes pas tenté de penser la *prohairesis* comme une intention. Dans son commentaire de l'*Éthique à Nicomaque*, travaillant non sur le texte grec mais sur des traductions latines, celle de Robert Grosseteste pincipalement mais aussi celle de l'*Ethica vetus*[32], il est resté entièrement tributaire de la tra-

32. Nous suivons ici R. Gauthier, qui explique que Thomas n'indique pas quelle traduction il commentait, ce qui nous réduit aujourd'hui à des conjectures. La traduction de Grosseteste serait son document de base, complétée par de fréquents recours à l'*Ethica vetus*, mais non à l'*Ethica nova* ; il n'y aurait pas eu de collaboration entre Thomas et Guillaume de Mœrbeke (R. Gauthier, « Appendix : Saint Thomas et l'*Éthique à Nicomaque* », p. v-xxiv). Gauthier explique en outre que Thomas n'aurait pas eu une connaissance personnelle du grec propre

duction de *prohairesis* par *electio*[33]. Dans les traductions latines des XIIe-XIIIe siècles, le vocabulaire de l'*intentio* est réservé aux termes de la famille de *skopein* (« examiner »), présents jusque dans l'analyse de la délibération aboutissant à la définition de la *prohairesis*[34]. Cette répartition entre *electio* et *intentio* est scrupuleusement respectée par Thomas, qui n'est pas en mesure d'engager une critique des options de traduction en tant que telles. Sans cet obstacle, Thomas aurait eu de quoi considérer le lien entre *intentio* et *prohairesis*. Car – première raison – les termes *prohaireisthai* & *prohairesis* sont utilisés fréquemment par Aristote – et jusque dans l'*Éthique à Nicomaque* – pour parler du « propos » ou de l'« intention » de l'étude[35], comme par exemple dans les *Météorologiques* :

> « Une fois que nous aurons traité de ces sujets [à savoir : des animaux et des plantes, et encore auparavant des phénomènes météorologiques et assimilés], nous devrions avoir à peu près atteint le terme de l'ensemble de notre intention initiale (*tès ex archès hèmin prohaireseôs pasès*, propos ou dessein initial) » (*Météorologiques*, I 1.339a8-9)[36].

à lui permettre d'éviter des erreurs assez évidentes, tout éclairé qu'il ait pu être par les meilleurs maîtres médiévaux, dont Albert le Grand, auteur d'un commentaire sur l'*Éthique à Nicomaque* (*Opera omnia*, XIV 1 & 2 : *Super ethica commentum et quaestiones*). Ainsi, comme le relève R. Gauthier (*op. cit.*, p. xx), ne se rendrait-il pas compte qu'en expliquant *philophilia* par *amicitia multorum*, il plaque une explication de la leçon πολυφιλία (qu'il emprunterait selon toute vraisemblance à un autre commentateur) sur la leçon φιλοφιλία (celle retenue dans la traduction qu'il commente lui-même) (*ÉN* VIII 1.1155a30).

33. Nous présentons dans l'ANNEXE I les diverses traductions médiévales latines de *prohairesis*.

34. Ainsi peut-on lire dans l'*Ethica vetus* : « set ponentes finem aliquem, quomodo et per que erit intendunt [σκοποῦσι], et si per multa videtur fieri, per quid facilius et melius intendunt [ἐπισκοποῦσι] » (III 5.1112b15-17) ; de même dans la traduction de ROBERT GROSSETESTE : « set ponentes finem aliquem, qualiter et per que erit, intendunt ; et si per plura quidem videatur fieri, per quod facillime et optime, intendunt » (*ibid.*).

35. Voir dans l'ANNEXE III les occurrences signalées comme relevant du méta-discours.

36. σχεδὸν γὰϱ τούτων ϱηθέντων τέλος ἂν εἴη γεγονὸς τῆς ἐξ ἀϱχῆς ἡμῖν πϱοαιϱέσεως πάσης.

Il y a ainsi dans l'*Éthique à Nicomaque* deux occurrences du substantif et une occurrence du verbe dans cet usage, tout à fait homogènes à l'usage des *Météorologiques* :

> « Or si cet examen (*skepsis*) relève de la science politique, il est évident que la recherche (*zètèsis, sc.* sur la vertu) sera conforme à notre intention de départ (*kata tèn ex archès prohairesin,* notre propos initial) » (*Éthique à Nicomaque,* I 13.1102a12-13)[37].

Cette phrase montre une pleine cohérence entre la notion d'*examen* de la vertu (exprimée quelques lignes auparavant par *episkepteon*[38], puis ici par *skepsis*), celle de *recherche* sur la vertu (*zètèsis*) et celle *d'intention* ou *propos* d'ensemble (ou encore dessein) qui anime cette recherche et cet examen, et qui renvoie ici manifestement à la *theôria* sur le bonheur[39] dont la dimension politique a été préalablement soulignée[40], et qui donne ainsi son cadre à l'examen particulier de la vertu. L'autre occurrence du substantif et celle du verbe dans cet usage de type méta-discours est identique à ce que nous venons de voir[41]. On notera qu'on trouve le substantif *prothesis* et le verbe *protithenai* (« poser devant, poser avant ») pour assurer la même fonction[42].

Or Thomas lui-même, dans son commentaire, sollicite régulièrement les termes d'*intentio* & *intendere* pour parler de l'examen en tant que tâche que se propose Aristote[43]. C'est d'abord

37. εἰ δὲ τῆς πολιτικῆς ἐστὶν ἡ σκέψις αὕτη, δῆλον ὅτι γίνοιτ᾽ ἂν ἡ ζήτησις κατὰ τὴν ἐξ ἀρχῆς προαίρεσιν.

38. *Éthique à Nicomaque,* I 13.1102a6 : περὶ ἀρετῆς ἐπισκεπτέον ἂν εἴη.

39. *Éthique à Nicomaque,* I 13.1102a6-7 : τάχα γὰρ οὕτως ἂν βέλτιον καὶ περὶ τῆς εὐδαιμονίας θεωρήσαιμεν.

40. *Éthique à Nicomaque,* I 1.

41. *Éthique à Nicomaque,* X 10.1179a33-35 : ἆρ᾽ οὖν εἰ περί τε τούτων καὶ τῶν ἀρετῶν, ἔτι δὲ καὶ φιλίας καὶ ἡδονῆς, ἱκανῶς εἴρηται τοῖς τύποις, τέλος ἔχειν οἰητέον τὴν προαίρεσιν ; *Éthique à Nicomaque,* V 12.1136b14 : ἔτι δ᾽ ὧν προειλόμεθα δύ᾽ἔστιν εἰπεῖν κτλ.

42. *Réfutations sophistiques,* 34.183a34-38. *Éthique à Nicomaque,* I 1.1095a12.

43. Ainsi, par exemple, de l'expression récurrente « primo enim ostendit de quo est *intentio* », ou « primo *proponit quod intendit* ; secundo manifestat *propositum…* », et encore « Sic igitur moralis philosophiae, circa quam versatur praesens *intentio,* proprium est considerare operationes humanas… » (éd. Léonine [= *Sancti*

le sens intellectuel qui est ici en jeu (*intendere* comme effort de l'esprit tendu vers un objet à examiner), mais les termes latins tendent à désigner cet effort comme tâche proposée. Cette *intentio* est en tout état de cause intimement unie à l'idée de *propos* et d'*intention* d'un ouvrage, ce que les termes *prohairesis* & *prohaireisthai* assument aussi en grec, et très régulièrement dans les textes d'Aristote[44].

Mais l'essentiel – seconde raison –, c'est que Thomas se livre à une analyse étymologique puis conceptuelle de l'*intentio* en son sens pratique, et que son analyse fait écho – sans le dire – à la *prohairesis* aristotélicienne. Thomas a rédigé son commentaire de l'*Éthique à Nicomaque* au même moment que la seconde partie de la *Somme théologique* consacrée à la morale. L'*intentio* est alors envisagée par Thomas dans son sens étymologique, quand il rappelle que :

> « [...] "intention", comme le nom lui-même le fait entendre, signifie *tendre vers quelque chose* » (*Summa theologiae*, I^a II^{ae} q. 12 a. 1)[45].

Il la range résolument du côté de la faculté désirante et non du côté de l'intellect, et il en fait un acte de la volonté (« inten-

Thomae de Aquino opera omnia, iussu Leonis XIII P. M. edita, t. XLVII : *Sententia libri ethicorum*], respectivement en I 1 p. 5 lg. 126-127 & I 1 p. 4 lg. 39-42), type d'occurrences d'*intentio* que certains traducteurs de Thomas vont jusqu'à traduire par « la tarea a realizar » (A. MALLEA, correspondant à I 1, p. 5, lg. 111 de l'édition Léonine), et plus sobrement par « intention » (J.-B. ÉCHIVARD, *Proèmes philosophiques de saint Thomas d'Aquin à ses commentaires des œuvres principales d'Aristote*, pour I 1 p. 4 lg. 39-42).

44. Il y a dans le corpus aristotélicien au moins 11 occurrences de *prohairesis-prohaireisthai* qui assument cette fonction : *Éthique à Nicomaque*, I 13.1102a13, V 12.1136b14, X 10.1179a35 ; *Météorologiques*, I 1.339a9 ; *Politique*, II 1.1260b27, IV 4.1290b25... (occurrences signalées dans l'ANNEXE III). La traduction de GROSSETESTE, qui a uniformisé radicalement avec la terminologie de l'*eleccio* la traduction de toutes les occurrences des termes de la famille de *prohairesis* (voir ANNEXE I), est allée jusqu'à rendre aussi par *eleccio* ces occurrences de type méta-discours (par ex. I 13.1102a13).

45. « [...] intentio, sicut ipsum nomen sonat, significat *in aliquid tendere* », texte de l'édition Léonine : *Sancti Thomae de Aquino opera omnia*, iussu Leonis XIII P. M. edita, t. IV-XII : *Summa theologiae*, cura et studio fratrum praedicatorum [ed. R. A. Gauthier], Romae, 1888-1906.

tio proprie est actus voluntatis », I^a II^{ae} q. 12 a. 1). Elle est plus précisément un acte de la volonté considérée relativement à la fin, et encore plus précisément, un acte de la volonté en tant que celle-ci veut parvenir à la fin par le moyen d'autre chose :

> « Ce n'est en effet pas seulement du fait que nous la voulons que nous disons que nous avons pour intention la santé, mais parce que nous voulons y parvenir par la médiation de quelque autre chose » (*Summa theologiae*, I^a II^{ae} q. 12 a. 1)[46].

Ainsi, comme le synthétise Jean-Luc Solère[47], Thomas d'Aquin, qui fait relever l'*intention* de la faculté de rechercher ou fuir quelque chose[48] (schématisation qui est directement héritée de la faculté désirante d'Aristote), ne la reconduit pourtant pas à une simple synonymie avec *voluntas*, mais en fait un rapport particulier du sujet voulant à la fin voulue. L'*intentio* se porte vers la fin, mais une fin considérée non pas seulement en elle-même (objet de la *voluntas*) mais...

> « ... comme le terme vers lequel sont ordonnés un certain nombre de moyens ou d'étapes intermédiaires. Comme le rappelle Thomas, l'*intentio* est le fait de "tendre vers quelque chose" (*in aliquid tendere*). Elle suppose une certaine distance initiale à l'égard de ce vers quoi l'on tend, et exprime l'idée d'un passage, d'un mouvement allant de ce qui est ordonné à une fin vers la fin elle-même. Par exemple, tendre vers la santé, ce n'est pas seulement vouloir la santé, mais aussi vouloir, par un seul et même acte de volonté, y parvenir par l'intermédiaire de ce qui peut la procurer » (J.-L. SOLÈRE, « *Intentio* », p. 563).

Dans le même mouvement d'analyse, Thomas nie que l'intention porte seulement sur la fin ultime, et défend la thèse qu'elle

46. « Non enim solum ex hoc intendere dicimur sanitatem, quia volumus eam : sed quia volumus ad eam per aliquid aliud pervenire ».

47. J.-L. SOLÈRE, « *Intentio* », *in* : BLAY Michel (dir.), *Grand dictionnaire de la philosophie*.

48. THOMAS D'AQUIN, *Scriptum super libros Sententiarum*, II, dist. 38, q. 1, a. 3 co. : « Intendere autem in aliquid, est illius potentiae ad quam pertinet prosequi et fugere aliquid. Haec autem est appetitus vel voluntas, non autem intellectus ».

porte aussi sur l'intermédiaire qui conduit à la fin ultime, intermédiaire qui joue alors le rôle de fin. La thèse est exprimée de telle manière qu'elle permet de maintenir que l'intention porte toujours sur une fin, mais fait en réalité de l'intention une volonté aussi des moyens, lesquels, du simple fait qu'ils sont *voulus*, accèdent ainsi au statut de *fins* intermédiaires :

> « Par exemple, dans le mouvement qui va de A à C en passant par B, C est le terme ultime, B à son tour est aussi un terme, mais non ultime. Et l'intention peut porter sur l'un et l'autre. D'où il suit que même si elle porte toujours sur une fin, il n'est pour autant pas nécessaire qu'elle porte toujours sur la fin ultime » (*Summa theologiae,* Iª IIªᵉ q. 12 a. 2)[49].
> « En effet, l'intention porte non seulement sur la fin ultime, comme on l'a dit (a. 2), mais encore sur la fin intermédiaire. On tend ainsi par son intention (*intendit*) simultanément vers la fin prochaine et vers la fin ultime ; par exemple, vers la préparation d'un remède, et vers la santé » (*Summa theologiae,* Iª IIªᵉ q. 12 a. 3)[50].

L'intention peut alors porter sur plusieurs choses à la fois, puisqu'elle porte sur une fin et sur l'ordonnancement des fins intermédiaires, comme on le voit ici :

> « [...] ce nom d'intention désigne un acte de la volonté, étant présupposé un ordonnancement réalisé par la raison qui ordonne quelque chose en direction d'une fin » (*Summa theologiae,* Iª IIªᵉ q. 12 a. 1 ad 3)[51].

L'intention a ainsi une réalité pour ainsi dire extensive[52], et ne consiste pas plus en un acte ponctuel qu'elle ne porte sur un

49. « Sicut in motu quo itur de A in C per B, C est terminus ultimus, B autem est terminus, sed non ultimus. Et utriusque potest esse intentio. Unde etsi semper sit finis, non tamen oportet quod semper sit ultimi finis. »

50. « Est enim intentio non solum finis ultimi, ut dictum est (a. 2), sed etiam finis medii. Simul autem intendit aliquis et finem proximum, et ultimum ; sicut confectionem medicinae, et sanitatem. »

51. « [...] hoc nomen *intentio* nominat actum voluntatis, praesupposita ordinatione rationis ordinantis aliquid in finem. »

52. *Cf.* dans ce sens *Scriptum super libros Sententiarum,* II dist. 38 q. 1 a. 3 co. : « Per hoc autem quod dicitur in aliquid tendere, importatur quaeda distantia illius in quod aliquid tendit ».

simple objet ponctuel, son objet étant un objet constitué par un ordonnancement de fins intermédiaires occupant la place de moyens en vue de la fin ultime, laquelle est l'objet ultime de l'intention. En outre, elle implique nécessairement l'intellect.

Cet acte même que Thomas décrit par la phrase « On tend ainsi par son intention (*intendit*) simultanément vers la fin prochaine et vers la fin ultime ; par exemple, vers la préparation d'un remède, et vers la santé » correspond d'assez près à la *prohairesis* dans la complexité de son usage chez Aristote, même si elle ne lui correspond pas parfaitement – ce n'est en effet pas notre thèse que de prétendre que la description de l'*intentio* par Thomas serait équivalente strictement à la *prohairesis* définie par Aristote, d'autant que pour sa part, Thomas s'efforce d'en noter la différence[53], mais d'une manière à notre avis non décisive. La *prohairesis* est aussi une forme de *tension,* comme l'est l'*intentio,* et elle est dotée d'une extension ; elle n'est pas un acte ponctuel comme l'est une décision ou un choix. L'*intentio* et la *prohairesis* auraient dû se rencontrer, d'autant plus que, alors que Thomas défend la thèse que l'*intentio* peut s'étendre vers les moyens pris comme des fins intermédiaires, il admet inversement que l'*electio-prohairesis* peut de son côté s'étendre jusqu'à la fin dès lors que celle-ci devient un moyen pour une fin plus éloignée – à la manière dont la santé du corps, fin du médecin sur laquelle l'*electio* de celui-ci ne s'applique pas, peut devenir un moyen pour celui qui a en vue le salut de l'âme, et donc tomber sous son *electio* – ; mais il n'admet toutefois pas qu'alors cette *electio* porte sur la nouvelle fin ultime en même temps que sur ce moyen (« Sed ultimus finis nullo modo sub electione cadit »[54]).

La préférence, non justifiée, mais donnée de fait au terme *electio* par les médiévaux, qui n'ont adopté cette terminologie qu'à la suite de tâtonnements et sous l'influence de certaines compréhensions chrétiennes de la *prohairesis*[55], a donc empêché

53. Voir aussi *Scriptum super libros Sententiarum,* II dist. 38 q. 1 a. 3 ad 5.

54. Thomas d'Aquin, *Summa theologiae,* I^a II^{ae} q. 13 a. 3.

55. Voir dans l'Annexe I, à propos de l'*Ethica Vetus,* de Burgundio de Pise et de Jean Damascène. Nous remercions Olivier Boulnois d'avoir attiré notre attention sur l'importance du sens accordé à la *prohairesis* par Jean Damascène pour les traductions médiévales latines de cette terminologie chez Aristote.

un rapprochement de l'*intentio* et de la *prohairesis*, alors que l'*electio* avait bien moins que l'*intentio* de titres à faire valoir pour incarner un acte psychique structuré par la visée d'une fin et portant sur les moyens tendant vers cette fin. Ce rendez-vous manqué de l'*intentio* et de la *prohairesis* est d'autant plus frappant que les exemples donnés par Thomas sont précisément ceux qu'utilisent Aristote (sur le remède et la santé), et que Thomas n'a pas pu ne pas penser à la *prohairesis* en rédigeant ces lignes. Ses analyses, très précieuses et encore fécondes, n'en mettent pas moins en valeur ce que le terme *intention* recèle de ressources à revivifier.

Un autre motif du rejet actuel du vocabulaire de l'intention est que l'intention ne présuppose pas nécessairement une délibération. Cette exigence aurait dû commencer par éliminer le vocabulaire du choix. À vrai dire, seul le terme « décision » implique en français une délibération préalable ; mais la *prohairesis* n'est pas la décision. Le point important reste que le vocabulaire de la *prohairesis* n'évoque pas non plus *par lui-même* et *intrinsèquement* de délibération préalable, comme le montrent les textes des orateurs ou de Platon et Xénophon. Seul Aristote fait entrer dans le concept cette condition. En ce point, il n'y a donc pas particulièrement d'inadéquation entre « intention » et *prohairesis*.

D'autres motifs encore peuvent s'ajouter, qui ne nous paraissent pas plus dirimants, notamment la question des animaux : à notre sens, il n'est pas difficile d'admettre que les animaux n'ont pas d'intention (en redonnant à ces termes un sens fort : tension vers une fin saisie comme telle, par la médiation des moyens saisis comme tels), si l'on admet avec Aristote que les animaux n'ont pas de faculté capable de saisir la causalité – ce qui est le sens de son refus de leur accorder la faculté *bouleutikon*[56]. Reste à savoir si Aristote a raison sur les animaux[57].

56. *Histoire des animaux*, I 1.488b24-25. L'*Éthique à Eudème* caractérise précisément le *bouleutikon* comme faculté de contemplation d'une certaine cause (II 10.1226b25-26).

57. Il faut ajouter qu'Aristote lui-même atténue la différence de l'être humain vis-à-vis des autres animaux, même sur la question de l'intelligence (*Histoire des animaux*, VIII 1).

L'intention est donc à nos yeux une prétendante plus que valable à la traduction de *prohairesis* dans le corpus aristotélicien, et ses deux atouts principaux sont l'évocation immédiate d'une tension et la valeur éthique que porte fortement le terme dans toute la tradition morale.

Ce dernier atout est en même temps, d'un certain point de vue, un défaut. Car la *prohairesis* est précisément un terme neuf, et sa valeur morale dans le corpus aristotélicien n'est pas lestée d'une longue tradition. À cet égard, le terme de « dessein » que vous avons prioritairement utilisé jusqu'à présent est intéressant, à la fois en ce qu'il est philosophiquement moins précisément déterminé que « intention » – et la *prohairesis* est sous la plume d'Aristote en cours de détermination philosophique – tout en étant parfaitement compatible avec les exigences inscrites dans l'usage de la *prohairesis* (temporalité spécifique durative, lien possible avec une délibération, peut se présenter comme le principe des actions, révèle le caractère moral de la personne, a une possible portée juridique, ne dit rien de précis quant aux fins et aux moyens et n'exclut rien *a priori*, etc.). Mais il présente le très lourd handicap de ne pas avoir en français de verbe et d'adjectif correspondant, ce qui en rend l'utilisation difficile et la traduction souvent embarrassée.

« Intention » a ainsi pour caractéristique d'être un concept de philosophie morale à part entière, ce que n'est pas le terme « dessein ». Aussi « intention » est-il plus parlant pour envisager la portée philosophique du travail aristotélicien, mais « dessein » est plus pertinent pour ce moment où le travail philosophique, s'articulant à un état de la notion pré-philosophique, fait émerger une dimension conceptuelle rigoureuse que le terme ne possède pas d'une longue tradition. Dans la mesure où le présent ouvrage se préoccupe de ce moment, c'est cette option de traduction que nous privilégierons ici, sans la considérer ni comme parfaite ni comme définitive.

III. LA DÉFINITION DE LA *PROHAIRESIS* DANS L'*ÉTHIQUE À NICOMAQUE*, III 4-5

Le texte de l'*Éthique à Nicomaque* (III 4-5) que nous allons citer en longueur présente une rupture par rapport à tous les extraits étudiés jusqu'à présent, puisqu'il constitue une étude générale de la *prohairesis* prise pour thème, ce qu'aucun auteur n'a fait avant Aristote.

Appliquant à l'étude de la *prohairesis* sa méthode habituelle, Aristote commence par un examen dialectique (chapitre 4) dont il dégage plus ou moins rigoureusement un point de départ (identification de l'objet du dessein, le *prohaireton*, à l'objet de la délibération déjà parvenue à son achèvement, le *probebouleumenon*). Ce point de départ ouvre alors un examen plus strictement scientifique et assumé en propre par Aristote (chapitre 5).

Le philosophe adopte ainsi un ordre méthodique qui satisfait à ses exigences épistémologiques exprimées ailleurs : un acte psychique se pense à partir de son objet corrélatif[58]. Ainsi cherche-t-on d'abord ce qu'est le *prohaireton*, l'objet sur lequel s'exerce la *prohairesis*, pour parvenir ensuite à la définition de la *prohairesis* comme acte de l'âme.

Nous produisons ici une traduction des deux chapitres entiers, accompagnés de notes au fil de la traduction pour l'élucidation des points importants pour notre propos, et nous développerons ensuite des éclaircissements complémentaires, qui ne visent toutefois pas l'explication exhaustive de tous les points du texte.

1. Traduction de l'*Éthique à Nicomaque*, III 4-5[59]

Chapitre 4

« [1111b4] À présent qu'ont été déterminés ce qui est de plein gré et ce qui est contre gré, on traitera

58. *Cf.* l'aporie soulevée dès le début du traité *De l'âme*, I 1.402b11-16.

59. Sauf indication contraire, nous traduisons le texte grec publié de *Ethica Nicomachea*, édité par Franz Susemihl, 2e édition revue par Otto Appelt, Leipzig : B. G. Teubner, 1903.

ensuite du dessein (*prohaireseôs*). Car celui-ci semble être fortement apparenté à la vertu, et semble davantage que les actions permettre de juger les caractères.

[1111b6] Le dessein est manifestement quelque chose de plein gré sans être identique à cette notion, le « plein gré » ayant plus d'étendue. Car même les enfants et le reste des animaux ont part à ce qui est de plein gré, mais non au dessein ; et nous disons des actes qui se produisent subitement qu'ils sont de plein gré, mais non qu'ils sont commis selon un dessein (*kata prohairesin*).

[1111b10] Ceux[60] qui disent qu'il est l'appétit (*epithumian*), ou l'emportement (*thumon*), ou le vouloir (*boulèsin*), ou encore une sorte d'opinion (*tina doxan*), ne semblent pas parler correctement.

[1111b12] Car le dessein n'est pas commun aux êtres dénués de raison, quand l'appétit et l'emportement le sont. Et l'homme sans maîtrise de soi (*akratès*) agit en en ayant l'appétit (*epithumôn*), mais sans en avoir le dessein (*prohairoumenos*) ; à l'inverse, l'homme maître de lui-même (*enkratès*) agit en en ayant le dessein, mais sans en avoir l'appétit. Et un appétit peut être en opposition à un dessein, alors qu'il ne peut être en opposition à un appétit. En outre, l'appétit porte sur ce qui est source de plaisir et source de peine,

60. La revue exhaustive des occurrences du vocabulaire de la *prohairesis* depuis ses origines jusqu'à la mort d'Aristote nous permet de dire qu'on ne peut identifier les personnes visées ici. Il nous paraît peu probable qu'il y ait eu en dehors du Lycée une réflexion théorique pour déterminer la *prohairesis*. La liste des prétendants à une identification avec la notion laisse attendre une discussion d'école, et d'une école peu éloignée de celle de Platon. Car ce ne sont pas des orateurs occupés à des plaidoiries diverses, ou préoccupés du destin d'Athènes à une époque riche en guerres, qui se seront embarrassés de la question de savoir si la *prohairesis* se confond avec l'un des trois types de désirs admis par les philosophes ou avec une instance d'ordre intellectuel comme la *doxa*. L'explication la plus vraisemblable consiste donc à voir derrière cette allusion d'Aristote des discussions plus ou moins scolaires au sein même du Lycée.

tandis que le dessein ne porte ni sur ce qui est source de peine ni sur ce qui est source de plaisir.

[1111b18] Le dessein est encore moins l'emportement. Les actes accomplis par emportement semblent en effet n'être rien moins qu'accomplis selon un dessein (*kata prohairesin*).

[1111b19] Mais il n'est certes pas non plus le vouloir (*boulèsis*)[61], bien qu'il en soit manifestement très proche[62]. Il n'y a en effet pas de dessein portant sur des choses impossibles, et si quelqu'un disait qu'il a le dessein (*prohaireisthai*) [de faire quelque chose d'impossible], il passerait pour stupide ; or il existe un vouloir portant sur des choses impossibles[63],

61. Nous adoptons la solution de Carlo Natali, qui rend *boulèsis* par « le vouloir » (*il volere*), ce qui nous paraît un compromis à la fois satisfaisant et élégant. Cicéron rendait *boulèsis* par *voluntas* (*Tusculanes*, IV VI-12), et sa formule (« voluntas est, quae quid cum ratione desiderat ») conviendrait assez bien à Aristote, qui parle dans la *Rhétorique* de la *boulèsis* comme *logistikè orexis* (I 10.1369a2 ; *cf.* 11.1370a18-19 : *alogoi* & *meta logou*, mais il s'agit manifestement d'une distinction au sein des appétits plutôt que de la *boulèsis* proprement dite). Toutefois, le contexte dans lequel se place Cicéron est stoïcien et *voluntas* n'est pas une traduction de *boulèsis* chez Aristote ni chez aucun auteur de la période classique au sens strict. En outre, il est difficile aujourd'hui de rendre *boulèsis* sans autre forme de procès par « volonté », laquelle exprime une faculté de choix et une capacité à déclencher ou non une action, et ne saurait être appliquée à l'impossible. En utilisant le verbe substantivé, « le vouloir », nous nous donnons la possibilité de contourner cette dernière difficulté dans la mesure où le verbe au conditionnel s'applique à l'impossible (voir ci-dessous). « Le vouloir » doit donc ici être entendu en faisant abstraction de cette *facultas eligendi* que la volonté est devenue. De son côté, la terminologie du « souhait », dont l'usage est devenu dominant pour rendre *boulesthai-boulèsis*, n'est pas non plus totalement satisfaisant, car il est souvent trop faible pour traduire le verbe *boulesthai* en ses emplois les plus courants (il correspond plutôt au verbe *euchesthai*), et la *boulèsis* réunit non seulement les cas de simple souhait mais encore les cas de volonté efficace et déterminée, telle qu'elle se révèle précisément dans la *prohairesis* (ni Aristote ni l'usage grec ne restreignent *boulèsis-boulesthai* à un souhait vague et sans efficacité pratique).

62. On notera les précautions prises ici par Aristote dans sa différenciation de la *prohairesis* et de la *boulèsis*, totalement absentes précédemment.

63. On peut dire en effet en français, par exemple, « je voudrais être immortel ».

comme l'immortalité. Et le vouloir concerne même ce qu'on ne saurait en aucun cas accomplir par soi-même (*di'hautou*)[64], comme la victoire de tel acteur ou de tel athlète. Nul n'a en revanche pour dessein (*prohaireitai*) qu'arrivent de tels événements, mais seulement ceux dont il croit qu'ils pourraient arriver par lui (*di'hautou*). De plus, le vouloir porte davantage[65] sur la fin, alors que le dessein porte davantage[66] sur ce qui est en vue de la fin ; par exemple nous voulons être en bonne santé, mais nous avons pour dessein (*prohairoumetha*) les moyens par lesquels nous serons en bonne santé ; ou encore, nous voulons être heureux et nous nous exprimons ainsi, mais cela n'est pas adapté[67] de dire que nous avons pour dessein (*prohairoumetha*) d'être heureux, car dans l'ensemble le dessein semble concerner ce qui dépend de nous[68].

64. L'expression *dia* + génitif, « par l'intermédiaire de », insiste sur la médiation (quand *dia* + accusatif insiste davantage sur l'aspect causal). Ce n'est probablement pas un détail (nous y reviendrons dans nos éclaircissements).

65. À nouveau une précaution d'Aristote, qui ne fait pas d'emblée une distinction tranchée entre la *boulèsis* et la *prohairesis* en termes de fins et de moyens. Il peut d'autant moins le faire que ce qui est relatif à la fin ne peut par définition pas être radicalement séparé de la fin.

66. Tout autant que le verbe « est » (*esti*) qu'il accompagne, l'adverbe « davantage » (*mallon*) du premier membre de phrase est sous-entendu dans le second (ἔτι δ᾽ ἡ μὲν βούλησις τοῦ τέλους ἐστὶ μᾶλλον, ἡ δὲ προαίρεσις τῶν πρὸς τὸ τέλος).

67. À nouveau une précaution d'Aristote : il est entièrement péremptoire quand il s'agit de la *boulèsis* (« nous voulons être heureux et nous nous exprimons ainsi »), mais il l'est nettement moins quand il dénie au verbe *prohaireisthai* l'application à la fin qu'est le bonheur (« ce n'est pas adapté de le dire » et non "nous ne le disons pas"). *Cf.* Isocrate, *Lettre aux fils de Jason*, 9-11 (où l'on peut assimiler au bonheur la vie à laquelle s'applique le verbe *prohaireisthai*) & Démosthène, *Sur les forfaitures de l'ambassade*, 166 (*prohaireisthai* porte sur le but autant que sur les moyens de l'atteindre). Il faut en outre souligner qu'Aristote, plus haut, rapporte qu'on décréterait purement et simplement stupide un homme qui aurait pour dessein l'impossible, mais qu'il est nettement plus nuancé quand il s'agit d'avoir pour dessein la fin.

68. On remarquera qu'ici le critère de la fin et des moyens qui servait normalement dans ces lignes à distinguer la *boulèsis* et la *prohairesis* est rabattu

[1111b30] Il ne saurait non plus être l'opinion[69]. Car l'opinion semble concerner toutes choses, et non moins les choses éternelles et celles qui sont impossibles que celles qui dépendent de nous ; et elle se divise par le faux et le vrai, non par le mauvais et le bon, alors que le dessein se divise davantage par ces deux dernières qualités. Certes, nul ne va sans doute jusqu'à identifier le dessein à l'opinion dans son ensemble ; mais il n'est pas même identique à une sorte d'opinion. Car nous sommes de telle ou telle qualité par le fait que nous avons pour dessein (*prohairoumetha*) ce qui est bon ou ce qui est mauvais[70], mais non par le fait d'en avoir une opinion. Et nous avons le dessein (*prohairoumetha*) de prendre ou de fuir quelque objet de cette sorte[71], alors que nous

sur le critère de ce qui ne dépend pas de nous et de ce qui en dépend, ce qui était le critère utilisé dans les lignes précédentes.

69. On retrouve ici, provisoirement, un ton presque aussi péremptoire que celui qu'on avait pour distinguer la *prohairesis* de l'appétit et de l'emportement ou des actes de plein gré dans leur ensemble.

70. τῷ γὰρ προαιρεῖσθαι τἀγαθὰ ἢ τὰ κακὰ ποιοί τινές ἐσμεν, ce qui signifie que nous sommes mauvais si nous avons des desseins portant sur le mauvais, et bons si nous avons des desseins portant sur le bien (ce qui, soit dit en passant, revient à avoir pour dessein une fin, puisque comme le dit régulièrement Aristote, le bien est la fin). Il ne s'agit pas ici de « choisir entre le bon et le mauvais » (compréhension erronée de *prohaireisthai tagatha è ta kaka*). La qualité morale ne vient pas d'une *opération de choix entre le bien et le mal*, mais de la *relation* ou *tension* vers une fin dans laquelle nous nous inscrivons et qui transfère ainsi sa qualité à notre *prohairesis* et à notre personne. *Cf. Rhétorique*, III 16.1417a18-19 : le caractère, *èthos*, est de telle qualité par la *prohairesis*, la *prohairesis* à son tour est de telle qualité par la fin ; si les mathématiques n'ont pas de *prohairesis* et donc pas de caractère moral, c'est parce qu'elles n'incluent pas la *visée d'une fin* (οὗ ἕνεκα, 1417a19-21), et non parce qu'en elles ne se ferait aucun *choix entre le bien et le mal.*

71. καὶ προαιρούμεθα μὲν λαβεῖν ἢ φυγεῖν [ἤ] τι τῶν τοιούτων. Nous traduisons en adoptant comme Bywater la leçon d'un des manuscrits qui omet le second ἤ. On notera que le ἤ dans λαβεῖν ἢ φυγεῖν signifie « ou respectivement » et non une notion de choix ; *cf.* Aspasius, *In Ethica Nicomachea commentaria*, p. 69 (éd. Heylbut) : πρὸς δὲ τούτοις προαιρούμεθα μὲν λαβεῖν ἢ φυγεῖν, λαβεῖν μὲν τὰ φαινόμενα ἡμῖν ἀγαθά, φυγεῖν δὲ

avons une opinion sur ce que c'est ou à quoi cela est profitable ou de quelle manière, mais nous n'avons pas vraiment (*ou panu*)[72] l'opinion de prendre ou de fuir[73]. De plus, le dessein est loué davantage parce qu'il porte sur l'objet qu'il faut que parce qu'il se fait correctement, alors que l'opinion l'est parce qu'elle est vraie. Et nous avons pour dessein (*prohairoumetha*) ce que nous savons au plus haut point être bon, tandis que nous avons une opinion sur ce que nous ne savons pas vraiment (*ou panu*). Et il semble que ce ne soient pas les mêmes gens qui ont d'excellents desseins (*prohaireisthai... arista*) et qui opinent excellemment ; au contraire, il y en a qui opinent de meilleure façon, mais qui par vice n'embrassent pas (*haireisthai*) ce qu'il faut[74]. Peu importe qu'une opinion précède (*proginetai*) le dessein ou qu'elle l'ac-

τὰ φαινόμενα ἡμῖν κακά, « en outre, nous avons pour dessein de prendre ou de fuir, de prendre ce qui nous apparaît comme un bien, de fuir ce qui nous apparaît comme un mal ». Ces ἤ ne sont pas moins présents dans le membre de phrase qui suit et qui concerne la *doxa* [1112a4], laquelle ne réalise pas plus un choix. On peut aussi, avec Susemihl, conserver le deuxième ἤ. Alors ἤ τι τῶν τοιούτων fait allusion à un autre verbe d'action, comme par exemple πράττειν ou πολεμεῖν etc. (ce qui nous paraît syntaxiquement moins pertinent, car on attendrait alors plutôt ἤ τι τοιοῦτον à la place de ἤ τι τῶν τοιούτων).

72. De même qu'Aristote avait dû prendre des précautions pour distinguer la *boulèsis* et la *prohairesis*, de même il est obligé d'en prendre pour l'opinion appliquée à des réalités relevant du domaine pratique. De fait, la *prohairesis* réunit la faculté désirante (précisément sous la forme de la *boulèsis*) et une faculté intellectuelle. Elle ne se confond donc avec aucune des deux prises séparément puisque tout composé se distingue de ses composants ; mais elle ne peut pas non plus s'en distinguer radicalement.

73. La série de « ou » est de sens homogène dans la totalité de la phrase et ne signifie pas un choix entre des membres d'une alternative. Le texte signifie que nous opinons sur ce qu'est prendre ou ce qu'est fuir ou sur leur utilité etc., et que nous n'opinons guère *de* prendre ou *de* fuir, alors que nous avons pour dessein *de* prendre ou *de* fuir.

74. La substitution de *haireisthai* à *prohaireisthai* est très signifiante (nous en avons donné une explication dans notre précédent ouvrage, *Une morale pour les mortels*, p. 308 *sqq.*, particulièrement n. 141 p. 311).

compagne tout du long (*parakolouthei*)[75] ; ce n'est en effet pas cette question que nous examinons, mais si le dessein est identique à une certaine opinion.

[1112a13] Qu'est-il donc ou de quelle sorte est-il, puisqu'il n'est aucune des choses mentionnées ? Il paraît assurément être de plein gré, mais ce qui est de plein gré n'est pas toujours objet d'un dessein (*prohaireton*). Mais alors est-il ce qui a été préalablement délibéré (*to probebouleumenon*)[76] ? Le dessein s'accompagne en effet de raison (*logou*) et de pensée (*dianoia*) ; son nom même semble indiquer qu'il est quelque chose qu'on prend avant d'autres choses (*pro heterôn haireton*).

Chapitre 5

[1112a18] Or, délibère-t-on sur toutes choses, et tout est-il objet de délibération (*bouleuton*), ou la délibération (*boulè*) fait-elle défaut sur certains sujets ? Il faut d'abord sans doute appeler "objet de délibération" non pas ce sur quoi pourrait délibérer un homme stupide ou un fou, mais l'homme en possession de son intelligence.

[1112a21] Or nul ne délibère sur les choses éternelles, par exemple sur le monde, ou sur la diagonale et le côté du carré sous le rapport de leur incommensurabilité. Mais personne ne délibère non plus

75. Le verbe *parakolouthein*, avec le préfixe *para* qui renforce la notion d'accompagnement, met ici en valeur la dimension *durative* du dessein ou intention. Pour ce sens du verbe que nous retenons ici, nous nous autorisons d'ARISTOTE, *Du ciel* (III 2.301b27, à propos de mouvements contraints comme celui d'une pierre lancée vers le haut : διὸ καὶ οὐ παρακολουθοῦντος τοῦ κινήσαντος φέρεται τὸ βίᾳ κινηθέν, « c'est aussi la raison pour laquelle, bien que le moteur n'accompagne pas tout du long le mobile mû par contrainte, celui-ci se meût néanmoins ») & de DÉMOSTHÈNE, *Sur la couronne*, 172 (παρηκολουθηκότα τοῖς πράγμασι ἐξ ἀρχῆς, extrait cité au chapitre précédent).

76. Plus exactement : « ce qui a été préalablement (*pro-*) *entièrement délibéré* (*-bebouleumenon*, parfait notant l'accomplissement) », c'est-à-dire « ce qui a été préalablement *décidé* » (*cf.* notre CHAPITRE I).

sur les êtres qui, tout en étant en mouvement, évoluent toujours de la même manière, que ce soit par nécessité, par nature[77] ou par quelque autre cause, comme c'est le cas des solstices et des levers des astres. Personne ne délibère non plus sur ce qui est autre d'un moment à l'autre, comme les sécheresses et les pluies. Non plus sur ce qui provient du hasard, comme la découverte d'un trésor. Mais nul ne délibère non plus sur la totalité des affaires humaines ; par exemple aucun Lacédémonien ne délibère sur la question de savoir comment les Scythes pourraient conduire une excellente politique. Car aucun de ces événements ne saurait advenir par nous (*di'hèmôn*).

[1112a30] Mais nous délibérons sur ce qui dépend de nous et relève de l'action. Or c'est là aussi tout ce qui reste : semblent en effet être des causes la nature, la nécessité, le hasard, et encore l'intelligence (*noûs*) et tout ce qui advient par l'être humain (*di'anthrôpou*) ; or les êtres humains délibèrent chacun sur des actions susceptibles d'être accomplies par eux (*di'hautôn*).

[1112a34] En outre, il n'y a pas de délibération dans le cas des sciences exactes et qui se suffisent à elles-mêmes, par exemple pour l'écriture des lettres, car nous ne sommes pas dans l'hésitation quant à la manière dont il faut les tracer ; mais nous délibérons sur ce qui advient par nous sans advenir toujours de la même manière, par exemple sur ce qui relève de l'art médical et de l'art de faire fructifier son argent, et davantage dans le cas de l'art de naviguer que dans celui de la gymnastique, dans la mesure où le premier est un art d'une précision moins aboutie, et pareillement encore pour les autres arts. Voilà qui se produit aussi davantage dans les arts que dans les sciences, car nous sommes plus

77. Leçon que nous retenons en 1112a24 : εἴτ᾽ ἐξ ἀνάγκης εἴτε φύσει.

dans l'hésitation à leur propos ; or l'acte de délibérer prend place dans les événements qui adviennent assez souvent, mais dont l'issue n'est pas évidente, et dans lesquels on trouve de l'indétermination. Et nous nous adjoignons des conseillers pour délibérer sur les grandes affaires, nous défiant de l'insuffisance de notre propre discernement (*diagnônai*).

[1112b11] Or, nous délibérons non sur les fins mais sur ce qui est en vue de ces fins. En effet, ni le médecin ne délibère sur la question de savoir s'il guérira son patient, ni le rhéteur s'il persuadera, ni l'homme politique s'il produira un bon ordre au sein de la cité, ni aucun autre homme de l'art ne délibère sur la fin. Mais après avoir posé la fin (*themenoi to telos*), ils examinent (*skopousi*) comment et par quels moyens (*dia tinôn*) elle existera ; dans le cas où elle paraît pouvoir advenir par plusieurs moyens, ils s'appliquent à examiner (*episkopousi*) par lequel elle adviendra le plus facilement et le mieux, et dans le cas où elle ne peut être accomplie que par un seul moyen, comment elle existera par ce moyen et à nouveau par quel moyen ce dernier moyen existera, jusqu'à ce qu'ils parviennent à la première cause, qui est la dernière dans l'ordre de la découverte (*heuresei*). Celui qui délibère semble en effet opérer sa recherche (*zètein*) et son analyse (*analuein*) de la manière qu'on a dite comme s'il s'agissait d'une figure géométrique. Il est manifeste que toute recherche (*zètèsis*) n'est pas une délibération – comme les mathématiques –, mais que toute délibération est une recherche, et que le dernier terme dans l'ordre de l'analyse (*analusei*) est le premier dans l'ordre de l'engendrement (*genesei*). Et si d'aventure l'on rencontre quelque impossibilité, on renonce, par exemple s'il faut de l'argent mais qu'il n'est pas possible de s'en procurer ; en revanche, si la chose paraît possible, on entreprend d'agir (*encheirousi prattein*). Est possible ce qui pourrait advenir par nous (*di'hèmôn*) ; en effet,

ce qui advient par l'intermédiaire de nos amis (*dia tôn philôn*) existe en quelque sorte par nous (*di'hèmôn*). Car le principe en est en nous. D'autre part, on cherche tantôt les outils, tantôt la manière d'en user. Pareillement pour le reste, on cherche tantôt par quel moyen (*di'hou*), tantôt comment ou par l'intermédiaire de quelle personne (*dia tinos*).

[1112b31] Il semble bien, comme on l'a dit, que l'être humain soit principe de ses actions. Or la délibération porte sur ce qui relève d'une action réalisable par l'agent, et les actions sont en vue d'autres choses. Ce n'est donc[78] pas la fin qui sera objet de délibération, mais ce qui est en vue des fins. Ce ne sont assurément pas non plus les choses prises individuellement[79], comme de savoir si ceci est du pain ou s'il est cuit comme il faut. Car cela relève de la sensation, et si l'on délibère sans cesse, on ira à l'infini.

[1113a2] Or l'objet de la délibération (*to bouleuton*) et l'objet du dessein (*to prohaireton*) sont la même chose, sauf que l'objet du dessein est déjà dans un état de détermination achevée (*aphôrismenon èdè to prohaireton*). Car ce qui a été préalablement discerné à partir de la délibération (*to gar ek tès boulès prokrithen*)[80] est objet de dessein (*prohaireton*). Car

78. Leçon que nous retenons en 1112b33 : οὐκ ἂν οὖν, qui présente cette phrase comme découlant logiquement de la précédente. La leçon οὐ γὰρ ἄν la présente comme justification de la précédente.

79. *Ta kath'hekasta*, les objets singuliers et considérés individuellement, sans être envisagés sous l'angle de la relation à la fin (*pros to telos*). La *bouleusis*, consistant à trouver un moyen relatif à une fin (fin ultime, ou fins intermédiaires que sont les moyens à atteindre successivement pour atteindre la fin ultime), porte donc sur un objet *pris dans une relation*. Les objets singuliers nommés *ta kath'hekasta*, pris individuellement comme leur nom l'indique, ne peuvent être objets de délibération tant qu'ils sont considérés isolément ; envisagés sous l'angle d'une relation à une fin, ils pourraient en revanche rentrer dans le champs des *bouleuta*.

80. C'est-à-dire « ce qui a été décidé à partir de la délibération ». L'adoption de la leçon προκριθέν (*cf.* Aspasius, *Commentaria*, verbe προκρίνειν) ou de la leçon κριθέν ne change rien d'essentiel à la phrase. Le parallélisme *prokrithen* /

chacun cesse de chercher comment il agira lorsqu'il a ramené le principe jusqu'à lui, et en lui jusqu'à ce qui dirige (*to hègoumenon*). C'est en effet lui qui porte le dessein (*to prohairoumenon*)[81]. Voilà qui ressort avec évidence aussi des constitutions politiques anciennes, dont Homère a peint le tableau : les rois annonçaient en effet au peuple leurs desseins (*ha proheloïnto*)[82].

[1113a9] Puisque l'objet d'un dessein (*to prohaireton*) est un objet de désir (*orekton*) et de délibération (*bouleuton*) parmi les objets qui dépendent de nous, le dessein doit lui aussi être un désir délibératif (*bouleutikè orexis*) de ce qui dépend de nous. En effet, après avoir discerné (*krinantes*) [chaque chose][83] à partir de la délibération, nous désirons conformément à la délibération (*kata tèn bouleusin*)[84].

prohaireton fait écho au précédent parallélisme entre *probebouleumenon* et *prohaireton*.

81. Avec le vocabulaire de l'intention, on écrirait « ce qui intentionne ». On trouve, pour rendre *to prohairoumenon*, un passif dans les traductions latines de l'*Ethica vetus*, de Grosseteste et dans celle reconstituée par R. A. Gauthier pour l'édition Léonine du commentaire de Thomas d'Aquin : « hoc enim est quod eligitur », quand une traduction latine de la Renaissance comme celle de Felicianus porte un actif (« eligit »). Le contexte indique sans trop de doute un moyen.

82. Οἱ γὰρ βασιλεῖς ἃ προέλοιντο ἀνήγγελλον τῷ δήμῳ. Nous retenons la leçon προέλοιντο avec Susemihl & Appelt (1903 & 1912), et non pas προείλοντο retenu par Bywater (1894) ainsi que par de nombreux traducteurs, qui voient là une antériorité introduite par l'indicatif aoriste permettant de renforcer la compréhension comme décision ou comme choix (« ce qu'ils avaient décidé » [Gauthier & Jolif, Bodéüs], « le parti qu'ils avaient adopté » [Tricot]). L'optatif προέλοιντο, sans ἄν, dans une proposition relative dépendant d'un verbe principal à l'imparfait, est parfaitement régulier pour exprimer une répétition dans le passé et n'entraîne pas nécessairement une antériorité par rapport au verbe principal.

83. À savoir, les éléments afférents à l'action et tendant vers la fin (les moyens, la modalité d'utilisation des moyens, etc.).

84. C'est-à-dire que le désir suit le chemin tracé par la délibération sous forme d'un enchaînement de moyens. Les deux leçons présentées ici par les manuscrits, βούλευσιν et βούλησιν, se défendent toutes deux. Κατὰ τὴν βούλευσιν a toutefois notre préférence, car elle permet d'insister sur la réalité du désir *délibératif*. Mais la leçon βούλησιν a pour elle un passage du *De l'âme*, III

> [1113a12] On a donc dit dans les grandes lignes ce qu'est le dessein, ce qu'il concerne, et qu'il porte sur ce qui est en vue des fins » (*Éthique à Nicomaque*, III 4.1111b4-5.1113a14).

2. Éclaircissements

Prohairesis *& choix*

Le chapitre 4 se livre à une première circonscription de la notion de *prohairesis* grâce à sa comparaison avec un ensemble de notions connexes. La première distinction se fait par rapport à la qualité « de plein gré » prise en général, dont la *prohairesis* constitue un cas spécifique. Les deux critères utilisés pour circonscrire la *prohairesis* au sein du « de plein gré » consistent exclusivement en la rationalité et la temporalité. Les deux aspects ne sont du reste pas séparés. En effet, tout comme Aristote dénie aux autres animaux le caractère délibératif (*bouleutikon*)[85], il leur dénie la faculté d'anticiper l'avenir, qu'il réserve aux êtres humains puisqu'il la fait manifestement reposer sur l'intellect et le *logos*[86], alors qu'il ne leur dénie pas la mémoire qui porte sur le passé – mais il leur dénie toutefois la remémoration, précisément parce qu'elle est une forme de *sullogismos*[87].

En revanche, nul critère ne consiste ici en ces caractéristiques propres au choix que nous avons présentées précédemment, et qui, bien identifiables, dissiperaient en une phrase toute confusion avec une notion connexe. Il en va ainsi pour la totalité de ces deux chapitres. En particulier, quand Aristote écrit que « nous avons le dessein (*prohairoumetha*) de prendre ou de fuir quelque objet de cette sorte, alors que nous avons une opinion sur ce que c'est ou à quoi cela est profitable ou de quelle manière, mais nous

10.433a24-25 : ὅταν δὲ κατὰ τὸν λογισμὸν κινῆται, καὶ κατὰ βούλησιν κινεῖται, « lorsqu'on se meut selon le raisonnement, on se meut aussi selon la *boulèsis* ».

85. *Histoire des animaux*, I 1.488b24-25.

86. *De l'âme*, III 10.433b5-10.

87. *De la mémoire et de la réminiscence*, 2.453a10.

n'avons pas vraiment l'opinion de prendre ou de fuir »[88], il ne parle pas d'un choix ; il exprime que ce qui est signifié par le verbe *prohaireisthai* porte non seulement sur des choses (traitées dans les lignes précédentes : des choses bonnes ou mauvaises), mais encore sur les *actes* mêmes qui s'exercent sur ces choses (actes exprimés par les *verbes* « prendre » et « fuir »), donc sur des *prakta* (choses relevant du domaine de l'action) pris dans leur dimension pratique active, quand l'opinion, si elle porte sur des actes, les traitera sur un mode théorique en s'interrogeant sur leur essence (« ce que c'est ») ou même sur leur utilité et leur modalité pratique, mais toujours sous un angle théorique ; car l'opinion n'est pas « opinion de prendre » ou « opinion de fuir ». Du moins, nous dit Aristote, nous n'opinons « pas vraiment » ainsi, la différenciation n'étant pas aussi assurée que pour d'autres cas[89]. Le rapport qu'entretiennent la *prohairesis* et l'opinion vis-à-vis des *prakta* est donc différent : le rapport de la *prohairesis* aux réalités pratiques est lui-même authentiquement pratique (nous avons l'intention *de* prendre ou *de* fuir), quand le rapport de l'opinion à ces mêmes réalités pratiques n'est « pas vraiment » pratique mais déjà théorique (nous n'opinons « pas vraiment » *de* prendre, mais *ce que c'est* que « prendre »). Ce « pas vraiment » (*ou panu*) a son écho quelques lignes plus bas (1112a8), quand Aristote écrit que nous opinons sur ce que nous ne savons « pas vraiment ». C'est le statut intermédiaire de l'opinion qui ressurgit ici : elle est déjà théorique sans qu'on puisse lui ôter absolument toute valeur pratique, mais elle n'est pas non plus la science, sa dimension théorique est loin d'être parfaite ; l'héritage platonicien la fait porter sur le domaine du devenir et du contingent, qui est celui, nous dit Aristote, de l'action.

Enfin, on remarquera que dans la description du processus de délibération que fait Aristote au chapitre 5, il n'est nullement posé comme condition qu'il y ait plusieurs moyens entre lesquels

88. *Éthique à Nicomaque*, III 4.1112a3-5.

89. Précisément, l'*Éthique à Eudème* aborde l'opinion comme ayant une modalité toute pratique d'application aux réalités pratiques (II 10.1226a4 *sqq.*), ce que dénie ici Aristote, mais avec une légère réserve.

choisir pour que se forme un dessein. Au contraire, le texte envisage explicitement le cas où un seul moyen se présenterait à un même niveau de la chaîne construite régressivement depuis la fin ; de plus, même quand plusieurs moyens se présentent à un même niveau de cette chaîne et qu'il y a place pour une opération de choix, le texte ne parle pas de choisir entre les deux, mais d'examiner avec application (*episkopein*) quel moyen est le plus efficace et permettra le meilleur résultat. La notion de choix, même là où elle prend objectivement place, n'est donc pas du tout centrale dans ce texte.

L'assimilation du prohaireton *à un* probebouleumenon *& l'analyse du nom du* prohaireton *comme* pro heterôn haireton

Après avoir procédé à un examen dialectique, Aristote dégage un point de départ pour son propre examen, devant le conduire à définir la *prohairesis* comme unissant à la fois une dimension désirante et une dimension cognitive ou intellectuelle.

Alors qu'il a parlé jusqu'à présent de *prohairesis*, il passe à présent au terme *prohaireton*, qu'il forge pour ses besoins[90], afin de suivre sa méthode, éprouvée dans le traité *De l'âme*, qui consiste à saisir une activité psychique à partir de l'objet corrélatif sur lequel elle s'exerce.

Le prohaireton *& le* probebouleumenon. – Aristote avance alors une piste : l'objet *prohaireton*, sur lequel s'exerce une *prohairesis*, serait un *probebouleumenon*, un objet ayant fait préalablement (*pro-*) l'objet d'une délibération conduite jusqu'à son achèvement (*-bebouleumenon*, participe au parfait)[91]. Cette piste est introduite

90. *Prohaireton* est inexistant avant Aristote, et n'existe chez lui qu'au neutre.

91. Nous lisons donc la dernière phrase du chapitre 4 comme exprimant une identification du *prohaireton* au *probebouleumenon*, ce que confirme la phrase de III 5.1113a2-4 (« le *bouleuton* et le *prohaireton* sont la même chose, sauf que le *prohaireton* est déjà dans un état de détermination achevée »). Dans une note de sa traduction de l'*Éthique à Eudème* (n. 64 p. 307), C. Dalimier présente le *probebouleumenon* comme étant la différence spécifique du genre qu'est le *hekousion*, si bien que le *prohaireton* serait non pas le *probebouleumenon*, mais le *hekousion probebouleumenon*.

assez abruptement puisque rien ne l'annonçait comme telle : Aristote n'a pas fait mention de la délibération dans le chapitre 4. Nous avons formulé l'hypothèse que le traitement démosthénien de la formule *ek prohaireseôs*, « à dessein », rapproché de *ek pronoias*, « avec préméditation », proche pour le sens juridique de *ek proboulès* ou *ex epiboulès*, « de manière délibérée »[92], pouvait être à l'origine de ce rapprochement désormais explicite entre délibération et *prohairesis*, tout comme la pratique ordinaire des orateurs qui, sans faire de lien consciemment articulé, ont au gré des contextes fait voisiner les notions[93]. Aristote pour sa part justifie doublement cette piste par le fait que la *prohairesis* s'accompagne de *logos* et de *dianoia*, et par une remarque étymologique : le nom du *prohaireton* laisse entendre qu'il est quelque chose de *pro heterôn haireton*.

Cette double justification semble se répartir les tâches ainsi : la justification par la pensée-*dianoia* soutient l'introduction de l'acte intellectuel de *délibérer* exprimé par *bebouleumenon* dans *probebouleumenon* ; la justification par l'étymologie soutient l'introduction de l'idée d'antériorité exprimée par *pro* dans *probebouleumenon*, lequel note en effet une antériorité par son préfixe *pro*, et non par le parfait *bebouleumenon*, qui marque pour sa part l'aspect d'accomplissement de la délibération, c'est-à-dire le fait que ce que nous appelons en français la décision a été atteint.

Mais il ne nous semble pas qu'on puisse considérer le *probebouleumenon* comme un différence spécifique de *hekousion*, car tout *probebouleumenon* est *hekousion* (tout ce qui est fait de manière délibérée est de plein gré), ce qui entraînerait donc que le genre se prédiquerait de la différence spécifique ; or ce n'est pas possible (« animal » ne se prédique pas de tout « rationnel » dans la définition « homme = animal rationnel », et s'il s'en prédiquait, alors « animal » serait dit deux fois de l'homme défini comme « animal rationnel », directement par le genre et indirectement par le biais de la différence spécifique ; voir *Topiques*, VI 3.144a31-b3 et notes de TRICOT ou BRUNSCHWIG). *Probebouleumenon* est donc une *espèce* relativement à *hekousion*, et coïncide totalement avec le *prohaireton*.

92. Détail dans notre CHAPITRE IV, § « Démosthène accusateur, *Contre Midias* (-347) ».

93. ISOCRATE, *Éloge d'Hélène*, 47 ; *Lettre aux fils de Jason*, 9-11 ; *Sur l'échange*, 117-119. DÉMOSTHÈNE, *Contre Midias*, 41-44 ; *Sur la couronne*, 188-193, etc. HYPÉRIDE, *Oraison funèbre*, 13-15. Voir aussi PLATON, *Politique*, 304e.

Que le sens du préfixe *pro* dans *probebouleumenon* soit temporel ne souffre aucun doute[94], et les extraits combinés de Lysias, Antiphon et Platon que nous avons mentionnés à l'occasion de l'examen de l'expression *ek pronoias* dans la *Midienne* pourraient au besoin le confirmer.

Beaucoup se trouve dit dans cette si rapide assimilation du *prohaireton* à un *probebouleumenon*. Il y a là à la fois parallélisme et dissymétrie.

Parallélisme, en ce que les deux termes présentent chacun un préfixe *pro*, dont rien n'autorise à supposer que son sens varierait en passant de *probebouleumenon* à *prohaireton*. Au contraire, il est l'élément commun qui justifie la coïncidence autrement incongrue des deux termes[95].

94. Le verbe *probouleuein* apparaît deux autres fois dans l'*ÉN* (V 10.11135b10 au moyen, V 10.1135b20), et il a toujours un sens de délibération préalable ; il apparaît une fois dans la *Constitution des Athéniens* (45.4), où il désigne la procédure qui lie la *boulè* à l'*ekklesia* athénienne, la *boulè* réalisant une délibération préalable qu'elle fait parvenir à l'*ekklesia* ; il apparaît enfin trois fois dans la *Politique* (IV 14.1298b30, IV 15.1299b33, VI 8.1322b16) pour parler de ce type de procédure, et c'est avec raison que la traduction de P. Pellegrin rend même l'occurrence de 1299b33, τοῦ δήμου προβουλεύειν, par « préparer les délibérations du peuple », et non par « délibérer en faveur du peuple » (mais voir *contra* le dictionnaire Liddell & Scott qui donne cette occurrence comme un exemple possible de *deliberate for the people* au même titre que *deliberate before the people*).

95. Rappelons en passant (notre argumentation ne se fonde pas sur ce point) qu'aucun texte du corpus aristotélicien n'exprime la *préférence* avec un complément sous la forme *pro* + *génitif*, mais avec d'autres compléments (μᾶλλον ἤ τι ou seulement ἤ τι [plus rare], ἀντί + génitif [dans certains cas], ou le génitif seul en complément de αἱρετώτερον). La construction αἱρεῖσθαί τι πρό τινος, si elle se trouve deux fois chez Thucydide, cinq fois chez Xénophon, quatre fois chez Platon, ne se trouve ni chez Lysias, ni chez Isocrate, ni chez Isée, ni chez Hypéride, ni chez Aristote, ni chez ses stricts contemporains Lycurgue, Démosthène, Eschine, Démade, ni chez Dinarque, ni chez Théophraste. L'état de la transmission des textes ne permet pas d'exclure que cette construction se trouverait dans des textes non conservés, mais il semble toutefois se dessiner que la construction en question est tombée en désuétude à l'époque d'Aristote. Du côté du substantif, la construction αἵρεσις πρό + génitif ne se trouve ni chez Aristote, ni chez aucun des auteurs que nous venons de dire. On trouve chez Aristote seulement la construction αἱρετὸν πρό + génitif, une unique fois, dans ce passage étymologique de l'*Éthique à Nicomaque,* avec un sens temporel, comme nous le défendons ici.

Dissymétrie, en ce que l'élément verbal diffère, et diffère doublement : non seulement par la racine verbale (deux verbes différents sont impliqués, *bouleuesthai* et *haireisthai*), mais encore par la forme grammaticale, puisqu'on a dans un cas un participe parfait et dans l'autre un adjectif verbal[96].

L'adjectif verbal *haireton* dans *prohaireton* note ici la *possibilité*. Aristote cherche donc dans le *prohaireton* un objet corrélatif de la *prohairesis* sur lequel puisse s'exercer un acte de *prohaireisthai*, comme il cherche dans le traité *De l'âme* un *aisthèton*, objet corrélatif de la sensation-*aisthèsis* sur lequel puisse s'exercer l'acte de sentir-*aisthanesthai*, ou comme il va chercher dans un instant un *bouleuton*, l'objet corrélatif sur lequel puisse s'exercer la délibération-*bouleusis* et le délibérer-*bouleuesthai*.

En revanche, le participe parfait *bebouleumenon* dans *probebouleumenon* note *l'accomplissement* : l'objet qui est *bebouleumenon* est un objet sur lequel on a déjà délibéré complètement, autrement dit sur lequel la *décision* ou *l'achèvement* de la délibération a *déjà* eu lieu.

Ainsi, faire coïncider le *prohaireton* avec un *probebouleumenon* consiste très précisément à désigner comme objet potentiel sur lequel peut s'effectuer un acte de *prohaireisthai* un objet sur lequel une délibération complète, incluant la « décision », a déjà eu lieu préalablement (*pro*). L'objet sur lequel porte le dessein est un objet déjà « décidé ». On ne saurait dire plus clairement que la *prohairesis* n'est pas l'acte de décider opérant la clôture de la délibération.

La différence d'aspect qui sépare le participe parfait de l'adjectif verbal sera répétée ensuite, justement au moment où Aristote, par simplification, dira que l'objet de la délibération (le *bouleuton*) se confond avec l'objet du dessein (le *prohaireton*) : « L'objet de la délibération (*to bouleuton*) et l'objet du dessein (*to prohaireton*) sont la même chose », mais c'est pour préciser immédiatement :

96. Cette différence décisive doit apparaître dans la traduction. Elle apparaissait clairement dans la traduction latine de GROSSETESTE (*praeconsiliatum / eligibile*). Elle disparaît parfois dans les traductions modernes : « délibéré avant » / « décidé » (GAUTHIER & JOLIF, *cf.* 1112a15 et 1113a9) ; « préalablement délibéré » / « décidé » (BODÉÜS).

« sauf que l'objet du dessein est *déjà* dans un état de *détermination achevée* (*aphôrismenon èdè to prohaireton*) », et il explicite dans la foulée cette idée ainsi : « Car ce qui a été préalablement discerné à partir de la délibération (*to gar ek tès boulès prokrithen*) est objet du dessein (*prohaireton*) »[97].

Dans le chapitre III 5, Aristote est donc parfaitement conscient de la rectification qu'il faut faire subir à l'assimilation de l'objet de la *prohairesis* (le *prohaireton*) à l'objet de la délibération (le *bouleuton*) : l'un est un objet sur lequel on opère une *recherche*, l'autre est ce même objet, sauf que la recherche a déjà abouti et que l'on a *trouvé* tout ce qu'on cherchait, à savoir les moyens, dont il s'agit à présent de *se saisir* concrètement en vue de l'atteinte de la fin désirée et préalablement à cette atteinte ultime, ce que fait la *prohairesis*. Le processus de la délibération nous montre en effet un enchaînement des actes « chercher », « trouver » et donc enfin « prendre préalablement », enchaînement conforme aux séquences que nous avons vues avec le verbe *hairein-haireisthai*.

*Délibération-décision (*bouleusis-bebouleusthai*), dessein (*prohairesis*), action (*praxis*)*

La description aristotélicienne du processus de la délibération & la naissance d'une prohairesis. – La délibération consiste à partir d'une fin que l'on *pose* (*cf. themenoi*) comme point de départ de la délibération, et que l'on pose donc préalablement à l'action (*praxis*) qui va constituer la poursuite (*diôxis*) de cette fin littéralement *pro-posée*. Avant cette poursuite active et réelle de la fin que constitue l'action, il se produit une première poursuite intellectuelle sous forme de « recherche » mentale (*zètèsis*) des causes ou moyens permettant d'atteindre la fin visée. Cette recherche est la délibération. La délibération est essentiellement la construction à rebours d'une chaîne causale par analyse

97. *Éthique à Nicomaque*, III 5.1113a2-5. La combinaison de ces deux aspects, l'aspect achevé (le parfait) du côté de la délibération et l'aspect non achevé du côté de la *prohairesis*, pourra être repérée en d'autres endroits de l'*Éthique à Nicomaque* (par ex. VII 3.1146a31-32, avec *pepeisthai* & *prohairoumenon, diôkôn, prattôn*).

régressive et graduelle partant de la fin, passant de maillon en maillon. La recherche, *zètèsis*, se termine par le fait de trouver, *heuresis* (1112b19), ce qui coïncide avec le fait d'être parvenu à la première cause (*prôton aition*), première dans l'ordre de l'engendrement (c'est-à-dire de l'action, réalisant la poursuite réelle dans l'ordre successif du temps et de la causalité motrice), mais dernière (*eschaton*) dans l'ordre de la recherche (c'est-à-dire de la délibération, réalisant la poursuite mentale à rebours du temps mais selon l'ordre de la causalité finale). Une fois cette dernière & première cause atteinte – où se joue le retournement du processus d'analyse en processus d'engendrement, de la régression en progression –, l'objet en délibération (le *bouleuton*), désormais dans un état de détermination complète (*-bebouleumenon*) préalablement atteinte (*pro-*), passe à son nouveau statut : de *probebouleumenon* il devient comme tel l'objet sur lequel s'exerce l'acte de la *prohairesis*, il devient le *prohaireton*. Le basculement du parfait achevé (le *probebouleumenon*) à un statut de nouveau potentiel (le *prohaireton*), objet corrélatif d'un nouvel acte qu'est la *prohairesis*, correspond précisément au basculement de la cause du statut de dernière cause vers le statut de première cause, dont on se *saisit* immédiatement en *entreprenant* d'agir : *encheirousi prattein*, littéralement « ils *prennent en mains* d'agir »[98]. Car la dernière cause est à la fois dernière et première précisément parce qu'elle est à notre portée[99] et peut donc être immédiatement saisie sans médiation, en première. Le terme *probebouleumenon* a de même une double valeur temporelle paradoxale, alliant *l'anticipation* (le préfixe *pro*) et *l'achèvement* (le parfait *bebouleumenon*, « dont la délibération est achevée »), tout comme une même cause est à la fois dernière et première.

Nous retrouvons donc ici la séquence *chercher-trouver-prendre*, analogue à celle de l'épisode d'Ulysse dans le mythe d'Er[100]. La

98. *Éthique à Nicomaque*, III 5.1112b26.

99. On trouvera la même description de la cessation de l'examen dans la *Rhétorique*, I 4.1359a37-b1). De même aussi dans la *Métaphysique*, Z 7.1032b6-10 (καὶ οὕτως αἰεὶ νοεῖ, ἕως ἂν ἀγάγῃ εἰς τοῦτο ὅ αὐτὸς δύναται ἔσχατον ποιεῖν).

100. *République*, X 620c-d.

prohairesis, comme toute *hairesis,* arrive *après* la recherche-*zètèsis* et surtout *après* l'acte de trouver-*heuresis.* Ce qu'on prend est la chaîne des moyens en commençant par son début, anticipant la prise de la fin au loin. La *prohairesis* est donc une prise préalable à la *hairesis* normale, qui est celle de la fin. Le *prohaireton* est ainsi, comme son nom l'indique, *haireton pro heterôn* : objet d'une prise préalable à la prise d'autres choses.

Abstraction faite du degré de précision inédit qu'offrent les analyses philosophiques d'Aristote, ce type d'articulation (une *prohairesis* naît d'une délibération étant allée préalablement jusqu'à la décision) se retrouve en filigrane dans le *Politique* de Platon (304e), comme nous l'avons signalé plus haut, et dans au moins un texte de Démosthène. Dans l'un des *Prologues* de l'orateur, on voit que la *prohairesis,* comme dessein de la cité régissant un ensemble d'actions guerrières, a pris forme suite à une décision du peuple :

> « Ce n'est pas la même réfutation, Athéniens, qui touche les paroles (*logôn*) et les actes (*pragmatôn*), mais il faut pour l'instant (*nun men*) que nous nous montrions comme prenant de bonnes décisions (*eu bebouleumenous*), et alors seulement (*tote de*), si l'on en décide ainsi (*dokèi*), faire la démonstration de notre courage. Assurément, votre ardeur est de grande valeur et on la trouve en vous telle qu'un citoyen qui veut le bien de sa cité pourrait la souhaiter ; mais plus elle est zélée, plus il faut voir à l'avance (*proidein*) la manière de l'utiliser comme il faut. Car d'aucune action (*pragmatos*) le dessein (*prohairesis*) n'est vanté, s'il ne reçoit pas aussi une issue (*telos*) qui soit profitable et belle » (DÉMOSTHÈNE, *Prologues,* L 1-2).

La *prohairesis* (consistant ici en une entreprise guerrière, voir L 3) est du côté des *actions,* et elle est explicitement présentée comme postérieure à la phase de la *parole,* c'est-à-dire de délibération et décision, dont elle naît.

Le prohairoumenon *& la comparaison avec les rois des anciennes constitutions homériques*

Si la première cause est celle qui est de manière absolument immédiate à notre portée, alors la toute première cause doit coïncider avec le principe même de l'action au sein de l'animal humain[101]. C'est donc l'âme elle-même, en tant qu'en elle l'intellect et le désir unis font l'acte commun d'avoir un dessein ou une intention : *to prohairoumenon*. Tout le reste est médiation : le reste de la personne qui intentionne est déjà une médiation[102], et les personnes des amis sont, à l'instar des outils quoique sur une modalité personnelle et non instrumentale, eux aussi des moyens.

La comparaison finale, lapidaire, sert à conforter l'assimilation de ce qui commande l'action (*to hègoumenon*) à l'instance psychique qui porte le dessein ou qui intentionne (*to prohairoumenon*). Le roi est ce qui commande ; or jadis, dans les constitutions homériques, il annonçait ses desseins au peuple ; conclusion : c'est bien celui qui commande et marche en tête qui est le sujet de l'intention ou dessein. Aristote est passé ainsi de l'objet du dessein (*to prohaireton*, fin du chapitre 4) au sujet du dessein (*to prohairoumenon*, fin du chapitre 5).

La justification est succincte, et Aristote ne semble pas y accorder plus d'importance que nécessaire. Mais pourquoi Aristote recourt-il ainsi à Homère ? Jamais les textes d'Homère n'ont utilisé le vocabulaire de la *prohairesis* et Aristote fait ici comme bien souvent une forme de rétrojection sans précaution d'une notion qui n'existait pas dans les textes dont il parle, et dont il prétend se servir pour appuyer son analyse de la notion.

Après la recherche que nous avons menée sur les contemporains d'Aristote, il est assez frappant de voir qu'Aristote prend ainsi appui dans des constitutions très anciennes, pour l'explici-

101. Voir la même idée de cause dernière (c'est-à-dire aussi première) dans *Du mouvement des animaux*, 7.701a34-35, applicable à la fois aux êtres humains (pour leurs simples mouvements et leurs actions) et au reste des animaux (pour leurs mouvements) : τῆς μὲν ἐσχάτης αἰτίας τοῦ κινεῖσθαι ὀρέξεως οὔσης.

102. Dans la phrase « Semblent en effet être des causes la nature, la nécessité, le hasard, et encore l'intelligence (*noûs*) et tout ce qui advient par l'intermédiaire de l'être humain (*di'anthrôpou*) » (III 5.1112a31-33), Aristote n'écrit pas « l'intelligence et l'être humain », mais « l'intelligence et tout ce qui se fait *par l'intermédiaire de l'être humain* », plaçant ainsi ce dernier au niveau des moyens. Voir toutes les formules *dia* + génitif (« par l'intermédiaire de ») qui parsèment le chapitre 5 (1111b23-24, 1112a34, b3, b26...).

tation d'une notion dont l'usage n'est devenu courant qu'à son époque. On peut soupçonner ici le désir d'Aristote de se placer sous le patronnage d'Homère, et il est fort probable que le bénéfice qu'apporte l'autorité intellectuelle et morale du poète soit la motivation principale de cette justification. Mais si l'on cherche malgré tout dans les textes homériques de quoi soutenir cette référence qu'y fait Aristote[103], on trouve, parmi les Assemblées qui se tiennent dans un cadre que nous pourrions appeler ordinaire (par différence d'avec les Assemblées tenues dans les campements des armées en guerre), un exemple qui s'adapte particulièrement bien au texte d'Aristote. Il s'agit de l'*Odyssée* (viii 24-45), où l'on peut voir Alkinoos annoncer au peuple assemblé[104] qu'Ulysse demande qu'on le ramène chez lui, et que lui, Alkinoos, facilitera la réalisation de ce qu'on peut appeler le souhait d'Ulysse. Il donne tous les ordres nécessaires à la réalisation de ce qui est à présent son dessein à lui, à savoir aider Ulysse (lever des rameurs, etc.), et complète ces ordres par une invitation faite aux notables de venir banqueter chez lui. L'Assemblée consiste en cette seule allocution d'Alkinoos, dont la fin marque aussi la fin de la réunion[105]. Immédiatement à la suite, Alkinoos guide les notables chez lui pour la fête : il « marchait en tête » (*hègèsato*) tandis que les rois le suivaient et que les autres hommes ayant participé à l'Assemblée s'en allaient obéir à ses ordres en levant

103. Nous l'avons fait à l'appui de P. Carlier, *La royauté en Grèce avant Alexandre*, p. 145 *sqq*. Voir particulièrement les p. 145-150, 182-187, 201-204. On trouvera p. 183-184 une liste des scènes de Conseils et d'Assemblées dans les deux poèmes, dont la revue nous a été nécessaire pour rédiger les lignes qui suivent.

104. Ce sont plus spécialement des chefs et des hommes qui ont un titre pour participer au Conseil (Φαιήκων ἡγήτορες ἠδὲ μέδοντες), sans exclure la présence de gens plus modestes toutefois. Ce n'est donc pas le tout-venant du peuple, mais ce n'est pas non plus le cercle encore plus restreint des « rois porteurs de sceptres » (σκηπτοῦχοι βασιλῆες, que nous désignerons simplement par « les notables » dans la suite).

105. On remarquera que, bien sûr, nul vote n'y prend place, et qu'aucune prise de décision ne s'y réalise à l'issue de la réunion. L'interprétation d'Aspasius de la fin du chapitre 5, et que nous exposons dans l'Annexe I, n'est pas pertinente.

des rameurs. Le verbe *hègeisthai*, « marcher en tête », fait écho au même verbe dans le texte d'Aristote.

Une autre Assemblée est intéressante pour illustrer le texte de l'*Éthique*, cette fois avec Hector rassemblant ses hommes en armes (aussi bien alliés que Troyens), lors d'une sortie près du camp des Achéens. En *Iliade* VIII 489-542, Hector, voyant la nuit tombante faire obstacle à leur assaut contre le camp achéen, annonce à ses hommes ce qu'on peut appeler son dessein. Il leur enjoint d'écouter (comme Alkinoos), et l'Assemblée ne consiste ici aussi qu'en l'annonce et les instructions d'Hector. On pourra analyser tout le passage en termes aristotéliciens : on y trouve une fin immédiate (empêcher que les Achéens ne s'enfuient), qui se révèle elle-même subordonnée à une fin plus englobante voire architectonique (relevant d'une visée politique à long terme, à savoir dissuader les potentiels ennemis de Troie de l'attaquer) ; un moyen est articulé à la fin immédiate (allumer des feux qui empêcheront les Achéens de fuir à la faveur de l'obscurité), moyen lui-même articulé à un moyen antérieur (ramasser du bois d'un côté, envoyer des hérauts à la ville pour ordonner aux femmes de faire aussi du feu). L'Assemblée prend fin ici avec une acclamation par les hommes en armes[106] et par l'exécution immédiate des instructions données. On notera d'ailleurs que la plupart du temps, les récits d'Assemblées de l'*Iliade* et de l'*Odyssée* nous montrent une exécution immédiate des instructions données par le roi ou des instructions impliquées par l'avis du conseiller qui s'est imposé[107].

L'allusion d'Aristote aux constitutions anciennes dans leur imitation homérique sert donc à justifier que le principe qui commande (*to hègoumenon*) et le principe qui porte le dessein (*to prohairoumenon*) sont la même chose, en montrant les rois homériques faisant l'annonce solennelle de leurs desseins, laquelle est suivie d'un commencement immédiat d'exécution. Ces desseins sont, dans le texte homérique, articulés en médiations précises

106. ἐπὶ δὲ Τρῶες κελάδησαν. Cette acclamation n'est pas un vote.

107. Par ex., en IX 174, suite à l'avis de Nestor, l'exécution a lieu immédiatement (αὔτικα) après que son avis a été agréé.

et tendent à une fin prochaine ou à plusieurs fins subordonnées les unes aux autres jusqu'à une fin ultime et architectonique.

Quant au *dèmos*, il nous paraît risqué de tenter d'en identifier l'analogue dans l'individu. L'apparent parallèle avec l'analogie célèbre faite dans la *Politique* entre le commandement de type « politique » ou de type royal et le commandement qu'exerce l'intellect sur le désir ne convient pas pour éclaircir ce passage[108]. Car l'intellect ne saurait annoncer au désir ce qu'il intentionne comme le roi l'annonce au peuple, puisque le désir est une instance *constituante* de cette intention. Au mieux, ce *dèmos* représente la totalité de l'animal humain, de même que le désir est moteur relativement à la totalité de l'animal (autrement dit du corps animé). Mais à notre avis, le sens de la comparaison que fait Aristote avec les constitutions homériques ne sert pas à illustrer un rapport entre le *prohairoumenon* et ce qui serait l'analogue du peuple, mais à appuyer l'identification de ce qui porte le dessein à ce qui commande, le peuple n'ayant pas d'analogue et n'ayant pas besoin d'en avoir pour que l'argument soit constitué.

Fins & moyens, boulèsis *&* prohairesis

Le fait que le corpus aristotélicien présente des cas où la *prohairesis* porte sur la fin a conduit à penser qu'Aristote élaborait dans les chapitres définitionnels des deux *Éthique* (et dans quelques autres passages) un concept *technique* non commun au reste du corpus et distinct de la notion vulgaire. Mais c'est une interprétation qui n'est pas satisfaisante, car Aristote prétend définir la *prohairesis* telle que lui-même et ses contemporains l'utilisent, de même qu'il entend définir la délibération telle qu'elle est pratiquée et non en créer un concept technique séparé qui ne vaudrait que pour un petit cercle de philosophes. Dans toute définition, il y a une précision accrue qui peut par contraste faire apparaître des usages ordinaires comme ne réalisant pas le sens strict de la notion ; dans toute tentative de définition, il y a en outre plusieurs exigences qui jouent les unes contre les autres et peuvent conduire à une réussite seulement partielle de

108. *Politique,* I 5.1254b4-6. C'est ce type de parallèle que retient ASPASIUS.

la tentative. Le cas de la *prohairesis* est de cet ordre. Ayant besoin de distinguer la *prohairesis* de la *boulèsis* du fait de leur grande proximité, Aristote le fait au moyen de la délibération, qu'il définit en outre d'une manière qui ne correspond pas exactement à l'usage dont il prétend pourtant rendre compte, ce qui entraîne un décalage supplémentaire pour la *prohairesis* elle-même vis-à-vis de l'usage courant.

Mais cette contradiction n'est à notre sens pas si importante qu'il faille y voir un problème insurmontable. La *prohairesis* étant à la fois une prise des moyens relatifs à la fin et une poursuite de la fin par ces moyens, il n'y a rien de véritablement contradictoire à ce qu'Aristote utilise les termes *prohairesis-prohaireisthai* pour les appliquer à la fin dans les passages où il n'est pas occupé à circonscrire avec précision l'objet *immédiat* de la *prohairesis.* Et il est inévitable qu'il en aille ainsi : car la *prohairesis* a été définie comme un désir, or le désir porte sur la fin et ce désir est implicitement une *boulèsis*[109].

La distinction qu'a faite Aristote entre la *boulèsis* et la *prohairesis* par leur assignation respective à la fin et à ce qui est relatif à la fin a, par nécessité, été plus précautionneuse que d'autres distinctions dans le même chapitre 4, puisque la *boulèsis,* entrant dans la formation de la *prohairesis,* ne peut manquer de lui transmettre une partie de ses attributs, notamment de désirer la fin. La *boulèsis* porte d'ailleurs elle-même seulement « davantage » sur les fins, ce qui, donc, ne doit pas exclure qu'elle porte aussi sur ce qui est en vue des fins, car on ne peut nier qu'il soit possible de vouloir non seulement la fin mais encore les moyens ; mais inversement quand on veut les moyens, on les veut parce qu'on veut la fin. La fin a de toute façon la primauté et c'est elle qui confère la désirabilité aux moyens en leur transférant de sa propre désirabilité. L'examen de la *pronoia* dans les cas de meurtre nous a fourni chez Lysias (*Contre Simon,* 41-42) un exemple frappant de la complexité de la relation entre une fin et ce qui est en relation à cette fin, car la préméditation (*pronoia*), dans le

109. Ce point peut se tirer par exemple d'un passage du traité *De l'âme* (III 10.433a24-25) cité précédemment, où il est dit que si l'on se meût selon un raisonnement, on se meut aussi selon la *boulèsis.*

cas des « blessures préméditées » (*pronoia traumatos*), se voit transférée de la fin aux moyens précisément parce que la préméditation est animée par une volonté de la fin. Cela correspond à une remarque très claire de l'*Éthique à Nicomaque*, qui la fait en termes de *hairesis* :

> « Si en effet une personne prend (*haireitai*) ou poursuit (*diôkei*) telle chose à cause de telle autre, alors elle poursuit et prend cette dernière par soi, tandis qu'elle poursuit et prend la première par accident » (*Éthique à Nicomaque*, VII 10.1151a35-b2).

La *prohairesis* n'étant qu'un cas spécifique de poursuite, il suffit de lui appliquer ce qui est dit ici généralement de toute poursuite. Cette configuration n'est que l'application d'un lieu général qu'Aristote identifie dans les *Analytiques* et qui dit que c'est toujours ce à cause de quoi une détermination est attribuée à une seconde chose, qui possède davantage que cette seconde chose la détermination en question, comme par exemple la cause qui fait qu'une chose nous est chère, cette cause-là nous est davantage chère que la chose en question[110].

La double précaution initiale prise par Aristote – le vouloir porte « davantage » sur la fin et le dessein « davantage » sur les moyens – est donc indispensable, même si lui-même, par simplification, l'omet ensuite, comme la tradition a eu aussi très vite tendance à l'omettre avec lui[111]. La *prohairesis* ne coïncide

110. *Seconds analytiques*, I 2.72a29-30.

111. Quant Thomas d'Aquin cite ce passage de l'*Éthique à Nicomaque* dans la *Somme théologique*, il omet l'adverbe *magis* (« voluntas est finis, electio [= *prohairesis*] autem eorum quae sunt ad finem », *Summa theologiae*, I^{a} II^{ae} q. 13 a. 3 Sed contra, éd. Léonine, t. 6, p. 101), adverbe qu'on trouve pourtant dans la traduction de Grosseteste (« Adhuc autem voluntas quidem finis est *magis*, electio autem eorum quae ad finem », Aristoteles Latinus, 26, 1-3, éd. R. Gauthier, fasc. 3, p. 183) et qui apparaît dans son commentaire, mais sans le sous-entendre pour le second membre de phrase : « Et il dit que la volonté est davantage de la fin que de ce qui est en vue de la fin, parce que ce qui est en vue de la fin, nous le voulons à cause de la fin ; or, ce à cause de quoi [nous voulons] quelque chose, c'est cela que [nous voulons] davantage. Mais le choix [= *prohairesis*] est seulement de ce qui est en vue de la fin, et non de la fin elle-même, parce la fin est posée préalablement comme déjà prédéterminée, alors que ce qui est en vue de la fin est recherché : comment cela doit-il être disposé depuis nous-mêmes jusqu'à

pas plus avec la seule délibération qu'avec le seul vouloir. Elle ne peut donc être totalement coupée de la fin, et c'est bien ainsi qu'Aristote en use, comme les orateurs, par exemple dans cette phrase de l'*Éthique à Eudème* :

> « ... on n'a pas pour dessein l'action même qu'on accomplit, mais ce en vue de quoi on l'accomplit » (*Éthique à Eudème,* II 8.1225a12-13)[112].

IV. LA DÉFINITION DE LA *PROHAIRESIS* DANS L'*ÉTHIQUE À EUDÈME*, II 10

Comme l'*Éthique à Nicomaque*, l'*Éthique à Eudème* inclut l'examen de la *prohairesis* dans l'examen de ce qui est de plein gré et contre gré (entrepris en II 7), mais, différence notable, l'examen du « plein gré » et « contre gré » est ici une étape de l'élaboration de la définition de la vertu éthique, définition qui prend un nouveau départ au début de II 6 et qui aboutit à la fin de II 10 en une définition comme *hexis prohairetikè*, « disposition intentionnelle » ou « disposition concernant le dessein » (II 10.1227b9). Aristote fournit ainsi une justification du caractère *prohairetikè* de la vertu, ce qu'il ne fait pas ou ne fait qu'incidemment dans l'*Éthique à Nicomaque* tel que le texte nous en est transmis.

Nous donnons ici une traduction avec des explications au fil du texte, et complétons la lecture par quelques éclaircissements pour autant qu'ils sont nécessaires à la compréhension de la définition de la *prohairesis* dans ces pages.

la fin » (voir texte latin dans l'éd. Léonine, p. 134). Cette explication de Thomas revient à faire coïncider entièrement la *prohairesis* avec l'opération de recherche qu'est la *bouleusis* telle qu'Aristote la redéfinit. Or la *prohairesis* ne se confond pas avec cette recherche et ne se confond donc pas avec la seule *bouleusis* (encore moins avec la *bouleusis* comme *processus en cours*).

112. οὐκ αὐτὸ τοῦτο προαιρεῖται ὃ πράττει, ἀλλ´ οὗ ἕνεκα.

1. Traduction de l'*Éthique à Eudème*, II 10.1225b17-1227a18[113]

« [1225b17] En ce qui concerne ce qui est de plein gré et contre gré, qu'on tienne pour acquises les définitions qu'on a dites[114]. Parlons après cela du dessein (*prohaireseôs*), en commençant par soulever des apories à son propos. On pourrait en effet hésiter quant au genre dans lequel il se trouve naturellement et quant à [l'espèce] dans laquelle il faut le placer, et si ce qui est de plein gré (*to hekousion*) et ce qui est objet d'un dessein (*to prohaireton*) sont distincts, ou s'ils sont la même chose[115]. Mais d'aucuns avancent surtout – et même il pourrait sembler fondé à qui examine la question, que le dessein (*prohairesis*) soit l'une de ces deux choses : soit l'opinion, soit le désir ; car tous deux paraissent manifestement l'accompagner tout du long (*parakolouthounta*)[116].

[1225b24] Mais qu'il n'est pas le désir, voilà qui est manifeste. Car il serait alors soit le vouloir, soit l'appétit, soit l'emportement, puisque nul ne désire sans éprouver l'une de ces affections[117].

[1225b26] Or l'emportement et l'appétit appartiennent aussi aux bêtes, mais non le dessein. De plus, même les personnes à qui ces deux affections

113. Nous suivons le texte établi par R. Walzer & J. Mingay (Oxford : Oxford University Press, 1991), sauf indications contraires indiquées en notes.

114. Définitions données en II 9.1225b6-10.

115. L'ordre dans lequel se présente le texte de l'*Éthique à Eudème* fait qu'il a pourtant déjà été établi que ἑκούσιον ne se confondait pas avec κατὰ προαίρεσιν (II 8.1223b38-1224a6).

116. Même terme que dans l'*Éthique à Nicomaque*, III 4.1112a11.

117. Nous traduisons ainsi μηθὲν πεπονθὼς τούτων. Même la *boulèsis* peut à la limite être considérée comme une affection en un certain sens, puisque comme tout désir elle est un moteur mû par le désirable, donc affecté par lui. Pour une étude de la notion de *pathos* chez Aristote, voir l'article désormais classique de Bernard Besnier, « Aristote et les passions ».

appartiennent ont maints desseins (*prohairountai*) sans emportement ni appétit. Et quand elles sont prises dans la passion, elles n'ont pas de dessein, mais se contiennent avec fermeté. En outre, l'appétit et l'emportement s'accompagnent toujours de peine, tandis que nous avons aussi maints desseins sans qu'ils s'accompagnent de peine.

[1225b31] Mais le vouloir et le dessein ne sont certes pas non plus identiques. Car on voudrait certaines choses même quand on sait qu'elles sont impossibles, comme de régner sur l'humanité et d'être immortel, mais nul n'en a le dessein dès lors qu'il n'ignore pas que c'est impossible, non plus qu'on a dans l'ensemble le dessein de faire ce qui est certes possible, mais dont on croit qu'il ne dépend pas de soi de le faire ou de ne pas le faire. Si bien qu'il est manifeste que ce qui est objet d'un dessein (*to prohaireton*) fait nécessairement partie des choses qui dépendent de nous.

[1226a1] Il est pareillement évident que le dessein n'est pas non plus l'opinion, ni ne consiste simplement à croire quelque chose[118]. Car on vient de dire que l'objet du dessein faisait partie des choses qui dépendent de nous, tandis que nous opinons aussi sur de nombreux objets qui ne dépendent pas de nous, comme le fait que la diagonale est incommensurable. De plus, un dessein n'est pas vrai ou faux.

[1226a4] Il n'est certes pas non plus l'opinion portant sur les objets d'action dépendant de nous, opinion par laquelle nous croyons le cas échéant qu'il faut faire telle action ou ne pas la faire[119]. Or

118. Ceci constitue, concernant l'opinion, le premier cas examiné, comme dans l'*Éthique à Nicomaque* : la distinction de la *prohairesis* d'avec l'opinion en général.

119. Ceci constitue le second cas examiné (introduit régulièrement par οὐδέ, 1226a4, *cf.* 1225b32, 1226a1), à nouveau comme dans l'*Éthique à Nicomaque* :

ce dernier point ressortit en commun à l'opinion et au vouloir[120]. Car nul en effet ne prend pour dessein (*prohaireitai*) aucune fin (*ouden telos*), mais ce qui est en vue de la fin (*ta pros to telos*). Je veux dire, par exemple, que nul n'a pour dessein d'être en bonne santé, mais de se promener ou de rester assis afin (*heneken*) d'être en bonne santé ; ni d'être heureux, mais de faire des affaires ou de prendre des risques afin (*heneka*) d'être heureux. Et dans l'ensemble, quand on est animé d'un dessein (*prohairoumenos*), on fait voir chaque fois *l'objet* (*ti*) qu'on prend pour dessein et *en vue de quoi* (*tinos heneka*) on le prend (*prohaireitai*)[121] ; ce *"de quoi"* est la fin en vue de laquelle (*hou heneka*) on prend un autre objet pour dessein, et *"l'objet"* qu'on prend pour dessein est cet objet qu'on prend en vue d'un autre (*heneka*

une opinion particulière en ce qu'elle porte sur des objets relevant du domaine de l'action (*prakta*), dont on précise en outre qu'ils sont à notre portée, « faisables » pour nous (le sens de « faisable » n'étant à notre avis chez Aristote pas le sens dominant de *prakton*, qui signifie plus généralement « relevant de l'action, de l'ordre de l'action »).

120. L'argumentation nous paraît vouloir signifier ceci : croire (« nous croyons ») en général relève de l'opinion, mais avoir une croyance portant sur un contenu pratique (« objets d'action dépendant de nous », « il faut faire ou ne pas faire ») ne peut se faire sans un désir, lequel doit être de forme compatible avec la forme intellectuelle qu'est l'opinion, et donc il s'agit du vouloir (*boulèsis*). C'est en cela, vraisemblablement, qu'il y a une opération qui requiert opinion et vouloir. La suite de l'argumentation va permettre de s'assurer que la *prohairesis* n'est pas cette opération conjointe de l'opinion et du vouloir, en introduisant la question des fins et des moyens : puisque dans l'opération commune de l'opinion et du vouloir qu'on vient de décrire, c'est la fin qui est objet de l'opération, et puisque la *prohairesis* ne porte pas sur la fin, la *prohairesis* n'est pas cette union de l'opinion et du vouloir telle qu'elle vient de se manifester dans l'examen de l'opinion appliquée à des *prakta*. Toute la difficulté de l'*ÉE* est ici : la *prohairesis* n'est pas l'union de l'opinion et du vouloir, mais elle *provient* pourtant de l'opinion et du vouloir (1226b2-5). L'opération présentée ici n'est pas encore la bonne, il faut encore chercher et affiner, pour aboutir enfin à une opinion *délibérative*.

121. καὶ ὅλως δηλοῖ ἀεὶ προαιρούμενος τί τε καὶ τίνος ἕνεκα προαιρεῖται (1226a11-12).

allou)[122]. Or, assurément, on veut surtout (*malista*)[123] la fin, et l'on a l'opinion qu'il faut et être en bonne santé et réussir dans nos actions. Si bien qu'il est manifeste par là que le dessein se distingue aussi bien de l'opinion que du vouloir[124]. Le vouloir et l'opinion portent surtout (*malista*) sur la fin, non le dessein[125].

[1226a17] Ainsi donc il est clair que le dessein n'est purement et simplement ni le vouloir ni l'opinion ni la conception (*hupolepsis*). En quoi diffère-t-il de ces derniers, et comment se situe-t-il par rapport à ce qui est de plein gré ? En même temps que ces questions, ce qu'est le dessein apparaîtra clairement.

[1226a20] Parmi donc les choses qui peuvent aussi bien être que ne pas être, les unes sont telles qu'on peut délibérer à leur sujet, tandis que cela n'est pas possible pour d'autres. Car certaines choses, tout en pouvant aussi bien être que ne pas être, ne dépendent pas de nous pour leur venue à l'existence, mais adviennent les unes par nature, les autres par d'autres causes, choses sur lesquelles nul n'entreprendrait de délibérer dès lors qu'il n'ignore pas de quoi il retourne. En revanche, les choses qui non

122. ἔστι δὲ τὸ μὲν τίνος, οὗ ἕνεκα προαιρεῖται ἄλλο, τὸ δὲ τί, ὃ προαιρεῖται ἕνεκα ἄλλου (1226a12-13).

123. Adverbe apportant une précaution similaire à l'adverbe « davantage » (*mallon*) de l'*Éthique à Nicomaque*, III 4.1111b26-27.

124. On parvient ici au CQFD de cette argumentation complexe visant à distinguer la *prohairesis* de l'opinion particulière, et qui pour ce faire est partie d'un contenu pratique d'opinion (« il faut faire quelque chose, ou il faut ne pas faire quelque chose »), qui l'a présenté comme étant commun (parce que pratique) à l'opinion et au vouloir et qui l'a assimilé à la fin visée, qui a ensuite un peu laborieusement assigné la *prohairesis* aux moyens et l'opinion pratique (avec le vouloir, donc) « surtout » à la fin, pour conclure enfin qu'en conséquence, la *prohairesis* n'est pas cette opinion pratique à laquelle s'unit le vouloir.

125. Βούλεσθαι μὲν καὶ δόξα μάλιστα τοῦ τέλους, προαίρεσις δ᾽ οὐκ ἔστι. Cette phrase présente une asyndète sans justification apparente, ce qui renforce le sentiment qu'elle est mal venue après que toute l'argumentation est terminée.

seulement peuvent être et ne pas être, mais encore au sujet desquelles les êtres humains peuvent délibérer, ce sont les choses qu'il dépend de nous de faire ou de ne pas faire. C'est pourquoi nous ne délibérons pas sur les affaires des Indiens, ni sur la question de savoir comment on pourrait obtenir la quadrature du cercle ; car les premières ne dépendent pas de nous, et la seconde n'est pas du tout de l'ordre du faisable (*prakton*).

[1226a31] Mais on ne délibère pas même sur la totalité des objets d'actions (*prakta*) dépendant de nous – par où il est clair aussi que le dessein n'est pas non plus simplement l'opinion –, quoique les objets de dessein et d'action fassent partie des choses qui dépendent de nous. C'est pourquoi l'on pourrait soulever l'aporie suivante : pourquoi donc, alors que les médecins délibèrent sur ce dont ils ont la science, les scribes ne délibèrent-ils pas ? Mais la cause en est que, l'erreur se produisant de deux manières – car nous nous trompons soit dans le raisonnement, soit au niveau de la perception au moment d'accomplir l'action elle-même –, dans l'art médical il est possible de se tromper des deux manières, tandis que dans l'art de lire et écrire cela n'est possible qu'au niveau de la perception et de l'action ; en ce qui concerne ces dernières, si l'on se met à les examiner, on ira à l'infini.

[1226b2] Puisque donc le dessein n'est ni l'opinion ni le vouloir pris séparément, ni les deux ensemble – car personne n'a de dessein subitement (*exaiphnès*), alors que subitement on est d'avis d'agir et on le veut –, il faut croire qu'il provient des deux pris ensemble (*ex amphoin*) ; car tous deux appartiennent à celui qui a un dessein. Mais comment le dessein en provient, c'est ce qu'il faut examiner.

[1226b6] Son nom même le montre, d'une certaine manière (*pôs*)[126]. Car le dessein, *prohairesis,* est une prise, *hairesis,* non absolument, mais d'une chose en vue d'une autre, *pros heteron*[127]. Or ceci ne peut se faire sans examen (*skepseôs*) ni délibération (*boulès*). C'est pourquoi le dessein provient d'une opinion délibérative[128].

[1226b9] Ainsi donc, pour ce qui est de la fin[129], personne ne délibère à son propos, mais elle est éta-

126. On notera la restriction « d'une certaine manière », πως. Cet adverbe suffit à prévenir que le nom ne va pas être rigoureusement analysé en ses composants étymologiques.

127. Ou « en rapport à une autre, relativement à une autre » (de même qu'on peut traduire *ta pros to telos* par « en vue de la fin » ou « relatifs à la fin »). Les éditeurs ont souvent modifié le texte des manuscrits afin de retrouver la préposition *pro* comme dans l'*Éthique à Nicomaque* et comme dans le mot *prohairesis.* Ils écrivent donc parfois : *pro heterou,* ce qu'à leur tour les traducteurs rendent par « de préférence à une autre ». Or aucun manuscrit ne porte cette leçon, mais seulement *pros heteron,* que nous retenons, ou *pros heterou,* qui ne changerait pas le sens mais qui est grammaticalement peu satisfaisant : *pros tinos* peut signifier « à cause de », *cf. Œdipe roi,* 1236, ou « en faveur de » – mais dans l'un et l'autre cas, le *tinos* représente plutôt une personne et non une chose ou un but. En outre, le texte ne permettrait pas de lire ici « de préférence à une autre ». Car il est bien dit qu'il faut de la délibération pour faire l'opération en question. Or la délibération est une opération de recherche des moyens, reposant sur une faculté de contemplation des rapports de causalité instrumentale et finale (*to théôrètikon aitias tinos,* 1226b25-26), *non sur une faculté élective.* La dualité des objets dont il est question, soulignée par la forme *heteron,* n'est donc pas un couple d'objets en rivalité (selon un schéma d'objets en concurrence, entre lesquels choisir), mais un couple de deux types d'objets complémentaires *fin-moyens,* selon un schéma d'objets en subordination, parfaitement régulier avec le verbe *haireisthai* chez le Stagirite, comme nous l'avons vu au CHAPITRE II, § « d. Structuration du champ des objets chez Aristote ».

128. δηλοῖ δέ πως καὶ τὸ ὄνομα αὐτό. ἡ γὰρ προαίρεσις αἵρεσις μέν ἐστιν, οὐχ ἁπλῶς δέ, ἀλλ᾽ ἑτέρου πρὸς ἕτερον· τοῦτο δὲ οὐχ οἷόν τε ἄνευ σκέψεως καὶ βουλῆς· διὸ ἐκ δόξης βουλευτικῆς ἐστιν ἡ προαίρεσις.

129. Conformément à ce qui vient d'être dit (la *prohairesis* est « une prise d'une chose en vue d'une autre », *pros heteron,* nécessitant la délibération – laquelle est l'acte d'une faculté concernant certains rapports de *causalité* –), Aristote envisage les *causes* : d'abord la cause finale, puis les moyens, c'est-à-dire les *pros to telos,* qui correspondent exactement à ce *pros heteron* dont il vient d'être question.

blie (*keitai*) pour tous[130] ; en revanche, on délibère sur ce qui tend (*teinontôn*) vers la fin (*eis to telos*), pour savoir si c'est ceci ou cela qui y tend (*sunteinei*)[131], ou, s'étant déjà avisé (*dedogmenou*)[132] de ce moyen, pour savoir comment on l'obtiendra. Nous délibérons tous ce point, jusqu'à ce que nous ayons ramené jusqu'à nous le principe de l'engendrement. Si donc, d'une part, personne n'a de dessein sans s'être préparé ni sans avoir délibéré plus ou moins bien[133], si, d'autre part, on délibère sur ce qui, pouvant aussi bien être que ne pas être, dépend de nous parmi les moyens en vue de la fin (*tôn pros to telos*)[134], alors il est évident que le dessein est un désir délibératif (*orexis... bouleutikè*) portant sur les choses qui dépendent de nous. Car nous voulons[135] tous[136] ce que nous prenons aussi pour dessein, sans avoir toutefois pour des-

130. On trouve ici à la forme passive (*keisthai* servant de passif à *tithenai*) ce qu'on trouvait à la voix moyenne dans l'*Éthique à Nicomaque*, III 5.1112b15 (*themenoi to telos*). *Cf. ÉE* I 2.1214b7 & 1226b29-30, ainsi que le vocabulaire de l'*hupothesis*, II 10.1227a9-10, II 11.1227b29-30, aussi chez Isocrate, *Lettre aux fils de Jason*, 9-11, qui dit, avec les mêmes termes, exactement le contraire de ce passage.

131. Même vocabulaire chez Isocrate, *Lettre aux fils de Jason*, 9-11.

132. Le verbe *dokein* utilisé ici est canonique pour exprimer en grec ce que nous nommons « décision ». Si l'on veut introduire le vocabulaire français de la décision dans ce texte, c'est dans ce type d'endroit qu'il faut le faire et non dans la traduction du vocabulaire de la *prohairesis*.

133. Leçon retenue : ἢ χεῖρον ἢ βέλτιον (*cf.* 1227a13 : καὶ μετὰ τέχνης καὶ ἄνευ τέχνης). Avec la correction proposée par plusieurs éditeurs (εἰ χεῖρον ἢ βέλτιον), cela donnerait : « pour savoir si telle solution est meilleure ou moins bonne ».

134. Ce *pros to telos* correspond au *pros heteron* de la phase « le dessein, *prohairesis*, est une prise, *hairesis*, non absolument, mais d'une chose en vue d'une autre, *pros heteron* ».

135. Le texte, généralement accidenté dans tout ce chapitre, l'est particulièrement ici. Les manuscrits présentent des leçons concurrentes pour les verbes *boulesthai* et *bouleuesthai*. Les leçons avec le verbe *boulesthai* semblent fournir un sens plus cohérent.

136. « Tous » (ἅπαντες dans les manuscrits, plutôt que la correction ἅπαντα, « tout »).

sein tout ce que nous voulons[137] ; j'appelle d'autre part délibératif [le désir] dont le principe et la cause sont une délibération[138]. Et l'on désire à cause de la délibération[139].

[1226b21] C'est pourquoi le dessein ne se trouve ni chez les autres animaux, ni à tout âge, ni chez l'être humain dans n'importe quelle disposition[140] ; car on n'y trouve pas non plus l'opération de délibérer, ni la conception du "pourquoi" (*dia ti*) ; mais opiner s'il faut faire ou ne pas faire, rien n'empêche que cela appartienne à la plupart des humains, tandis qu'il n'en va plus de même pour ce qui se fait au moyen d'un raisonnement[141]. Car ce qui est capable de délibérer, c'est dans l'âme ce qui peut contempler une certaine cause. Le "en vue de quoi" (*hou heneka*) est en effet l'une des causes ; car le "pourquoi" (*dia ti*) est une cause ; ainsi, ce en vue de quoi quelque chose est ou advient, nous disons que c'est une cause, par exemple le recouvrement d'une somme d'argent est cause de l'acte de marcher, si c'est en vue de cela

137. Toute cette phrase justifie la première partie de la définition : le fait que la *prohairesis* soit une espèce d'*orexis*.

138. Cette phrase clarifie la deuxième partie de la définition (*bouleutikè*).

139. Cette troisième phrase enfin semble donner le sens synthétique qu'il faut donner à la formule complète *orexis bouleutikè* : ce que signifie cette expression n'est pas que le désir lui-même est le sujet qui opère la délibération, mais que le désir désire d'une manière qui fait suite à la délibération.

140. Nous retenons la correction de Bonitz : πάντως au lieu de παντὸς (1226b22). Cette dernière précision peut viser ceux dont la capacité de délibérer est momentanément altérée par la maladie, le vin, etc. Elle pourrait même viser les esclaves (les peuples barbares, donc), qui sont définis comme des êtres humains n'ayant pas en propre de *logos* ; les femmes, chez qui le *bouleutikon* n'a pas d'autorité (*Politique*, I 13.1260a12-14), ainsi que les hommes incapables de se fixer un but organisateur de leur vie (voir la suite du texte).

141. Opiner par exemple qu'il faut faire ceci est une représentation qui ne contient pas en elle-même de raisonnement, et qu'on peut posséder par exemple par persuasion ou par imprégnation de l'habitude et de l'éducation. Il s'agit là de la représentation de la fin. Mais la délibération, portant sur les moyens, porte sur des rapports de causalité, ce qui requiert une faculté de raisonnement.

qu'on marche. C'est pourquoi ceux pour qui aucun but (*skopos*)[142] n'est établi (*keitai*) ne sont pas aptes à délibérer (*bouleutikoi*).

[1226b30] Si bien que, puisque ce dont il dépend de nous ou de le faire ou de ne pas le faire, si c'est de nous-mêmes qu'on le fait ou qu'on ne le fait pas, et non par ignorance, c'est de plein gré qu'on le fait ou qu'on ne le fait pas, et puisqu'il y a de nombreuses choses de ce genre que nous faisons sans avoir délibéré ni prémédité (*pronoèsantes*), alors il est nécessaire que tout ce qui est objet d'un dessein soit de plein gré, sans que tout ce qui est de plein gré soit objet d'un dessein, et que tout ce qui est selon un dessein (*kata prohairesin*) soit de plein gré, sans que tout ce qui est de plein gré soit selon un dessein. Il est aussi clair du même coup à partir de là que ceux qui instituent les lois sur les crimes contre les personnes[143] selon qu'elles sont de plein

142. *Cf. ÉE* I 2.1214b6-11. Même vocabulaire du but chez Isocrate, *Lettre aux fils de Jason*, 9-11. *Cf. ÉE*, II 10.1227a6 : « il y a toujours un certain but (*skopos*) pour celui qui délibère, en vue duquel (*pros hon*) il examine ce qui est utile » ; ce *pros hon* correspond à nouveau au *pros heteron* de la phrase « le dessein, *prohairesis*, est une prise, *hairesis*, non absolument, mais d'une chose en vue d'une autre, *pros heteron* ».

143. *Tôn pathèmatôn*, autrement dit les homicides et tout ce qui s'y rattache (blessures dans une tentative de meurtre présumée). Ce terme a étrangement donné du fil à retordre aux éditeurs et aux traducteurs. Mais redisons-le : seuls les homicides étaient à Athènes qualifiés par l'expression *ek pronoias*, et par extension, les blessures causées par une tentative de meurtre (*trauma ek pronoias*). Aristote était très au fait du droit criminel (voir *Constitution des Athéniens*, 57.3-4). Il n'y a donc aucun doute possible. Il ne s'agit certainement pas des affects de l'agent (aucun *législateur* ne s'est avisé de diviser les passions du cœur humain selon les qualités *akousion-hekousion-ek pronoias*, et le renvoi que fait C. Dalimier à *Rhétorique*, II 22.1396b31-32 n'a rien à voir avec l'institution de lois). Si l'on veut une confirmation de ce sens de *pathèmata*, on pourra se reporter à Platon, *Lois*, IX 865e & 866b (avec *pathein, pathè, pathèma*), ou à Démosthène, *Contre Aristocrate*, qui discute précisément de la loi athénienne, et qui exprime par *pathontos* le fait que Charidème soit victime d'un homicide (67) et par *pathos* l'homicide subi en général (84, etc.). Tout comme Démosthène, Aristote utilise *pathèmata* au lieu d'un terme exprimant plus crûment la mort, et cela lui permet en l'occurrence

gré (*hekousia*), contre gré (*akousia*), préméditées (*ek pronoias*), font une détermination correcte. Car même s'ils n'y mettent pas toute la précision souhaitable, ils touchent du moins à la vérité. Mais nous traiterons de ces sujets dans notre examen des questions de justice.

[1227a3] Quant au dessein, il est évident qu'il n'est ni simplement un vouloir ni simplement une opinion, mais une opinion et un désir, lorsqu'ils découlent ensemble de la délibération (*sumperanthôsin*). Puisque celui qui délibère délibère toujours en vue de quelque chose, et puisqu'il y a toujours un certain but pour lui en vue duquel (*pros hon*)[144] il examine ce qui est utile, d'une part, pour ce qui concerne la fin, personne ne délibère à son sujet mais elle est principe et hypothèse (*hupothesis*) comme le sont les hypothèses dans les sciences théoriques – on en a parlé brièvement au commencement de cette étude[145], et avec précision dans les *Analytiques*[146] –, d'autre part, quant à ce qui

et vraisemblablement d'envelopper dans le même terme les homicides et les tentatives de meurtre ayant causé des blessures, tous deux *légalement* concernés par les qualificatifs *akousion-hekousion-ek pronoias* à son époque. Qu'Aristote transfère à l'affection *subie* les qualificatifs qui reviennent à l'acte n'est pas d'un illogisme tel qu'il faille en faire une difficulté : le *pathèma* coïncide du côté passif avec l'homicide comme acte, et l'homicide comme acte est qualifié par *hekousion* etc., donc le *pathèma* comme résultat obtenu par l'agent sur le patient peut l'être aussi (comme on parle en français de « blessures volontaires »), sans avoir besoin d'entrer dans les apories et subtilités soulevées en *ÉE* IV 11 (= *ÉN* V 11).

144. Ce *pros hon* correspond à nouveau au *pros heteron* de 1226b8, tout comme le verbe « examine » qui suit correspond à *skepsis* de cette même ligne 1226b8.

145. En I 2.1214b6 *sqq*.

146. *Seconds analytiques*, I 2.72a14-24 : l'hypothèse est une sorte de thèse, c'est à dire une sorte de principe immédiat (car sans démonstration) posé comme prémisse, dont la particularité est, à la différence de la définition, de postuler l'existence ou la non-existence, quand la définition ne pose que l'essence sans se préoccuper de l'existence. Le renvoi que fait Aristote aux *Analytiques* ne signifie pas à nos yeux qu'il considèrerait que la notion d'hypothèse est impliquée dans toute la rigueur de son acception logique et scientifique au sein de ce passage de l'*Éthique* : son indication « avec précision » souligne une autre modalité du discours philosophique, le discours qui étudie les principes du savoir dont la

conduit vers la fin (*tôn pros to telos pherontôn*), c'est là-dessus que se fait pour tous l'examen, avec ou sans art, comme par exemple pour ceux qui délibèrent sur la question de savoir s'ils feront la guerre ou non ; or ce sera davantage à partir du premier terme de cette alternative[147] qu'adviendra ce pourquoi (*di'ho*) on délibère, c'est-à-dire ce en vue de quoi (*to hou heneka*), par exemple la richesse, ou le plaisir, ou quelque autre chose semblable qui se trouve être ce en vue de quoi (*hou heneka*) on délibère. En effet, celui qui délibère, si c'est à partir de la fin qu'il a fait son examen, délibère sur ce qui y tend (*sunteinei*) de manière à ramener [la fin] à lui, ou délibère sur ce que lui-même peut en vue de la fin » (*Éthique à Eudème*, II 10.1225b17-1227a18).

2. Éclaircissements

La faculté délibérative comme faculté de contempler une certaine cause

Malgré quelque obscurité, qui nous semble due essentiellement au statut plus complexe de l'opinion, l'extrait que nous venons de traduire a quelque chose de plus clair que dans l'autre *Éthique*. Car il aborde encore plus explicitement un élément central aussi bien dans l'*Éthique à Nicomaque* qu'ici : la causalité.

Les deux œuvres présentent la recherche qu'est la délibération comme l'acte de ramener la cause ou le principe jusqu'à soi. Par là, il s'agit de conceptualiser concrètement le fait que l'être humain est principe et père de ses actions, qu'il fait partie des causes de ce qui advient, à côté de la nature, de la nécessité ou de la fortune[148]. Mais s'il est cause, c'est sur un mode spécifique :

connaissance scientifique est l'achèvement parfait, quand nous sommes ici dans l'étude des principes de l'action.

147. Aristote semble se mettre en situation et se prononce comme le ferait celui qui délibère.

148. *Éthique à Nicomaque*, III 5.1112a31-33, 5.1112b31-32 & 7.1113b17-18.

il s'institue lui-même tel, dans cet acte de ramener la cause et le principe à soi, précisément parce qu'il est doté de cette faculté des principes qu'est son intelligence (*noûs*) et qui lui donne une relation insigne à la causalité que nul autre être mortel ne possède. Cette intelligence, faculté de la causalité et des principes, qui découvre la causalité de manière purement théorétique dans la contemplation scientifique, trouve à s'exercer de manière théorico-pratique dans l'action, où la cause n'est plus seulement saisie par la pensée théorétique, mais encore saisie par un dessein pour engendrer un processus de *praxis*. La question de la causalité est le point de jonction de la contemplation et de l'action.

Aristote place ainsi la causalité de manière rigoureuse et conceptuelle au centre de la faculté de délibérer. La cause que contemple la faculté délibérative est la cause finale[149] – par où nous retrouvons l'idée que la délibération a dans son champ visuel et dans sa ligne de mire (*skopos*) la fin elle-même, et non seulement les moyens. Cette cause finale est, nous dit l'*Éthique à Eudème*, elle-même une cause pour ce qui constitue les moyens de l'atteindre :

> « [...] le "ce en vue de quoi" (*to d'hou heneka*) comme fin (*telos*) est le meilleur [s.-e. de tous les autres biens], il est cause des choses [s.-e. bonnes] qui lui sont subordonnées (*aition tôn huph'hauto*) et il est le premier de tous [les biens]. [...] Que la fin soit cause pour les choses qui lui sont subordonnées (*aition... tois huph'hauto*), c'est ce que rend évident le processus de l'enseignement. Car c'est en définissant la fin qu'on fait voir les autres choses, à savoir que chacune d'entre elles est bonne. Le "ce en vue de quoi" est en effet cause. Par exemple, puisque être en bonne santé est ceci, il est nécessaire que telle chose soit qui conduit utilement vers la santé (*sumpheron pros autèn*) ; mais ce qui est sain est cause de la santé au titre de cause motrice, et il est cause de ce que la santé existe à un certain moment, mais non de ce que la santé est bonne [...] » (*Éthique à Eudème*, I 8.1218a10-22).

La faculté délibérative considère donc la fin en tant que cause des moyens au titre de « ce en vue de quoi » et les moyens en tant que causes de la fin au titre de cause motrice produisant

149. *Éthique à Eudème*, II 10.1226b25-30.

l'existence même de la fin, et non sa qualité intrinsèque de bonté. Sans capacité d'appréhension de cette causalité complexe et à double sens qu'entraîne la simple notion de cause finale, aucune délibération n'est possible.

La question de la causalité est donc extrêmement prégnante dans ces pages. À tel point que le peu d'antilogie[150] qui apparaisse en clair dans ces pages est rabattu immédiatemement et entièrement sur la problématique de la causalité. À peine a-t-il mentionné une délibération « sur la question de savoir s'ils feront la guerre ou non » qu'Aristote réinterprète le débat sous la forme d'une recherche de la causalité : « or ce sera davantage à partir du premier terme de cette alternative qu'adviendra ce pourquoi (*di'ho*) on délibère, c'est-à-dire ce en vue de quoi (*to hou heneka*) »[151]. Ces lignes montrent que même là où Aristote prend en compte la situation de choix, il ne fait pas de la faculté délibérative une faculté de choisir, une *facultas eligendi* (**to hairetikon**) mais bien une *facultas contemplandarum causarum,* à savoir une faculté contemplant une certaine cause (*theôrètikon aitias tinos*), la causalité finale[152]. Ainsi en allait-il aussi dans l'*Éthique à Nicomaque,* et c'est pourquoi l'absence de choix dans les moyens n'empêche nullement la délibération d'avoir lieu. Cette caractérisation de la faculté de délibérer comme faculté des causes est ainsi une *interprétation philosophique décisive* qu'opère

150. Situation de débat contradictoire lors des Assemblées mettant aux prises deux positions opposées entre lesquelles le peuple est amené à choisir. Françoise Frazier insiste sur le rôle fondamental de l'antilogie dans les Assemblées telles que rapportées par Thucydide (art. cit., p. 249).

151. *Éthique à Eudème,* II 10.1227a12-14.

152. Toute *prohairesis* est donc inscrite dans une perspective finalisée et implique immédiatement cette perspective. Par ex., quand Aristote fait allusion dans la *Rhétorique* (II 23.1399b30-32 & III 15.1416b12-15) à la scène du « choix » d'Ulysse par Diomède (*Iliade,* X 234-243), là où l'*Iliade* utilisait le verbe *haireisthai,* c'est *prohaireisthai* qu'utilise Aristote (ὁ Διομήδης προείλετο Ὀδυσσέα οὐ τιμῶν). En effet, si l'on met de côté le fait que l'allusion n'est toutefois pas directe (car Aristote parle en fait de l'*Ajax* de Théodecte), il n'en reste pas moins que l'exemple illustre un argument touchant la *finalité* (1399b21-22 & 31-32, 1416b14). C'est ainsi l'inscription de l'acte en question dans un schéma finalisé qui entraîne le composé *prohaireisthai* au lieu du simple *haireisthai.*

Aristote, qui, on le voit, n'ignore pas que l'opération de délibérer peut s'énoncer trivialement sous la forme « [chercher] s'il faut faire ceci ou cela »[153].

Si la faculté délibérative n'est pas définie comme une faculté de choisir – pas plus que l'opinion et le désir –, la *prohairesis*, qui naît de la délibération, ne le sera pas non plus, et même encore moins, puisque, pour autant qu'il y ait un choix à faire entre les moyens au cours de la délibération, la *prohairesis* ne naît pleinement qu'après que la délibération est terminée et que les moyens ont été « décidés », c'est-à-dire discernés et déterminés.

L'analyse du nom de la prohairesis *comme* hairesis heterou pros heteron

La centralité de la causalité transmise par la délibération à la *prohairesis* est mentionnée en clair dans le passage « étymologique » de l'*Éthique à Eudème*, et seul un préjugé sur le sens de *hairesis*, combiné à un désir de retrouver dans ces pages exactement la même chose que dans l'*Éthique à Nicomaque*, a pu conduire à ne pas voir l'évidence et à « corriger » des manuscrits qui n'en avaient pas besoin.

L'analyse du nom est annoncée différemment du passage parallèle dans l'*Éthique à Nicomaque* :

> « Son nom même le montre, *d'une certaine manière* (*pôs*). Car le dessein, *prohairesis*, est une prise, *hairesis*, non absolument, mais d'une chose en vue d'une autre, *pros heteron*. Or ceci ne peut se faire sans examen (*skepseôs*) ni délibération (*boulès*). C'est pourquoi le dessein provient d'une opinion délibérative » (*Éthique à Eudème*, II 10. 1226b6-9).

La précaution « d'une certaine manière » suffit à prévenir le lecteur qu'il ne trouvera pas une décomposition stricte du terme en question et qu'il ne s'agit pas d'une analyse précisément étymologique. Aucun manuscrit recensé ne présentant de leçon *pro heterou*, mais seulement soit *pros heteron*, « en vue d'une autre, relative à une autre », soit *pros heterou*, il faudrait que le texte soit incohérent pour qu'on puisse se permettre de le modifier. Mais il est parfaitement

153. *Cf. De l'âme*, III 11.434a8-9.

cohérent, et la « correction » de *pros* en *pro*, qui a paru si évidente à tant d'éditeurs[154], ne fait que l'obscurcir inutilement.

Car l'acte impossible sans délibération n'est certainement pas le choix d'une chose de préférence à une autre, ce que l'on voudrait faire dire au texte en y lisant *pro heterou*[155]. On peut choisir par préférence sans délibérer. Ce qui n'est pas possible sans faculté de délibérer, c'est l'appréhension de la relation de causalité en vertu de laquelle on prend une chose dans sa relation à une fin, car Aristote redéfinit précisément la faculté délibérative comme faculté de contempler une cause finale, et non comme *facultas eligendi.*

Ce point fait la cohérence du texte dans toute son extension :

— Aristote a énoncé plus haut que « quand on est animé d'un dessein (*prohairoumenos*), on fait voir chaque fois *l'objet* (*ti*) qu'on prend pour dessein et *en vue de quoi* (*tinos heneka*) on le prend (*prohaireitai*) »[156] ; jamais Aristote n'a écrit que tout homme animé d'une *prohairesis* ferait voir ce qu'il préfère et de préférence à quoi. Loin de cela, il écrit encore en clair plus loin que « toute *prohairesis* est de quelque chose (*tinos*) et en vue de quelque chose (*heneka tinos*) »[157] ;

— l'expression *pros heteron* dans l'analyse du nom trouve sa correspondance directe dans toutes les formules avec *pros* (« en vue de, relativement à ») qui parcourent le texte et que nous avons signalées (*ta pros to telos,* 1226b16, *pros hon skopei to sumpheron,* 1227a7 ; *pros to telos pherontôn,* 1227a11) et sa correspondance indirecte dans les formules avec « afin de, en vue de » (*hou heneka*) ou avec le verbe « tendre vers » (*sunteinein*), etc.

154. Nous n'avons pas trouvé d'éditeur qui accepte en l'état le texte des manuscrits recensés. La proposition de modification remonte au moins à l'helléniste allemand du XVIe siècle, Friedrich SYLBURG. Elle paraît si évidente que le traducteur de la collection Lœb, H. RACKHAM, ne prend même pas la peine d'indiquer en note que le texte grec qu'il fait figurer en regard intègre une modification qui ne se trouve dans aucun manuscrit…

155. Nous ne nous attarderons pas ici sur le fait que la modification des manuscrits pour obtenir *pro heterou* ne suffirait pas à garantir que la *prohairesis* serait un choix préférentiel, puisque *pro* pourrait signifier « avant », comme dans l'*Éthique à Nicomaque*.

156. *Éthique à Eudème,* II 10.1226a11-12.

157. *Éthique à Eudème,* II 11.1227b36-37.

— l'idée exprimée dans l'analyse du nom est expressément reprise plus loin et son sens explicité avec la formule « en vue de » (*heneka*) :

> « Mais puisque toute vertu est *prohairetikè* – nous avons dit auparavant ce que nous entendons par là, à savoir qu'elle fait tout prendre (*panta haireisthai*) en vue de quelque chose (*heneka tinos*) [...] » (*Éthique à Eudème*, III 1.1230a26-29)[158].

Cette phrase, dont le renvoi vise à l'évidence l'analyse du nom, ne laisse planer aucun doute sur le sens de cette dernière : *hairesis heterou pros heteron* signifie la même chose que *haireisthai panta heneka tinos*.

On a donc le parallélisme suivant : la relation de la *prohairesis* vis-à-vis de la *hairesis* est celle d'une *hairesis tis* (une certaine prise) vis-à-vis d'une *hairesis haplôs* (une prise au sens simple et absolu) et elle est la même que celle de leurs objets. La *hairesis* est par soi saisie de la fin et par accident saisie de ce qui est en vue de la fin[159] ; la *prohairesis* de son côté est saisie de ce qui est *pros to telos*. En conséquence, le schéma suivant se dessine de lui-même :

ta pros to telos	—	*telos*
pro-hairesis	—	*hairesis*
hairesis tinos pros heteron	—	*hairesis haplôs*

« D'une certaine manière » (*pôs*), donc, le nom *prohairesis* montre qu'elle est à *hairesis* ce que *ta pros to telos* est à *telos*.

La naissance de la prohairesis *comme union de l'opinion & du désir à l'issue de la délibération*

Comme dans l'*Éthique à Nicomaque*, la naissance de la *prohairesis* proprement dite se fait à l'issue de la délibération : c'est l'achève-

158. ἐπειδὴ πᾶσα <γ´> ἀρετὴ προαιρετική (τοῦτο δὲ πῶς λέγομεν, εἴρηται πρότερον, ὅτι ἕνεκά τινος πάντα αἱρεῖσθαι ποιεῖ) κτλ.

159. Voir *Topiques*, III 1.116b22-23 : τὸ τέλος τῶν πρὸς τὸ τέλος αἱρετώτερον δοκεῖ εἶναι, καὶ τὸ ἔγγιον τοῦ τέλους ; *Éthique à Nicomaque*, I 1.1094a14-16 ; VII 10.1151a35-b2. *Cf. Politique*, VIII 3.1337b33-34...

ment de la délibération qui engendre immédiatement la *prohairesis*, non la *prohairesis* qui opère l'achèvement de la délibération comme si elle était l'acte de décision qui en réalise la clôture.

L'opinion et le vouloir, pris ensemble mais avant de découler d'une délibération menée à son terme, exercent leur action conjointe sur la fin, l'opinion représentant la fin, le désir la faisant désirer à l'animal humain sous l'effet de la représentation. Mais à l'issue de la délibération, cette coopération n'est plus simplement exercée sur la fin, mais aussi sur les moyens. La *boulèsis* n'est donc plus une simple *boulèsis* ni la *doxa* simplement *doxa* de la fin, mais elles se sont muées à présent en un désir délibératif, c'est-à-dire un dessein pleinement constitué dans son extension, une *prohairesis* saisissant le cheminement vers la fin, qui sera réalisé sous la forme de la « traversée jusqu'au terme, *peras* » qu'est la *praxis*. En ce sens, la *prohairesis* est un désir délibératif, c'est-à-dire causé dans ses modalités spécifiques par la délibération (tension vers la fin *par la médiation des moyens*), quoique le simple désir de la fin soit initialement cause de la délibération – aussi vrai que si l'on ne veut pas la fin, on ne cherche pas les moyens. La *prohairesis* est donc un désir où sont unis intimement l'opinion qui a représenté la fin, le désir initial pour cette fin représentée, l'opinion des moyens dégagés par la délibération[160], et enfin le désir de ces moyens à cause de cette délibération. La *prohairesis* est donc opinion et désir quand ils découlent ensemble à l'issue de la délibération (*ek tou bouleusasthai sumperanthôsin*, 1227a3-5).

Cette formulation recoupe en partie celle de l'*Éthique à Nicomaque*, où Aristote expose que le *prohaireton* est ce qui a été discerné préalablement à partir de la délibération (*ek tès boulès (pro)krithen*, III 5.1113a4-5). Mais la formulation avec le verbe *sumperainein* constitue une insistance supplémentaire. Ce terme est en outre

160. L'usage que fait Aristote de l'opinion dans sa relation à la délibération est conforme à ce qu'il en dit dans l'*Éthique à Nicomaque* à l'occasion de l'examen de la bonne délibération (*euboulia*, VI 10) : l'opinion n'est pas la délibération, car celle-ci est une recherche, tandis que la *doxa* porte sur un objet qui est « déjà déterminé » ; elle est un point d'aboutissement en tant qu'elle est déjà une déclaration, *phasis* (*cf.* Platon, *Sophiste*, 263e : *phasis* ; 264b : *dianoias apoteleutèsis*, mais la délibération n'est pas mentionnée).

un terme de la technique syllogistique, et il est difficile de ne pas voir ici une allusion à cet aspect logique de la philosophie aristotélicienne, le syllogisme étant explicitement mentionné plus loin et apparaissant de manière constante dans l'éthique aristotélicienne[161], et la notion d'*hupothesis*, même si à nos yeux elle n'est pas étrangère à l'utilisation qu'en fait la rhétorique, étant explicitement revendiquée par Aristote comme une notion relevant de ses analyses du syllogisme[162].

La question du syllogisme appliqué au domaine de l'action (le dit « syllogisme pratique », qui est littéralement un « syllogisme sur les choses de l'action », *sullogismos tôn praktôn*[163]) est très débattue par l'exégèse aristotélicienne[164]. Pour nous concentrer sur ce qui intéresse de manière essentielle la question de la *prohairesis*, il semble que la pertinence du recours au modèle du syllogisme serve dans ce passage essentiellement à souligner la genèse d'une union intime de la composante désirante et de la composante intellectuelle dans la constitution du principe moteur de l'action qu'est la *prohairesis*. Car Aristote définit le syllogisme valide de telle sorte que sa force d'engendrement soit au centre de la définition :

> « Un syllogisme est un discours dans lequel, étant donné que certaines choses sont posées (*tethenthôn*), quelque chose d'autre que ce

161. *Éthique à Eudème*, II 10.1227a5 (*sumperanthôsin*), II 11.1227b24-25 (*sullogismos*). *Éthique à Nicomaque*, VI 9.1141a20-23, VI 9.1142a22-23, VI 10.1142b22-23, VI 13.1144a31-33, VII 2.1146b35-1147a5-7, VII 5.1147a25-b5, VII 7.1149a33-34. *Cf. De l'âme*, III 11.434a16-21. *Du mouvement des animaux*, 7.701a7-b1 (liste non exhaustive).

162. On sait le peu de cas que faisait Isocrate des mathématiques et des autres sciences, et ses critiques envers ceux qui les incluaient dans l'enseignement philosophique, comme Platon ou Hippias (voir *Protagoras*, 318d-e, *Hippias mineur*, 366c-d, 367d-e). Sa compréhension du rôle de l'*hupothesis* dans la délibération ne risquait pas de s'élargir jusqu'à une analogie avec le rôle qu'elle joue dans les sciences déductives.

163. *Éthique à Nicomaque*, VI 13.1144b31-32.

164. Nous renverrons principalement à P.-M. Morel, *De la matière à l'action*, p. 117-126, dont nous partageons entièrement les analyses, ainsi qu'à M. Crubellier, « Le "syllogisme pratique" ou Comment la pensée meut le corps » & C. Natali, *The Wisdom of Aristotle* (2001, Chap. 3).

qui est posé (*tôn keimenôn*) se produit (*sumbainei*) nécessairement du simple fait que les premières existent (*einai*) » (*Premiers analytiques*, I 1.24b18-20).

De même dans l'*Éthique à Eudème*, étant donnés d'une part la fin posée (car désirée) dans la représentation de l'opinion (cette coopération du désir et de l'opinion pouvant correspondre à la première prémisse ou majeure), d'autre part l'ensemble des moyens possibles tels qu'ils sont issus de la délibération et ont été entièrement discernés et déterminés (pouvant correspondre à la seconde prémisse ou à un ensemble de prémisses jouant le rôle de seconde prémisse ou mineure), il s'ensuit la *prohairesis* (correspondant ici explicitement à la conclusion, comme l'indique le verbe *sumperainein*). Sauf complication supplémentaire, on agit immédiatement (comme l'indique la plupart des exemples de syllogismes construits par Aristote à propos des objets d'action), puisque la *prohairesis* est précisément principe de l'action au sens de ce à partir de quoi se fait le commencement (*archè*) du mouvement[165].

Pour le reste, la modélisation syllogistique ne doit pas être prise au pied de la lettre : la nécessité, par exemple, n'a pas cours ici. Ces syllogismes sont reconstruits par Aristote non dans une strice équivalence avec les syllogismes théoriques, mais « à peu près »[166]. L'application du modèle du syllogisme au domaine de l'action n'est en effet pas sans difficultés. Il faut d'une part admettre qu'il ne s'agit que d'une modélisation à des fins de compréhension et d'explication, et non d'une description d'un procédé réel effectué tel quel par l'agent, comme si délibérer consistait en une opération mentale strictement égale à la déduc-

165. *Éthique à Nicomaque*, VI 2.1139a31-32 & *Physique*, II 3.194b29-30 : la cause motrice est « ce à partir de quoi se fait le commencement (*archè*) du changement ou de la mise en repos ».

166. Voir l'adverbe *paraplèsiôs* dans le lieu le plus étendu concernant le syllogisme appliqué au domaine de l'action (au sens large, incluant les animaux) : *Du mouvement des animaux*, 7.701a8. Même type de précaution en *De la mémoire et de la réminiscence* (2.453a14), où Aristote dit que la délibération est *une sorte de* syllogisme (*sullogismos tis*) – sans compter qu'il faudrait peut-être prendre ici *sullogismos* au sens large de raisonnement plutôt qu'au sens technique de syllogisme.

tion d'un syllogisme. En effet, le lieu et le contexte de la principale description du syllogisme appliqué aux réalités pratiques se fait dans le traité *Du mouvement des animaux*[167], et concerne tout autant les bêtes que les êtres humains. Ainsi, pour reprendre les termes de P.-M. Morel à propos de ce passage :

> « Étant donné que les animaux autres que l'homme ne procèdent pas à des "syllogismes" avant de se jeter sur leur proie ou de s'enfuir, ce modèle apparaît bien plus comme un modèle d'intelligibilité que comme un schéma de déduction pratique. Aristote, en invoquant la nécessité avec laquelle la conclusion découle des prémisses, ne donne pas la cause logique du mouvement : il recourt au paradigme didactique qu'il estime être le plus adéquat pour exprimer la spontanéité » (P.-M. Morel, *De la matière à l'action*, p. 122).

Quoiqu'Aristote présente la délibération comme une forme de *sullogismos*, certaines caractéristiques marquantes du syllogisme ne sont donc pas toujours pertinentes à tout moment[168]. Surtout, l'on devra distinguer, avec M. Crubellier, deux formes de *raisonnements* non identiques sollicités par Aristote, à savoir le modèle syllogistique (qui est catégorique) et le modèle analytique (qui est hypothétique)[169]. La description de la délibération dans l'*Éthique à Eudème* correspond à l'analyse régressive d'une figure (comme dans l'*Éthique à Nicomaque*), qui n'est pas la procédure syllogistique au sens strict. On n'oubliera d'ailleurs pas que le terme *sullogismos* exprime aussi le raisonnement en général (comme *logismos*), et non seulement cette forme technique et précise de raisonnement qu'est le syllogisme ; il peut arriver à Aristote d'écrire que « celui qui délibère cherche (*zètei*) et raisonne (*logizetai*) »[170] ou d'utiliser sans

167. 7.701a7-b1.

168. Mais pour un exposé très argumenté et penchant vers une inséparabilité de la délibération et du syllogisme dans la pensée aristotélicienne, on se reportera à Carlo Natali, *The Wisdom of Aristotle*, Chap. 3 (particulièrement p. 67).

169. M. Crubellier, « Le "syllogisme pratique" ou Comment la pensée meut le corps », p. 18 & 21-22. L'auteur montre que ces deux modèles sont enchâssés l'un dans l'autre dans un passage du *Du mouvement des animaux*, 7.701a19-22.

170. *Éthique à Nicomaque*, VI 10.1142b1-2. Voir aussi VI 2.1139a12-13 : « délibérer et raisonner (*logizesthai*, calculer) sont la même chose ».

technicité le verbe *sullogizesthai*[171]. Démosthène de son côté se sert sans difficulté du verbe *sullogizesthai* pour son analyse de l'action de Philippe[172], et il ne recourt nullement par là au sens syllogistique tel que la philosophie aristotélicienne l'a dégagé rigoureusement dans les *Analytiques*. Il y a ainsi un usage courant du *sullogizesthai* en politique et il serait exorbitant de vouloir retrouver le syllogisme dans toute sa rigueur dans le domaine de l'action, là où la notion plus souple de raisonnement trouve toute sa légitimité.

L'essentiel à nos yeux, qu'il s'agisse du modèle catégorique du raisonnement (syllogisme au sens spécial et technique) ou du modèle analytique, c'est ce point commun : la centralité de la notion de cause. L'analyse régressive décrite dans les deux *Éthique* consiste à chercher les moyens, jouant le rôle de cause (productrice) relativement à la fin. Le syllogisme de son côté est analysé par Aristote comme articulé par la cheville ouvrière du moyen terme ; or le moyen terme dans le syllogisme le plus rigoureux (le syllogisme scientifique, démonstratif) est la cause, et la recherche du moyen terme est la recherche de la cause[173]. Faire appel au modèle du syllogisme pour penser la structure logique de la délibération, c'est insister sur la recherche causale. Aristote nous dit en effet dans l'*Éthique à Nicomaque* qu'on peut atteindre le but par un raisonnement ou syllogisme faux, en ce sens que le moyen terme est faux, autrement dit : on atteint le bon but, mais par des médiations mauvaises[174]. Les moyens (*di'hou*) sont assimilés ici clairement au moyen terme (*ho mesos horos*) d'un syllogisme.

Dans l'ensemble, la modélisation de la délibération par le *sullogismos*, qu'il s'agisse du syllogisme au sens strict ou du raisonnement analytique, permet de souligner la combinaison intime

171. *Éthique à Nicomaque*, I 11.1101a34 : *sullogisteon*, « il faut faire entrer dans le compte, prendre en compte ».

172. Démosthène, *Sur la couronne*, 172 : « un homme… qui eût correctement embrassé dans un raisonnement d'ensemble (*sullelogismenon orthôs*) en vue de quoi Philippe agissait ainsi et ce qu'il voulait ».

173. *Seconds analytiques*, II 2.90a5-7. Aristote considère même que toute recherche en général est la recherche du moyen terme, c'est-à-dire de la cause.

174. *Éthique à Nicomaque*, VI 10.1142b22-26.

des préliminaires dans le résultat final, ainsi que la centralité de la notion de cause. La délibération qui fait naître la *prohairesis* à son achèvement engendre ainsi pour l'action un principe proprement humain, car reposant sur une faculté des principes unie à du désir.

La classification des injustices : *de* « ek pronoias » *à* « ek prohaireseôs »

De la bipartition juridique des homicides à la tripartition philosophique des injustices. – Dans l'*Éthique à Eudème,* Aristote fait allusion à la catégorie juridique et technique *ek pronoias,* remontant à la loi de Dracon au -VIIe siècle. Il le fait dans le cadre de son examen de la *prohairesis,* dont la notion de son côté est toute récente. D'après notre enquête, ce rapprochement est devenu possible sur la base d'une utilisation rhétorique par Démosthène de l'expression nouvelle *ek prohaireseôs,* forgée à l'imitation d'*ek pronoias,* pour obtenir un effet d'emphase que l'expression *hekôn* ne suffisait pas à produire et pour trouver dans le domaine extérieur à celui des crimes de sang une expression qui, par ressemblance et évocation, puisse transférer sur des délits qui n'engagent pas la mort des victimes la charge émotive et donc accusatoire portée par l'expression technique du droit *ek pronoias.* L'expression même d'*ek pronoias,* comme l'interprète l'historien du droit criminel archaïque Mickael Gagarin, avait justement une fonction emphatique relativement au terme *hekôn,* dont elle est l'équivalente du point vue strictement juridique :

> « The difference between ἑκών and ἐκ προνοίας is one of emphasis: the latter is the stronger term and is used to stress the intentionnal nature of an act; for extra emphasis both terms are used together » (M. Gagarin, *Drakon and Early Athenian Homicide Law,* p. 37).

Car contrairement à ce que pourrait suggérer l'*Éthique à Eudème,* comme quoi « ceux qui instituent les lois sur les crimes contre les personnes selon qu'elles sont de plein gré (*hekousia*), contre gré (*akousia*), préméditées (*ek pronoias*), font une détermination correcte »[175], le droit athénien ne faisait pas une division tripartite des homicides, ni à l'époque d'Aristote ni avant lui, et il est peu probable qu'aucun autre droit grec antique l'ait fait. Les meurtres *ek pronoias* ne sont pas une qualification spéciale par distinction d'avec les meurtres simplement de plein gré (*hekousia*), c'est-à-dire volontaires, comme nous les appelons en français. La tripartion moderne qui ordonne de manière croissante l'homicide involontaire, le meurtre (homicide volontaire) et l'assassinat (homicide volontaire et prémédité, ou meurtre prémédité), ne peut pas coïncider avec *akousion, hekousion* & *ek pronoias*. La phrase d'Aristote n'affirme d'ailleurs pas brutalement qu'il y aurait eu tripartition, car le Stagirite connaît très bien le droit athénien. La *Constitution des Athéniens* fait état de la distribution selon les tribunaux des compétences en matière d'homicide[176], et le texte en est conforme à l'exposé beaucoup plus détaillé (hormis quelques points) fait par Démosthène dans *Contre Aristocrate*. Ce discours confirme qu'en matière de disposition intérieure de l'agent, le droit athénien ne reconnaît que deux catégories : *akôn* d'un côté, *hekôn* de l'autre, auquel s'assimile entièrement *ek pronoias*[177]. Il existe une autre distinction, qu'on peut considérer avec Démosthène comme antérieure : Démosthène a présenté la question de la légitimité comme étant « la première chose » dont se sont préoccupés les législateurs à l'origine de ces lois[178]. La justice doit donc considérer « si quelqu'un tue contre gré ou de plein gré (involontairement ou volontairement[179], *akôn è hekôn*), injustement ou légitimement (*adikôs è dikaiôs*), en étant étranger ou citoyen »[180]. En laissant de côté la distinction « étranger / citoyen » qui touche à la qualité des personnes plutôt qu'aux modalités

175. *Éthique à Eudème*, II 10.1226b36-1227a2.

176. Aristote, *Constitution des Athéniens*, 57.3-4.

177. Démosthène, *Contre Aristocrate*, 45, 47, 50, 73, 79...

178. *Contre Aristocrate*, 74-75.

179. Par commodité, nous utiliserons ici ces catégories juridiques usitées en français, correspondant aux catégories juridiques *akôn* & *hekôn*, même si d'un point de vue philosophique la traduction de ces termes grecs par le vocabulaire de la volonté ne reçoit pas notre adhésion en général.

180. *Contre Aristocrate*, 48.

de la commission de l'acte, l'on pourrait ainsi considérer qu'une première division est constituée par « légitime (permis par la loi) / injuste (proscrit par la loi) », et que la seconde division subdivise les homicides injustes selon qu'ils sont involontaires ou volontaires (contre gré ou de plein gré). Mais cela ne fait pas des homicides *ek pronoias* une catégorie différentes des homicides de plein gré.

La distribution des compétences des tribunaux reflète à la fois ce double critère et révèle une gradation, comme le note Louis Gernet. Il est remarquable qu'au sommet de cette gradation n'est pas distinguée la préméditation par rapport aux autres homicides.

Par le Conseil de l'Aréopage sont jugés les meurtres (homicides volontaires, *hekousia, ek pronoias*) ainsi que les incendies et les empoisonnements effectués de sa propre main par le meurtrier[181] ; par le Palladion sont jugés les homicides involontaires (contre gré, *akousia*)[182] et, ajoute le texte aristotélicien, les meurtres par machination ou stratagème (ce qui se dit avec le vocabulaire de la *bouleusis*, qui hérite ici d'un sens technique)[183] ainsi que les homicides commis sur esclaves, métèques et étrangers. Ces deux premiers tribunaux traitent ainsi les homicides dans les cas où la loi n'a pas expressément « permis de tuer », car c'est ce que signifie la notion d'homicide légitime ou juste, *dikaion*[184]. C'est le Delphinion qui connaît de ce type d'homicides, que la

181. *Constitution des Athéniens*, 57.3 (toutes les indications aristotéliciennes sur les tribunaux sont tirées de ce paragraphe). Pas de détail dans le *Contre Aristocrate* au moment où Démosthène traite de ce tribunal (65-70).

182. *Contre Aristocrate*, 71-73.

183. Sur cette spécialisation technique probablement assez tardive du substantif *bouleusis* (présente dans la *Constitution des Athéniens*, 57.3), voir L. Gernet, *Recherches...*, p. 356-357. Mais le verbe *bouleuesthai* était utilisé en ce sens technique avant le substantif, et en outre on trouve déjà *epibouleusis* chez Platon (*Lois*, IX 872a). On remarquera que la *Constitution des Athéniens* range bel et bien les cas de machinations (exprimés par *bouleusis*) dans le même groupe que les homicides *involontaires*, jugés par le même tribunal. La *bouleusis* n'a manifestement pas été ressentie dans les catégorisations du droit comme un degré supérieur de gravité dans l'ordre des homicides de plein gré.

184. *Cf. Contre Aristocrate*, 60, 74...

loi a expressément autorisés, et que la personne reconnaît avoir commis mais dont elle soutient l'avoir fait dans la conformité aux lois[185], ce qui, à suivre le texte aristotélicien de la *Constitution des Athéniens,* s'applique aussi bien aux homicides commis sur la provocation initiale de la victime (sans légitime défense à proprement parler) qu'à ceux commis en état de légitime défense[186], ainsi qu'aux homicides pouvant accidentellement survenir lors de jeux et d'entraînements militaires. Ces trois tribunaux principaux se répartissent ainsi les deux divisions indiquées (division « justes & légaux / injustes & proscrits », division « de plein gré / contre gré »). Deux autres tribunaux complètent les besoins : le Prytaneion, pour juger les objets inanimés (jetés par une personne dont l'identité reste ignorée ou même tombés sans agent humain) et les animaux[187], concernant ainsi à nouveau les homicides pour lesquels la loi ne procure pas d'autorisation ni d'excuse[188] ; le Phréattô, pour juger les personnes qui seraient soupçonnées d'un nouvel homicide, volontaire, alors qu'elles ont déjà été reconnues comme auteurs d'homicide involontaire et de ce fait se trouvent en situation d'éloignement du territoire de la victime[189].

Comme l'analyse L. Gernet, ces tribunaux forment système : si l'on néglige le Phréattô en ce qu'il règle matériellement la difficulté technique de faire comparaître un auteur d'homicide involontaire précédent et qui, durant un certain temps fixé par la famille de la victime, n'a plus le droit de fouler le sol du défunt,

185. *Contre Aristocrate,* 74-75.

186. Rentrent dans ces cas le meurtre du violeur de l'épouse ou de l'enfant. On pourrait aussi envisager des provocations verbales ou corporelles : voir *Lois,* IX 866e (mais ici dans le cas des homicides commis sous l'impulsion de la colère).

187. La précision de ces points se conjecture à partir de Platon (*Lois,* IX 873e-874a) et d'Eschine (*Contre Ctésiphon,* 244-245), car Aristote n'en dit rien dans la *Constitution des Athéniens,* et le texte de Démosthène ne parle que des objets ayant provoqué la mort à cause d'une personne dont l'identité reste inconnue (*Contre Aristocrate,* 76).

188. Les animaux peuvent d'ailleurs aussi avoir une excuse légale (cas d'homicide par des animaux lors d'entraînements ou de jeux), et être jugés par le Delphinion.

189. *Contre Aristocrate,* 77-79 & *Constitution des Athéniens, l. c.*

les quatre autres tribunaux forment, dans l'ordre même présenté par Démosthène, une gradation descendante « selon la force du sentiment de l'excuse »[190]. Il est remarquable qu'au sommet de cette échelle de responsabilité ne figure donc pas le meurtre avec préméditation au sens complet que nous accordons à ce terme, mais qu'il reste entièrement confondu avec tout le panel des meurtres de plein gré. On voit à même le texte de Démosthène que la considération de la délibération antérieure à l'homicide, élément concret de la préméditation, n'entraîne pas une *catégorisation* particulière : la loi qui autorise l'homicide en cas de légitime défense précise que celui qui se défend d'une agression sur sa personne ou d'un vol de ses biens tuera impunément si l'homicide se fait sans délai et sans délibération, la loi n'autorisant pas ici ce temps antérieur à la commission de l'acte[191] ; l'homicide relève alors de la catégorie des homicides justes ou légitimes, tandis que la délibération le ferait basculer dans les homicides de plein gré... sans plus. La loi mentionne ainsi l'absence de délibération comme signifiante pour l'excuse légale, mais, en revanche, ne retient pas sa présence comme aggravante pour les meurtres volontaires.

On trouvera la même situation du côté des « législateurs philosophiques » comme l'Athénien des *Lois*, que l'allusion d'Aristote dans l'*Éthique à Eudème* pourrait viser. Platon, qui reprend en grande partie le droit de sa cité – avec même, nous dit L. Gernet, un conservatisme souvent remarquable[192] –, n'admet pas plus une tripartition des homicides, mais bien la bipartition en usage. L'innovation concernant les meurtres commis par l'emportement de la colère (*thumôi*)[193] n'apporte pas telle quelle une troisième catégorie, elle renforce au contraire la bipartition. En effet, Platon, qui prend acte de la difficulté de qualifier d'un bloc tous

190. L. Gernet, *Recherches...*, p. 373.

191. *Contre Aristocrate*, 60 : « en ajoutant "immédiatement" (*euthus*), la loi a éliminé le temps permettant de délibérer son méfait » (... τὸν τοῦ βουλεύσασθαί τι κακὸν χρόνον), c'est-à-dire, pour reprendre la traduction de L. Gernet (CUF) « tout délai de préméditation ».

192. Voir L. Gernet, Introduction aux *Lois* de Platon, CUF, p. CXCV *sq.*

193. *Lois*, IX 866d-869e.

les homicides par colère soit comme de plein gré, soit comme contre gré, solutionne la difficulté en les considérant comme un groupe intermédiaire, bifrontalier, que traverse la même démarcation d'involontaire et de volontaire. La bipartition se retrouve donc au sein de la troisième catégorie, et le critère de partition est précisément la présence ou l'absence de délibération, avec le critère temporel que cela implique : il faut « les diviser selon qu'il se font par délibération (*tèi epiboulèi*) ou sans délibération préalable (*aprobouliai*) »[194]. Si l'homicide par colère se produit sur le champ et s'accompagne de regret immédiat, il est à la ressemblance des homicides involontaires, sans s'y fondre totalement ; si l'homicide par colère se produit après qu'on a gardé par devers soi son emportement pour le nourrir d'une délibération et qu'il n'y a nul regret après la commission de l'acte, l'homicide s'apparente à un homicide volontaire, sans se fondre non plus totalement dans cette catégorie. Il est remarquable que Platon évoque ici clairement la délibération. Il l'évoque aussi dans la distinction qu'il fait au sein des homicides volontaires, entre les meurtriers *autocheir*, c'est-à-dire exécutant eux-mêmes le meurtre, et les meurtres par machination où la personne du meurtrier n'a pas été l'exécutante du crime, machination ou stratagème qui se dit avec le vocabulaire de la délibération : *epibouleusis*[195]. Pour autant, bien loin que cela donne à Platon l'occasion de saisir un degré de culpabilité aggravé par rapport à un meurtre commis sans délibération, il sanctionne ce cas des mêmes peines que le meurtrier *ek pronoias* et *autocheir*, et même de peines légèrement inférieures, puisqu'il permet l'enterrement dans le même territoire que celui de la victime. C'est que la souillure semble envisagée par Platon sur un mode traditionnel : elle semble moins grave et ne toucher « que » l'âme[196]. Cela aurait dû au contraire conduire le philosophe qu'est Platon à considérer le meurtre avec machination et donc avec une préméditation avérée comme une

194. *Lois*, IX 867b.

195. *Lois*, IX 872a-d.

196. Voir *Lois*, IX 872a : « s'il n'est ainsi pas pur de ce meurtre quant à son âme… ».

catégorie renchérissant sur l'injustice que constitue le meurtre *autocheir* sans machination, de même que le meurtre commis par colère mais sur le moment est moins grave que le meurtre commis aussi par colère mais après une délibération qui constitue une pleine préméditation. Mais de même que la mention de la délibération dans le cas des meurtres par colère n'a pas conduit à dégager une catégorie renchérissant sur les homicides volontaires mais n'a fait que dédoubler pour ainsi dire par en-dessous cette même catégorie plutôt que de surenchérir par au-dessus, de même la mention de la délibération dans la machination n'a pas conduit Platon à dégager une troisième catégorie, où *autocheir* s'appliquerait au meurtrier volontaire mais sans préméditation et l'*epibouleusis* à une machination pouvant ouvrir ensuite vers une catégorisation plus générale de la préméditation en tant que telle et au sens qui est aujourd'hui le nôtre. Cette création d'une nouvelle catégorie supérieure dans les *Lois* se produit d'autant moins que la notion même d'*autocheir* n'est pas enfermée dans la catégorie des homicides de plein gré : Platon utilise le terme même pour les homicides contre gré[197].

À partir de ces textes, il est donc manifeste que le droit criminel athénien classique obéit à une bipartition et que *ek pronoias* est assimilé à *hekôn*[198]. Si bien que la traduction d'*ek pronoias* par « avec

197. *Lois*, IX 865b-c, où *autocheir* signifie là aussi que la personne même de l'homicide a accompli les actes ayant conduit à la mort, soit directement par son propre corps nu, soit par des armes (cas des accidents lors des entraînements à la guerre ou des compétitions), soit par des aliments, etc., et même éventuellement par l'intermédiaire du corps d'autrui.

198. C'est l'enseignement que tirent la plupart des historiens des inscriptions relatives aux lois de Dracon, dont certaines, mutilées, ont d'ailleurs pu être déchiffrées grâce au texte de Démosthène. R. MASCHKE (*Die Willenslehre im grieschichen Recht*) renchérit catégoriquement : « Denn dass das Recht der Inschrift ein ἐκ προνοίας und ein ἑκόντα (ἄνευ προνοίας) κτείνειν unterschieden haben könnte, ist schlechthin ausgeschlossen »; *cf.* L. GERNET, *Recherches…*, p. 352. M. GAGARIN plus récemment (*Drakon and Early Athenian Homicide Law*) résume les différentes contestations qui se sont élevées entre les historiens, dont certains voient trois catégories différentes d'homicides à l'aide de l'expression négative *mè ek pronoias* (ἑκών [= ἐκ προνοίας], ἄκων, μὴ ἐκ προνοίας) dès la loi de Dracon, position que Gagarin ne partage pas. La question est certes débattue chez les historiens, mais la position de Maschke ou Gagarin semble s'imposer.

préméditation », qui est linguistiquement équivalente, n'est pas juridiquement tout à fait adéquate. Toutefois, le porte-à-faux qui se joue entre *ek pronoias* et « avec préméditation », pourvu qu'on le maîtrise, ne laisse pas d'être intéressant. Le dédoublement des expressions pour les homicides de plein gré laisse entendre que les deux expressions ne signifient pas la même chose et que l'une apporte un élément supplémentaire, dont l'emphase rhétorique ne fait que se saisir. En effet, il se pourrait que l'assimilation des expressions *hekôn* et *ek pronoias* soit la conséquence implicite du besoin de trouver le signe manifeste de l'homicide de plein gré ; le temps long d'une haine ancienne permet en effet d'argumenter en faveur du caractère de plein gré, volontaire, de l'acte. *Ek pronoias* note le fait d'y avoir pensé avant, dans tout le flou de cette « pensée antérieure », à la fois en ce qui concerne la nature de cette pensée elle-même et en ce qui concerne l'extension temporelle de son antériorité. *Ek pronoias* pourrait donc signifier une « pensée antérieure » qui peut se décliner de multiples manières, qui n'est pas nécessairement ni techniquement une *préméditation du meurtre comme tel* avec le cortège d'actes préparatoires que cela suppose, mais qui ne l'exclut pas non plus. Car s'il semble incontestable que le *droit* n'admet que deux *catégories,* il est attesté que les orateurs attiques *argumentent* autour de la qualification d'*ek pronoias* en termes d'une véritable préméditation, qui s'énonce par le vocabulaire de la délibération, comme nous l'avons signalé précédemment. L'inconvénient de la traduction d'*ek pronoias* par « avec préméditation » n'est donc pas d'être totalement fausse : elle est plutôt de départager beaucoup trop clairement et unilatéralement ce qui reste potentiellement envisageable dans la confusion d'une notion.

L'embarras des historiens est en tout cas en plein accord avec la remarque d'Aristote. Il est en effet clair qu'il n'y a pas à l'époque d'Aristote de *précision* en ces matières, comme le Stagirite le souligne lui-même : « Car même s'ils n'y mettent pas toute la précision souhaitable, ils touchent du moins à la vérité »[199]. Les analyses d'Aristote sur la *prohairesis* permettent d'apporter une

199. *Éthique à Eudème,* II 10.1227a1-2.

clarification toute rationnelle et toute philosophique (Aristote ne fait pas œuvre de législateur ni même de réformateur du droit) à un état du droit qui résulte d'une longue histoire, qui a une logique différente de celle de l'établissement d'un système conceptuel organisé de manière purement rationnelle. Il revient à G. Glotz, puis à L. Gernet à sa suite d'avoir mis en valeur la manière dont le droit criminel de la cité à l'époque classique se constitue par une lutte progressive contre les traditions du *genos*, par un arrachement progressif et partiel par la cité des prérogatives privées du clan, où les affaires d'homicide se règlent d'une manière non juridique, par des procédures entre familles où la volonté du coupable et le degré de sa responsabilité ne constituent pas le cœur du problème ni de son règlement, et où la dimension religieuse, avec sa cohorte de représentations comme celle de la souillure que constitue le sang versé, joue un rôle prédominant à côté du sentiment de solidarité qui unit le groupe social spécifique que forme le clan familial. Ces éléments font d'ailleurs plus que survivre à l'époque classique : la dimension religieuse de la souillure explique par exemple les procès des animaux et des objets inanimés, comme une tuile, qui ont pu causer mort d'homme, dont Platon fait encore état le plus sérieusement du monde dans les *Lois*, tout en développant des considérations philosophiques extrêmement poussées – beaucoup plus poussées que l'état du droit ne l'impliquait – sur les conditions intérieures, psychologiques et éthiques, de la commission de l'acte criminel[200].

Nous pourrions suggérer ici que le poids de la tradition que porte *ek pronoias* empêchait la rationalisation des degrés de culpabilité de l'individu sur le mode d'une progression graduelle de la responsabilité. Le terme neuf de *prohairesis*, non lesté d'une tradition, aura permis à Aristote une rationalisation de ces degrés, conduisant à une tripartition des injustices.

Les trois catégories philosophiques aristotéliciennes touchant les injustices : contre gré, de plein gré, à dessein. – L'étude de la justice

200. *Lois*, IX.

dans le livre IV de l'*Éthique à Eudème*[201], auquel Aristote renvoie quand il aborde les catégorisations des législateurs, réalise une tripartition plutôt qu'une bipartition et concerne toutes les injustices plutôt que les seuls homicides. La volonté de systématisation est manifeste. Aristote en a à présent les moyens : la notion de *prohairesis* permet d'ouvrir une sous-catégorie strictement définie dans les actes commis de plein gré. Car la nature composite de la *prohairesis*, renchérissant sur le désir par une délibération, permet de fonder rigoureusement le renchérissement des actes prémédités sur les actes simplement voulus ou désirés, et, à ce titre, de plein gré, puisque fondés sur le désir.

Ainsi, tout ce dont le principe n'est pas intérieur à l'agent n'est pas de plein gré. Ce principe, Aristote ne dit jamais en clair qu'il s'agit du désir – pour ménager, à notre avis, sa critique du paradoxe socratico-platonicien « nul n'est méchant de plein gré »[202] –, mais il s'agit bien de la faculté désirante.

Dès lors que la faculté désirante est principe de l'acte, on entre dans la catégorie du « de plein gré », qui constitue avec le « contre gré » la bipartition fondamentale traditionnelle, reprise par Aristote.

Dès lors que ce désir n'est plus un simple désir mais qu'il est constitué en une *prohairesis* par une délibération, alors on entre dans la catégorie *ek prohaireseôs*, qu'Aristote, à la suite de Démosthène, assimile à *ek pronoias*, avec plus ou moins de violence faite à l'acception traditionnelle de cette expression canonique, et en y entendant désormais explicitement la préméditation que la délibération inscrite dans la *prohairesis* garantit.

Le système des actes injustes (et parallèlement des actes justes), fondé conceptuellement, est désormais établi en toute clarté grâce à la subdivision de la catégorie des *hekousia* :

> « parmi les actes de plein gré, nous faisons les uns en en ayant le dessein (*prohelomenoi*), les autres sans en avoir le dessein ; avec

201. Livre qui est le même que le livre V de l'*Éthique à Nicomaque*.

202. Notre analyse critique de la critique aristotélicienne dans notre précédent ouvrage nous fait en effet interpréter ainsi ce curieux manque d'explicitation de la part d'Aristote (*Une morale pour les mortels*, p. 342 *sqq*.).

dessein (*prohelomenoi*) ceux que nous avons délibérés préalablement (*probouleusamenoi*), sans dessein ceux qui n'ont pas été délibérés préalablement (*aprobouleuta*) » (*Éthique à Nicomaque*, V 10.1135b8-11).

L'investissement éthique et psychique de l'agent dans son acte peut alors être échelonné[203] :

— premier degré : *ta adika prattein*, « commettre quelque chose d'injuste » (& *dikaia prattein*, « commettre quelque chose de juste »). Il s'agit de la simple commission d'un acte dont la teneur objective est injuste au sens où elle est proscrite par la loi, mais qui ne procède pas d'un désir interne à l'agent et encore moins d'un dessein (ou intention au sens fort que nous avons dégagé à l'appui des analyses de Thomas d'Aquin). C'est le cas des homicides *akousioi*, ou de tout acte légalement proscrit qu'on exécute sans l'avoir voulu. L'injustice de l'acte n'est que par accident[204]. Aristote subdivise en outre les résultats objectifs de l'acte. Premièrement, si ce résultat est en rapport direct avec les faits et gestes de l'agent, il s'agit alors d'une simple erreur, *hamartèma* ; si le résultat présente une gravité ou un contenu sans rapport direct avec les faits et geste de l'agent et échappant à toute attente, alors il s'agit d'un malheur, *atuchèma* (rappelons qu'on a chez Démosthène cette même distinction entre l'erreur et l'*atuchèma*).

— deuxième degré : *adikein*, « agir injustement », *adikèma*, « acte injuste » (& *dikaiopragein*, « agir justement », *dikaiopragèma*, « acte juste »). Il s'agit de la commission d'un acte procédant d'un désir portant sur le contenu de l'acte, que le désir soit simple (sans délibération) ou qu'il soit une *prohairesis*. C'est le cas des homicides *hekousioi*, qui regroupent tout le panel des homicides volontaires depuis l'homicide sans machination ni aucune délibération formelle pour dégager un plan d'assassinat, jusqu'à l'assassinat fondé sur une préméditation ;

— troisième degré, résultant de la subdivision du précédent : *adikon einai*, « être injuste », *adikia*, « injustice », *ponèria*, « méchan-

203. Voir *Éthique à Nicomaque*, V 10.1134a17-23 & 1135a8-1136a9.
204. Voir *Éthique à Nicomaque*, V 10.1135a18 (κατὰ συμβεβηκός).

ceté », *mochtèria,* « perversité » (& *dikaion einai,* « être juste », *dikaiosunè,* « justice »). Il s'agit de l'état intérieur constitué en une véritable disposition (*hexis*) et qui est normalement au principe de la *prohairesis*. Cette circonstance intérieure est le fondement de la subdivision d'*adikein* en un agir injustement ponctuel résultant de la simple faculté désirante, qui peut se faire sous le coup de l'émotion, de la colère, du plaisir, etc., et un *adikein* constitué en un véritable dessein pensé, où intervient l'intelligence, si bien que ce qu'il y a de meilleur en l'être humain est contaminé et que la gravité du mal est la plus haute. C'est à ce degré que se situe pleinement la méchanceté (*ponèria, mochthèria*) ou injustice au sens éthique et psychique (*adikia*). Sans cette disposition intérieure, il peut arriver qu'on commette de plein gré un méfait, sans être pour autant déjà foncièrement mauvais.

Nous voyons donc se dessiner une gradation : *atuchèma, hamartèma, adikèma, adikia,* malchance, erreur, acte injuste, injustice, qui va du plus extérieur à la personne au plus intérieur. La *Rhétorique* exprime la chose encore plus systématiquement sous un mode combinatoire, avec les qualités de (1) *paralogon,* « contraire à toute attente raisonnable » et (2) *apo mochthèrias,* « procédant de la méchanceté » : l'*atuchèma* présente les caractères (1) et (non 2), l'*hamartèma* présente (non 1) et (non 2), l'*adikèma* présente (non 1) et (2)[205]. Aristote met ainsi en système ce que l'état contemporain du droit et ce que les argumentations des orateurs présentaient avec parfois déjà beaucoup de précision[206], mais sans l'ordonnancement conceptuel complet qu'apporte le philosophe.

205. *Rhétorique,* I 13.1374b6-9. Le dernier cas de cette combinatoire inachevée, réunissant à la fois (1) et (2) (quand le méchant obtient un résultat totalement contraire à toute attente raisonnable) n'intéresse apparemment pas Aristote pour sa classification éthique ni juridique. Platon en tient compte dans sa législation des *Lois* (IX 876e-877a), précisément dans le cas des *traumata ek pronoias.* C'est qu'il fait entrer ici un élément religieux (le législateur modifie la peine par piété envers la divinité qui a évité l'issue prévisible de la tentative de meurtre), auquel Aristote ne fait aucune place.

206. Signalons à nouveau la distinction démosthénienne entre *atuchèma, hamartèma & ponèria, Sur la couronne,* 274-275 (*cf.* en filigrane 207-208). Voir aussi *Sur les forfaitures de l'ambassade,* 119 (avec *abelteria-agnoia, ponèros, apotunchanôn*).

V. DE LA DÉFINITION DE LA *PROHAIRESIS* À LA DÉFINITION DES VERTUS & AUTRES NOTIONS CONNEXES

La vertu éthique en général & la prohairesis. – Aristote a donné un développement important à la recherche définitionnelle de la *prohairesis*. Il a en revanche donné moins de justification à l'insertion de la *prohairesis* dans la définition de la vertu éthique.

Celle-ci est définie dans les deux *Éthique* comme une disposition touchant l'intention ou le dessein, *hexis prohairetikè*. La notion d'*hexis prohairetikè* est à comprendre de manière parallèle à celle d'*hexis apodeiktikè* qui définit la science comme disposition à réaliser des démonstrations[207], ou à celle d'*hexis poiètikè* définissant l'art comme une disposition rationnelle à réaliser des productions[208]. La vertu comme *hexis prohairetikè* est une disposition qui prédispose à avoir certaines intentions ou desseins au principe de ses actions, comme la science prédispose à conduire des démonstrations, ou la *technè* à produire des œuvres. Dans le cas de la vertu éthique, qui n'est pas une simple disposition mais bien l'excellence d'une disposition, les intentions auxquelles elle prédispose visent le meilleur objet, à savoir la médiété entre un excès et un défaut, adaptée à l'agent et tenant compte de la particularité des circonstances de chaque action.

L'*Éthique à Nicomaque* énonce ainsi la définition de la vertu :

> « La vertu est une disposition touchant le dessein (*hexis prohairetikè*), résidant dans une médiété relative à nous, déterminée par la raison et de la manière dont la déterminerait l'homme prudent » (*Éthique à Nicomaque*, II 6.1106b36-1107a2).

L'*Éthique à Eudème* use de formules similaires, mais insère explicitement les objets de plaisir et de peine, et ne mentionne pas l'homme prudent :

207. *Éthique à Nicomaque*, VI 3.1139b31-32.
208. *Éthique à Nicomaque*, VI 4.1140a4-5.

« Puisque la vertu éthique est elle-même une certaine médiété et concerne tout entière les plaisirs et les peines, tandis que le vice réside dans l'excès et le défaut et concerne les mêmes objets que la vertu, il s'ensuit nécessairement que la vertu éthique est une disposition touchant le dessein (*hexin prohairetikèn*) portant sur une médiété relative à nous, dans le domaine des plaisirs et des peines en fonction desquelles une personne est qualifiée éthiquement, selon qu'elle se réjouit ou qu'elle s'afflige » (*Éthique à Eudème*, II 10.1227b5-10).

La définition de la vertu par la *prohairesis* est inédite. Peut-être un texte attribué à Isocrate (mais considéré aujourd'hui comme apocryphe) pourrait-il fournir une ébauche de lien explicite entre la *prohairesis* et la question strictement éthique quand, dans sa lettre *À Démonicos*[209], il fait valoir au fils les *prohaireseis* du père en matière de vertu et de soin du corps, mais cela reste bien ténu. Il est alors d'autant plus étonnant de voir Aristote consacrer de longues pages à justifier la notion de médiété, pourtant largement répandue dans la culture grecque et bien assumée par Platon et d'autres philosophes, tandis qu'il justifie à peine que la vertu soit une disposition afférente à la *prohairesis* elle-même. Dans l'*Éthique à Nicomaque*, la définition de la vertu est seulement précédée de cette suggestion :

« Nous nous mettons en colère et nous sommes pris de peur sans en avoir eu le dessein (*aprohairetôs*), tandis que les vertus sont des desseins (*prohaireseis*) ou ne sont pas sans dessein (*ouk aneu prohaireseôs*) » (*Éthique à Nicomaque*, II 4.1106a2-4).

En outre, au livre X, Aristote fait allusion à des discussions qui auraient eu lieu à propos du rôle de la *prohairesis* vis-à-vis de la vertu :

« On dispute de la question de savoir si c'est le dessein qui est davantage maître de la vertu ou les actions, au motif que la vertu réside dans les deux » (*Éthique à Nicomaque*, X 8.1178a34-b1).

209. [Isocrate], *À Démonicos*, 9-10.

Il semblerait donc qu'Aristote considère lui-même qu'il n'innove pas en associant ainsi *prohairesis* et vertu. Mais pas plus que pour ceux dont Aristote dit qu'ils identifient la *prohairesis* à l'*epithumia*, au *thumos*, à la *boulèsis* ou à la *doxa*, on ne voit à qui il fait ici allusion. Nous ne pouvons proposer comme hypothèse qu'une discussion d'école au sein du Lycée pour expliquer cette controverse. En l'état des données dont nous disposons, il faut donc selon toute vraisemblance attribuer à Aristote, et, avec lui, tout au plus à son entourage, l'innovation majeure qui a consisté à faire de la vertu une disposition afférente au dessein (à l'intention), en même temps qu'il faisait explicitement du dessein ou de l'intention le principe de l'action.

Dans l'*Éthique à Eudème*, la justification est un peu plus consistante en apparence, du fait que la définition de la vertu éthique est donnée dans le fil de l'examen de la *prohairesis*, laquelle est elle-même cherchée dans le grand mouvement initié en II 6 consistant à déterminer la vertu, ce qui atténue l'aspect abrupt de l'irruption de la *prohairesis* à cet endroit crucial du système éthique. Mais comme dans l'*Éhique à Nicomaque*, c'est essentiellement le fait que la vertu porte sur la médiété qu'Aristote prend le soin de justifier et d'expliquer.

Quelle est la justification concrète de la présence de la *prohairesis* dans la définition nouvelle de la vertu éthique comme *hexis prohairetikè* ? Si l'on sollicite la pensée aristotélicienne sur ce point – qui n'a pas été éclairci explicitement par le Stagirite –, on ne peut qu'en noter la très grande cohérence : si la *prohairesis* est l'élément distinctif de la vertu éthique (comme la qualité *apodeiktikè* est l'élément qui distingue la disposition qu'est la science, etc.), c'est précisément parce qu'elle unit désir et pensée rationnelle ; or Aristote a pensé le caractère moral (*èthos* au sens strict) justement à la croisée du désir et de la raison, lorsqu'il le définit, dans l'*Éthique à Eudème* (et dans des lignes malheureusement un peu corrompues, mais le sens ne laisse guère place au doute) comme « qualité de ce qui dans l'âme, conformément à une prescription de la raison, et sans être lui-même rationnel, est toutefois capable de suivre la raison »[210].

210. *Éthique à Eudème*, I 2.1220b5-7.

La définition comme *hexis prohairetikè* dit en outre non seulement l'union du désir et de la raison, mais encore l'anticipation correcte des médiations permettant d'atteindre la fin effectivement. La vertu comme *hexis prohairetikè* prédispose à une visée complète du but, avec la capacité de l'atteindre effectivement. Comme le dit l'*Éthique à Nicomaque,* la vertu ne se borne pas à chercher ni même à trouver la médiété : elle la prend effectivement[211], abstraction faite certes des obstacles totalement hors de son contrôle.

Dire de la vertu qu'elle est une *hexis prohairetikè* est penser l'excellence morale comme une capacité excellente de visée, à l'instar de la visée d'une cible par un archer tendu vers l'atteinte de la fin et organisant dans son corps et dans son esprit les conditions de cette atteinte. La vertu est excellence de l'orientation de la visée et de la tension désirante, et prédisposition à la réussite de la visée.

Les vertus particulières & la prohairesis. – L'usage d'une notion encore jeune pour définir des notions éthiques majeures de la morale en vigueur est très probablement la raison de la relative discrétion de la *prohairesis* dans l'étude des vertus éthiques particulières, alors que la définition de la vertu éthique en général comme *hexis prohairetikè* aurait dû logiquement conduire à décrire et définir chaque vertu particulière en termes de *prohairesis,* avec la complexité de la notion dégagée par Aristote (fin & moyens, désir & délibération). Or il n'en est rien : seule la justice voit sa définition inclure la *prohairesis*. Cette définition ne se fait du reste en ces termes qu'après avoir longuement traité de la question de la médiété, récapitulée avant de produire la définition avec la *prohairesis* :

> « La justice est une certaine médiété, non de la même manière que les autres vertus, mais parce qu'elle relève du milieu, tandis que l'injustice relève des extrêmes. Et la justice est la disposition selon laquelle l'homme juste est dit apte à agir selon un dessein

211. « La vertu non seulement (*kai*) trouve le milieu mais encore (*kai*) le prend » (τὴν δ᾽ ἀρετὴν τὸ μέσον καὶ εὑρίσκειν καὶ αἱρεῖσθαι, *Éthique à Nicomaque,* II 6.1107a5-6).

visant le juste (*kata prohairesin tou dikaiou*) […] » (*Éthique à Nicomaque*, V 9.1133b32-1134a2)

Pour les autres vertus, au mieux, l'étude du courage dans l'*Éthique à Eudème* s'appuie explicitement sur la définition générale et s'en sert (III 1.1230a26-33). L'*Éthique à Nicomaque* fait intervenir la *prohairesis* dans sa réflexion sur le courage, mais d'une manière qui n'est pas sans poser une légère difficulté, puisqu'il y est admis des actes *kata prohairesin* qui se font sans délai. Après avoir réaffirmé, pour qu'on soit en présence d'un courage véritable, la nécessité d'une *prohairesis* avec sa finalité constituée par le beau (et implicitement, la nécessité de voir à l'avance les dangers, *prohoran*)[212], Aristote avance que « cela semble être la marque d'un courage supérieur que d'être sans peur et sans trouble au milieu des situations soudaines (*aphnidiois*) de danger plutôt que dans les situations prévisibles (*prodèlois*) », car cela provient alors « davantage de la disposition (*apo hexeôs*), ou la raison en est aussi que cela provient moins d'une préparation », tandis que si l'on voit à l'avance le danger, « on pourrait se proposer (*proheloito*) de l'affronter aussi par calcul (*ek logismou*) et raisonnement (*logou*) »[213]. Avant de voir ici une contradiction flagrante avec la définition de la *prohairesis*, qui inclut un calcul, il faut remarquer qu'avec la vertu, on ne parle pas simplement de la *prohairesis*, mais de la *prohairesis* en tant qu'elle provient d'une disposition. Or la disposition en question est une acquisition antécédente, qui condense pour ainsi dire le temps en une *hexis* produite par l'habituation passée et nous prédispose d'emblée à avoir désormais spontanément une intention tournée vers ce qui est moralement beau. Ainsi la part de la préparation est réduite (« cela provient *moins* d'une préparation »), sans être absolument supprimée. Pour ainsi dire, former une intention à partir d'une *hexis prohairetikè* est nettement plus rapide et d'une temporalité plus resserrée que la former sans cette *hexis*. On peut ainsi, malgré l'apparence de contradiction, considérer qu'il y a ici une véritable application de la définition de la vertu éthique.

212. *Éthique à Nicomaque*, III 11.1116b30-36.
213. *Éthique à Nicomaque*, III 11.1117a16-22.

En dehors des vertus particulières, l'amitié est la seule notion à inclure dans sa définition la *prohairesis* (dans l'*Éthique à Eudème* surtout), d'une manière très poussée puisqu'Aristote va jusqu'à forger un dérivé du terme *prohairesis* (*antiprohairesis*) ; l'amitié n'est d'ailleurs pas étrangère à la justice dans l'esprit d'Aristote.

En dehors donc de la justice, on trouve ainsi pour les vertus particulières l'utilisation du vocabulaire de la *prohairesis* seulement cinq fois dans les livres III & IV de l'*Éthique à Nicomaque,* et seulement deux fois dans le livre III de l'*Éthique à Eudème.*

Les vertus concernées sont les suivantes :

— le courage (*ÉN* III 11.1117a5, 11.1117a21 ; *ÉE* III 1.1230a27) ;

— la vertu anonyme touchant les honneurs, intermédiaire entre l'ambition et le manque d'ambition (*ÉN* IV 10.1125b11) ;

— la vertu d'amabilité (anonyme en grec) (*ÉN* IV 12.1126b33) ;

— la vertu de franchise (anonyme en grec) (*ÉN* IV 13.1127b14) ;

— la magnificence (*megaloprepeia*) (*ÉE* III 6.1233a37).

Aucune utilisation de la notion de *prohairesis* pour penser la modération (*sôphrosunè*), alors qu'elle est fortement sollicitée pour penser l'acrasie.

Il n'en reste pas moins qu'Aristote a manifestement considéré que la définition de la vertu éthique comme *hexis prohairetikè* devait s'appliquer à toutes les vertus particulières, comme il le manifeste dans l'*Éthique à Eudème* au début de l'examen des vertus particulières (III 1.1228a23-26) et surtout dans l'étude de la première vertu particulière, le courage (III 1.1230a26-33), ou dans des analyses pour distinguer ce qui est une médiété relevant de la vertu et ce qui n'en relève pas (III 7.1234a25).

Diverses notions éthico-pratiques & la prohairesis. – En dehors de ces vertus particulières, des réalités éthiques font intervenir la notion de *prohairesis* de manière importante :

— l'acrasie (usage très abondant[214]) ;

214. Voir la liste des occurrences dans l'ANNEXE III : livre VII, chapitres 1 à 11 de l'*Éthique à Nicomaque* (= *ÉE* VI) (une vingtaine d'occurrences de la famille de *prohairesis*).

— l'amitié (usage abondant, avec inclusion de la *prohairesis* dans la définition donnée dans l'*ÉE*[215]).

D'autres notions étudiées l'impliquent, très parcimonieusement :

— la prudence, distinguée de l'habileté (*ÉN* VII 11.1152a14) ;
— la bonne fortune (*eutuchia*) (*ÉE* VIII 2.1247b30) ;
— la *kalokagathia* (*ÉE* VIII 3.1249a3).

À quoi il faut bien sûr ajouter la définition du principe de l'action humaine dans l'*Éthique à Nicomaque* (VI 2.1139a31), qui donne indirectement la définition de l'action comme un mouvement spécifique dont le principe est une *prohairesis*.

Conclusion. – La *prohairesis* s'est donc trouvée inscrite au cœur de l'éthique par Aristote, puisqu'elle permet de définir aussi bien la vertu elle-même que l'action humaine. Elle innerve en conséquence de droit la totalité des notions examinées par la philosophie pratique et éthique. Il n'en reste pas moins que sa pertinence pour penser les vertus particulières n'a pas reçu tout le développement qu'on pouvait en attendre, et qu'elle est surtout sollicitée là où les orateurs avaient préparé le terrain.

215. Voir la liste des occurrences dans l'ANNEXE III : livres VIII & IX de l'*Éthique à Nicomaque* (8 occurrences de la famille *prohairesis*), livre VII de l'*Éthique à Eudème* (une quinzaine d'occurrences). Nous traitons de l'amitié dans le CHAPITRE VI.

Chapitre VI

L'action, humaine en son principe

ἔοικε δή, καθάπερ εἴρηται, ἄνθρωπος εἶναι ἀρχὴ τῶν πράξεων.
« Il semble donc, comme on l'a dit, que l'être humain soit principe de ses actions. »

Aristote, *Éthique à Nicomaque*, III 5.1112b31-32.

τὸ μὲν γὰρ πέρας ὡς ἂν ὁ δαίμων βουληθῇ πάντων γίγνεται.
« Car l'issue, en toutes choses, advient comme le veut la divinité. »

Démosthène, *Sur la couronne*, 192.

I. DE L'ART HUMAIN D'ÊTRE UNE CAUSE, OU LE TEMPS DE L'ACTION

N'importe quelle chose peut être une cause dans le cours des événements du monde. Mais l'être humain est en outre une cause en tant qu'il a une faculté de la causalité. C'est comme intelligence désirante qu'il s'institue lui-même comme cause et fait de lui-même le premier moyen de ses fins, en ramenant le principe jusqu'à lui depuis la cause finale prise en visée dès le début et gardée sous le regard jusqu'à la fin.

Dans l'élaboration aristotélicienne de la *prohairesis* qui nomme cette visée anticipatrice, c'est en définitive la définition de la délibération comme opération d'une faculté de la causalité qui est décisive. Cherchant à fonder le fait que l'être humain est principe de ses actions, Aristote y parvient en fondant ce statut de principe sur la faculté même des principes, sur une *facultas contemplandarum causarum* – et non sur une quelconque *facultas eligendi*. Il met ainsi doublement au centre de la problématique de l'action la question de la causalité.

La centralité de cette question dans le domaine de l'action n'est pas une invention d'Aristote. Sans même parler des procès ordinaires et de la question de l'imputabilité des fautes et des crimes, les orateurs, nous l'avons vu, ne se combattaient pas seulement en s'accusant d'avoir été causes de désastres politiques, mais encore se déniaient le statut même de cause authentiquement humaine face au hasard ou aux dieux et à la fortune, ce qui portait le débat à un niveau plus profond qu'il n'y pouvait paraître à première vue. Le travail philosophique d'Aristote n'est pas étranger à ces débats, qu'il porte toutefois à un niveau plus élevé de par son analyse de l'animal et de l'âme humaine. Mais c'est malgré tout une communauté de vue sur la manière dont l'être humain est principe d'action qui s'est dégagée, et qui se révèle particulièrement quant à la temporalité de l'action qu'entraîne la désignation de la *prohairesis* comme principe de l'action humaine.

Toute action est une réalité temporelle, comme le mouvement dont elle est une espèce. Elle a toujours commencement et fin, *archè* et *peras*. La *praxis* tire originellement son nom même de *peras*, la limite à atteindre ou à franchir. Mais entre son commencement et son terme temporel se joue un processus dont la temporalité n'est pourtant pas le simple « l'un après l'autre » successif (*ephexès*[1]). Car son commencement, *archè*, est dû à un principe, *archè* à nouveau, qui anticipe le terme et fait de celui-ci une fin

1. *Cf. Parties des animaux*, I 1.639b29.

non plus au sens premier du mot mais au sens de la cause finale, *to hou heneka*. L'anticipation, capacité que le philosophe Aristote réserve à l'animal humain, est la marque de l'action politique et se voit reconnue comme telle dans les textes des orateurs, surtout par Démosthène, qui fait de sa *prohairesis* le condensé de sa politique et de son office de conseiller, dont un des signes distinctifs consiste à voir à l'avance, pressentir et prédire. Le philosophe qu'est Aristote porte à son expression conceptuelle rigoureuse l'esquisse du principe de l'action qui s'entend déjà dans les paroles mêmes d'un Démosthène engagé dans l'action politique. La *prohairesis* – intention ou dessein –, consistant en l'acte d'anticiper par la saisie des moyens l'atteinte de la fin qui est temporellement au terme du processus, fait « être » en pensée cette fin dès le début du processus de l'action, laquelle tire de cette fin anticipée sa direction, sa teneur et sa mise en œuvre. La *prohairesis* est l'ouverture d'une temporalité paradoxale où le terme ultime (*telos*) devient le commencement (*archè*), c'est-à-dire se fait cause finale (*to hou heneka*) agissant comme principe dès le début. La temporalité physique – plus précisément : matérielle et motrice – du « l'un après l'autre » est transmuée en une temporalité pratique grâce à la causalité assumée en la pensée. L'ouverture d'une temporalité spécifique est ainsi contemporaine de l'ouverture d'une dimension pratique nouvelle où le mouvement se fait *praxis*, surmontant le « l'un après l'autre » du simple antérieur et postérieur qui trame le temps physique de la matérialité.

Cette temporalité est proprement humaine : elle est celle de l'anticipation. Elle est proprement pratique : elle est celle de l'action.

Chez les orateurs déjà, le dessein s'insère dans la trame temporelle du monde sans la rompre : si la fin est anticipée dans un dessein, le *peras* reste aux mains des dieux ou de la fortune dispensée par la divinité[2] : la fin, au sens du « terme » appartenant originellement à l'ordre de la temporalité successive, s'est dédoublée en fin anticipée ou visée (*skopos*) et en issue ultime

2. Les discours des orateurs attiques ne font pas de distinction nette entre *tuchè, daimôn, heimarmènè* (*moira*) (par ex. DÉMOSTHÈNE, *Sur la couronne*, 192-195).

(*peras*) du processus successif. Le dessein – où l'être humain *prend en mains* ses affaires – n'entre ainsi pas en conflit avec la représentation populaire d'un destin qui *dispense les lots* à chacun (*heimarmenè*). Le *donner* et le *prendre*, si structurant pour l'humanité, restent ici sourdement au centre de la problématique. Face à la tentative de *prise* qu'est la *prohairesis* sur le cours du monde, la *moira* n'en continue pas moins d'être dispensée aux mortels. « Car l'issue, en toutes choses, advient comme le veut la divinité », nous dit Démosthène ; « Il se fit que Léosthène domina les affaires sur lesquelles portait son dessein ; mais du destin, il n'était pas en lui d'en triompher », reprend Hypéride à l'occasion de la célébration du destin ultime, celui du trépas[3]. Allégeance feinte aux croyances populaires par nécessité de parler le langage de l'auditoire, tentative d'habiller du noble manteau de la destinée une politique simplement humaine, ou à l'inverse conviction religieuse et intellectuelle personnelle, les discours des orateurs ont souligné régulièrement à la fois le « volontarisme » animant le dessein des individus dans l'action politique et le pouvoir ultime du destin sur l'issue (*peras*) des tentatives humaines, réactivant la formule homérique « cela repose sur les genoux des dieux »[4].

Entre *archè* et *peras* se déploie donc la *praxis*. C'est en son principe que l'action est humaine. Le *peras* reste aux mains des dieux. Le principe, lui, est humain. Mais le principe-*archè* est humain précisément dans sa manière d'intégrer en lui par l'anticipation pensée le terme (*telos*) sous la modalité de la *fin* au sens de la cause finale (*to hou heneka*), se distinguant du *peras* (ou même *telos*) comme issue. Or le *logismos* est la cheville ouvrière de cette incorporation de la fin dans le commencement. C'est sur la faculté de déployer un raisonnement que repose à la fois l'appréhension de la causalité et l'appréhension de la temporalité, donnant la capacité d'anticiper.

3. *Oraison funèbre*, 13. Hésiode fait des Moires les filles de la Nuit et les sœurs des Kères, déesses de la vengeance (*Théogonie*, 217) et de la mort (*Iliade*, XII 326, XXIII 78) ; plus loin, les Moires sont les dispensatrices de tout bien et de tout mal aux mortels, et sont données comme filles de Zeus et de Thémis, déesse de l'institué divin, mère de la justice… (*Théogonie*, 904).

4. Ταῦτα θεῶν ἐν γούνασι κεῖται, *Iliade*, XVII 514 ; *Odyssée*, i 267…

Démosthène sent déjà que c'est en tant qu'il raisonne que son action a quelque chose d'humain, et qu'elle lui est imputable en tant qu'humain :

> « le terme (*telos*) », dit-il à Eschine à propos de son action, « en était dans les mains du dieu, non en moi ; mais que je ne me serais pas saisi de tout ce qui était possible en vertu d'un raisonnement humain (*anthrôpinon logismon*)... voilà ce que tu dois me montrer ! et alors seulement, accuse-moi ! » (*Sur la couronne*, 193).

Ce *logismos* est un *sullogismos*, un *raisonnement rassemblant*, embrassant en lui une totalité de données du passé, qui, elles, ont été observées selon la succession du « l'un après l'autre » du temps, dans un accompagnement pas à pas des événements, comme nous l'a dit Démosthène décrivant la situation nouvelle engendrée par la prise d'Élatée :

> « [...] cette importante circonstance (*kairos*) et cette journée décisive appelaient un homme qui fût non seulement bienveillant et riche, mais encore qui eût suivi pas à pas (*parèkolouthèkota*) les développements de l'affaire depuis le début et qui eût correctement embrassé dans un raisonnement d'ensemble (*sullelogismenon*) en vue de quoi (*tinos heineka*) Philippe agissait ainsi et ce qu'il voulait (*ti boulomenos*) » (*Sur la couronne*, 172).

Le rassemblement du passé dans un raisonnement qui le lie ensemble, permettant de prévoir le dessein de l'adversaire et le but qu'il anticipe, permettant au conseiller d'élaborer à son tour les plans parant ceux de l'ennemi, tout ceci se noue dans le *kairos* inséré dans la trame du temps : un point du temps qui n'est plus un simple moment dans la succession des événements, mais le lieu où se relient les fils du passé pour l'anticipation active du futur. Le *kairos* (καιρός) – terme hautement grec, mais à l'origine hautement obscure – pourrait être issu de la métaphore du tissage, comme le suggère le terme tardif *kairos* (καῖρος)[5] nommant

5. Les deux termes diffèrent par l'accent. Le second terme n'existe pas à l'époque classique, et les linguistes n'y font référence que comme indice permettant de conjecturer une étymologie du καιρός classique (Chantraine, *Dic-*

le système de fixation de la chaîne au métier à tisser. Si métaphore tisserande il y avait, elle ferait écho aux fils des Moires, de Lachèsis « La Destinée », Klôthô « La Fileuse », Atropos « L'Irréversible ». Le mythe d'Er nous les représente filant la destinée humaine de chaque âme après l'épisode de la *hairesis tou biou*[6], et donne probablement la clef de l'énigmatique expression homérique « cela repose sur les genoux des dieux », comme repose le fuseau sur les genoux de Klôthô – ou de la femme grecque ordinaire – pour filer son fil d'une torsion qui ne se défait plus[7].

Le rôle décisif du raisonnement voisine ainsi chez les orateurs avec les représentations les plus anciennes de la destinée humaine, grâce à la distinction d'une fin visée (*tinos heineka, ti boulomenos*...) et d'une fin comme issue (*peras, telos*), distinction fondée sur la capacité de raisonnement anticipatrice de l'être humain.

Le rôle du raisonnement est à nouveau si important chez Aristote, que celui-ci en vient à inverser sa formule définitionnelle de la *prohairesis*. Elle n'est pas seulement un désir délibératif, elle est aussi et peut-être d'abord un intellect désirant. Elle coïncide par cette union intime avec l'être humain, seul vivant à présenter à la fois du désir et de l'intelligence saisissant les principes :

> « [...] le dessein (*prohairesis*) est soit un intellect désirant (*orektikos noûs*) soit un désir pensant (*orexis dianoètikè*), et un tel principe est un être humain (*hè toiautè archè anthrôpos*) » (*Éthique à Nicomaque*, VI 2.1139b4-5).

tionnaire étymologique, s. v.). On trouve une seule fois, chez Homère, l'adjectif καιροσέων accompagnant le nom ὀθονέων, « des tissus » (*Odyssée*, vii 107), dans un passage où il est question de femmes occupées à tisser et filer, si bien qu'on peut supposer que καιροσέων qualifie le fait que les tissus se trouvent fixés sur le métier.

6. *République*, X 620d-621a.

7. La fileuse fait rouler le fuseau de sa main droite sur son genou pour lui imprimer son mouvement, qui se poursuit ensuite librement au-delà du genou en pendant de la mèche de laine brute tenue de la main gauche et à laquelle la torsion est ainsi imprimée pour en faire un fil. L'hypothèse que le mythe d'Er donnerait l'explication de l'expression homérique est formulée et défendue par R. B. Onians, « On the Knees of Gods ».

L'intellect n'est certes principe d'action qu'en tant qu'il est uni à du désir, sans quoi il ne meût rien mais contemple simplement la causalité et les principes. Le désir, en imprimant dans l'âme la tension vers un désirable, fait de l'intellect « un intellect en vue d'une fin » (*heneka tou*)[8], qui devient ainsi instance pratique. Mais inversement, le désir n'est principe d'action que par l'union à un intellect capable de *logismos*, sans quoi le désir ne fait que provoquer un mouvement s'égrenant selon l'ordre successif du temps sans que le terme en ait été anticipé pour lui-même ni assumé comme cause finale. Cette faculté de raisonnement, qui porte sur les causes, est en même temps la faculté permettant de saisir la temporalité : quand bien même la sensation du temps repose, selon Aristote, sur la faculté sensorielle, et précisément sur le sens commun, qui permet ainsi aux autres animaux d'avoir une certaine sensation du temps et donc d'avoir de la mémoire (*mnèmè*), il reste que la remémoration active des souvenirs (*anamnèsis*) d'un côté et l'anticipation comme telle du futur de l'autre ne peuvent se faire sans un raisonnement, même si celui-ci est accompagné de représentation imaginative (*phantasia*) et ne supprime donc pas la dimension sensorielle de ces opérations[9]. Si Aristote précise dans son traité sur la mémoire que toute délibération est une sorte de *sullogismos*[10], c'est pour appuyer le fait que la remémoration et le rapport tout humain qu'elle implique au temps passé ne sont accessibles qu'à un être capable de raisonnement, tout comme l'appréhension du futur comme tel n'est à son tour accessible que par la même faculté.

Le *logismos* humain qui calcule les moyens à partir de la fin est ainsi immédiatement à la fois causal et temporel. Dans la délibération, l'être humain s'institue comme principe de son action en tant qu'il a su ramener jusqu'à lui le principe, et simultanément, posant la fin au loin, il a ouvert une temporalité spécifique, celle

8. *Éthique à Nicomaque*, VI 2.1139a35-36 (διάνοια... ἡ ἕνεκά του καὶ πρακτική) ; *De l'âme*, III 10.433a14 (νοῦς ὁ ἕνεκά του λογιζόμενος καὶ ὁ πρακτικός).

9. Voir, pour la remémoration (ou réminiscence), *De la mémoire et de la réminiscence*, 1.449b28-450a25 & 2.453a4-14.

10. *De la mémoire et de la réminiscence*, 2.453a14.

d'une anticipation, où se réalise l'inversion paradoxale de l'avant et de l'après, le *telos* devenant *archè*, et la première cause (motrice) dans l'ordre de la genèse commençant d'abord par être la dernière dans l'ordre d'une recherche préalable. Par là, l'être humain ne rompt pas la trame de la nature – dont Aristote, à la différence des orateurs[11], se préoccupe plus que du destin, la *tuchè* devenant chez lui principalement une version accidentelle de la causalité pratique humaine, ce qui est une manière de vider la fortune de son caractère divin pour la placer dans une dépendance conceptuelle vis-à-vis de la *prohairesis* elle-même :

> « Il est évident que la fortune est une cause par accident dans ce qui arrive en vertu d'un dessein (*kata prohairesin*) parmi ce qui arrive en vue d'une fin » (*Physique*, II 5.197a6-7, *cf. Métaphysique*, K 8.1065a30-31).

Relativement à la nature, donc, l'être humain accomplit l'œuvre de celle-ci de la manière la plus manifeste. Car toute nature est une cause agissant en vue d'une fin, laquelle est constituée par le terme *essentiel* du devenir – à savoir une certaine perfection de la chose, dans l'actualisation de son essence au sein de la matière – et non par le terme *temporel* – à savoir la cessation de l'existence : la destruction des êtres inanimés, la mort des êtres vivants. Le procédé de constitution d'un dessein est parallèle au procédé de la nature comme cause finale : l'inversion de l'ordre temporel du « l'un après l'autre » s'y réalise dans les deux cas. Réglant la question du rapport entre la nécessité (matérielle) et la finalité (formelle) grâce à la notion de nécessité conditionnelle (*ex hupotheseôs*), Aristote compare dans la *Physique* les événements naturels et les sciences[12]. C'est « de manière approchante, en quelque sorte » (*tropon tina paraplèsiôs*), que la nécessité se trouve et dans les sciences et dans les productions de la nature.

11. Si un Périclès a été formé à l'*historia peri phuseôs* (Platon, *Phèdre*, 269e-270a ; Diogène Laërce, *Vies et doctrines des philosophes illustres*, II 12-13), il n'en va plus de même pour les orateurs du -IVe siècle, dont la formation et les intérêts intellectuels se sont resserrés sur les affaires humaines.

12. *Physique*, II 9.

Mais dans les sciences, la nécessité hypothétique se joue depuis le principe vers les conséquences (logiques) : si le principe est, la conséquence est nécessairement (*si p, alors q*), et donc (proposition contraposée) si la conséquence n'est pas, le principe n'est pas non plus (*si non q, alors non p*). « Si le caractère droit [d'une ligne] est ceci, il est nécessaire que le triangle ait ses angles égaux à deux angles droits ». En revanche, la proposition inverse n'est pas vraie en sciences : il n'est pas vrai que si la deuxième proposition (occupant la place de la conséquence) est, alors la première est (*si q, alors p,* non équivalente logiquement à *si p, alors q*). L'avant (le principe) entraîne nécessairement l'après (la conséquence), mais l'après n'entraîne pas nécessairement l'avant ; la nécessité hypothétique fonctionne selon l'ordre du temps de la *démonstration,* qui est en fait un ordre logique et un ordre de raison ou de fondation. Dans les êtres qui adviennent par nature, il existe la même nécessité hypothétique, découlant de la position d'une hypothèse de départ, comme en science. Mais l'ordre est inverse, d'une certaine manière [13]. Dans les choses en devenir selon un principe naturel, la nécessité hypothétique se dit ainsi : « si la fin sera ou est, alors ce qui vient avant aussi sera ou est », soit *si l'après est ou sera, alors l'avant est ou sera* (*si q, alors p*), et donc *si l'avant n'est pas, l'après qu'est la fin ne sera pas* (*si non p, alors non q,* proposition contraposée, équivalente logiquement), mais non *si ce qui vient avant est, alors la fin est* (*si p, alors q,* proposition inverse de la précédente, et non équivalente logiquement). Concrètement, *si la fin est ou sera, les moyens ou la matière ou les principes moteurs sont ou seront,* mais non *si les moyens ou la matière ou les principes moteurs sont ou seront, la fin est ou sera.*

13. D'une certaine manière seulement, car en réalité les deux ordres sont difficilement comparables puisqu'ils ne mettent pas en jeu des termes de même nature, la temporalité et la notion de terme d'un processus ayant intrinsèquement un sens dans les choses naturelles sujettes au mouvement, mais non dans les sciences qui traitent d'objets abstraits du sensible et donc du mouvement, pour lesquels l'avant & l'après, le *principe* & la *conséquence* qui *suit* le principe, ne se pensent selon le mouvement et le temps qu'accidentellement, en vertu du processus psychique de démonstration.

La nature, qui ne fait pas de syllogisme, voit néanmoins ses opérations modélisées à partir d'une description de la structure d'un syllogisme à l'aide de la logique des propositions[14], qui permet de souligner l'inversion du commencement et de la fin dans la nature grâce à la notion de cause finale. La nature n'agit pas selon l'ordre du « l'un après l'autre », ce qui revient à dire que la causalité de la fin est souveraine : elle est cause pour la matière, quand la matière n'est pas cause pour la fin, si ce n'est, justement, au titre de matière, non déterminante de manière nécessaire. L'ordre du temps donne l'illusion d'une causalité souveraine de l'avant vis-à-vis de l'après – ce qui pourrait être lu ici comme une application nouvelle et originale (et non voulue par Aristote) du sophisme de la cause de type *post hoc ergo propter hoc*. Un passage similaire des *Parties des animaux* y insiste :

> « Il est nécessaire qu'existe une matière de telle qualité, si s'apprête à exister une maison ou une autre fin. Et doit advenir et être mis en branle d'abord ceci, ensuite cela, et ainsi de suite successivement jusqu'à la fin et jusqu'à ce en vue de quoi advient et existe chaque chose. Or il en va aussi ainsi dans les êtres qui adviennent par nature. Mais le mode de la démonstration et de la nécessité est différent en physique et dans les sciences théoriques – on en a parlé ailleurs –. Le principe est en effet pour les unes *ce qui est* (*to on*), pour les autres *ce qui sera* (*to esomenon*) : puisque la santé ou l'être humain est quelque chose de tel, il est nécessaire que ceci soit ou advienne,

14. Rappelons que la syllogistique dont Aristote fait la théorie dans les *Premiers analytiques* relève de la logique qu'on appelle « des termes », en ce que ces syllogismes permettent d'attribuer un prédicat à un sujet. La logique « des propositions », dont relève le présent raisonnement d'Aristote qui admet comme prémisse *si p, alors q*, où *p* et *q* sont les marqueurs formels d'une proposition complète, n'est toutefois pas l'objet d'étude d'Aristote dans les *Analytiques*, et joue ici pour ainsi dire le rôle d'une méta-syllogistique : Aristote décrit la nécessité qui relie dans un syllogisme scientifique les prémisses à la *conclusion* (*cf.* le mot *sumperasma* dans le texte de la *Physique*, II 9.200a21) au moyen de la logique des propositions unissant l'antécédant au *conséquent* (car à proprement parler, *q* dans *si p, alors q* n'est pas une conclusion, *sumperasma*, mais le conséquent, et il faut une deuxième proposition, posant simplement *p*, pour que *q* devienne la *conclusion* du syllogisme [*modus ponens*]. Si Aristote utilise le mot *sumperasma* ici, c'est qu'il décrit en fait un syllogisme relevant de la logique des termes au moyen d'une formule relevant déjà de la logique des propositions).

et non : puisque ceci est ou est advenu, nécessairement telle chose est ou sera » (*Parties des animaux*, I 1.639b26-640a6).

Aristote est allé jusqu'à dire, avant ces lignes, que la finalité (et donc le beau, synonyme de perfection et de bonté) se trouve encore davantage dans les œuvres de la nature que dans celles de l'art. Mais au contraire de cette forte déclaration, il a une tendance marquée à se rabattre sur les actions et les productions humaines (non toujours strictement distinguées[15]). Dans le chapitre de la *Physique* que nous exposions à l'instant, c'est par les seuls exemples de la construction d'une maison et de la fabrication d'une scie qu'Aristote illustre sa modélisation syllogistique des opérations de la nature ; et il assure le caractère principiel de la fin par l'argument que le *telos* est « principe du raisonnement (*logismos*), non de l'action (*praxis*) »[16]. L'anti-aristotélisme a beau jeu de s'appuyer sur ce genre de passage pour dénoncer dans le finalisme naturel du Stagirite une projection anthropomorphique. Reste qu'Aristote, à l'inverse – et par delà sa classification des causes en nature, intellect, fortune, etc., qui laisse entendre une non-naturalité de la causalité de l'esprit humain – entend montrer la naturalité profonde de l'être humain, et non seulement cela, mais encore qu'il est parmi tous les animaux mortels celui qui est le plus conforme à la nature.

Cette naturalité, les yeux d'Aristote la lisent déjà dans le corps humain et dans le mouvement dont ce corps animé est capable. Car l'être humain est l'être le plus conforme à la nature d'abord pour ce qui est de la différenciation de son corps relativement aux différences déterminantes pour le mouvement : le haut et le bas, l'avant et l'arrière, la droite et la gauche ; en lui, le haut et le bas sont orientés comme l'est le monde[17]. Cette coïncidence, qui fait

15. La distinction rigoureuse se trouve dans l'*Éthique à Nicomaque*, VI 4 & 5, à l'occasion de l'étude de l'art et de la prudence. Elle est sous-entendue en I 1.1094a3-6. Mais toute *poièsis* est inscrite dans une *praxis* qui lui donne sa fin (VI 2.1139a35-b4).

16. *Physique*, II 9.200a23-24 (c'est le raisonnement qui prend directement la fin pour principe, l'action a pour principe immédiat la *prohairesis* résultant du raisonnement).

17. *Marche des animaux*, 4.706a19-20 & 5.706b9-10.

sourire aujourd'hui, n'en exprime pas moins la volonté affirmée de la recherche philosophique d'Aristote d'inscrire l'être humain dans une naturalité parfaite, au moment même où il en affirme la spécificité vis-à-vis des autres animaux et en tant qu'il en affirme cette spécificité – laquelle n'est ainsi pas une manière de le faire sortir de la nature. Ce n'est que par l'intellect seul, pour autant que celui-ci serait isolable du reste de l'animal humain, qu'il y a en l'être humain quelque chose qui n'est pas nature[18], en ce que l'intellect purement contemplatif n'admettrait en lui aucun principe de mouvement et ne serait d'ailleurs pas non plus lui-même principe de mouvement. Mais de même que le caractère insigne du corps de l'être humain l'inscrit encore plus dans la nature, précisément parce qu'il est le seul animal mortel à réaliser par sa bipédie la coïncidence que celle-ci permet avec l'orientation du monde selon le haut et le bas et selon la droite et la gauche, de même le privilège de l'action qui revient à l'être humain l'inscrit paradoxalement encore davantage dans une naturalité que sa mobilité simple et corporelle lui assurait déjà à un premier degré. L'être humain, par son action, ne réalise pas seulement un mouvement (lequel est par soi finalisé, comme tout mouvement dont le principe est la *phusis* dans les corps inanimés ou le désir dans les corps animés), mais encore il fait advenir par sa faculté des principes la cause finale comme cause finale et l'assume comme telle, en s'instituant en pleine conscience principe agissant en vue d'un but pris en ligne de mire (*skopos*) par sa faculté d'examen (*skepsis*) de la causalité qu'est la faculté délibérative. La nature, elle, ne *voit* pas un *skopos*. L'être humain, lui, réalise en pleine lumière et « en plein *logos* » ce que la nature réalise sourdement, ce mystère naturel de la cause finale, laquelle, sans exister avant que le processus soit terminé, existe pourtant déjà au principe du devenir pour le guider vers une forme déterminée que nulle causalité strictement matérielle et mécanique ne peut expliquer pleinement. L'action révèle la structure finale et temporelle paradoxale de la nature, dont elle est comme le miroir lumineux et humain.

18. *Parties des animaux*, I 1.641b9-10.

Derrière la question de la cause finale se cache ainsi le problème du temps de l'être et de l'être du temps : est-ce que l'être est au présent et dans le présent, lequel n'est pourtant pas ? Qu'est-ce qu'être, pour le temps ? La définition aristotélicienne du temps comme nombre (nombré) du mouvement selon l'antérieur et le postérieur[19] fait droit à la successivité pure et simple de l'avant et de l'après marquant la temporalité physique, la temporalité qui est celle du mouvement en tant qu'il est de l'ordre de l'inachevé. Le mouvement en effet, dans sa définition aristotélicienne, est en définitive l'acte de l'inachevé en tant qu'inachevé[20]. Mais l'achevé ou parfait (*teleion*) est ontologiquement antérieur à l'inachevé ou imparfait (*ateles*). Si bien que le temps lui-même, dans son être successif accompagnant comme un nombre le processus de l'inachevé s'acheminant vers l'achevé, repose sur le fondement de l'achevé, lequel est ainsi antérieur et fondateur de la successivité du temps physico-matériel ou physico-cinétique. Nous voudrions suggérer que la structuration d'une temporalité non linéaire dans le domaine pratique, grâce au principe d'anticipation qu'est la *prohairesis*, fait apparaître la complexité de la temporalité du monde dès lors qu'on tente d'y faire apparaître le finalisme tout en prenant acte de l'ordre successif du temps épousant le mouvement comme processus de l'inachevé. Dans l'action humaine, par son principe d'anticipation, l'antécédance temporelle se mâtine de la primauté ontologique de la fin-*telos* et de l'achevé-*teleion*, qui se fait partiellement antériorité temporelle, car la fin est « le commencement du raisonnement »[21] tout en étant le terme anticipé de l'action – dont elle est donc aussi le commencement absolu. La *praxis* est mouvement et reste soumise à la successivité du temps. Mais le temps de l'action n'est déjà plus tout à fait le temps du mouvement. La fin anticipée acquiert une forme d'existence – comme cause finale – par cette anticipation qui la fait être avant terme, et la fait donc être autre

19. *Physique*, IV 11.219b1-2.

20. « Le mouvement semble être un certain acte (*energeia tis*), mais inachevé (*ateles*, imparfait) ; la cause en est que ce qui est en puissance (*to dunaton*) est inachevé, et que le mouvement en est l'acte » (*Physique*, III 2.201b31-33).

21. *Physique*, II 9.200a23.

que la pure et simple issue du processus de l'action dans l'ordre successif du temps. Ouvrant ainsi un rapport différent au temps de la vie dans sa succession, c'est aussi une temporalité spécifique de la vie et de son accomplissement dans le bonheur qui est rendue possible par la *prohairesis*.

II. *PROHAIRESIS TOU BIOU* : LA VIE HUMAINE COMME ACTION

Dans la *prohairesis* ne joue pas une *facultas eligendi,* mais une *double faculté de la finalité,* la faculté délibérative et la faculté désirante étant chacune sur son mode propre une telle faculté. Cette faculté redoublée, en exerçant un acte commun nommé *prohairesis,* inscrit dans la linéarité du temps physico-matériel une structure temporelle non linéaire et conforme au finalisme profond des œuvres de la nature dont les œuvres humaines sont le révélateur le plus exemplaire, étant encore plus conformes aux opérations de la nature que les mouvements des autres animaux. Acte d'anticipation, la *prohairesis* ouvre une temporalité finalisée sur un mode insigne, celui d'une cause finale pleinement pensée, dont l'antériorité et la primauté permet l'unification du « l'un après l'autre » sous la subordination d'un terme ultime qui donne sens et clôture au processus, donc accomplissement et perfection : *eupraxia,* « réussite, bonheur » – à la condition de certaines exigences éthiques décisives touchant cette fin, dont nous ne traitons pas ici, et à la condition d'un *peras* favorisé par les dieux, aussi vrai qu'Aristote lui-même, tout en conférant aux actes vertueux le rôle principal dans le bonheur, reconnaît que les proverbiales « infortunes de Priam » (*Priamikai tuchai*) ternissent l'éclat de la félicité[22].

L'expression *prohairesis tou biou* qu'utilise Aristote est une manière de dire que la vie humaine est tout entière une *praxis* tendant vers un terme organisateur qui donne sens dès l'origine à toute la succession des actions partielles et fractionnées qui la composent dans le cours linéaire du temps. Dans la *Politique,*

22. *Éthique à Nicomaque,* I 11, spécialement 1100b9-10, 1100b28-29 & 1101a6-8.

Aristote explique que la vie humaine n'est pas de l'ordre d'une *poièsis*, car elle ne produit rien d'autre qu'elle-même et ne vise pas d'autre fin que sa propre réussite, l'*eupraxia* ou le *eu zèn*[23]. Cette organisation de la vie tout entière sous la forme d'une action qui contient sa fin en elle-même est en outre soutenue par la définition de la prudence, cette vertu intellectuelle (ou dianoétique) mais pratique (et non contemplative ou théorétique) qui rend l'homme prudent capable de prendre en visée le bonheur humain, à la fois individuel et politique, et de réaliser excellement la délibération sur les moyens qui y tendent, c'est-à-dire avec le degré de vérité dont le domaine contingent des affaires humaines est susceptible. La délibération de l'homme prudent est analogue à celle du médecin ; mais quand celui-ci ne vise qu'une fin partielle, l'homme prudent vise la fin ultime, la vie elle-même en tant qu'excellemment accomplie, le bien le meilleur qui est fin par soi sans jamais pouvoir être déchu de ce rang de fin, sans jamais être subordonnable à une autre fin à titre de moyen. La prudence est la vertu qui permet l'excellence d'une certaine délibération, englobante, qui part d'une fin architectonique et non partielle (par différence d'avec les hommes de l'art) et bonne (par différence d'avec les vicieux) : double condition réalisée par le bonheur, qui n'est pas un bien partiel (et ne peut donc jamais être le moyen d'un bien plus ultime et plus englobant) et qui par définition est bon, pour autant qu'on ne commet pas d'erreur sur sa teneur et qu'on est dans la vérité à son sujet. La prudence n'est en effet pas sans vérité : « disposition pratique vraie accompagnée de *logos* touchant ce qui est bon et mauvais pour l'être humain »[24].

23. *Politique*, I 4.1254a7 & *Éthique à Nicomaque*, VI 5.1140a6-7.

24. *Éthique à Nicomaque*, VI 5.1140b5-6. Nous comprenons donc l'exigence de vérité qui se fait entendre dans la définition de la *phronèsis* comme touchant précisément le bon et le mauvais pour l'homme qui délibère et pour les êtres humains en tant qu'humains, et donc comme d'ordre prioritairement éthique, ce que nous semble exprimer en clair la définition. Pour une approche plus épistémologique des questions que soulève la vérité pratique de la *phronèsis* (approche non contradictoire avec la nôtre), voir l'article de Bernard BESNIER, « Le rôle du chapitre 5 dans le sixième livre (*Éthique à Nicomaque*, VI, 5) »

La qualification de la vie humaine comme *praxis* et la définition de la prudence comme disposition à délibérer « en vue de la vie heureuse dans son ensemble » (*pros to eu zèn holôs*)[25] font de la *prohairesis tou biou* autre chose qu'un simple choix d'une vie parmi d'autres : elle est le dessein d'une vie tendant vers une fin qui la structure dans sa totalité, elle est comme un projet qui anime cette vie, qui lui donne son sens et sa direction. Elle est le dessein qui compose cette unique vie avec une multitude d'actions, lesquelles, sous ce principe unificateur et tensionnel, deviennent une *praxis* une.

Organiser toute sa vie en prenant pour visée un but unique, c'est ce qu'Aristote appelle précisément *kata tèn hautou prohairesin zèn*, « vivre selon son propre dessein » :

> « Pour nous arrêter un instant sur ces questions[26], tout homme capable de vivre en vertu de son propre dessein (*kata tèn hautou prohairesin zèn*) pose un but (*thesthai tina skopon*) à la vie excellente, soit l'honneur, ou la gloire, la richesse, l'éducation, but vers lequel il portera ses regards (*pros hon apoblepôn*) pour accomplir toutes ses actions (*pasas tas praxeis*) – car, à vrai dire, que la vie ne soit pas ordonnée dans son ensemble (*suntetachthai*) en vue de quelque fin (*pros ti telos*), c'est là le signe d'une grande déraison (*aphrosunès pollès*)... » (*Éthique à Eudème*, I 3.1214b6-11).

Celui qui vit *selon son propre dessein* (*kata tèn hautou prohairesin*) – en qui l'on pourra reconnaître le *phronimos*, l'homme prudent, par opposition à l'homme sujet à l'*aphrosunè* mentionnée par le texte – est une personne capable *d'ordonner ensemble* (*suntattein*) *toutes* ses actions (*pasas tas praxeis*) en posant un but (*thesthai tina skopon*) vers lequel elle tourne ses regards (*pros hon bleponta*). C'est ce que dit la *prohairesis*, comme elle le dit déjà chez Démosthène dans un texte de -344 / -343, appliquée non à la vie entière mais à une entreprise d'ampleur (il s'agit de Philippe) :

25. *Éthique à Nicomaque*, VI 5.1140a28.

26. La syntaxe du début de cet extrait tel que présenté par les manuscrits n'est pas satisfaisante et l'on soupçonne que le passage est corrompu, mais le sens ne paraît pas faire de difficulté.

> « à en juger à partir de ses actes présents, il est évident qu'il a agi jadis à dessein (*ek prohaireseôs*) ; et à en juger à partir de la totalité de ses actes, pour peu qu'on les examine correctement, il est encore évident que c'est à dessein (*ek prohaireseôs* s.-e.) qu'il *met en ordre* (*suntattôn*) contre notre cité *tous ses agissements* (*panta ha pragmateuetai*) » (*Philippiques*, II 16).

Mêmes termes chez les deux auteurs (*prohairesis, suntattein, pasai hai praxeis & panta ha pragmateuetai*), même idée : le dessein est un ordonnancement subordonnant une totalité d'actions à une visée ultime. Dans la liste énoncée par Aristote, Philippe prend comme visée – au-delà de la visée première qu'est la victoire sur Athènes – la gloire, l'honneur peut-être, la richesse sûrement, à quoi il faut ajouter le pouvoir. Mais nul besoin d'être un grand homme politique ou un roi ambitieux ; tout comme le laisse voir la liste d'Aristote, les buts sont aussi divers que les vies modestes voire médiocres et viles que chacun se propose, comme celle qui prend pour visée l'enrichissement pur et simple et que vilipende Démosthène ici :

> « Non, Athéniens, assurément non, il n'est, chez ces gens-là qui vivent dans le dessein d'avoir plus que les autres (*epi tèi tou pleonektein prohairesei*), rien de ferme ni de respectable » (*Contre Aristocrate*, 127).

Ainsi, *prohaireisthai zèn* est l'acte de « se proposer de vivre » d'une vie ordonnée à une visée au loin, tenue en ligne de mire par l'anticipation qu'est la *prohairesis*[27]. L'idée n'est en fait pas nouvelle, mais le terme n'y était pas : Platon dans le *Gorgias* représente Socrate expliquant à Calliclès que...

> « Voilà à mon sens le but (*skopos*)[28] vers lequel il faut porter ses regards (*pros hon bleponta*) pour vivre, et il faut agir (*prattein*) en faisant tendre (*sunteinonta*) vers lui tous ses actes privés et ceux de

27. C'est le sens qu'il faut lire dans, par ex., *Politique*, VII 2.1324a29-31 ; *Éthique à Nicomaque*, I 3.1095b17-28 ; *Éthique à Eudème*, I 4.1215a36 (qui prend sens dans la foulée de la citation de I 3.1214b6-11) ; etc.

28. Il s'agit de la modération.

> sa cité, de manière à ce qu'adviennent la justice et la modération en celui qui veut être heureux [...] » (*Gorgias*, 507d).

Aristote donne pour nom *prohairesis* à cette idée d'une vie tendue tout entière vers un but. La *prohairesis tou biou* n'est ainsi pas « le choix d'une vie (plutôt que d'une autre) », mais le dessein *structurant temporellement et organiquement* une vie entière, le dessein qui anime cette vie en la mettant en tension et en cohésion, comme aimantée par une fin, tout comme la *prohairesis tès politeias* de Démosthène était le dessein d'ensemble qui animait son action politique – laquelle se confondait du reste avec sa vie[29].

Le dessein de vie des sophistes. – Il en va de même de la caractérisation des sophistes, qui se distinguent par l'orientation qu'ils donnent à leur vie :

> « La sophistique et la dialectique tournent en effet autour du même genre que la philosophie, mais cette dernière diffère de celle-ci par la modalité de sa puissance, et de celle-là par le dessein de sa vie (*tou biou tèi prohairesei*) » (*Métaphysique*, Γ 2.1004b22-25).

Toute *prohairesis* se comprend à partir du *telos* visé[30], et comme le disait à l'instant l'extrait de l'*Éthique à Eudème*, vivre selon une *prohairesis* consiste à organiser toute sa vie en vue d'un *telos*. Le *telos* qui constitue le premier principe du dessein général des sophistes est identifié par Aristote dans les *Réfutations sophistiques*. C'est la richesse, *via* le faux-semblant de savoir :

> « Dans ce domaine-là [*sc.* dans un concours ou une compétition], ceux qui ont pour dessein (*prohairoumenoi*) de vaincre à tout prix usent de tous [les moyens possibles], et de même pour les éristiques dans ce domaine-ci. Ainsi donc, ceux qui se comportent ainsi en vue de la victoire elle-même passent pour des hommes éristiques et querelleurs, quand ceux qui se comportent ainsi en vue d'une renommée

29. L'on pourra citer encore l'expression *prohairesis tou parontos agônos*, « le dessein animant le présent procès » (ou « le plan du présent débat », comme traduit G. Mathieu, cuf, *Sur la couronne*, 12).

30. *Rhétorique*, III 16.1417a18-19 ; *Éthique à Eudème*, II 11.1228a2-3.

> (*doxès charin*) destinée à faire de l'argent (*eis chrèmatismon*) passent pour des sophistes » (*Réfutations sophistiques*, 11.171b24-27).

Leur *prohairesis* a donc en ligne de mire la visée ultime de l'enrichissement, et se saisit du moyen qui leur est spécifique pour atteindre cette fin, le faux-semblant du savoir procurant la renommée, objet immédiat de leur *prohairesis* :

> « Une telle faculté[31] fera paraître sage, ce dont ils se trouvent avoir le dessein (*tèn prohairesin echontes*) » (*Réfutations sophistiques*, 1.165a30-31).

L.-A. Dorion va jusqu'à traduire ce passage par « il se trouve que c'est là l'ambition qu'ils nourrissent »[32], ce qui est fidèle à l'idée qui se trouve recouverte par *prohairesin echein*.

Aristote présente à la suite tout un programme (tout un plan) composant les médiations concrètes du dessein sophistique :

> « Il faut donc commencer par saisir combien il y a de buts que visent (*stochazontai*) ceux qui rivalisent et s'attachent à la victoire dans les discours. Ces buts sont au nombre de cinq. [...] Ces gens se proposent (*prohairountai*) en effet avant tout de donner l'impression qu'ils réussissent à réfuter, en second lieu de montrer que l'interlocuteur énonce quelque chose de faux, en troisième lieu d'acculer cet interlocuteur au paradoxe, en quatrième lieu de le pousser au solécisme [...] ; enfin de l'amener à dire plusieurs fois la même chose » (*Réfutations sophistiques*, 3.165b12-22).

Aristote fait plus loin allusion à cette liste, avec cette fois le substantif *prohairesis* :

> « Quant au fait de montrer quelque chose de faux et de faire aboutir le raisonnement à quelque chose de paradoxal – c'était là en effet le deuxième point du dessein sophistique (*deuteron tès sophistikès prohaireseôs*)... » (*Réfutations sophistiques*, 12.172b10-12).

31. À savoir la faculté de construire des raisonnements et des réfutations apparentes.

32. Aristote, *Réfutations sophistiques*, introduction, traduction et commentaire par L.-A. Dorion, p. 120-121 & n. 13 p. 212.

Les sophistes, dans leur stratégie d'imitation du sage et de la vie de sagesse, sont ainsi un bon exemple de *prohairesis* ordonnant toute une vie, car chez eux le dessein est articulé en un stratagème cohérent qui rend encore plus patentes les médiations et leur ordonnancement en vue d'une fin précise et anticipée.

Le temps du bonheur. – La *prohairesis* permet donc de faire de la vie un ensemble ordonné à une fin dont l'atteinte constitue précisément le bonheur. La vie humaine devient capable d'une clôture qualitative prodiguée par cette fin visée, et non simplement d'une clôture dans la succession du « l'un après l'autre » du temps physique conduisant à la limite ultime. L'ordonnancement de la vie entière, grâce à une *prohairesis* qui ouvre une temporalité « ronde » et « bouclée sur soi » (la fin coïncidant avec le commencement au titre de principe) et qui surmonte la pure linéarité du temps de la matière, permet une temporalité du bonheur échappant partiellement à la temporalité de la *tuchè* divine régissant le monde. Celle-ci, dans la représentation populaire, tissait la vie du début à la fin dans sa successivité, menaçant d'autant de surprises qu'il y a d'instants. Les infortunes du vieux Priam manifestent assez que les revers du destin peuvent être cruels jusqu'au terme de la vie[33]. C'est là une sagesse populaire à laquelle Solon a prêté sa voix, mais qui engendre un paradoxe peu supportable : il faudrait admettre qu'un mortel ne peut être dit heureux qu'une fois qu'il n'est plus mortel mais mort, ce qui, même en admettant que les morts conservent une certaine perception de ce qui se passe chez les vivants, n'en entraînerait pas moins un petit scandale épistémologique, puisqu'une proposition sur une réalité serait fausse au moment où cette réalité est, et ne deviendrait vraie qu'au moment où cette réalité n'est plus. La solution aristotélicienne est tout entière tournée vers le pouvoir déterminant que détiennent les actes de la vertu sur le bonheur[34], si bien que

33. *Éthique à Nicomaque*, I 11.1100a10-11.

34. « Les actes (*energeiai*) du bonheur sont maîtres (*kuriai*, principe dominant) du bonheur » (*Éthique à Nicomaque*, I 11.1100b9-10). Aristote parle ici des

les revers de fortune ne peuvent pas supprimer radicalement ce bonheur (*eudaimonia*), mais seulement interdire la pleine et pure félicité (*makariotès*). Aristote ne parle pas ici de *prohairesis*[35] et s'en tient à évoquer le rôle déterminant des actions vertueuses sur le bonheur. Mais c'est pourtant bien à son tour la *prohairesis* qui est déterminante pour les actes vertueux[36] et c'est donc sur elle que repose en définitive tout l'argument. La *prohairesis* est maîtresse du bonheur parce qu'elle est maîtresse des actes vertueux qui sont maîtres du bonheur. Certes, la *praxis* reste un mouvement, et son issue-*peras* la détermine comme totalité dans le temps. Aristote affirme d'ailleurs régulièrement que, une hirondelle ne faisant pas le printemps et le bonheur étant par définition quelque chose de parfait et achevé, on ne saurait être heureux un seul jour ni un court moment ; il y faut un temps long, une certaine durée, ou « une vie achevée », c'est-à-dire achevée selon l'ordre de la successivité temporelle (*bios teleios*)[37]. L'issue de la vie et de l'action ne deviendra jamais totalement indifférent et l'action ne cessera jamais d'être d'abord un mouvement qui se déroule dans la successivité du temps du monde. Mais si l'issue – et l'issue ultime qu'est la mort – la détermine comme totalité extensive, elle ne lui procure pas sa qualité essentielle, laquelle lui vient de son principe humain. La vie comme action (et l'action en général) obtient une forme de clôture et de perfection resserrée sur son principe, qui n'est pas un simple commencement. Son principe anticipateur qu'est la *prohairesis*, en lui donnant dès le début une fin, lui confère une forme d'autarcie circulaire.

« actes », terme plus général que « actions », car cela permet d'inclure les actes de contemplation.

35. Voir ce que nous disons sur l'absence de la *prohairesis* dans certaines parties des *Éthique*, dans notre CHAPITRE V, § « Le cadre démosthénien de la définition aristotélicienne » & § « V. De la définition de la *prohairesis* à la définition des vertus & autres notions connexes ».

36. « Le principe dominant (*to kurion*) de la vertu et du caractère réside dans le dessein » (*Éthique à Nicomaque*, VIII 15.1163a21-23).

37. *Éthique à Nicomaque*, I 6.1098a20 & I 10.1100a5.

III. L'HOMME LIBRE, L'ESCLAVE & L'AMI : DE LA *PROHAIRESIS* À L'*ANTIPROHAIRESIS*

L'homme libre, l'esclave & la prohairesis. – Seul l'homme libre est capable de bonheur, non l'esclave. Et seul l'homme sensé (prudent) est véritablement apte au bonheur. Un signe distinctif de l'homme insensé est de ne savoir instituer pour lui-même un but qu'il prendra en visée pour ordonner la totalité de ses actions en une grande action coïncidant avec sa vie, ayant ainsi sa fin en elle-même (à la différence des actions partielles, celles dont Aristote peut dire qu'elles sont en vue d'autre chose[38]). Cette finalité immanente de l'action qu'est la vie n'est rien d'autre que sa propre réussite : *eupraxia, eu prattein,* se confondant avec le bonheur, *eu zèn.* L'homme sensé est capable d'une telle visée et il vit effectivement de cette manière. Il est le *phronimos,* l'homme de la délibération excellente. La liberté de l'homme libre se fonde sur cette capacité. Car l'homme libre, comme le dit Aristote dans la *Métaphysique,* est « celui qui est en vue de lui-même et non d'un autre »[39]. La liberté est pensée en termes de finalité, non en termes de choix et d'arbitrage entre plusieurs possibles – situation de choix qui, du reste, existe, mais n'est pas fondamentale dans la pensée du Stagirite et n'entre pas dans sa conceptualisation de la liberté. La *prohairesis* est le terme emblématique de cette structuration de la vie. Ainsi l'esclave, privé de cette « finalité réflexive » tournée vers soi, est-il aussi privé de *prohairesis* :

> « Mais si [les hommes ne forment une communauté et ne s'assemblent] ni simplement pour vivre mais plutôt pour bien vivre – sans quoi on aurait aussi des cités d'esclaves et d'autres animaux ; or il n'y en a pas, du fait qu'ils ne participent pas du bonheur ni du fait de vivre selon un dessein (*zèn kata prohairesin*) – ... » (*Politique,* III 9.1280a31-34).

38. *Éthique à Nicomaque,* III 5.1112b33.
39. *Métaphysique,* A 2. 982b26 : ὁ αὑτοῦ ἕνεκα καὶ μὴ ἄλλου ὤν.

Dénier aux esclaves la *prohairesis* n'est pas leur dénier le choix. De fait, les esclaves opèrent de multiples choix, tout comme les animaux. En revanche, ils n'ont pas, selon Aristote, de faculté délibérative[40] et ils ne sont donc pas capables de « voir à l'avance » (*prohoran*), capacité qui revient à l'homme libre et au maître, doté d'une faculté de délibération opérante (encore immature chez l'enfant, et sans autorité chez la femme, selon les termes de la *Politique*[41]) :

> « Ce qui est capable de voir à l'avance (*prohoran*) grâce à la pensée (*tèi dianoiai*) dirige par nature et par nature est le maître, tandis que ce qui est capable de peiner à la tâche par son corps est dirigé et esclave par nature » (*Politique*, I 2.1252a31-34).

Ce n'est donc pas exactement « vivre comme on le veut » qui fait la liberté, quand la servitude consisterait à ne pouvoir vivre ainsi, opinion que rapporte avec distance Aristote[42]. C'est bien plutôt la mise en ordre de sa vie selon un but posé par soi-même et qui fait de la totalité de sa vie une action cohérente, capable d'une clôture qualitative prodiguée par cette fin visée, clôture qui lui donne perfection et accomplissement – et non simplement une clôture quantitative dans la succession du « l'un après l'autre » du temps physique, jusqu'à l'instant du trépas. Vivre « comme on le veut » est assimilé à « vivre sans ordre » (*zèn ataktôs*), ce qui, dans la bouche d'Aristote, est l'idéal des esclaves, des enfants et des femmes, et peut se réaliser dans la relative anarchie que tolérera la constitution tyrannique ou la constitution démocratique extrême afin de se concilier les masses[43]. Vivre sans ordre, *ataktôs*, est l'inverse d'une vie « selon son propre dessein », où tout s'ordonne ensemble (*suntetachtai*) en vue d'une fin visée avec constance. Si bien que paradoxalement, dans la représentation

40. *Politique*, I 13.1260a12-14. Ils n'ont pas même de *logos* en eux-mêmes et ne font que *participer* au *logos* en leurs maîtres (verbe *koinônein*, utilisé en 1259b26-28) sans le posséder (ce qu'exprimerait le verbe *echein*).

41. *Politique*, I 13.1260a12-14.

42. *Politique*, VI 2.1317b11-13 : ζῆν ὡς βούλεταί τις.

43. *Politique*, VI 4.1319b27-32.

philosophique de la liberté fondée sur la *prohairesis*, c'est davantage l'esclave ou l'individu immature qui vit « comme il veut » au sens de l'arbitraire, la vie de l'homme libre étant au contraire libre en tant que structurée en un ordonnancement finalisé. Cette caractérisation rejoint la présentation que fait Aristote de la vie de l'esclave et de celle de l'homme libre dans la *Métaphysique* :

> « Tout [*sc.* dans le monde] est entièrement ordonné (*hapanta suntetaktai*) en vue d'une seule chose, mais à la manière d'une maisonnée où il est le moins permis aux personnes libres d'agir de manière arbitraire (*ho ti etuche poiein*, agir de manière hasardeuse), et où à l'inverse tous leurs [actes] ou du moins leur majorité est ordonnée (*tetaktai*), tandis que pour les êtres serviles et les bêtes, leur contribution à la chose commune est minime, tandis que la plus grande part [de leurs actes] est livrée à l'arbitraire (*ho ti etuchen*) » (*Métaphysique*, Λ 10.1075a18-22).

L'esclave n'est donc jamais sujet d'une *prohairesis*, de même qu'il n'est pas apte au bonheur. Le tout se tient, car la *prohairesis* permet de faire de la vie un ensemble ordonné à une fin dont l'atteinte constitue précisément le bonheur. L'esclave n'a une place dans le bonheur et dans la *prohairesis* qu'au titre de moyen du bonheur du maître : l'expression « par l'intermédiaire de l'être humain » (*to di'anthôpou*), ou même « par son propre intermédiaire » (*di'hautou*), que nous avons relevée dans l'*Éthique à Nicomaque*[44], avec son insistance sur la médiation, peut sans difficulté s'appliquer à cet individu augmenté qu'est le maître avec son esclave comme organe séparable[45]. Intégré à la *prohairesis* de la vie du maître, l'esclave n'en est ni le sujet ni l'objet. Il n'est qu'un élément médiat permettant l'atteinte de la fin visée par le dessein du maître et assurant sa relative autarcie.

*L'ami & l'*antiprohairesis – L'ami aussi peut être un moyen : « en effet, ce qui advient par l'intermédiaire de nos amis existe en quelque sorte par notre propre intermédiaire ; car le principe

44. III 5.
45. *Politique*, I 4.1254a16-17 & *Éthique à Eudème*, VII 9.1241b23-24.

en est en nous »[46]. L'ami étant « un autre soi-même »[47], ce qui advient par soi-même inclut ce qui advient par l'ami.

Mais l'ami est la figure antithétique de l'esclave et ne saurait occuper fondamentalement cette place de moyen incorporé au dessein d'autrui. Quand l'esclave est un organe séparable du maître, l'ami – pris sous son concept le plus exigeant – est « comme un autre soi-même séparé »[48]. L'esclave est une partie, n'est pas un individu, n'est pas un et ne fait pas deux avec le maître ; esclave et maître ne font pas même un *à eux deux*, puisque l'esclave n'est pas assez *un* pour engendrer une nouvelle unité en s'y fondant à égalité avec l'individualité du maître. Il est absolument « *de* l'un », « *de* l'autre »[49]. L'ami de son côté est tellement une unité cohérente en elle-même[50] qu'il est à l'inverse de l'esclave « un autre soi-même » pour l'ami, « une seule âme » avec son ami, assez « un » pour se substituer à lui au besoin et mourir avec lui, pour lui, et en tout cas pour faire un *avec* lui[51]. C'est la possibilité même du commun absolu qui est réalisée ici – ce commun qu'Aristote reprochait à la *République* de Platon[52], ce commun qui va jusqu'à l'unité abolissant la pluralité mais dans la réaffirmation de chacun des « uns » qui sont entrés dans cette communauté, puisque chacun des « uns » est un « autre soi-même » de l'autre « un ». L'esclave est en-deçà du commun – car la « communauté » qu'il forme avec le maître le rend *du*

46. *Éthique à Nicomaque,* III 5.1112b27-28.

47. *Éthique à Eudème,* VII 12.1245a30 (*allos autos*) & *Éthique à Nicomaque,* IX 9.1169b6-7 (*heteros autos*).

48. *Éthique à Eudème,* VII 12.1245a35.

49. *Politique,* I 4.1254a10-13.

50. Car l'ami au sens premier est l'homme vertueux. Or l'homme vertueux, à la différence du vicieux, se caractérise par son unité, quand le vicieux est intérieurement plusieurs et toujours autre que lui-même d'un moment à l'autre (*Éthique à Eudème,* VII 6.1240b12-17).

51. *Éthique à Eudème,* VII 6.1240b2-11.

52. La politique repose sur la condition pluralité (voir la reprise et la réélaboration originale de ce thème par Hannah Arendt, *Condition de l'homme moderne*), si bien qu'Aristote reproche à Platon de supprimer la cité en en réalisant une unité trop poussée (*Politique,* II 2.1261a15-22), ce qu'en réalité Platon ne vise que pour une partie de la cité (les gardiens), sans abolir la pluralité et la diversité qu'il a posée à l'origine de la cité entière.

maître absolument et supprime donc la possibilité même de la communauté[53]. La femme ou le citoyen sont de leur côté « un » sans être un autre soi-même de l'autre individu, si bien qu'ils font *plusieurs* avec l'autre individu avec lequel ils se lient pour former une communauté au sens ordinaire – économique et politique –, unie par une *philia* certes[54], mais qui n'est pas la *philia* la plus belle, la première *philia*, celle qui unit des êtres absolument vertueux et sur le fondement de leur vertu.

L'esclave est donc intégré à la *prohairesis* du maître, sans être ni le sujet ni l'objet du dessein de cet homme libre dont il contribue seulement à réaliser l'autarcie relative. L'ami en revanche, l'ami véritable qui est un autre soi de l'homme vertueux, est à la fois le sujet et l'objet de la *prohairesis* de son ami, ce qui se dit par le terme totalement inédit d'*antiprohairesis*, forgé par Aristote pour exprimer la singularité absolue de l'amitié en matière d'intentionnalité pratique.

C'est ainsi dans l'amitié que la vie elle-même sera véritablement commune, quand, au pôle opposé, la vie de l'esclave ne s'unit pas à la vie du maître mais s'y subordonne au titre de moyen, comme outil pratique, c'est-à-dire en vue de l'action qu'est la vie du maître[55].

De l'amitié, Aristote dit en effet qu'elle se manifeste dans l'intention de vivre ensemble :

> « Le dessein de vivre ensemble (*hè tou suzèn prohairesis*) est amitié » (*Politique*, III 9.1280b38-39).

Et une telle vie – toujours celles des hommes vertueux – revient à une mutuelle perception de soi dans les actions de l'ami, actions qu'on a pour dessein de contempler :

> « L'homme bienheureux aura donc besoin d'amis de cette sorte [*sc.* vertueux], s'il est vrai que son dessein est de contempler des actions

53. *Éthique à Eudème*, VII 9.1241b19-20 (malgré la formule *duo koinôniôn* de *Politique*, I 2.1252b10).

54. *Éthique à Eudème*, VII 10.1242a22-32.

55. *Politique*, I 4.1254a1-8 : *organon praktikon*.

> honnêtes et appropriées [à lui] ; or telles sont les actions de l'homme bon quand il est un ami » (*Éthique à Nicomaque*, IX 9.1170a2-4)[56].

Mais la vie ne peut être véritablement *commune* au sens le plus fort du terme que si le principe qui commande les actions constituant la vie se transmue dans la réciprocité qu'engage la relation d'un soi à un autre soi-même. Avoir pour dessein de vivre ensemble ne suffit pas. Aristote est allé plus au cœur de l'amitié que ne pouvait l'exprimer le terme simple de *prohairesis*, grâce à la notion d'*antiprohairesis*. L'amitié, sous sa forme première et la plus haute, celle qui se joue entre deux êtres vertueux et sur le fondement de leur vertu, est définie par Aristote comme une *antiprohairesis pros allèlous* (et comme une *antiphilia*, une amitié réciproque, par où Aristote fait figurer le défini dans la définition).

S'agira-t-il, comme on le pense souvent, d'un « choix mutuel et réciproque » des deux amis ? On traduit généralement en comprenant la définition comme le font R. Houde-Sauvé & V. Décarie[57] :

> « [...] l'amitié au sens premier, celle des hommes bons, est une amitié réciproque (*antiphilia*) et un choix mutuel l'un de l'autre (*antiprohairesis pros allèlous*) [...] » (*Éthique à Eudème*, VII 2.1236b2-3, trad. R. Houde-Sauvé & V. Décarie).

Prise en elle-même, cette lecture fait *a priori* sens, car la sagesse populaire veut que l'on choisisse ses amis, à défaut de sa famille. Aristote lui-même parle de « prendre » (*haireisthai*) un homme pour ami et réfléchit sur la question de savoir si, de deux amis dont l'un l'est déjà depuis longtemps et l'autre tout récemment, il faudrait choisir (*haireisthai*) ce dernier au motif qu'il est le meilleur, comme cela est prescrit par l'intelligence en toutes choses[58].

56. Voir tout le chapitre IX 9 & *Éthique à Eudème*, VII 12.

57. Même type de lecture (parfois moins nettement tranchée dans le sens du choix mutuel) chez Maréchaux, Lavielle, Gohlke, Barnes, Fermani, Bloch & Léandri, Dalimier.

58. *Éthique à Eudème*, VII 2.1236a7-15, VII 2.1237b36-1238a3.

Mais outre que tout cela se dit avec *haireisthai* chez Aristote, le texte de la définition ne dit pas que l'amitié serait une **antiprohairesis allèlôn** (une « *prohairesis* mutuelle de l'un et l'autre », texte qui serait nécessaire pour obtenir la traduction de Houde-Sauvé & Décarie, et où chaque ami est *objet* de la *prohairesis* de son ami), mais qu'elle est une *antiprohairesis pros allèlous*, expression où nous retrouvons la préposition *pros* caractéristique de l'analyse du nom de la *prohairesis* dans l'*Éthique à Eudème*[59]. Le texte signifie ainsi[60] :

> « [...] l'amitié première, celle des hommes bons, est une amitié réciproque (*antiphilia*) et une intention réciproque (*antiprohairesis*) *en vue de* l'un et de l'autre ami (*pros allèlous*) » (*Éthique à Eudème*, VII 2.1236b2-3)[61].

Pros allèlous exprime la finalité mutuelle du dessein ou de l'intention de chaque ami : cela n'exprime pas l'objet sur lequel s'exerce l'intention ou le dessein, mais la fin en vue de laquelle existe l'intention ou le dessein. Lorsqu'il veut exprimer l'objet sur lequel s'exerce l'*antiprohairesis*, Aristote construit le substantif régulièrement avec le génitif, comme ici[62] :

> « Si aimer en acte consiste à avoir récipoquement le dessein accompagné de plaisir de se voir l'un l'autre (*meth'hèdonès antiprohairesis tès allèlôn gnôriseôs*), il est évident alors que de manière générale, l'amitié première consistera aussi dans le fait d'avoir pour dessein réciproque des choses bonnes et agréables absolument (*antiprohairesis tôn haplôs agathôn kai hèdeôn*) pour la raison qu'elles sont bonnes et agréables

59. II 10.1226b7-8 (texte des manuscrits et non de la modification apportée par les éditeurs).

60. Le sens spécifique d'*antiprohairesis pros allèlous* est respecté par H. Rackham (« mutual reciprocity of affection and purpose »), ainsi que par D. Allen dans son article « Talking about Revolution » (« mutuality of ethical intention », p. 209).

61. ἡ πρώτη φιλία ἡ τῶν ἀγαθῶν ἐστιν ἀντιφιλία καὶ ἀντιπροαίρεσις πρὸς ἀλλήλους.

62. Ce passage s'inscrit dans une tentative complexe de clarifier la place qu'occupe le plaisir même dans les amitiés qui ne sont pas fondées sur lui, raison pour laquelle est ici présente la dimension de l'actualité (*energeia*) dans laquelle réside le plaisir.

(*agatha kai hèdea*[63]). L'amitié elle-même est la disposition dont est issu un tel dessein (*prohairesis*) » (*Éthique à Eudème,* VII 2.1237a30-34).

L'amitié réside donc dans le fait que deux personnes se prennent mutuellement pour fin d'un dessein s'appliquant à des objets concrets : chacun des amis est fin de l'intention ou du dessein de l'autre, lequel dessein s'applique concrètement à un ensemble de « choses » comme vivre, être doté des biens de fortunes, avoir l'occasion de s'illustrer par des actions glorieuses[64], etc., que l'on veut voir appartenir à son ami en vue de cet ami lui-même. Car la *prohairesis* a toujours deux éléments fondamentaux : « la *prohairesis* est toujours d'une chose (*tinos*) et en vue d'une chose (*heneka tinos*) »[65], ou encore : « quand on est animé d'un dessein, on fait voir chaque fois *l'objet* (*ti*) qu'on prend pour dessein et *en vue de quoi* (*tinos heneka*) on le prend »[66]. Dans le cas particulier de l'amitié, la fin comme but se double d'une fin comme *bénéficiaire,* pour reprendre une distinction faite ailleurs par Aristote[67]. C'est toute la complexité de l'amitié : dans l'amitié, on prend quelqu'un pour ami comme quelque chose de bon pour soi-même (il est un bien pour soi et se range dans les *choses* bonnes), mais en prenant en même temps cet ami pour *fin* au sens d'une *personne bénéficiaire* de notre propre vouloir et de notre propre intention (car il est notre *alter ego*). Par là, l'ami est paradoxalement comme le second sujet (et non simplement l'objet) de notre *prohairesis* dont nous sommes pourtant au départ nous-mêmes le sujet et qui, comme tout désir, a pour bénéfi-

63. Noter le neutre : ce qu'on prend par la *prohairesis,* ce sur quoi s'applique l'action de *prohaireisthai,* ce sont des choses, des biens ; la finalité, en revanche, est exprimée avec le masculin, car elle est constituée par la personne de l'ami. La situation est certes complexifiée par le fait que l'ami est rangé au nombre des biens extérieurs par les Grecs (par ex. *ÉN* IX 9.1169b10), mais cela n'empêche pas le propos d'Aristote d'être sans ambiguïté.

64. Cas mentionné dans l'*Éthique à Nicomaque,* IX 8.1169a32-b1.

65. *Éthique à Eudème,* II 11.1227b36-37.

66. *Éthique à Eudème,* II 10.1226a11-12.

67. *De l'âme,* II 4.415b2-3, b20-21 : « Le *hou heneka,* "en vue de quoi", est double : d'un côté le en-vue-de-quoi (*to hou*), de l'autre, le en-faveur-de-quoi (*to hôi*) ».

ciaire notre propre personne. C'est cette forme de substitution ou plutôt d'union des sujets qui est exprimée par *antiprohairesis pros allèlous*, et non un choix mutuel des personnes, sens que la grammaire ne permet pas, et qui interdirait de réserver l'amitié première aux êtres vertueux, aussi vrai que des méchants sont tout autant capables de « se choisir mutuellement » ; ils sont en revanche incapables, en tant que méchants et vicieux, de prendre mutuellement l'autre que soi comme fin bénéficiaire de leurs desseins. Le commun ne leur est pas accessible, mais seulement la congruence accidentelle de leurs intérêts séparés.

L'*Éthique à Eudème* dit donc en termes de *prohairesis* ce que l'*Éthique à Nicomaque* dit par *ekeinou heneka*, « en vue de cet ami »[68], formulation que l'*Éthique à Eudème* utilise aussi :

> « Semble être ami celui qui veut (*ho boulomenos*) du bien à quelqu'un ou ce qu'il croit être du bien, non à cause de soi (*di'hauton*), mais en vue de son ami (*ekeinou heneka*) » (*Éthique à Eudème*, VII 6.1240a23-25),

étant entendu que la volonté dont il est question ici est déjà engagée dans une *prohairesis*, qui est commencement d'action et non simple souhait sans réalité pratique, car l'amitié n'est pas qu'une bienveillance réciproque[69].

Par là se réalise donc à nouveau l'antithèse de l'esclave et de l'ami : l'esclave est pur moyen – et il ne peut être fin qu'accidentellement, au sens où l'artisan prend soin de ses outils[70] –, l'ami est fin, tant qu'il s'agit de l'amitié la plus authentique, et dans une certaine limite malgré tout inhérente à la condition humaine et à tout désir, dont la *prohairesis* n'est qu'un cas particulier. Car désirer est structurellement désirer quelque chose de bon pour soi, si bien qu'Aristote en vient par endroit à reconnaître les limites de la finalité tournée vers l'*alter ego* inscrite dans l'amitié : en aimant son ami, c'est un bien pour soi qu'on aime,

68. *Éthique à Nicomaque*, VIII 4.1156b10, etc.

69. *Éthique à Nicomaque*, VIII 2.1155b31-1156a5 & IX 5.

70. *Éthique à Eudème*, VII 10.1242a27-30 & *Éthique à Nicomaque*, VIII 13.1161a34-b2.

car l'ami vertueux est un bien pour son ami[71] ; et l'on ne saurait faire en sorte qu'il obtienne une félicité telle qu'il atteigne à la condition divine, car ce serait perdre son ami[72], aussi vrai que le dieu n'est pas tel qu'il ait besoin d'ami. Mais cet état divin est de toute façon inaccessible, le bien étant pour les mortels toujours en partie extérieur à eux, quand il est absolument immanent au dieu[73]. Ainsi les sacrifices les plus grands que l'on fera en faveur de son ami seront toujours par là même une appropriation à soi du plus grand bien : de la beauté morale[74].

Une telle orientation de l'intention ou du dessein n'est possible qu'entre personnes vertueuses, c'est-à-dire bonnes intrinsèquement et par elles-mêmes, et non simplement bonnes (utiles) pour la personne de l'ami. L'amateur de vin veut du bien au vin pour son propre agrément. L'ami qui l'est sur le fondement du plaisir sensuel veut du bien à son aimé en tant que cet aimé lui apporte à lui-même un tel plaisir ; les desseins qu'il nourrit à son égard ne sont pas entièrement dirigés en vue de cet aimé (et comme l'écrivait Platon dans son pastiche de Lysias, l'amant aime son jeune tendron comme les loups aiment les agneaux[75]). Il en va de même pour toutes les formes dérivées d'amitiés. Seule l'amitié vertueuse, l'amitié première, où le bon est incarné en soi par les deux personnes vertueuses et n'est pas considéré comme relatif à l'usage, au plaisir ou au profit que chaque ami en fera, permet de prendre la personne aimée comme finalité.

Avec l'*antiprohairesis*, il s'agit donc d'une *intentionnalité mutuelle*, qui consiste en ce que chaque ami est une fin pour les desseins ou intentions de son ami et réciproquement (c'est le sens de l'*antiprohairesis pros allèlous*), tout en étant lui-même « pris » dans ces intentions ou desseins (au double sens d'« inclus dans ces desseins » et d'« adopté par ces desseins »), puisque même quand on veut du bien à son ami, on se veut du bien à

71. Par ex. *Éthique à Nicomaque*, VIII 7.1157b33-34.
72. *Éthique à Nicomaque*, VIII 9.1159a5-12.
73. *Éthique à Eudème*, VII 12.1245b14-19.
74. C'est l'argumentation de tout le chapitre IX 8 de l'*Éthique à Nicomaque* sur la philautie.
75. *Phèdre*, 241c-d.

soi-même et l'on « prend » cette personne pour amie en prenant pour soi-même ce qui est absolument bon en elle : c'est le sens de l'*antiprohairesis tôn haplôs agathôn kai hèdeôn,* dont l'ami vertueux est la réalisation la plus authentique parmi tous les biens qu'on peut acquérir, « acquisition » particulière qui se réalise dans une double appropriation de l'un à l'autre dans un *être* ensemble et une *vie* commune, et non dans la possession de l'un par l'autre sur le mode de *l'avoir* et de l'objet.

L'*antiprohairesis* est l'aboutissement le plus précieux de la réflexion aristotélicienne sur la *prohairesis.* Elle consacre le lien insigne de la *prohairesis* et de l'humanité en l'être humain. Car elle s'applique à l'être humain sur le mode de l'humanité même, en faisant de l'« objet » humain sur lequel elle se porte précisément non pas un objet, pris pour le bon plaisir du sujet de l'intention, mais un nouveau sujet, bénéficiaire lui-même de cette intention et fin de toutes les médiations qui la réalisent. Issue d'une capacité qui ne se trouve qu'en l'être humain (l'union de désir, que n'ont pas les dieux, et de pensée rationnelle, que n'ont pas les bêtes), la *prohairesis* s'élève dans l'*antiprohairesis* de l'amitié au rang d'une prise humaine mutuelle de l'être humain par l'être humain, où l'objet se mue en un sujet double *d'appropriation mutuelle sans possession.*

Quand la prise guerrière et violente faisait d'une Briséis une esclave qui n'avait de prix qu'aussi longtemps que l'homme qui l'avait ravie lui en accordait, la prise complexe de l'*antiprohairesis* qui fait l'amitié est une prise où l'ami est reconnu comme sujet humain et non capturé comme proie. De Briséis à Patrocle, la *hairesis* a laissé la place à une *antiprohairesis.*

Ainsi, même l'esclave peut être un ami, mais il cesse alors, précisément, d'être esclave : il n'est plus la proie d'un chasseur, le gibier d'un art guerrier de l'acquisition[76] ; l'humanité en lui est fondement d'amitié, et donc de tout dessein qui le prendra comme fin.

76. *Politique,* I 8.1256b23-24.

« Il n'y a pas d'amitié envers l'esclave en tant qu'il est esclave ; mais il y en a en tant qu'il est un être humain. Car il semble exister quelque notion de justice chez tout être humain envers tout être capable de participer de la loi et de la convention. Il existe donc aussi de l'amitié envers lui, en tant qu'il est un être humain » (*Éthique à Nicomaque,* VIII 13.1161b5-8).

Car même si, aux dires d'Aristote, l'humanité n'est pas pleinement réalisée en l'« esclave par nature », celui-ci n'en appartient pas moins au genre humain, aussi vrai que seul un être humain peut être esclave, non une bête[77].

La *prohairesis* n'est possible qu'à un sujet humain et, comme désir délibératif, elle nomme la spécificité de son humanité même, union d'affectivité et de rationalité. Le point culminant qu'est l'*antiprohairesis* dans l'amitié porte cette condition d'humanité à son comble, puisque l'objet même pris pour ami ne peut l'être qu'en tant qu'il est lui-même humain, *sujet* donc lui aussi d'amitié en même temps qu'*objet,* car objet seulement en tant que sujet réciproque de *prohairesis*. Ainsi le veut l'amitié – qui n'est pas simple attachement (*philèsis*)[78] à une bête ou une chose, non plus que bienveillance – même réciproque – d'un homme pour un autre, mais intentionnalité réciproque entre deux êtres appartenant au genre humain et attestation mutuelle de l'humanité en autrui.

77. Aristote met résolument au centre de sa définition de l'esclave par nature la notion d'être humain : « celui qui par nature ne s'appartient pas lui-même mais appartient à un autre tout en étant un être humain (*anthrôpos ôn*), celui-là est esclave par nature » (*Politique,* I 4.1254a14-15).

78. *Éthique à Nicomaque,* VIII 2.1155b27-29, 7.1157b28-32.

Conclusion

Philanthrôpia

> « La *philia* semble se trouver par nature [...] dans les êtres de même espèce les uns envers les autres, particulièrement chez les êtres humains, d'où l'éloge qu'on fait des "amis du genre humain" (*philanthrôpous*). On constatera aussi lors de l'errance d'un pays à l'autre que tout être humain est apparenté à l'être humain et lui est un ami. »
>
> ARISTOTE, *Éthique à Nicomaque*, VIII 1.1155a16-22.

Ce qui se jouait dans le procès politique de la couronne, c'était une relation entre un citoyen et la cité : l'*eunoia* réciproque entre Démosthène et ses concitoyens, et la *philanthrôpia* des Athéniens envers l'un des leurs, laquelle leur avait fait décider de l'honorer publiquement[1].

1. Que la *philanthrôpia* de ses concitoyens soit placée par Démosthène à l'origine de la décision de son couronnement, cela se comprend aux §§ 5, 209, 316 de *Sur la couronne*. Redisons ici que Démosthène, dans ce procès, ne risquait rien de ses droits civiques ni de ses biens, puisqu'il n'était pas l'accusé. Il ne risquait que le désaveu de sa personne et de son action par ses concitoyens.

> « Toute privation », dit Démosthène à ses concitoyens réunis en tribunal, « remplit d'affliction et de peine, *a fortiori* quand cela vous arrive par les manœuvres d'un ennemi ; mais ce qui afflige plus que tout, c'est d'être privé de votre bienveillance (*eunoias*) et de votre humaine amitié (*philanthrôpias*), à proportion de ce que les obtenir est précisément la plus grande chose qui soit » (*Sur la couronne*, 5).

À côté de cette bienveillance toute particulière qui décerne des honneurs, les orateurs athéniens faisaient sans cesse appel, lors des procès politiques, à la bienveillance (*eunoia*) des juges (et non à leur pitié, *eleos*), et protestaient en retour de leur propre *eunoia* vis-à-vis de la cité. Il ne s'agissait pas là d'un appel d'un particulier face à des professionnels de la justice. C'était un appel d'un citoyen à ses propres concitoyens, à ceux qui partageaient avec lui la vie de la cité. Inversement, leurs protestations de bienveillance envers leur patrie pour se disculper des accusations d'ordre politique portées contre eux, tout cela était certes pour une part artifice et *captatio benevolentiae*. Mais on aurait tort de ne réserver aujourd'hui à ces morceaux obligés qu'indulgence ou agacement, et de n'y voir qu'exercices contraints ou lieux trop rebattus de la rhétorique judiciaire. Car il en va ici de la relation essentielle qui noue la communauté politique, sans quoi la rhétorique n'en aurait pas fait un lieu commun : cette bienveillance réciproque des citoyens les uns envers les autres et de chacun envers le commun de la cité, bienveillance dont il est attendu qu'elle se mue en des actes dès lors que le citoyen de cette démocratie est appelé aux affaires[2]. Ce jeu rhétorique de la bienveillance réclamée et proclamée est une déclinaison de la *philia* fondamentale qui permet à la cité d'être. Elle est plus nécessaire encore que la justice. Car, nous dit Aristote, quand on a la justice, il nous faut encore l'amitié ; mais si l'on a l'amitié, la justice même en devient superflue, car on ne commet pas d'injustice envers son ami, avec qui tout est commun, pas plus qu'on est injuste envers soi-même ; si bien que les législateurs ne visent à rien d'autre tant qu'à l'amitié entre leurs concitoyens[3]. La nécessité de la *philia* est si forte, qu'elle a pu être mise de manière

2. *Cf. Sur la couronne*, 321.
3. *Éthique à Nicomaque*, VIII 1.1155a22-27 & V.1134b11-13.

mythique au fondement de la communauté politique[4]. Le thème de la guerre civile (*stasis*) a pu être traité comme une véritable maladie de la cité, capable d'en provoquer la mort. La concorde, *homonoia*, qui prévient les déchirements de la communauté, est plus que l'« accord des pensées » qu'exprime son nom : elle est la déclinaison strictement politique de l'amitié[5], nécessaire à la cité, et que le conseiller doit garder en visée. Elle forme avec l'anticipation (*proaisthanesthai, prolegein*) le second volet de la fonction du conseiller (*sumboulos*) tel que le définit Démosthène, qui doit s'efforcer de la favoriser[6].

Démosthène a justifié sa bienveillance envers Athènes par la mise en valeur de sa *prohairesis*. Il a en retour revendiqué son droit à la *philanthrôpia* des Athéniens au nom de cette *prohairesis*[7]. La *prohairesis* est ainsi devenue le point d'application non seulement du jugement de la culpabilité et de l'innocence, non seulement de l'éloge de la vaillance d'un stratège défunt, mais aussi d'un jugement d'amitié. L'*eunoia* réciproque – entre lui et Athènes – dans laquelle Démosthène veut se voir inscrit et confirmé, cette *eunoia* réciproque dont la théorie aristotélicienne permet de comprendre qu'elle est le commencement de l'amitié sans être encore l'amitié elle-même[8], l'orateur l'aura renforcée par la monstration de sa *prohairesis*, qui fait basculer les pensées intérieures du côté de l'action et la bienveillance du côté de l'amitié. Et si la *prohairesis* permet de juger de la qualité de l'action, c'est l'action qui permet d'attester la *prohairesis*, invisible directement[9]. L'action est donc maîtresse de la détermination extérieure de l'ami et de l'ennemi :

> « Il n'y a pas de races d'amis et d'ennemis ; ce sont leurs actions qui font les uns et les autres » (*Contre Aristocrate*, 56)[10].

4. Platon, *Protagoras*, 322c.
5. *Éthique à Eudème*, VII 7 & *Éthique à Nicomaque*, IX 6.
6. *Sur la couronne*, 246.
7. *Sur la couronne*, 316-317.
8. *Éthique à Nicomaque*, IX 5.
9. *Éthique à Eudème*, II 11.1228a15-17.
10. οὐ γένος ἐστὶν φιλίων καὶ πολεμίων, ἀλλὰ τὰ πραττόμεν' ἐξεργάζεται τούτων ἑκάτερον.

Le dessein hostile, l'action hostile, fait l'ennemi ; le dessein amical, l'action amicale, l'ami. La *philanthrôpia* athénienne récompensait cette amitié en actions dont faisait preuve un concitoyen, voire un étranger, et c'était là une pratique dont Athènes s'enorgueillissait[11].

Mais l'on doit pousser plus loin la portée de la *philanthrôpia*, plus loin qu'une amitié décernée pour bons et loyaux services ; et la dimension humaine que revêt par soi la *prohairesis* s'étendra aussi loin que cette *philanthrôpia*, quelle que soit sa propre qualité morale. Comme son nom l'indique, la *philanthrôpia* s'étend à l'humanité même en l'être humain, indépendamment de ses actions, en dépit même de ses actions. La *philanthrôpia* dont Athènes était si fière comme disposition générale, se manifestait particulièrement dans l'exercice du jugement judiciaire, où elle se faisait clémence. Selon les besoins de la cause, Démosthène en fait reproche à ses concitoyens ou au contraire les en loue. On peut du reste soupçonner que ces manifestations d'humanité n'étaient pas toujours désintéressées[12]. Mais dans tous les cas, la *philanthrôpia* fait sortir du cadre étroit de la justice pour atteindre à l'humain en passant au-delà de la qualité des desseins ayant présidé aux actes. La *philanthrôpia* s'attache d'abord à l'essence même de la loi et à son nom (*hè tou onomatos philanthrôpia*)[13]. De gibier « poursuivi » par la vengeance et qui en « fuit » la menace destructrice, la justice réglée par des lois fait du criminel présumé un défendeur, qui « fuit » désormais selon les modalités humaines de la parole plaidée, et qui ne sera plus jamais livré au déchaînement de la famille des victimes[14]. Mais la *philanthrôpia*, dans son mouvement propre, excède la justice des tribunaux et la « transgresse » au sens littéral. C'est la *philanthrôpia* des juges athéniens qui sauve les coupables par (trop de) bonté d'âme[15], c'est elle qui interdit d'exécuter

11. *Contre la loi de Leptine*, 109.

12. Le recours à des peines en apparence plus clémentes (le bannissement au lieu de la mort) pourrait avoir été dû par moments au besoin qu'avait la cité de confisquer les biens des coupables (question controversée).

13. *Contre Timocrate*, 156.

14. *Cf. Contre Aristocrate*, 69.

15. *Cf. Contre Aristocrate*, 156 ; *Contre Timocrate*, 51 : le législateur a voulu protéger les Athéniens contre leur propre *philanthrôpia*, leur *praotès*, leur *euètheia*. On sent le dégradé : amour de l'humanité (*philanthrôpia*), douceur (*praotès*, pour

les sentences durant certains jours sacrés[16]. Et, point culminant, c'est encore la *philanthrôpia* qui permet à un meurtrier *ek pronoias*, qui a tué de plein gré, en pleine connaissance de cause et donc « à dessein » ou « intentionnellement », de s'exiler, sans que quiconque ait le droit de l'empêcher d'échapper à la privation de la vie physique par une privation volontaire de la vie civique[17]. Il y a, nous dit Aristote, en tout être humain une forme d'amitié envers tout être en tant qu'il est humain, amitié qui se constatera jusque dans l'errance d'une cité à l'autre, celle d'un banni, par exemple[18]. Le meurtrier *ek pronoias* qui blesse la communauté humaine en en versant le sang, en tant qu'il le fait à dessein et en tant que la possibilité même d'un dessein est proprement humaine, s'atteste du même geste comme criminel et comme humain. La *philanthrôpia* athénienne correspond à cette ambivalence tragique. À la différence de la *sungnômè*, de l'indulgence ou « compréhension » qui se fonde sur des circonstances atténuantes que la *Midienne*[19] ou d'autres discours d'orateurs, avant l'*Éthique à Nicomaque*, avait listées, la *philanthrôpia* n'est pas, en son essence propre, un jugement qui atténue la gravité crime. Elle est d'un autre ordre. C'est elle, et elle seule – non l'indulgence pleine de compréhension et fondée sur la considération de l'excuse – qui peut requalifier le crime en infortune (*atuchèma*) et en malheur (*sumphora*), ou plutôt le sur-qualifier de manière extra-juridique, comme le fait Démosthène lorsqu'il rappelle précisément ce droit de tout homme qui a pourtant

ne pas dire « mollesse » et *anandria*), qui s'achève dans… la naïveté ou simplicité d'esprit (*euètheia*), qui conduit à accepter de plein gré d'être grandement lésé.

16. *Contre Midias*, 12.

17. *Cf. Contre Aristocrate*, 69-70.

18. Les *planai* dont parle la citation d'Aristote inscrite ici en exergue, sont-elles ces « voyages » qu'y voit la plupart des traducteurs ? Cela nous semble peu probable. La *planè* est une errance, le voyage est une *apodèmia* ou quelque chose de ce genre, où l'on va souvent en hôte chez autrui, et où l'amitié se manifeste dans des relations bien codifiées et privilégiées entre familles, tandis qu'Aristote veut parler d'une amitié pour l'être humain en tant que genre. Le paria mis au ban de sa patrie pour de graves fautes est propre à la faire se manifester. L'errance, en tout état de cause, à la différence du voyage, se déploie par définition hors des cadres, ce qui permet à l'amitié pour le genre humain d'émerger nue, sans être masquée par les codifications sociales et politiques qui régissent les relations humaines.

19. *Contre Midias*, 38.

versé délibérément le sang à s'exiler. Car « ceux qui à l'origine, héros ou dieux, ont institué les lois n'ont pas voulu ajouter à l'infortune (*atuchèma*), mais ils ont humainement (*anthrôpinôs*), dans les limites de la décence, allégé le malheur (*sumphoras*) »[20], nous dit Démosthène, lui qui a pourtant su si bien faire la différence entre erreur, crime et malheur, et qui s'est entendu à dénoncer les actes *ek prohaireseôs* comme échappant à toute excuse d'une circonstance atténuante[21]. Aucune circonstance atténuante ne fonde cette sur-qualification, qui n'a plus rien de juridique et surmonte depuis la hauteur de l'humanité la qualification de crime, plus qu'elle ne l'abolit en vertu du droit. La *philanthrôpia* fait éclater le cadre juridique[22], dévêt un peu le criminel de son crime, pour faire transparaître l'être humain.

Ainsi, la *prohairesis* se révèle-t-elle en permanence au cœur de l'humanité. Elle l'était intuitivement, sans théorisation, dans la pensée diffuse mais consistante qui sous-tend les discours d'un orateur d'exception comme Démosthène. Elle l'a été explicitement dans la théorisation philosophique d'Aristote qui, en en faisant le principe de l'action, le cœur de l'amitié, le lieu de la vertu comme du crime, y a reconnu l'humanité même de l'être humain. En la *prohairesis* s'atteste l'humanité.

20. *Contre Aristocrate*, 70.

21. *Contre Midias*, 41-43. En l'occurrence, Midias est encore pire qu'un meurtrier, car il ne mérite aucune marque de *philanthrôpia* (148).

22. Ces mots de Démosthène disent d'une certaine manière que la *philanthrôpia* n'est par essence pas de l'ordre du juridique mais appartient à la sphère de la famille humaine : « Vous, Athéniens, en usant les uns envers les autres de cet amour du genre humain (*philanthrôpiai*) qui est dans votre nature, vous administrez les affaires publiques comme le font les familles pour leurs affaires domestiques » (*Contre Aristogiton I*, 87). Ou encore : « Quels recours lui reste-t-il donc, Athéniens ? Mais, par Zeus ! ce recours que tous les plaideurs trouvent à leur disposition en votre nature, à vous autres, et que nul accusé n'apporte avec lui, mais que chacun d'entre vous emporte de la maison en s'en venant ici : pitié, compréhension, amour du genre humain (*eleos, sungnômè, philanthrôpia*) » (*Contre Aristogiton I*, 81). Aristote de son côté n'aborde le *philanthrôpos* dans l'*Éthique à Nicomaque* qu'à partir de l'amitié intra-familiale et générationnelle, dont la *philanthrôpia* semble être une extension (voir VIII 1.1155a16-19).

Annexe I

Les premières interprétations & traductions de la *prohairesis*

Nous exposerons ici rapidement quelques remarques sur le traitement de la *prohairesis* dans le premier commentaire grec de l'*Éthique à Nicomaque* que la tradition nous ait transmis, puis une revue des premières traductions latines du même ouvrage, pour voir, dès l'interprétation d'Aspasius, une distorsion de la *prohairesis* aristotélicienne par suite d'une influence stoïcienne, et constater ensuite que ce n'est qu'après des hésitations que la latinité s'est résolue à rendre la *prohairesis* avec le vocabulaire du choix.

I. LE COMMENTAIRE D'ASPASIUS

Pour ce qui est des commentaires grecs de l'Antiquité puis de l'époque byzantine, nous n'en possédons pas de l'*Éthique à Eudème*, mais seulement de l'*Éthique à Nicomaque*. Encore sont-ils lacunaires, et en outre tous relativement tardifs, puisque le commentaire antique le plus ancien, celui d'Aspasius, remonte aux Ier / IIe siècles, soit plus de quatre siècles après la rédaction d'Aristote[1].

1. Nous renvoyons à la présentation synthétique de l'état de ces commentaires anciens dans le *Dictionnaire des philosophes antiques* (dir. R. GOULET,

Pour la question qui nous intéresse, le commentaire d'Aspasius[2] présente au moins deux modifications importantes qu'il convient de noter. Ces modifications font que le terme français le plus adapté pour traduire ce qu'entend Aspasius par *prohairesis* semble être désormais « résolution », proche de la notion de décision, sans se confondre avec elle. Nous userons donc de cette terminologie, puisqu'il nous faut ici traduire le texte grec du commentateur.

Aspasius commente l'explication étymologique d'Aristote de la manière suivante, où se fait sentir une influence stoïcienne directe :

> « Le nom de la résolution (*prohaireseôs*) le montre aussi[3] ; car il montre qu'il s'agit de prendre quelque chose avant d'autres choses (*to allo pro allôn haireisthai*). En effet, quand on délibère sur la question de savoir si ceci ou cela est objet à prendre (*poteron tode è tode haireton*), ou quand, conduisant même (*kai*) l'examen sur des choses en plus grand nombre, on incline (*apoklinèi*) vers l'une d'entre elles, et qu'on donne son approbation (*sunainesèi*) sur le fait qu'elle est à prendre (*haireton*), et qu'en outre on éprouve un désir qui s'élance à la suite (*sunexormôsan*) [de cette approbation], alors il semble qu'on prenne cette chose avant toutes les autres (*prôton tôn allôn pantôn*) sur lesquelles on a délibéré » (*In Ethica Nicomachea commentaria*, p. 71, à propos de *ÉN* III 5.1112a16-17).

Le contenu concret de la *prohairesis* décrit à l'instant a été exprimé de manière ramassée par Aspasius un peu avant l'extrait qu'on vient de citer :

Supplément aux trois premiers tomes, 2003, p. 182-183), ainsi qu'à celle qu'en fait D. A. Lines dans *Aristotelis Stagiritae Moralia Nicomachia. Eustratius, Aspasius, Michael Ephesius et al.* (2006), p. v *sqq.* Une description détaillée et complète de ces commentaires se trouve sous la plume de H. P. Mercken, « The Greek Commentators in Aristotle's Ethics » (1990).

2. Nous le citons dans l'édition de G. Heylbut, *Aspasii In Ethica Nicomachea quae supersunt commentaria, in* : *Commentaria in Aristotelem graeca,* vol. XIX, pars I (1889). Une traduction par David Konstan a récemment été publiée en anglais : Aspasius, *On Aristotle Nicomachean Ethics. 1-4, 7-8* (2006). Nous produisons ici comme ailleurs nos propres lecture et traduction.

3. Aspasius vient d'insister sur l'antériorité de la délibération et sur le caractère postérieur du désir ; il ajoute ici un argument en faveur de ce point.

« Celui qui a délibéré sur une chose et qui a donné son assentiment au fait qu'elle est à prendre, tandis que le désir suit aussi, on dit qu'il prend une résolution (*prohaireisthai auto*) » (*In Ethica Nicomachea commentaria*, p. 70)[4].

On voit que la modification essentielle qu'Aspasius fait subir à la description aristotélicienne consiste en ce que le commentateur fait porter l'opération de la délibération sur le caractère *haireton* de l'objet examiné pour savoir si c'est un objet susceptible d'être pris par nous, alors que jamais Aristote dans l'*Éthique à Nicomaque* ne parle de la délibération comme d'une opération consistant à rechercher si une chose a la qualité d'être *haireton*. On trouve en revanche une trace de cette interrogation dans les *Magna moralia* (I 17.1189a27), moins nettement formulée que dans le commentaire d'Aspasius. Ce dernier a donc modifié l'objet qu'Aristote assigne à la délibération, ou plus exactement la perspective adoptée sur cet objet, envisagé désormais sous l'angle de son caractère prenable, c'est-à-dire désirable selon certaines exigences.

La seconde modification essentielle consiste en ce qu'Aspasius introduit des opérations psychiques absentes de la description que fait Aristote de la délibération, à savoir l'inclination de l'intellect et l'approbation ou assentiment envers cet objet. L'influence stoïcienne est évidente, et la conception de la *prohairesis* qui se dessine chez Aspasius mérite sous cet angle une étude à part entière, comme on en trouvera sous la plume d'Antonina Alberti[5].

4. ὁ δὲ βουλευσάμενος περί τινος καὶ συγκαταθέμενος ὡς αἱρετῷ συνακολουθούσης καὶ τῆς ὀρέξεως, προαιρεῖσθαι λέγεται αὐτό. Nous prenons le parti de considérer que les participes aoristes notent l'antériorité (par différence d'avec le participe présent συνακολουθούσης), mais la suite du texte d'Aspasius montre qu'il ne conçoit pas l'acte de *prohaireisthai* comme postérieur à la délibération (voir plus loin, avec la mise en évidence de quelque incohérence dans l'interprétation d'Aspasius).

5. A. Alberti, dans « Il volontario e la scelta in Aspasio », compare précisément la conception du « de plein gré » et de la *prohairesis* (comprise comme choix par A. Alberti) se dégageant du texte d'Aristote et celle se dégageant du commentaire que fait Aspasius à ce texte, conception mise en relation avec celle d'Épictète et avec les réflexions d'Alexandre d'Aphrodise, *Du destin*, 11-15. R. Gauthier a aussi consacré plusieurs pages à la dimension stoïcienne des réin-

Aspasius conçoit donc les opérations qui conduisent à la formation d'une *prohairesis* selon la séquence suivante : (1) une délibération sur le caractère *haireton* (« désirable, qu'on peut prendre ») de tel ou tel objet (pris dans une relation de moyen à fin, mais ce n'est pas la recherche du moyen qui retient l'attention d'Aspasius) ; (2) une inclination vers l'objet accompagnée d'une approbation ou d'un assentiment de nature intellectuelle concernant ce caractère *haireton* ; (3) et enfin un accompagnement du désir qui se met dans la suite de l'intellect. Comme (1) & (2) sont étroitement associés, il y a en réalité deux temps principaux : [I = (1) & (2)] délibération et raisonnement avec inclination et assentiment touchant le caractère *haireton*, [II = (3)] élan du désir dans la suite du raisonnement. L'antériorité est celle de la délibération relativement au désir :

> « Car "avant" signifie toujours "avant quelque chose" et il est clair qu'on a délibéré avant le désir » (*In Ethica Nicomachea commentaria*, p. 71)[6].

Cette antériorité correspond partiellement au propos aristotélicien, qui exprime en effet que le désir est causé par la délibération, mais il ne faut pas oublier qu'il y a un désir préalable à la délibération et qui permet de poser la fin comme principe initial de la délibération. Aspasius ne traite pas de cette antériorité du désir, puisque précisément c'est selon lui la délibération intellectuelle qui doit déterminer le caractère désirable de l'objet (*haireton*), ce qui en fait une opération qui a une dimension éthique, quand la délibération aristotélicienne a seulement une dimension pratique, portant sur des moyens dont la délibération n'a pas pour fonction d'examiner le caractère éthique (par le caractère *haireton*), la dimension éthique étant soutenue par le désir initial, la *boulèsis*, qui tire sa valeur éthique du caractère moral de la personne et de la fin qu'elle se propose sur le fondement de son

terprétations antiques de la *prohairesis* aristotélicienne (dans son Introduction, I 1, p. 240 *sqq.*, surtout à partir de la p. 249-252 pour Aspasius).

6. τὸ γὰρ πρότερον τινός ἐστι πρότερον καὶ δῆλον ὅτι προβεβούλευται πρὸ τῆς ὀρέξεως.

èthos. La compréhension qu'a Aspasius de la postériorité du désir est donc en cohésion avec sa redéfinition de la perspective prise sur l'objet mis en délibération.

Ce qui nous intéresse ici est principalement qu'Aspasius est conduit à faire de la *prohairesis* cela même qui opère la détermination de l'objet de la délibération. Cette détermination fondée sur un assentiment de la faculté rationnelle (qui a la primauté temporelle et logique) s'enrichit ensuite d'une adhésion du désir (qui se met dans le sillage de la faculté rationnelle). Ce double aspect fait de la *prohairesis* elle-même une *résolution* au sens à la fois intellectuel (solution d'une recherche) et affectif (engagement de la personne entière avec sa dimension extra-rationnelle). On le voit dans le passage suivant, qui montre qu'Aspasius en vient à concevoir la *prohairesis* comme étant non pas ce qui naît de l'achèvement de la délibération (comme le dit le texte d'Aristote et comme on en retrouve par nécessité des traces dans le texte d'Aspasius), mais comme étant ce qui *opère elle-même* cet achèvement (ce qui la rend déjà contemporaine de l'assentiment, avant même l'entrée en scène du désir tel qu'il apparaît dans la configuration d'Aspasius) :

> « L'objet de la délibération (*to bouleuton*) et l'objet de la résolution (*to prohaireton*) ne sont pas la même chose absolument, car l'objet de la délibération est davantage du niveau d'un genre (*genikôteron*) [que l'objet de la résolution] et non inversement.
> Délibérant donc sur plusieurs objets, nous ne les prenons pas tous, mais l'un d'entre eux, objet de délibération (*bouleuton*), étant objet de résolution (*prohaireton on*), a été discerné préalablement (*proekrithè*)[7]. C'est pourquoi Aristote dit que l'objet de la résolution est déjà dans un état de détermination achevée (*aphôrismenon èdè*). Car tant que nous délibérons sur un objet, nous sommes dans l'indétermination (*ahoristoumen*) à son sujet, mais lorsque nous prenons une résolution (*prohelômetha*), nous déterminons (*horizomen*) qu'il faut faire cette chose (*prakteon*) et nous mettons un terme à la délibération (*pauometha tès boulès*). Car chacun cesse, dit-il, de chercher comment il agira lorsqu'il a ramené jusqu'à lui le principe, c'est-à-dire lorsqu'il trouve

7. Les manuscrits recensés du texte d'Aspasius ne présentent pas de leçon alternative pour προεκρίθη, tandis que les manuscrits de l'*Éthique à Nicomaque* présentent deux leçons κριθέν et προκριθέν.

qu'il est lui-même capable de devenir une cause, qu'il dépend de lui d'agir et qu'il a ramené [le principe] non seulement jusqu'à lui, mais en lui jusqu'à ce qui dirige (*to hègoumenon*) c'est-à-dire jusqu'à l'intellect. En effet, lorsqu'on pense (*noèsèi*) qu'il faut faire ce que l'intellect (*noûs*) a délibéré (*ebouleusato*) et adopté (*heileto*), on cesse l'examen, tandis que le désir s'élance lui aussi à la suite du raisonnement (*sunexormôsès tôi logismôi kai tès orexeôs*).
Il en donne pour exemple les constitutions politiques anciennes dont Homère a peint le tableau. Celui-ci les a en effet dépeints annonçant (*apangellontes*) au peuple les résolutions qu'ils avaient prises (*ha proeilonto*[8]). Aristote compare vraisemblablement (*hôs eoiken*) les rois à la partie rationnelle et délibérative de l'âme, et le peuple au désir. Lorsque donc l'intellect, comme un roi qui a délibéré et qui a donné son assentiment, en fait part (*anakoinôsètai*) au désir comme à un peuple, et que de son côté le désir y apporte son suffrage (*epipsèphisètai*) et s'élance à sa suite, on a là une résolution (*prohairesis*) » (*In Ethica Nicomachea commentaria*, p. 74-75, à propos de *ÉN* III 5.1113a2-9).

Le texte nous semble intéressant en ce qu'il présente ce qui d'après nos analyses constitue l'erreur de base qu'on retrouve souvent, peu ou prou, dans les interprétations modernes de la *prohairesis*, erreur qui consiste à mal placer la *prohairesis* dans le processus, ce qui correspond à une erreur sur la temporalité et l'aspect (au sens grammatical). Aspasius, qui a rabattu entièrement la différence entre le *bouleuton* et le *prohaireton* sur la différence entre genre et espèce (« car l'objet de la délibération est davantage du niveau d'un genre ») et sur une différence d'exten-

8. Le texte d'Aspasius présente ici un indicatif aoriste (προείλοντο), quand le texte original d'Aristote porte, à notre avis, un optatif (προέλοιντο) notant la répétition dans le passé (mais les deux leçons προείλοντο et προέλοιντο figurent dans les manuscrits de l'*Éthique à Nicomaque*, III 5.1113a9). Ce n'est pas seulement son interprétation qui fait qu'il n'y a pas de raison de considérer qu'Aspasius serait une autorité pour le choix de la leçon des manuscrits d'Aristote ; ce sont aussi des raisons littérales. Car Aspasius n'observe pas en ce passage la lettre du texte d'Aristote. Juste à côté du terme προέλοιντο, Aspasius écrit ἀπαγγέλλοντες, alors qu'Aristote utilise le verbe ἀναγγέλλειν (texte complet de la phrase chez Aristote : οἱ γὰρ βασιλεῖς ἃ προέλοιντο (ou autre leçon, à ne pas retenir selon nous : προείλοντο) ἀνήγγελον τῷ δήμῳ ; chez Aspasius : πεποίηνται γὰρ αὐτῷ οἱ βασιλεῖς ἃ προείλοντο ἀπαγγέλλοντες τῷ δήμῳ).

sion (l'objet en délibération est multiple, et un seul sera retenu par la résolution), a éliminé la différence temporelle et aspectuelle quand il écrit : « Délibérant donc sur plusieurs objets, nous ne les prenons pas tous, mais l'un d'entre eux, objet de délibération (*bouleuton*), étant objet de résolution (*prohaireton on*), a été discerné préalablement (*proekrithè*) »[9]. Le texte d'Aristote ne dit pourtant pas que c'est « un objet de délibération, *étant* objet de *prohairesis*, [qui] *a été* discerné à partir de la délibération » (texte d'Aspasius), mais bien que « ce qui *a été* discerné à partir de la délibération *est prohaireton* (objet d'une *prohairesis*) »[10]. L'objet sur lequel s'applique la *prohairesis* étant ainsi pour Aspasius exactement le même que l'objet sur lequel s'applique la délibération (sauf différence de *nombre*), la *prohairesis* peut ainsi se penser comme ce qui opère la détermination de l'objet en délibération. C'est ce que dit la phrase décisive « Car tant que nous délibérons sur un objet, nous sommes dans l'indétermination (*ahoristoumen*) à son sujet, mais lorsque nous prenons une résolution (*prohelômetha*), nous déterminons (*horizomen*) qu'il faut faire cette chose (*prakteon*) et nous mettons un terme à la délibération (*pauometha tès boulès*) », quand le texte aristotélicien dit bien que la *prohairesis* naît de la clôture de la délibération, non qu'elle l'opère. Puisqu'Aspasius pense la délibération comme la détermination, *préalable* à l'élan du désir, *de ce qui est haireton*, il est logique qu'il fasse de *pro-haireisthai* l'acte de détermination préalable de ce caractère *haireton*.

Mais cela entraîne que sous sa plume la *prohairesis*, à prendre les choses strictement, est constituée avant l'intervention du désir, ce qui ne correspond certes pas à la définition aristotélicienne, qui fait de la *prohairesis* un désir. Le décalage apparaît en maints endroits, et surtout dans la comparaison avec la royauté homérique, qui présente – c'est inévitable – une confusion complète sur la place du désir dans la *prohairesis*, puisqu'Aspasius doit à la fois suivre le texte d'Aristote, mais en a interprété des points

9. περὶ πολλῶν γοῦν βουλευόμενοι οὐχ αἱρούμεθα πάντα ἀλλ' ἕν τι αὐτῶν βουλευτὸν προαιρετὸν ὂν ἐκ τῆς βουλῆς προεκρίθη.

10. Voir nos explications de *probebouleumenon* et *prohaireton* dans le Chapitre V, § « L'assimilation du *prohaireton* à un *probebouleumenon* & l'analyse du nom du *prohaireton* comme *pro heterôn haireton* ».

cruciaux d'une manière qui n'est pas aristotélicienne. En effet, Aristote dit que les rois annonçaient au peuple le contenu de leur *prohairesis*, ce qui signifie que la *prohairesis* est pleinement constituée avant cette annonce. Or, Aspasius, probablement influencé en cela par l'analogie que fait la *Politique* entre le commandement de l'intellect sur le désir et le commandement de type royal ou de type « politique »[11], réduit « ce qui dirige » (*to hègoumenon*) à l'intellect. Mais Aristote identifiait le *hègoumenon* au *prohairoumenon*, lequel n'est pas l'intellect seul, mais l'intellect et le désir. Puis Aspasius assimile le peuple au désir. En conséquence, la *prohairesis* annoncée par le roi est, dans son schéma, déjà constituée avant l'intervention du désir. Il introduit alors un acte de vote (verbe *epipsèphizesthai*), qui n'a pas de sens dans les constitutions homériques[12]. Aspasius mélange ici les constitutions archaïques et la constitution démocratique, pour réintroduire le désir dans la *prohairesis* et rattraper une partie de la conformité perdue vis-à-vis du texte qu'il commente. Mais il introduit ainsi de l'incohérence dans son interprétation, puisqu'il vient de dire que l'acte de « prendre une résolution », *prohaireisthai*, est ce par quoi l'on détermine ce qui dans le cours de la délibération est encore indéterminé, et qu'il est ce par quoi l'on cesse la délibération ; or c'est bien par le vote que l'*ekklèsia* des cités démocratiques mettait fin aux délibérations et déterminait ultimement ce qui était encore indécis avant ce vote, si bien que si c'est, comme le présente Aspasius, le désir qui « vote », il ne peut pas y avoir de *prohairesis* sans le désir ni avant le désir. Et ce, d'autant plus qu'Aspasius a auparavant insisté sur le fait qu'il y avait à la fois de la pensée et du désir dans la *prohairesis*. Autant d'éléments qui interdisent de faire d'un roi assimilé à l'intellect un être qui présenterait le contenu de sa *prohairesis* à une faculté désirante qui voterait à son sujet. Aspasius s'en est

11. *Politique*, I 5.1254b5-6. On n'y trouve bien sûr aucune allusion à une procédure par laquelle le roi soumettrait une proposition au vote du peuple.

12. Voir une description de la procédure de l'Assemblée homérique sous la plume de M. FINLEY, *Le monde d'Ulysse*, p. 97 *sqq.* (pagination de l'éd. 2002), qui confirmera, si besoin en était, que « l'assemblée ne votait pas et ne prenait jamais de décision » (p. 98).

peut-être d'ailleurs rendu compte, puisque, outre son expression de précaution « vraisemblablement » (*hôs eoiken*), il transforme l'annonce[13] par le roi du contenu de sa *prohairesis* en, simplement, un « faire partager »[14] au peuple ce qu'il avait délibéré et à quoi il avait donné son assentiment. Ainsi Aspasius réaffirme-t-il à la fin de son explication de la comparaison que la *prohairesis* est à la fois la communication du roi-intellect au peuple-désir et le vote du désir (suivi de son élan accompagnant l'intellect).

Ce premier commentaire, plus exactement le plus ancien qui nous soit resté, montre en lui-même au moins deux choses, pour ce qui nous intéresse : d'une part, que la question de la décision politique (et son histoire) n'était déjà plus très claire pour le commentateur qu'était Aspasius. Il n'est en conséquence pas étonnant que le rôle et la place qu'occupe la *prohairesis* relativement à la *bouleusis* soit elles aussi en partie confuses, quels que soient par ailleurs les éléments d'explication éclairants que ce commentaire pris dans son entier comporte sur plusieurs points. Le texte d'Aspasius montre d'autre part qu'ont été injectés très tôt dans la réflexion originelle d'Aristote sur la *prohairesis* des éléments qui lui étaient étrangers. Or l'influence d'Aspasius semble s'être maintenue longtemps : le commentaire de l'Anonyme[15] (probablement fin XIIe s. / début XIIIe s.) sur les mêmes chapitres semble attester une influence durable, puisqu'on retrouve le même type d'explication de la comparaison avec le roi[16]. De même, la paraphrase d'Héliodore[17] (XIVe s.)

13. Verbe ἀπαγγέλλειν chez Apasius, ἀναγγέλλειν chez Aristote (*ÉN* III 5.1113a9).

14. Verbe ἀνακοινοῦν chez Aspasius.

15. *Eustratii et Michaelis et anonyma In Ethica Nicomachea commentaria, in* : *Commentaria in Aristotelem graeca*, vol. XX (1892).

16. οἱ γὰρ βασιλεῖς ἃ προέλοιντο [sic] ἀνήγγελλον τῷ δήμῳ. οὗτοι γὰρ ἐν τοῖς οὕτως ἀρχομένοις ἡγούμενοί εἰσιν, ὡς καὶ ἡμῶν ὁ νοῦς, ὅς ἐστι τῶν ἐν ἡμῖν τιμιώτερος. ὡς δ' ὁ δῆμος τοῖς κριθεῖσιν ἐπιψηφίζεται, οὕτως ἐνταῦθα ἡ ὄρεξις ἐπιψηφίζεται τῷ νῷ καὶ συνεξορμᾷ ἐπὶ τὴν πρᾶξιν (*In Ethica Nicomachea commentaria*, p. 152, à propos de *ÉN* III 5.1113a7-9).

17. *Heliodori In Ethica Nicomachea paraphrasis, in* : *Commentaria in Aristotelem graeca*, vol. XIX, pars II (1889).

pourrait encore porter la trace de cette influence, quoique de manière plus lâche et sans le vocabulaire du vote[18]. De manière similaire, les réflexions d'Alexandre d'Aphrodise (IIe / IIIe s.), en particulier dans son traité *Du destin*, présentent elles-aussi une rencontre entre les concepts stoïciens et la tradition aristotélicienne[19].

II. LES TRADUCTIONS MÉDIÉVALES LATINES[20]

René Antoine Gauthier a donné dans la série *Aristoteles latinus* l'édition des traductions latines de l'*Éthique à Nicomaque* qui ont pu parvenir jusqu'à nous. L'examen de la manière dont sont traduites les occurrences des termes de la famille de *prohairesis* (προαιρεῖσθαι, προαίρεσις, προαιρετός, προαιρετικός, ἀπροαίρετον, ἀπροαιρέτως) fait apparaître quelques points importants.

Parmi les trois traductions publiées par Gauthier sous le nom d'*Ethica Vetus*, d'*Ethica Nova* (complétée par les fragments nommés aujourd'hui *Ethica Hoferiana* et *Ethica Borghesiana*) et de

18. εἰσάγει γὰρ τοὺς βασιλεῖς μετὰ τὴν βουλὴν τὸ προκριθὲν ἀπαγγέλλοντας τῷ δήμῳ ὥσπερ τῇ προαιρέσει, ὥστε πραχθῆναι (*In Ethica Nicomachea paraphrasis*, p. 49, à propos de *ÉN* III 5.1113a7-9). Comme Aspasius, Héliodore sépare le roi de la *prohairesis*, qu'il range du côté du *dèmos*.

19. Destiné à contrer les doctrines du destin en s'appuyant sur la tradition aristotélicienne, le *De fato* d'Alexandre est amené à reformuler certains concepts du Stagirite en les mâtinant de notions stoïciennes. Ce point mérite une étude à part entière, qui dépasse les limites de notre propre étude. Nous renvoyons à l'édition de C. NATALI (avec E. TETAMO pour la traduction) : ALESSANDRO D'AFRODISIA, *Il destino*, et à celle de W. SHARPLES : ALEXANDER OF APHRODISIAS, *On Fate*.

20. Nous signalons l'édition de la version d'un manuscrit arabe (découvert en 1951-1952 et 1959), par A. AKASOY & A. FIDORA, *The Arabic Version of the* Nicomachean Ethics, qui donnent là en fait la traduction anglaise, l'introduction et les notes de D. M. DUNLOP. Le manuscrit est daté de 1222, mais la traduction arabe de l'*ÉN* qu'il contient remonte au Xe voire au IXe siècle. Marwan RASHED nous confirme que le terme arabe utilisé pour rendre *prohairesis* correspond à la notion de choix, ou qu'il est parfois fait appel au vocabulaire exprimant la volonté, ce qu'ont fait aussi les latins (voir ci-dessous). Il y a ainsi unanimité entre les latins et les arabes sur ce point.

Translatio Lincolniensis (traduction de Robert Grosseteste[21]), c'est à partir de celle de Grosseteste (v. 1168-1253), dont l'influence a été notable, qu'on constate une unification remarquable de la terminologie latine utilisée pour traduire les termes de la famille *prohairesis*, désormais associée presque exclusivement au vocabulaire de l'*electio* (*eligere*, etc.) (à une exception près[22]).

L'*Ethica Vetus* (traduction du XIIe siècle des seuls livres II & III), l'*Ethica Nova* (traduction à la fin du XIIe siècle des dix livres mais dont le livre I a été réuni à l'*Ethica Vetus* au début du XIIIe siècle pour former le *Liber ethicorum*), l'*Ethica Hoferiana* et l'*Ethica Borghesiana* (ainsi nommées d'après les manuscrits qui les contiennent, présentant des fragments des livres II à X, et constituant le complément de l'*Ethica Nova*) sont reconnues aujourd'hui comme de la main d'un traducteur unique, ce que Gauthier n'admettait pas, traducteur désormais identifié comme étant Burgundio de Pise[23] (v. 1110-1193). Les qualités et caractéristiques des traductions de ce juriste érudit ont fait l'objet d'études mettant en valeur ses tâtonnements et son exigence de trouver les termes latins les plus « justes » pour rendre les termes grecs[24].

En effet, les livres II & III de l'*Ethica Vetus* présentent des variations importantes de traduction :

21. L'édition de R. Gauthier donne deux états de la traduction de Robert Grosseteste, une *recensio pura* (vol. 26 1-3 fasc. 3) et une *recensio recognita* (fasc. 4), cette dernière étant la révision de la première, réalisée selon toute vraisemblance par Guillaume de Mœrbeke. Elle ne présente pas de différence quant à la traduction des occurrences des termes de la famille de *prohairesis*. Nous parlerons donc simplement de la traduction de Grosseteste.

22. ἀπροαιρέτως en *ÉN* II 4.1106a3 est traduit par *non sponte*.

23. C'est le résultat d'une série de travaux, notamment de J. JUDYCKA, R. DURLING, F. BOSSIER, N. WILSON, G. VUILLEMIN-DIEM & M. RASHED. Voir le résumé du progrès de la connaissance sur ce point dans l'article de Ch. DE MIRAMON, « Réception et oubli de l'*Ethica vetus*. Salerne et Bologne (1150-1181) » et dans G. VUILLEMIN-DIEM & M. RASHED, « Burgundio de Pise et ses manuscrits grecs d'Aristote : Laur. 87.7 et Laur. 81.18 ».

24. Voir F. BOSSIER, « L'élaboration du vocabulaire philosophique chez Burgundio de Pise », avec l'exemple de la *prohairesis* p. 109-111 ; G. VERBEKE, « Burgundio de Pise et le vocabulaire latin d'Aristote », qui prend aussi parmi ses exemples la *prohairesis* (p. 42-43).

	Livre II	Livre III
προαιρεῖσθαι	*velle*	— *preiudicare* — *eligere*
προαίρεσις	*voluntas*	— *proeresis* (III 4.1111b5, 1111b7, 1111b9, 1111b10, 1111b12) ; — *electio* ; *eligencia* (14 fois) ; — *preiudicium* dans une leçon alternative des manuscrits (III 4.1111b5)
προαιρετόν	aucune occurrence	*eligendum* ; *eligibile*
προαιρετικός	*voluntarius*	aucune occurrence
ἀπροαιρέτως	*involuntarie*	aucune occurrence
ἀπροαίρετον	aucune occurrence	aucune occurrence

On remarque non moins de cinq traductions différentes pour le seul substantif, par endroits deux traductions différentes proposées pour une même occurrence (III 4.1111b5), et trois traductions pour le verbe et pour les adjectifs dérivés. Le point le plus important est qu'une scission a été réalisée entre les traductions des occurrences du livre II, recourant toutes à la terminologie de la *voluntas*, et les traductions du livre III, qui renoncent totalement à cette terminologie. Au livre III, on constate une non-traduction constituée par le décalque *proeresis*, et cette non-traduction cohabite avec deux autres types de traduction, l'une par le vocabulaire du jugement : *preiudicium-preiudicare*, l'autre par le vocabulaire du choix : *electio*, puis *eligencia*, néologisme qui tend à s'imposer dans cette version.

La raison de cette séparation entre le livre II, dominé par le vocabulaire de la *voluntas*, et le livre III, aux traductions plus hésitantes mais tournées plutôt vers le vocabulaire de l'*electio*, est sans aucun doute que le sujet du début du livre III étant l'étude du « de plein gré » et « contre gré », la traduction de la *prohairesis* par le vocabulaire de la *voluntas* révélait une difficulté majeure, dès lors que les termes *hekousion* / *akousion* étaient eux-mêmes traduits par *voluntarium* / *involuntarium*. C'est un trait marquant de l'*Ethica Vetus* que d'avoir pour ainsi dire « écrasé » les différences terminologiques du grec par la *voluntas* : car c'est non seulement la terminologie de la *prohairesis* et de *hekousion* qui ont été traduits dans cette *Ethica* par les termes de la famille de *voluntas*, mais encore *boulesthai-boulèsis*, et par endroits même *haireisthai-hairesis*[25] (ce qui manifeste que le traducteur a saisi que la notion d'*electio* ne coïncidait pas simplement avec la notion de *hairesis*). Cela faisait beaucoup trop de termes grecs assumés par une seule terminologie latine, laquelle ne pouvait ensuite traduire des chapitres qui, au livre III, se préoccupent justement de délimiter le concept d'une *prohairesis* distinguée à la fois de *hekousion* au sens générique et de la *boulèsis*, ainsi que de la simple *hairesis*. La *voluntas* a donc dû lâcher l'une de ses prises, en l'occurrence celle de la *prohairesis*, mais a conservé dans son champ *hekousion* et *boulèsis*. Ce trait s'est propagé jusqu'à aujourd'hui, quoiqu'il arrive que la *boulèsis* se voie ôtée à la *voluntas* pour être donnée au « souhait » (lequel correspond toutefois en partie à *euchesthai-euchè*), quand la plupart du temps l'on conserve les termes de la famille de *hekousion* sous l'emprise de la *voluntas*.

L'*Ethica Nova*, qui était jadis une traduction des dix livres de l'*Éthique à Nicomaque*, mais dont il ne reste plus que le premier, complété par les fragments de l'*Ethica Borghesiana* et de l'*Ethica Hoferiana* (dont R. Gauthier considérait déjà qu'ils étaient des fragments l'*Ethica Nova* originelle), est donc de la même main que l'*Ethica Vetus*, et présente une indécision similaire sur la traduction des termes de la famille *prohairesis*, autant qu'on puisse en juger de par le tout petit nombre d'occurrences dans le livre I et dans les fragments de la *Hoferiana* et de la *Borghesiana*. Dans le livre I, les deux premières occurrences du substantif ne sont pas

25. Par ex. II 5.1106b6, 6.1107a7 pour le verbe αἱρεῖσθαι, II 2.1104b30-32 pour le substantif αἵρεσις : « Tribus enim existentibus que in voluntatibus et tribus que in fugis, bono conferente delectabili, et tribus contrariis malo inconferente tristi... ».

traduites mais simplement décalquées par *proheresis* (I 1.1094a2, 2.1095a14), et la dernière occurrence du livre, qui fait référence au propos de l'étude qu'Aristote est en train de mener, est traduite par *eleccio* (I 13.1102a13) ; l'occurrence de I 5.1097a21 fait partie d'une ligne qui manque dans l'*Ethica nova*. Les deux occurrences du verbe sont traduites par *eligere* (I 3.1095b20, 13.1102b19). Les fragments des livres II-X dans l'*Ethica Hoferiana* et l'*Ethica Borghesiana* sont difficilement exploitables à cause de leur caractère extrêmement réduit, mais on notera que les occurrences disponibles recourent toutes à une traduction par le vocabulaire de l'*electio* (προαίρεσις : *electio*, III 11.1117a5 ; προαιρεῖσθαι : *eligere*, III 4.1111b28, 4.1112a9, VII 3.1146a32 ; προαιρετόν : *eligibile*, III 5.1113a4).

On note donc une tendance de Burgundio à rendre le vocabulaire de la *prohairesis* par le vocabulaire du choix, tout en sentant bien qu'il se joue avec la *prohairesis* quelque chose qui « ne passe pas » en latin et qui l'a conduit pour commencer à ne pas traduire le terme, de même qu'il aura senti que *hairesis* n'était pas toujours une *electio*. Il n'est peut-être pas sans importance que Burgundio ait été *juriste* : nous avons vu la portée juridique de la *prohairesis* héritée de Démosthène et Lycurgue et visible dans le texte même d'Aristote ; or le terme latin d'*electio* ne pouvait prétendre à une telle charge. Mais Burgundio étant par ailleurs un traducteur de Jean Damascène, il est fort probable que la reformulation de la *prohairesis* dont attestent les textes de ce dernier a contribué fortement à assurer la progressive domination du vocabulaire de l'*electio*[26]. Une phrase comme celle-ci, tirée de *La foi orthodoxe* (qu'a traduite Burgundio du grec en latin), témoigne d'une interprétation d'Aristote qui distord clairement la *prohairesis* en direction

26. Jean Damascène (VIIe s. / v. 745) de son côté s'inspire pour certains de ses chapitres des textes de Némésius d'Émèse (IVe-Ve s.), dont le *De la nature de l'homme* (traduit aussi du grec en latin par Burgundio) expose en partie les concepts de l'*Éthique à Nicomaque* (voir P. LEDRUX, Introduction à JEAN DAMASCÈNE, *La foi orthodoxe*, Sources chrétiennes n° 535, p. 94-95), et qui relaie l'influence stoïcienne présente dès Aspasius et Alexandre d'Aphrodise (voir R. GAUTHIER, Introduction, II 1, p. 249 *sqq.*, avec reprise des travaux de B. DOMANSKI et E. DOBLER).

d'un choix, et il est significatif que l'on ne saurait trouver une phrase similaire dans tout le corpus aristotélicien :

> « L'acte nommé par la *prohairesis* consiste en effet, de deux objets proposés (*duo prokeimenôn*), à choisir (*haireisthai*, prendre) et sélectionner (*eklegesthai*) l'un plutôt que l'autre » (JEAN DAMASCÈNE, *De la foi orthodoxe*, 36.97)[27].

Jean Damascène expose excellemment la définition du choix : premièrement, que deux objets soient proposés (au *minimum*) ; deuxièmement, qu'on prenne l'un plutôt que l'autre. Puisqu'il s'agit là véritablement de choix (*haireisthai* étant clairement spécifié par *eklegesthai*), la traduction de Burgundio de ce passage est parfaitement cohérente :

> « Electio autem est duobus preiacentibus eligere et optare hoc pro altero » (JEAN DAMASCÈNE, *De fide orthodoxa*, 36.97)[28].

Mais ce n'est plus la *prohairesis* des orateurs attiques, ni d'Aristote. Quand Jean Damascène dit *duo prokeimenôn* (« de deux objets proposés »), Aristote dit *to telos... keitai pasi* (« la fin... est établie pour tous »), ou encore *themenoi to telos* (« posant la fin »)[29], et cela change tout. De plus, dans la définition de Jean Damascène, on a perdu toute différenciation entre la *prohairesis* et la *hairesis* dans sa fonction d'exprimer le choix.

En un mot, les variations de traduction constatables dans l'*Ethica Vetus* et l'*Ethica Nova* et le recours dans un premier temps à une non-traduction de la terminologie de la *prohairesis* témoignent que Burgundio aura senti que la *prohairesis* n'était pas le choix d'un objet plutôt que d'un autre – et peut-être sa compétence de juriste aura-t-elle contribué à lui faire sentir qu'il se jouait autre

27. προαίρεσις γάρ ἐστι δύο προκειμένων τὸ αἱρεῖσθαι καὶ ἐκλέγεσθαι τοῦτο πρὸ τοῦ ἑτέρου.

28. Nous empruntons cette citation à l'article de F. BOSSIER, « L'élaboration du vocabulaire philosophique chez Burgundio de Pise », p. 110.

29. Respectivement *Éthique à Eudème*, II 10.1226b10 & *Éthique à Nicomaque*, III 5.1112b15.

chose dans la *prohairesis*. Mais l'interprétation de la *prohairesis* en un choix pur et strict, dont témoigne notamment le texte de Jean Damascène – traduit aussi par Burgundio –, auront pu fournir au traducteur d'Aristote une caution pour adopter une solution certes insatisfaisante au regard du texte aristotélicien lui-même, mais qui permettait de mettre fin à l'embarras et au désordre.

La *Translatio Lincolniensis* (milieu du XIIIe s.) de Robert Grosseteste est donc la première sur laquelle nous puissions aujourd'hui constater une homogénéité absolue de traduction des termes de la famille *prohairesis* par les termes de la famille de *eligere* (avec les formes non-composées *eleccio, eligere, electivus, eligibile, ineligibile,* et parfois avec le verbe composé *preeligere* en de rares endroits et principalement au livre V[30]). La seule exception est constituée par l'adverbe *aprohairetôs* qui n'apparaît qu'une fois dans l'*Éthique à Nicomaque,* et qui est traduit par *non sponte*[31], mais avec une leçon alternative dans les manuscrits : *sine eleccione.* La traduction de Grosseteste met donc fin à la scission entre le livre III et les autres, ainsi qu'aux tâtonnements qui faisaient varier considérablement les traductions d'un livre à l'autre, et à l'intérieur d'un même livre.

C'est ainsi dans tous les livres que la *prohairesis* a été soustraite à la *voluntas,* ce qui a certes clarifié la relation à la *boulèsis,* mais a néanmoins ouvert une assimiliation presque pure et simple de la *prohairesis* à la notion de *eklogè* et a par endroit fait disparaître la différence d'avec les termes non composés *haireisthai-hairesis* dans la mesure où ceux-ci sont traduits parfois par les termes *eligere-eleccio,* sans l'être partout[32]. Cette assimilation à *eligere-eleccio,* comme nous l'avons abondamment dit dans le corps du présent ouvrage, n'est pas satisfaisante, et le simple extrait qui

30. I 13.1102b19 ; III 11.1117a21 ; trois fois dans les lignes V 10.1135b9-10 ; V 10.1136a4 ; V 12.1136b14 (où il s'agit du propos de l'ouvrage).

31. II 4.1106a3, mais on a en toute régularité ἀπροαιρετά traduit par *ineligibilia* en V 10.1135b10.

32. Il n'y a que deux occurrences du substantif dans toute l'*Éthique à Nicomaque* (au même endroit : II 5.1104b30-35), et Grosseteste les rend par *eleccio.* Le verbe est rendu par *desiderare, eligere, velle.*

suit – pour ne prendre qu'un exemple –, rendu désormais avec la traduction de Grosseteste, permet déjà de le constater :

> « Voluntario quidem enim et pueri et alia animalia communicant, eleccione autem non » (*Éthique à Nicomaque*, III 4.1111b8-9, trad. ROBERT GROSSETESTE).

Le tâtonnement de l'*Ethica Vetus* lui faisait éviter d'inscrire du choix dans cette phrase, en ne proposant qu'un décalque de *prohairesis*. L'harmonisation de la *Translatio Lincolniensis* introduit ici une *eleccio* dont sont censés être privés les animaux, alors même qu'un passage de l'*Éthique à Nicomaque* – qui cite Héraclite, mais cela ne fait pas de différence –, traite du choix que ferait un âne placé devant de l'or et de la paille (construction de *haireisthai* avec « plutôt que », *mallon hè*, permettant d'exprimer le choix) :

> « Altera enim equi delectacio et canis et hominis, quemadmodum Heracleitus ait, asinum fenum utique eligere (*helesthai*) magis quam (*mallon è*) aurum ; delectabilius nutrimentum auro asinis » (*Éthique à Nicomaque,* X 5.1176a5-8, trad. ROBERT GROSSETESTE).

Il est difficile, donc, de faire dire au texte aristotélicien que les animaux ne participent pas de l'*eleccio,* dont nous avons vu qu'elle repose sur une faculté de discernement comme peut l'être la simple sensation, qui est en elle-même *kritikè*[33].

C'est principalement dans le livre V (mais non exclusivement) que Grosseteste a recouru au composé *preeligere,* ce qui a le mérite formel de faire correspondre le couple *eligere-preeligere* au couple *haireisthai-prohaireisthai* (mais on n'a pas l'équivalent pour les substantifs correspondants, Grosseteste ne forgeant pas le terme **preeleccio**). Il n'est pas facile d'en trouver une raison. On pourrait penser que la présence du composé *preeligere* dans le livre V est due au fait qu'il est souvent question de préméditation, ce qui rend la dimension temporelle du préfixe *pro* patente, comme lors du rapprochement avec l'expression *probouleusamenoi*

33. Voir en particulier *De la sensation et des sensibles,* 1.436b15-18 ; *De l'âme,* III 9.432a15-17 ; *Du mouvement des animaux,* 6.700b19-21.

(V 10.1135b10) ; mais dans le même livre V, Grosseteste ne rend jamais *prohairesis* par **preeleccio**, qu'il n'a pas cru bon d'inventer, même dans le contexte de la préméditation (par ex. 1135b25, *ek prohaireseôs* rendu par *ex eleccione*, alors qu'on a dans le contexte immédiat l'expression *ek pronoias*, rendu par *ex providencia*). Inversement, il arrive que là où aucun élément de contexte ne met en valeur l'aspect temporel, la traduction porte quand même le composé *preeligere* (III 11.1117a21).

Que ce préfixe *pre-* (= *prae-*) ait eu dans l'esprit de Grosseteste un sens temporel ou un sens préférentiel, dans les deux cas, la différence exacte entre les termes simples *haireisthai-hairesis* et les termes composés *prohaireisthai-prohairesis* n'est pas claire, et c'est peut-être le seul enseignement certain qu'on puisse tirer de ces variations locales et peu rationnellement organisées qui voient la traduction de *prohaireisthai* passer de *eligere* à *preeligere*. Ayant réalisé une unification remarquable sur l'ensemble de l'*Éthique à Nicomaque*, la *Translatio Lincolniensis* rencontre cette fois le problème du rapport avec *haireisthai-hairesis*, qui n'a pas été solutionné de manière satisfaisante – et probablement jamais posé, ce dont le léger désordre sur le recours au composé pourrait être le signe. De fait, si l'on s'engage dans une compréhension de *hairesis-haireisthai* comme signifiant un choix (et la traduction de Grosseteste n'a fait encore que s'y *engager*, ce qui peut expliquer que les termes simples *eligere-eleccio* aient par eux-mêmes par endroits suffi à différencier les termes *prohaireisthai-prohairesis* des termes *haireisthai-hairesis*), la distinction de *prohaireisthai-prohairesis* à *haireisthai-hairesis* devient difficile. Car tout choix a quelque chose de *préalable*, et tout choix est *préférentiel*, si bien qu'on ne voit pas bien ce que pourrait ajouter le préfixe *pro-* qui ne soit déjà inclus par soi dans les termes simples *hairesis-haireisthai*.

*Postérité de l'*electio *médiévale*. – Il est frappant de constater un même mouvement à travers les siècles. Les premières traductions latines séparaient le livre III en y faisant un sort spécifique au vocabulaire de la *prohairesis*. Cette séparation fut submergée par Robert Grosseteste qui étendit depuis le livre III la terminologie de l'*electio* à la totalité de l'*Éthique*, mais réinstaurée au milieu du xxe siècle – pour les traductions de langues françaises – par R. Gauthier & J. Jolif[34], pour paradoxalement expulser le vocabulaire de l'*electio* du lieu même d'où il était parti pour conquérir la totalité de l'œuvre, et lui substituer la « décision ». Cette réitération de la séparation subit aujourd'hui à nouveau le même sort : une nouvelle vague submergeante dans les traductions françaises unifie à nouveau toutes les occurrences comme le fait R. Bodéüs[35] en étendant à toute l'*Éthique* la terminologie de la décision primitivement utilisée pour séparer le livre III du reste de l'ouvrage. Les traductions anglaises et italiennes sont dans l'ensemble plus fidèles à la tradition latine de l'*electio*[36], quand les traductions allemandes ont parfois exploré des pistes que la langue leur permettait[37]. Nous pensons avoir montré que si la terminologie du choix était biaisée, celle de la décision était un contre-sens. Et qu'il convenait non pas de prendre son élan à partir du livre III pour comprendre la *prohairesis* dans l'ensemble de l'*Éthique*, mais d'y parvenir depuis les usages du terme extérieurs à la philosophie.

34. *Éthique à Nicomaque*, Nauwelaerts, 1958 (2e éd. 1970).

35. *Éthique à Nicomaque*, GF Flammarion, 2004 (réimp. 2008).

36. On citera les dernières traductions de Carlo Natali (Laterza, 1999, 10e éd. 2015), Arianna Fermani (Bompiani, 2008, rééd. 2009) pour l'italien, et de Robert C. Bartlett & Susan D. Collins (University of Chicago Press, 2011, réimp. 2012) pour l'anglais.

37. Citons surtout Ursula Wolf (Rowohlt, 2006, 3e éd. 2011), qui privilégie le verbe « sich vornehmen » pour rendre *prohaireisthai*, et « der Vorsatz » pour rendre *prohairesis*, ce qui répond à la nuance juridique de *prohairesis*.

Annexe II

Occurrences de *hairein* & mots apparentés chez Homère

La présente annexe vient en appui de la lecture du CHAPITRE II. Elle contient toutes les occurrences du verbe αἱρεῖν (voix active & moyenne) dans l'*Iliade* & l'*Odyssée*. Elle contient en outre les mots non composés de la famille de αἱρεῖν qu'on trouve dans les deux poèmes : ἕλωρ, ἑλώριον (« proie »), ἑλετός (adjectif verbal, « qu'on peut prendre », hapax utilisé en IX 409 avec λεϊστός, « qu'on peut ravir, prendre en butin », *cf.* ὁ ληστής, « le pirate », λήζομαι, « rapiner, faire du butin »). Le substantif αἵρεσις ne se trouve pas chez Homère, ni αἱρετός.

Nous n'avons pas recensé pour eux-mêmes les composés de αἱρεῖν. La pratique de la tmèse a comme conséquence que sont parfois comptées comme occurrences du verbe simple certaines occurrences d'un verbe composé. Nous n'avons pas tenu systématiquement compte de ces occurrences en tmèse, sans les exclure toutes non plus. Il est parfois difficile de discerner radicalement un préverbe (qui peut apparaître isolé par une tmèse) d'un adverbe[1], d'autant plus qu'au fil des siècles l'appréciation de ces catégories par les linguistes a pu

1. Voir P. CHANTRAINE, *Grammaire homérique*, t. II, p. 82 *sqq.*

varier. On notera qu'il n'existe pas de composé en προ-, mais qu'on trouve plusieurs autres composés (préverbes en ἐκ-, κατα-, ἀνα-, ἀπο-, ὑπο-).

L'*Iliade* contient en gros le double d'occurrences du verbe αἱρεῖν que n'en compte l'*Odyssée* : quelques 276 pour l'*Iliade*, contre 140 pour l'*Odyssée*, ce qui s'explique par le sujet dont elles traitent respectivement. L'actif de αἱρεῖν s'élève à environ 274 occurrences, dont 188 dans l'*Iliade* et 86 dans l'*Odyssée* (variation possible de ces chiffres selon l'établissement du texte). Le moyen de αἱρεῖν s'élève à environ 142 occurences, dont 88 dans l'*Iliade* et 54 dans l'*Odyssée*. Mais cela laisse de côté les formes moyennes qui sont comme « cachées » derrière le participe actif ἑλών (et même derrière le féminin ἑλοῦσα).

Le participe actif semble en effet être utilisé même là où une forme moyenne serait selon toute vraisemblance apparue si le verbe avait été conjugué à un autre mode. Il y a probablement des raisons métriques à l'emploi systématique de l'actif lorsque le mode est celui du participe. On ne trouve en effet jamais le participe moyen aoriste masculin ἑλόμενος mais seulement le participe actif ἑλών[2] ; or une suite de quatre brèves n'est pas admise dans l'hexamètre dactylique. On ne trouve pourtant pas non plus le féminin ἑλομένη, ni les cas déclinés où ἑλόμενος se terminerait par une longue, sans compter les possibilités de faire de la terminaison -ος une longue d'un point de vue métrique grâce à un mot suivant commençant par une consonne. On trouve en revanche une fois αἱρεύμενοι (mais il s'agit probablement d'une tmèse de ὑφαιρεῖσθαι). Les participes ne peuvent donc être utilisés pour étudier la répartition entre l'actif et le moyen.

Nous avons abordé les occurrences en les classant par leur type de sujet (un être humain, un sentiment ou affect, un immortel, un animal) et leur type d'objet. Cette classification permet de faire apparaître des régularités consistantes.

Dans la liste qui suit, quand la forme n'est pas indiquée entre parenthèses après le numéro de vers où elle apparaît, c'est qu'elle est à l'actif dans le texte.

2. *Cf.* le même type de remarques par P. Chantraine, *Grammaire homérique*, t. II, p. 174, à propos de μεδόμενος, remarques applicables à ἑλόμενος.

Iliade – αἱρέω

Sujets : êtres humains – Objets constitués par...

[1] Les villes ou cités

II 12, 29, 37, 66, 141, 228, 329, 332, IV 239, 406, 416, VII 71, IX 28, 129, 271, 668, XV 71, 558, XVI 153, XXI 544.

[2] Les navires & les chars ou chevaux de bataille (comme prises de guerre)

– Les navires : XI 315, XIII 42, XIV 365, XV 476, 504, 720, XVI 128, XVIII 260. – Les chars : X 504, XI 328. – Les chevaux : VIII 108 (ἑλόμην, tmèse d'avec ἀπό), XVII 488.

[3] Les femmes (comme captives & part d'honneur)

– Briséis : I 137 (ἕλωμαι), I 139 (ἑλών), I 323 (participe duel ἑλόντ'), I 324 (ἕλωμαι), I 356 (ἑλών), I 507 (ἑλών), II 240 (ἑλών), IX 111 (ἑλών), IX 336 (εἵλετ'), IX 344 (εἵλετο), IX 368 (ἕλετο), XVI 58 (ἕλετο), XVIII 445 (ἕλετο), XIX 60 (ἑλόμην). – Autres captives : I 369 (ἐκ δ' ἕλον), III 72 (ἑλών), III 93 (ἑλών).

[4] Les hommes (comme captifs)

VI 38, XXI 77, 102, XXIV 752.

[4 bis] Les hommes comme guerriers : l'ennemi, sa vie et son corps

IV 457, V 37, 50 (ἕλ', proximité de φεύγοντα en 56), 118, 144, 541, 576, 677, VI 35 (ἕλε avec φεύγοντ'), VII 8, 77, 81, VIII 256 (ἕλεν, avec φύγαδε en 257), VIII 273, IX 304, X 206, 345, 561, XI 92, 304, 328, 489, 509, 738, XIV 520, XV 328, 339, 340, 515, 516, XVI 306, 331, 603, 697 (ἕλεν, avec φύγαδε ensuite), 725, XVII 463 (ᾕρει, avec διώκειν ensuite), XX 382, XXI 209, 555 (αἱρήσει, avec l'antagonisme de φεύγω, 554 et 558).

[5] L'adversaire dans un concours

XXIII 345.

[6] Les personnes (hors affrontement), prises par une partie du corps ou entières, ou prises pour une fonction particulière

– Personne prise entière ou par une partie du corps : I 323 (χειρὸς ἑλόντ' [= ἑλόντε], Briséis prise par les écuyers d'Agamemnon), VII 106 (Ménélas), 108 (δεξιτερῆς ἕλε χειρός, Ménélas), XI 646 (χειρὸς ἑλών, Patrocle), 778 (χειρὸς ἑλών, des hôtes), XVII 540 (des dépouilles), XXIV 227 (ἑλόντ' [= ἑλόντα], le corps d'Hector), 735 (χειρὸς ἑλών, le fils d'Hector), 795 (ἑλόντες, ossements d'Hector). – Personne prise pour exercer une fonction particulière : II 127 (ἑλοίμεθα, tous les Troyens pour échansons), IX 391 (ἑλέσθω, un Achéen pour gendre), X 235 (αἱρέσεαι, un compagnon), 242 (ἑλέσθαι, un compagnon).

[7] Les armes & éléments d'armure

– III 78 (ἑλών), III 338 (εἵλετο), V 210 (ἑλόμην), VI 472 (εἵλετο), 494 (εἵλετο), VII 56 (ἑλών), 122 (ἕλοντο), IX 559 (εἵλετο), X 24 (εἵλετο), 31 (εἵλετο), 135 (εἵλετο), 178 (εἵλετο), 335 (ACTIF ἕλε δ' ὀξὺν ἄκοντα), 458 (ἕλοντο, tmèse d'avec ἀπό ?), XI 32 (ἕλετ', tmèse d'avec ἀνά), 43 (εἵλετο), XIII 268 (ἑλέσθαι), 294 (ἕλευ), 611 (εἵλετο), XIV 9 (ACTIF εἷλε), 12 (εἵλετο), 373 (ἑλόντες), XV 474 (ἑλών), 482 (εἵλετο), XVI 139 (εἵλετο), 140 (ἕλετο), 406 (ἑλών), 650 (ἕληται), 663 (ἕλοντο), 782 (ἕλοντο), 846 (ἕλοντο), XVII 206 (εἵλευ), XIX 374 (εἵλετο), 412 (ἕλοντο), XXIII 803 (ἑλόντε). – Pierre prise en guise d'arme : VII 264 (εἵλετο).

[8] Les attributs du pouvoir

II 46 (εἵλετο).

[9] Divers objets

II 154 (étais de navire), V 75 (ἕλε ὀδοῦσιν, le fer d'une lance), VIII 319 (rênes), IX 578 (domaine), 656 (coupe), XI 697 (εἵλετο, tmèse d'avec ἐκ, une part d'un troupeau), XVIII 347 (bûches), XIX 143 (des présents sortis des nefs), XXI 242 (arbre), XXIII 168 (tmèse d'avec ἐκ, de la graisse d'animaux), 219 (coupe), 613 (prix d'un concours), 779 (*idem*), 839 (disque à lancer), 844 (*idem*), XXIV 268 (joug). – Autres objets divers, formule de type χειρὶ ἑλών : X 501 (χερσὶν ἑλέσθαι, un fouet), XII 397, XIV 373 (χερσὶν... ἑλόντες), XV 474 (χερσὶν ἑλών... καὶ ὤμῳ), XVI 510 (χειρὶ δ' ἑλών), XVIII 23 (ἀμφοτέρῃσι δὲ χερσὶν ἑλών), XXI 71 (τῇ ἑτέρῃ μὲν ἑλών). – Le sol, dans l'expression ὀδὰξ ἑλεῖν οὖδας / γαῖαν : XI 749, XIX 61, XXII 17, XXIV 738. – Le sol, dans l'expression ἑλεῖν γαῖαν ἀγοστῷ : XI 425, XIII 508, 520, XIV 452, XVII 315. – Des sorts : III 316, XXIII 861. – Une rançon : XVIII 500 (ἑλέσθαι, une rançon / dédommagement), XXIV 579 (ᾕρεον, une rançon tirée du chariot).

[10] Les repas et éléments de repas

– Le repas considéré dans son entier : II 399 (ἕλοντο), VII 370 (ἕλεσθε), 380 (εἵλοντο), 466 (ἕλοντο), VIII 53 (ἕλοντο), XI 730 (ἑλόμεσθα), XVIII 298 (ἕλεσθε), 314 (εἵλοντο). – Des éléments de repas (du pain) : IX 216 (ἑλών), XXIV 625 (ἑλών).

[11] Les sentiments ou affects divers, les qualités et les talents ; autres objets non tangibles

– Sentiments, affects, qualités, talents : V 529 (ἕλεσθε), VII 482 (ἕλοντο), IX 713 (ἕλοντο), XIII 729 (ἑλέσθαι), XVI 282 (ἑλέσθαι). – Autres objets non tangibles : XVIII 501 (ἑλέσθαι, πεῖραρ), XXII 119 (ἕλωμαι, un serment).

[12] Sujets : sentiments et affects, la mort (métaphore)

– Le sommeil (ὕπνος), X 193, XXII 502, XXIV 5. – L'oubli (λήθη), II 34. – La colère (χόλος), IV 23, VIII 460 XVIII 322. – Le ressentiment (μένος), V 136. – Les tremblements (τρόμος), V 862, XIX 14, XXII 136. – La peur (δέος), IV 421, VII 479, VIII 77, XVII 67. – L'ombre glaçante de la mort (στυγερὸς σκότος), V 47, XIII 672, XVI 607. – La pâleur (ὦχρος), III 35. – Le poids du chagrin (ἄχος), XIII 581. – L'égarement (ἄτη), XVI 805. – Le désir amoureux (γλυκὺς ἵμερος), III 446, XI 89, XIV 328.

Sujets : dieux – Objets constitués par...

[13] L'esprit, le courage, la peur, la vie, etc., pris aux mortels

V 852 (ἀπὸ... ἑλέσθαι, tmèse), IX 377 (ἐκ... εἵλετο, tmèse), XVIII 311 (ἐκ... εἵλετο, tmèse).

[14] Les personnes, prises ou non par une partie du corps, hors affrontement

I 197, 501, IV 542, V 30, 353, VIII 13, XIV 137, XIX 126, XXI 416, 508, XXIV 361.

[15] Les armes & éléments d'armure

XV 125 (εἵλετο, peut-être tmèse d'avec ἀπό), XV 126 (ἑλοῦσα), XXI 397 (ἑλοῦσα), XXI 403 (εἵλετο).

[16] Les attributs du pouvoir ou attributs personnels

XIV 343 (εἵλετο), XVII 393 (ἕλετ').

[17] Objets divers

III 424, V 127, VI 302, XIV 272, XVIII 416, XXIV 93.

[18] Sujets : animaux

– Occurence unique du verbe simple αἱρεῖν : XXII 142 (ἑλέειν, un milan). – Indication d'occurrences de verbes composés de αἱρεῖν : XI 550 (ἐκ... ἑλέσθαι), XVI 353 (ὑπ'... αἱρεύμενοι), XVII 659 (= XI 550). – Six occurrences de ἁρπάζειν (ou διαρπάζειν) dont le sujet est un animal : V 556 (deux lions), XII 305 (lion), XIII 199 (deux lions), XVI 355 (διαρπάζουσιν, loups, avec ὑπ'... αἱρεύμενοι), XVII 62 (lion), XXII 310 (aigle). – Cinq occurrences de ἁρπάζειν dont le sujet est un humain : III 444 (Pâris ravit Hélène), XII 445 (Hector « arrache » du sol une énorme pierre), XIII 528 (Déiphobe prend son casque à Ascalaphe), XVI 814 (Euphorbe « arrache » sa lance du corps de Patrocle), XVIII 319 (un chasseur de biche ravit ses petits à un lion). – Une occurrence de ἁρπάζειν dont le sujetest une déesse : XXII 276.

Odyssée – αἱρέω

Sujets : êtres humains – Objets constitués par...

[19] Les villes ou cités

ix 165, xxiv 377.

[20] Les femmes

xxiv 279 (ἑλέσθαι).

[21] La capture d'un être vivant laissé vivant

iv 463 (ἕλοις), xxii 187 (ἑλέτην).

[22] La prise-homicide d'un homme

xiv 220 (ἕλεσκον), xvi 369 (ἑλόντες), xvi 383 (ἑλόντες), xvii 236 (ἕλοιτο, tmèse d'avec ἐκ).

[23] Les personnes (hors affrontement), prises ou non par une partie du corps, ou pour une fonction particulière, ou sur le fait

– Personne prise entière ou par une partie du corps : i 121 (χεῖρ' ἕλε), iii 37 (ἕλε χεῖρα), 374 (ἕλε χεῖρα), vii 168 (χειρὸς ἑλών), viii 106 (ἕλε χεῖρα), xi 205 (ἑλέειν), 206 (ἑλέειν), 210 (ἑλέειν), xii 33 (χειρὸς ἑλοῦσα), xiv 279 (ἑλών), xv 465 (χειρὸς ἑλοῦσα), xvii 263 (χειρὸς ἑλών), xviii 258 (ἑλών... χεῖρα), xxiv 348 (εἷλεν). – Personne prise sur le fait : xix 155 (εἷλον, Pénélope défaisant sa toile). – Personne prise pour exercer une fonction : ix 334 (ἑλέσθαι).

[24] Les armes

ix 157 (είλόμεθ'), x 145 (ἑλών), xiv 531 (εἵλετο), xv 551 (εἵλετο), xvi 296 (χερσὶν ἑλέσθαι), 297 (ἑλέσθαι), xvii 4 (εἵλετο), xx 127 (εἵλετο), xxi 40 (ἥρειτ'), 416 (εἵλετο), 419 (ἑλών), xxii 25 (ἑλέσθαι), 110 (εἵλετο selon certains manuscrits, ἕξελε selon d'autres, *cf.* xxii 144), 125 (εἵλετο), 144 (εἵλετο ou ἕξελε selon les manuscrits, *cf.* xxii 110), 271 (ἕλοντο, possible tmèse d'avec ἐκ), 326 (εἵλετο), xxiii 368 (χερσὶν ἑλέσθαι).

[25] Vêtements & sandales

iv 750 (ἑλοῦσα, vêtements), 759 (ἑλοῦσα, vêtements), vi 91 (ἕλοντο, vêtements à laver), viii 88 (ἕλεσκε, écharpe ôtée de la tête), xiv 530 (ἕλετ' = ἕλετο, peau de chèvre), xvi 154 (εἵλετο, sandales), xvii 48 (ἑλοῦσα, vêtements), 58 (ἑλοῦσα, vêtements), xxiii 132 (ἑλέσθαι, vêtements).

[26] Ἑλὼν χερσίν / χειρί / ἐν χερσίν

iv 66 (ἐν χερσὶν ἑλών, de la viande rôtie), viii 84 (ἑλὼν χερσὶ στιβαρῇσι, écharpe), xii 229 (ἐν χερσὶν ἑλών, scène d'habillage de l'armure et prise d'armes), xxiii 76 (ἑλὼν... χερσίν, Ulysse prend Euryclée à la gorge), xxiv 316 (χερσὶν ἑλών, cendre).

[27] Expression ὀδὰξ ἑλεῖν οὖδας

xxii 269 (ὀδὰξ ἕλον ἄσπετον οὖδας).

[28] Les repas, éléments de repas & boissons

– Le repas dans son entier : iv 786 (δόρπον ἕλοντο), vi 97 (δεῖπνον... ἕλοντο), ix 86 (δεῖπνον ἕλοντο), xiii 280 (ἑλέσθαι, s.-e. δόρπον), xiv 347 (δόρπον ἕλοντο), xvii 176 (δεῖπνον ἑλέσθαι), xx 117 (ἑλοίατο δαῖτ'). – Boissons : xi 584 (ἑλέσθαι), xxi 294 (ἕλῃ). – Éléments de repas : xvii 335 (ἑλών, part de viande), 343 (ἑλών, pain entier), 400 (δός οἱ ἑλών, s.-e. du pain ou des mets du festin), xviii 47 (ἑλέσθω, une panse de brebis).

[29] Objets divers

– Des sièges : xvii 330 (ἕλε, un siège), 409 (ἑλών, un tabouret), 462 (ἑλών, un tabouret, *cf.* xvii 409). – Des cadeaux : i 318 (ἑλών, un cadeau), xv 367 (ἕλοντο, des cadeaux en échange d'une fille à marier). – Une lyre : viii 68 (ἑλέσθαι, phorminx), xxiii 143 (εἵλετο, phorminx). – Des ustensiles et objets domestiques : viii 89 (ἑλών, une coupe), viii 436 (ἑλοῦσαι, des buches), xix 386 (ἕλε, une bassine), xxi 6 (εἵλετο, une clef). – Prise abstraite d'un objet : iv 746 (ἕλετο, serment), viii 500 (ἑλών, « prendre » un récit à tel moment), xvi 149 (ἑλοίμεθα, le retour d'Ulysse). – Autres objets : ii 357 (αἱρήσομαι, des provisions de voyage), vii 252 (ἑλών, quille de navire tenue embrassée), viii 372 (ἕλοντο, une balle), ix 382 (ἑλόντες, un pieu), 387 (ἑλόντες, un pieu), 548 (ἑλόντες, des moutons), xiii 283 (ἑλόντες, des biens), xiv 74 (ἑλών, deux gorets).

[30] Force, courage, sentiments ou affects divers, qualités & talents

x 363 (εἵλετο, tmèse d'avec ἐκ), xvi 481 (ἕλοντο), xix 427 (ἕλοντο).

[31] Sujets : sentiments et affects

– L'affliction (οἶκτος), ii 81, xxiv 438. – La stupeur (θάμβος), iii 372. – Le regret de son foyer (οἴκου πόθος), iv 596. – La colère (χόλος), viii 304. – Le sommeil (ὕπνος), ix 373, xix 511, xx 52 ; (κοῖτος), xix 515. – La peur (δέος), xi 43, 633, xii 243, xxii 42, xxiv 450, 533. – La joie mêlée de douleur (ἅμα χάρμα καὶ ἄλγος), xix 471. – L'effroi (τάφος), xxi 122, xxiv 441. – Le poids du chagrin (ἄχος), xxi 299. – Le désir de pleurer et gémir (ἵμερος κλαυθμοῦ καὶ στοναχῆς), xxii 500.

Sujets : dieux & êtres immortels – Objets constitués par...

[32] L'esprit, le courage, la peur, etc., pris aux mortels

vi 140 (ἐκ δέος εἵλετο γυίων, tmèse d'avec ἐκ ?).

[33] Capture d'un mortel ou d'un immortel

v 121 (ἕλετο), viii 330 (εἶλεν).

[34] Les armes

i 99 (εἵλετο δ' ἄλκιμον ἔγχος).

[35] Les attributs du pouvoir ou attributs personnels

v 47 (Hermès, εἵλετο δὲ ῥάβδον). Voir aussi [36].

[36] Ἑλὼν χερσίν / χειρί / ἐν χερσίν

iv 506 (ἑλὼν χερσὶ στιβαρῇσιν, Poséidon prend son trident), v 291 (χερσὶ τρίαιναν ἑλών, Poséidon).

[37] Objets divers

ix 416 (εἷλε, Polyphème écarte le rocher de l'issue).

[38] Le cas particulier de Scylla

xii 96 (ἕλησι), xii 123 (ἐκ... ἕληται, tmèse), xii 246 (ἕλεθ' = ἕλετο), xii 310 (ἑλοῦσα).

[39] Sujets : animaux

– Aucune occurrence du verbe simple αἱρεῖν avec un sujet animal dans l'*Odyssée*. – Une occurrence de ἁρπάζειν avec un sujet animal : xv 174 (un aigle ravit une oie). – Une occurrence de ἁρπάζειν avec une déesse pour sujet : xv 250. – Deux occurrences de ἁρπάζειν ayant pour sujet la tempête ou le flot : v 416, x 48.

[40] *Iliade & Odyssée* – ἕλωρ, ἑλώριον

– ἑλώριον : I 4 (ἑλώρια).

– ἕλωρ (souvent associé à κύρμα) : V 488, 684, XVII 151, 667, XVIII 93 ; iii 271, v 473, xiii 208, xxiv 292.

– ἑλετός : IX 409 (οὔτε λεϊστὴ οὔθ' ἑλετή).

Annexe III

Occurrences de *prohairein* & mots apparentés à l'époque classique

Les occurrences classées ci-dessous ont été obtenues par le *Thesaurus linguae graecae,* lors d'une recherche effectuée entre 2012 et 2015. Les occurrences ont toutes été vérifiées sur livres avec apparat critique (références des éditions dans la bibliographie).

Ont été systématiquement soumis à l'investigation les termes προαιρέω, προαίρεσις, προαιρετός, προαιρετικός, προαιρετέον, ἀπροαίρετος, ἀπροαιρέτως, ἀντιπροαίρεσις[1], chez les auteurs suivants :

— groupe d'auteurs où ne se trouve aucune occurrence des termes recherchés : Alcidamas, Andocide, Antiphon, Antisthène, Eschyle, Euripide, Gorgias, Hérodote, Hésiode, Homère, Protagoras, Sophocle, Théodecte.

— groupe d'auteurs dont les occurrences ne sont pas bien attestées : nous n'avons pas retenu les occurrences que produisait la recherche par le *Thesaurus linguae graecae* quand ces occurrences figuraient dans des témoignages (Phérécyde de Syros, mentionné dans des scholies qui présentent deux fois le substantif ; Hécatée de Milet, dont l'éd. de F. Jacoby, *Die Fragmente der griechischen Historiker,* fournit quatre occur-

1. Le verbe ἀντιπροαιρέω n'existe chez aucun auteur.

rences de προαιρεῖσθαι et quatre de προαίρεσις dans un témoignage de Denys d'Halicarnasse), et nous avons laissé de côté le corpus hippocratique (quatre occurrences de προαιρεῖσθαι et quatre de προαίρεσις) ainsi que le corpus lié à Ésope (quatre occurrences de προαιρεῖσθαι), étant données les grandes imprécisions de datation. Il existe enfin deux occurrences du moyen dans des fragments attribués à Démocrite (en plus d'une occurrence dans un témoignage) : l'un de ces fragments est classé dans les fragments inauthentiques par l'éd. des *Fragmente der Vorsokratiker* de H. Diels & W. Kranz (B 302, t. II p. 222 lg. 16), l'autre est retenu comme authentique (B 96, t. II p. 162 lg. 10), mais il n'en figure pas moins dans les Δημοκράτους γνῶμαι dont l'attribution à Démocrite a pu être contestée.

— groupe d'auteurs dont les textes présentes des occurrences de l'un ou de plusieurs des termes recherchés : Anaximène de Lampsaque, Aristophane, Aristote, Démade, Démosthène, Dinarque, Eschine, Hégésippe (dans le corpus démosthénien), Hypéride, Isée, Isocrate, Lycurgue, Lysias, Phérécrate, Philippe II de Macédoine, Platon, Théophraste, Thucydide, Xénophon.

Classement des résultats. – Les auteurs sont classés par ordre chronologique de la date supposée de naissance. Les œuvres des orateurs sont classées par ordre chronologique de la date supposée de rédaction. Les œuvres de Xénophon, Platon, Aristote & Théophraste sont classées par ordre alphabétique (à compter du premier adjectif ou substantif composant le titre).

Indications complémentaires touchant les constructions grammaticales dans les textes d'Aristote. – Les formules où le substantif *prohairesis* apparaît précédé d'une préposition sont infiniment plus variées que chez les autres auteurs. Chez Aristote, on trouve non seulement ἐκ προαιρέσεως[2] et κατὰ προαίρεσιν[3] (d'ailleurs utilisées aussi hors de la sphère juridique), mais encore ἐν τῇ προαιρέσει[4], παρὰ προαίρεσιν (opposée à

2. *Éthique à Nicomaque,* V 10.1135b25 (ἐκ προαιρέσεως, ἐκ προνοίας), V 10.1136a1, V 15.1138a21 ; *Des parties des animaux,* II 13.657b1 ; *Politique,* I 2.1252a28. Expression déjà présente chez Démosthène (*Contre Midias,* 44, 66 ; *Philippiques,* II 16 ; *Lettres,* IV 11).

3. Par ex. *Éthique à Nicomaque,* V 9.1134a2 (κατὰ προαίρεσιν τοῦ δικαίου ; ailleurs sans complément, par ex. III 4.1111b10). Expression déjà présente chez Lycurgue (τῶν κατὰ προαίρεσιν ἀδικημάτων, *Contre Léocrate,* 148 ; *cf.* 38).

4. Par ex. *Éthique à Nicomaque,* III 2.1110b31.

κατὰ προαίρεσιν)[5], μετὰ προαιρέσεως[6], οὐκ ἄνευ προαιρέσεως[7], διὰ προαίρεσιν[8], ἀπὸ προαιρέσεως[9], et (moins signifiante toutefois) πρὸς τὴν προαίρεσιν[10]. Nous indiquons systématiquement ces formules dans la liste des occurrences des deux *Éthique*, et la plupart du temps pour les autres œuvres d'Aristote.

Le verbe προαιρεῖσθαι est rarement construit avec un complément du type μᾶλλον (ἤ)[11]. On ne trouve chez Aristote aucune construction de type προαιρεῖσθαι τι ἀντί τινος[12], ni προαιρεῖσθαί τι πρό τινος[13], ni προαιρεῖσθαί τί τινος[14]. De même, on ne trouve jamais une construction du substantif προαίρεσις complétée par une locution de type πρό τινος.

5. Par ex. *Éthique à Nicomaque*, VII 9.1151a7.

6. *Éthique à Nicomaque*, VIII 6.1157b30.

7. *Éthique à Nicomaque*, II 4.1106a4.

8. Par ex. *Éthique à Nicomaque*, VII 8.1150a20.

9. *Rhétorique*, III 16.1417a25.

10. Par ex. *Politique*, II 9.1269b13 (πρὸς τὴν προαίρεσιν τῆς πολιτείας).

11. Trois fois en tout : *Éthique à Nicomaque*, X 10.1181a8 ; *Poétique*, 24.1460a26 ; *Réfutations sophistiques*, 17.175a32.

12. Une fois dans le texte apocryphe des *Magna moralia*, I 17.3 lg. 4 : προαιρούμεθα τόδε ἀντὶ τοῦδε, οἷον τὸ βέλτιον ἀντὶ τοῦ χείρονος.

13. Construction qui apparaît exceptionnellement chez Platon, dans le *Phèdre*, 245b, mais nulle part chez les autres auteurs que nous avons étudiés.

14. Construction qui semble totalement inusitée chez les auteurs classiques et ne se trouve que lorsqu'un citateur tardif prétend rapporter les mots d'un auteur classique (*cf.* Élien parlant de Démade, frg. 44 lg. 1, ou Stobée, *Florilège*, 3, 9, 27, publié dans Démosthène, *Lettres et fragments*, cuf, n° 40 p. 145), ou dans une leçon alternative d'un manuscrit de Démosthène (*Philippiques*, II 5).

Phérécrate (-ve s.)

προαιρεῖν (actif) : *Coriannô, Fragmenta,* Kock frg. 68 (= Meineke : *Fragmenta comicorum Graecorum,* vol. 2.1 frg. 2 = Storey, 74).

προαίρεσις : aucune occurrence.

Thucydide (v. -470.-460 / v. -400.-395)

προαιρεῖν (actif) : VIII 90.5.

προαίρεσις : aucune occurrence.

Aristophane (v. -450 / -386)

προαιρεῖν (actif) : *Thesmophories* (-411), 419.

προαίρεσις : aucune occurrence.

Lysias (v. -440 / v. -360)

προαιρεῖσθαι : *Contre Nicomachos* (-399), 31. – *Contre Philon* (-398), 19.

προαίρεσις : aucune occurrence.

Isocrate (-436 / -338)

προαιρεῖσθαι : *À Démonicos* (apocryphe ? Fin -V[e] / début -vi[e] s.), 44. – *Contre les sophistes* (v. -390), 16. – *Busiris* (v. -385), 17, 31. – *Éloge d'Hélène* (v. -390 / -380), 25, 47. – *Panégyrique* (-380), 27. – *Nicoclès* (v. -368), 44. – *Evagoras* (v. -365 / -362), 28, 34. – *Lettre VI* (*Aux fils de Jason*) (v. -359 / -358), 2, 5, 9, 11. – *Sur la paix* (-356), 35, 35, 39, 66, 70, 93, 107, 110. – *Lettre IX* (*À Archidamos*) (-356), 7. – *Aréopagitique* (v. -356 / -354), 22. – *Sur l'échange* (-354 / -353), 1, 3, 8, 24, 37, 46, 69, 74, 83, 88, 132, 152, 164, 187, 264, 273, 276, 295. – *Lettre VIII* (*Aux magistrats de Mytilène*) (v. -353 / -352, ou v. -349 / -348), 7. – *Lettre II* (*À Philippe*) (-344), 2, 9. – *Philippe* (v. -346), 14, 17, 47, 58, 71, 77, 80, 87, 128, 133. – *Lettre IV* (*À Antipatros* [?]) (après -346 ?), 1, 5, 6. – *Lettre V* (*À Alexandre*) (v. -342 / -340), 4. – *Panathénaïque* (de -342 à -339), 1, 9, 24, 39, 120, 176, 200, 237, 246.

προαίρεσις : *À Démonicos* (apocryphe ? Fin -V[e] / début -vi[e] s.), 9, 10. – *Sur l'échange* (-354 / -353), 4, 118. – *Lettre VII* (*À Timothée*) (v. -346 / -345), 1. – *Panathénaïque* (de -342 à -339), 11.

Xénophon (v. -430.-425 / -355.-352)

προαιρεῖσθαι : *Anabase* (-390 / -380 ?), VI 6.19, VI 6.19. – *Apologie de Socrate* (-398 / -390 ?), 17. – *Cyropédie* (v. -360 ?), V 2.12. – *Helléniques* (de -390 à -355 ?), IV 4.2. – *Mémorables* (après l'*Ap. de Soc.* ?), II 1.2, III 4.5, III 5.16, III 9.4, III 9.5, IV 2.9, IV 4.4, IV 5.7, IV 5.11, IV 8.11. – *La République des Lacédémoniens* (v. -395 / -394 ?), 9.6.

προαίρεσις : aucune occurrence.

προαιρετέον : *Mémorables,* II 7.10.

Platon (-428.-427 / -347.-346)

προαιρεῖσθαι : *Criton,* 52e. – *Gorgias,* 517a. – *Hippias majeur,* 299d. – *Lachès,* 190d, 200e. – *Lois,* III 701e, V 733d, VI 759e, 771c. – *Lysis,* 206e. – *Parménide,* 136c, 136c, 143c, 143c. – *Phèdre,* 245b. – *Philèbe,* 28b, 45e, 52e, 53a. – *Politique,* 257c, 257c, 279b, 279b, 281c, 292b, 304e. – *Protagoras,* 327a. – *République,* VIII 559a. – *Sophiste,* 251e, 254c, 255e. – *Théétète,* 147d. – *Timée,* 54b, 54c.

προαίρεσις : *Parménide,* 143c. – [*Définitions,* 413a10, 413a11, 413e5].

προαιρετέον : *République,* VII 535a. – *Timée,* 54a.

προαιρετικός : [*Définitions,* 411e3, 412e8].

Isée (v. -420 / -340)

προαιρεῖσθαι : *La succession de Cléonyme* (sans datation), 47.

προαίρεσις : aucune occurrence.

Lycurgue (v. -390 / -324)

προαιρεῖσθαι : *Contre Léocrate* (-331 / -330), 5, 31, 86, 88, 100, 102, 111, 148. – *Fragments de discours non identifiés,* 1 (= Stobée, *Florilegium,* II, 31 [30 Hense]).

προαίρεσις : *Contre Léocrate* (-331 / -330), 38 (κατὰ προαίρεσιν), 148 (κατὰ προαίρεσιν).

Hypéride (-390.-389 / -322)

προαιρεῖσθαι : *Contre Philippide* (hiver -336/-335), frg. 15b, L. col. 1 lg. 12 ; frg. 15b, L. col. 6 lg. 14 ; frg. 15b, L. col. 6 lg. 24. – *Pour Lycophron* (-333), frg. 2, H. col. 43 lg. 3. – *Pour Euxénippe* (-330 ou peu après), A. col. 37 lg. 22 ; A. col. 38 lg. 9. – *Contre Démosthène* (-323), frg. 5, H. col. 21 lg. 11. – *Oraison funèbre* (-322), S. col. 2 lg. 4 ; S. col. 5 lg. 39 ; S. col. 13 lg. 39.

προαίρεσις : *Oraison funèbre* (-322), S. col. 2 lg. 3 ; S. col. 2 lg. 15 ; S. col. 13 lg. 38.

Eschine (v. -390 / -314)

προαιρεῖσθαι : *Contre Timarque* (-345 / -346 ?), 40, 41, 46, 46, 116, 159. – *Sur l'ambassade infidèle* (-343), 35, 66, 70, 76, 179. – *Contre Ctésiphon* (-330), 42, 116, 125, 170.

προαίρεσις : *Contre Timarque* (-345 / -346 ?), 74, 195. – *Contre Ctésiphon* (-330), 92.

Démosthène (-384 / -322)

προαιρεῖσθαι : *Contre la loi de Leptine* (-354), 154. – *Sur les symmories* (-354), 1, 26. – *Contre Timocrate* (-353 / -352), 4, 200. – *Contre Aristocrate* (-352), 112, 164. – *Philippique I* (-351), 49. – *Pour la liberté des Rhodiens* (-351 / -350), 24, 31, 34. – *Olynthienne II* (-349), 15. – *Olynthienne III* (-349), 21. – *Contre Midias* (-347), 1, 38, 91. – *Contre Panténétos* (-346 / -345), 10, 57. – *Contre Euboulidès* (-345 ?), 36. – *Philippique II* (-344 / -343), 7, 11. – *Sur les forfaitures de l'ambassade* (-343), 166, 221, 257. – *Contre Conon* (après -343 ?), 24, 32. – [*Sur l'Halonnèse* (-342, l'auteur réel en est probablement Hégésippe), 17, 21, 21]. – *Sur les affaires de la Chersonèse* (-341), 69. – *Philippique III* (-341), 2. – *Oraison funèbre* (-338), 12. – *Sur la couronne* (-330), 2, 25, 89, 108, 129, 176, 190, 254, 256, 257, 280, 280, 285, 289, 309, 316. – *Contre Phormion* (apocryphe ? -327 / -326), 25. – *Contre Aristogiton I* (-325 / -324 ?), 14, 14. – *Contre Aristogiton II* (apocryphe ? -325 / -324 ?), 10, 17, 19, 27. – *Lettre III* (printemps -323), 3, 18, 31. – *Lettre IV* (juin -323 ?), 10. – *Lettre I* (été -323), 4. – [*Philippique IV*, 7]. – *Prologues*, VII 1, XVI, XXIV 4, XXVIII 2, XXXII 2, XLIV 1, XLV 1, XLVI 2, L 3, LVI 3.

προαίρεσις : *Contre Aristocrate* (-352), 127, 141. – *Sur l'organisation financière* (apocryphe ? -349 ?), 8. – *Contre Midias* (-347), 44 (ἐκ προαιρέσεως), 66 (ἐκ προαιρέσεως). – *Philippique II* (-344 / -343), 16 (ἐκ προαιρέσεως). – *Sur les forfaitures de l'ambassade* (-343), 27. – *Oraison funèbre* (-338), 28. – *Sur la couronne* (-330), 12, 59, 93, 192, 192, 206, 210, 292, 292, 306, 317, 321. – *Lettre III* (printemps -323), 2, 3, 10, 13, 18, 18, 36. – *Lettre IV* (juin -323 ?), 11 (ἐκ προαιρέσεως). – *Lettre I* (été -323), 15. – [*Philippique IV* (sans datation), 4]. – *Prologues*, L 2.

προαιρετέον : *Philippique II* (-344 / -343), 5. – *Orationes* 13 frg. 34 ligne 3.

Hégésippe

προαιρεῖσθαι : *Sur l'Halonnèse* (-342, publié dans le corpus démosthénien), 17, 21, 21.

Aristote (-384 / -322)

ἀπροαίρετον : *Éthique à Nicomaque*, V 10.1135b10.

ἀπροαιρέτως : *Éthique à Nicomaque*, II 4.1106a3.

ἀντιπροαίρεσις : *Éthique à Eudème*, VII 2.1236b3, 1237a31, 1237a32.

προαιρεῖσθαι : *Constitution des Athéniens*, 27.2. – *Éthique à Eudème*,

1139b4, 13.1144a19 (διὰ προαίρεσιν), 1144a20, 1145a4, VII 6.1148a9 (παρὰ τὴν προαίρεσιν καὶ τὴν διάνοιαν), 7.1149b34, 8.1150a20 (διὰ προαίρεσιν), 1150a24 (διὰ προαίρεσιν), 9.1150b30, 1151a7 (παρὰ προαίρεσιν), 1151a7 (κατὰ τὴν προαίρεσιν), 10.1151a30, 1151a31, 1151a32, 1151a34, 11.1152a14 (κατὰ τὴν προαίρεσιν), 1152a17, VIII 6.1157b30 (μετὰ προαιρέσεως), 1157b31, 15.1163a22, 15.1163a23 (ἐν τῇ προαιρέσει), IX 1.1164b1 (κατὰ τὴν προαίρεσιν), X 8.1178a35, 10.1179a35 (méta-discours). – *Métaphysique,* Γ 2.1004b25, Δ 1.1013a10 (κατὰ προαίρεσιν), 1013a21, 5.1015a27 (παρὰ τὴν ὁρμὴν καὶ τὴν προαίρεσιν), 1015a33 (κατὰ τὴν προαίρεσιν, κατὰ τὸν λογισμόν), 11.1018b23 (κατὰ τὴν προαίρεσιν), 1018b25, 12.1019a23 (κατὰ προαίρεσιν), 14.1020b25, E 1.1025b24, Θ 5.1048a11, K 8.1065a31 (κατὰ προαίρεσιν), 8.1065a32. – *Météorologiques,* I 1.339a9 (méta-discours). – *Du mouvement des animaux,* 6.700b18, 700b23, 701a5. – *Des parties des animaux,* II 13.657b1 (ἐκ προαιρέσεως), III 10.673a6 (παρὰ τὴν προαίρεσιν). – *Physique,* II 5.196b18 (κατὰ προαίρεσιν), 196b19 (*idem*), 197a6, 197a7, 6.197b8, 197b22. – *Poétique,* 6.1450b9, 15.1454a18. – *Politique,* I 2.1252a28 (ἐκ προαιρέσεως), II 9.1269b13 (πρὸς τὴν προαίρεσιν τῆς πολιτείας), 1271a32, 12.1274a12 (κατὰ τὴν Σόλωνος προαίρεσιν, ἀπὸ συμπτώματος), III 9.1280a34 (ζῆν κατὰ προαίρεσιν), 1280b39, 16.1287b32 (κατὰ τὴν τοῦ μονάρχου προαίρεσιν), V 10.1312b3, VII 13.1332a32. – *Réfutations sophistiques,* 1.165a31, 12.172b11. – *Rhétorique,* I 1.1355b18 (ἐν τῇ προαιρέσει), 1355b19 (κατὰ τὴν προαίρεσιν), 1355b20 (*id.*), 1355b21 (*id.*), 8.1366a15 (*id.*), 1366a15, 9.1367b23 (κατὰ προαίρεσιν), 1367b24 (*id.*), 1367b26 (ἐν προαιρέσει), 1367b27, 13.1374a11 (ἐν τῇ προαιρέσει), 1374a13, 1374b14 (πρὸς τὴν προαίρεσιν), II 21.1395a28, 1395b14, 1395b15, III 16.1417a17, 1417a18, 1417a20, 1417a25, 17.1418a17. – *Topiques,* IV 5.126a36 (κατὰ προαίρεσιν), VI 10.148a32 (κατὰ προαίρεσιν).

προαιρετέον : *Politique,* VIII 7.1341b26.

προαιρετικός, ή (jamais au neutre) : *Éthique à Eudème,* I 5.1216a25, II 5.1222a31, 10.1227b8, III 1.1228a24, 1230a27, 6.1233a37. – *Éthique à Nicomaque,* II 6.1106b36, V 14.1137b35, VI 2.1139a23. – *Métaphysique,* Δ 29.1025a3. – *Politique,* II 7.1266b37.

προαιρετόν : *Éthique à Eudème,* II 10.1225b21, 1225b37, 1226a2, 1226a32, 1226b34, 1226b35, 1227b2. – *Éthique à Nicomaque,* III 4.1112a14, 5.1113a3, 1113a4, 1113a4, 1113a10, 7.1113b4, VI 2.1139b6. – *Métaphysique,* E 1.1025b24. – *Physique,* II 5.197a2, 6.197b21. – *Rhétorique,* I 6.1363a19.

Démade (-384 / -320)

προαιρεῖσθαι : *Fragments* (n° de Falco, Naples), [fr. 44 lg. 1] ; fr. 87.5 lg. 2, fr. 87.7 lg. 1 ; fr. 134 lg. 2.

προαίρεσις : aucune occurrence.

Philippe II de Macédoine (v. -382 / -336)

προαιρεῖσθαι : *Lettre de Philippe à Démosthène* (apocryphe ou version recomposée, -339), 11.

Anaximène de Lampsaque (v. -380 / v. -320)

προαιρεῖσθαι : *Rhétorique à Alexandre,* 1420a29, 1427a16, 1427b25, 1427b25, 1427b26, 1428b10, <1433b32>, <1444b32>. – *Fragments,* frg. 11b18, 41.55 (Jacoby).

προαίρεσις : *Rhétorique à Alexandre,* 1421b21, 1421b22, 1425b36, 1427b12,

1427b16, 1434a3, 1434a8, 1439b13, 1446b39 (κατὰ προαίρεσιν).

Théophraste (v. -372 / v. -287)

ἀπροαιρέτως : *De pietate*, frg. 4 l. 6.

προαιρεῖν (Actif) : *Characteres ethici*, 4 9.1.

προαιρεῖσθαι : *Characteres ethici*, 26 6.7. – *Metaphysica*, 11b10 (Usener).

προαίρεσις : *De causis plantarum*, II xvii 10.2. – *Historia plantarum*, II i 1.10. – *Fragmenta*, 8 1.8 ; fr. 97 4.15 (ἐκ προαιρέσεως).

Dinarque (-365.360 / après -292)

προαιρεῖσθαι : *Contre Démosthène*, 31, 33, 50, 51, 101.

προαίρεσις : aucune occurrence.

Bibliographie

La bibliographie contient, en plus des ouvrages cités, des titres qu'il nous a paru intéressant de signaler à l'attention des lecteurs.

I. ŒUVRES D'ARISTOTE

Éditions

Aristotelis opera, ex recensione Immanuelis Bekkeri, edidit Academia regia borussica, editio altera quam curavit Olof Gigon, I-V, Berolini : apud W. de Gruyter et socios, 1960-1987 (5 tomes).

Analytica priora et posteriora, recensuit brevique adnotatione critica instruxit William David Ross, praefatione et appendice auxit L. Minio Paluello, Oxford : Oxford University Press, 1967.

Ethica Eudemia, edidit Adolphus Theodorus Hermannus Fritzschius, Ratisbonae : G. I. Manz, 1851.

Ethica Eudemia, recensuerunt brevique adnotatione critica instruxerunt Richard R. Walzer et Jean M. Mingay, praefatione auxit J. M. Mingay, Oxford : Oxford University Press, 1991.

Ethica Nicomachea, recognovit brevique adnotatione critica instruxit I. Bywater, Oxford : Oxford University Press, 1894.

Ethica Nicomachea, recognovit Franciscus Susemihl, editio altera, curavit Otto Appelt, Lipsiae : in aedibus B. G. Teubneri, 1903.

Ethica Nicomachea, recognovit Franciscus Susemihl, editio tertia, curavit Otto Appelt, Lipsiae : in aedibus B. G. Teubneri, 1912.

Metaphysica, recognovit brevique adnotatione critica instruxit Werner Jaeger, Oxford : Oxford University Press, 1957.

Physica, recognovit brevique adnotatione critica instruxit William David Ross, Oxford : Oxford University Press, 1950.

Politica, recognovit brevique adnotatione critica instruxit William David Ross, Oxford : Oxford University Press, 1957.

Topica et Sophistici elenchi, recensuit brevique adnotatione critica instruxit William David Ross, Oxford : Oxford University Press, 1958.

De l'âme, texte établi par A. Jannone et traduit par É. Barbotin, Paris : Les Belles Lettres, Collection des Universités de France, 1966, 2e éd. 1989.

Du ciel, texte établi et traduit par Paul Moraux, Paris : Les Belles Lettres, 1965.

Constitution d'Athènes, texte établi et traduit par Georges Mathieu & Bernard Haussoullier, Paris : Les Belles Lettres, Collection des Universités de France, 1922 (réimp. 1985).

Histoire des animaux, 3 tomes, texte établi et traduit par Pierre Louis, Paris : Les Belles Lettres, Collection des Universités de France, 1964 / 1968 / 1969.

Marche des animaux. Mouvement des animaux (avec un *Index des traités biologiques*), texte établi et traduit par Pierre Louis, Paris : Les Belles Lettres, Collection des Universités de France, 1973.

Des parties des animaux, texte établi et traduit par Pierre Louis, Paris : Les Belles Lettres, Collection des Universités de France, 1957 (réimp. 1993).

Petits traités d'histoire naturelle, texte établi et traduit par René Mugnier, Paris : Les Belles Lettres, Collection des Universités de France, 1953 (réimp. 1965).

Physique, 2 tomes, texte établi et traduit par Henri Carteron, Paris : Les Belles Lettres, Collection des Universités de France, 1926-1931 (réimp. 2002).

Poétique, texte établi et traduit par J. Hardy, 2e éd. revue et corrigée, 2002.

Rhétorique, 3 tomes, texte établi et traduit par Médéric Dufour et André Wartelle, Paris : Les Belles Lettres, Collection des Universités de France, 1931 / 1938 / 1973.

Topiques, dans *Organon*, V, traduction nouvelle et notes par Jean Tricot, Paris : J. Vrin, 1965 (réimp. 1997).

Topiques, 2 tomes, texte établi et traduit par Jacques Brunschwig, Paris : Les Belles Lettres, Collection des Universités de France, 1967 / 2007.

Traductions

Éthique à Nicomaque

Traduction arabe médiévale

AKASOY Anna A. & FIDORA Alexander (eds.), *The Arabic Version of the* Nicomachean Ethics, whith an Introduction and Annotated translation by Douglas M. DUNLOP, Leiden / Boston : E. J. Brill, 2005.

Traductions latines

Aristoteles latinus, 26, 1-3, *Ethica Nicomachea*, Fasciculus primus : praefatio quam conscripsit Renatus Antonius Gauthier, Bruges / Paris : Desclée de Brouwer ; [deinde] Leiden : E. J. Brill, Corpus philosophorum medii aevi, 1974.

Aristoteles latinus, 26, 1-3, *Ethica Nicomachea*, fasciculus secundus : translatio antiquissima libr. II-III sive "Ethica Vetus" et translationis antiquioris quae supersunt sive "Ethica nova", "Hoferiana", "Borghesiana", quam edidit Renatus Antonius Gauthier, Bruges / Paris : Desclée de Brouwer ; [deinde] Leiden : E. J. Brill, Corpus philosophorum medii aevi, 1972.

Aristoteles latinus, 26, 1-3, *Ethica Nicomachea*, fasciculus tertius : translatio Roberti Grosseteste Lincolniensis sive "Liber ethicorum", A, Recensio pura, quam edidit Renatus Antonius Gauthier, Bruges / Paris : Desclée de Brouwer ; [deinde] Leiden : E. J. Brill, Corpus philosophorum medii aevi, 1972.

Aristoteles latinus. 26. 1-3, *Ethica Nicomachea*, fasciculus quartus : translatio Roberti Grosseteste Lincolniensis sive "Liber ethicorum", B, Recensio recognita, quam edidit Renatus Antonius Gauthier, Bruges / Paris : Desclée de Brouwer ; [deinde] Leiden : E. J. Brill, Corpus philosophorum medii aevi, 1973.

Aristoteles latinus. 26. 1-3, *Ethica Nicomachea*, fasciculus quintus : indices verborum, quos confecit Renatus Antonius Gauthier, Bruges / Paris : Desclée de Brouwer ; [deinde] Leiden : E. J. Brill, Corpus philosophorum medii aevi, 1973.

EUSTRATIUS, ASPASIUS, MICHAEL EPHESIUS ET AL., *Aristotelis Stagiritae Moralia Nicomachia* [Titre original : *Aristotelis Stagiritæ Moralia Nicomachia, cum Eustratii, Aspasii, Michaelis Ephesii, nonnullorumque aliorum graecorum explanationibus*], übersetzt von Johannes Bernardus Felicianus, neudruck der Ausgabe Paris 1543, mit einer Einleitung von David A. Lines, Stuttgart / Bad Cannstatt : F. Frommann /

G. Holzboog, Commentaria in Aristotelem Graeca, Versiones latinae temporis resuscitatarum litterarum (CAGL), Bd. 11, T. 1-2, 2006.

Traductions françaises

Les ethiques en francoys, traduites par Nicolas Oresme, Paris : [A. Vérard], 1488.

Aristote, *L'Éthique à Nicomaque,* 4 volumes (t. I, 1re partie : introduction ; t. I, 2e partie : traduction ; t. II, 1re partie : commentaire des livres I-V ; t. II, 2e partie : commentaire des livres VI-X), traduction française par René Antoine Gauthier & Jean Yves Jolif, Louvain / Paris : Nauwelaerts / Béatrice-Nauwelaerts, 1958, 2e éd. 1970.

Aristote, *Éthique à Nicomaque,* nouvelle traduction avec introduction, notes et index par J. Tricot, Paris : J. Vrin, 1959 (réimp. 1997).

Aristote, *Éthique de Nicomaque,* traduction française par Jean Voilquin, Paris : GF Flammarion, 1965.

Aristote, *Éthique à Nicomaque,* traduction française par Barthélémy Saint-Hilaire, revue par Alfredo Gomez-Muller, Paris : Librairie Générale Française, 1992.

Aristote, *Éthique à Nicomaque,* traduction française par Jean Defradas, avec préface et commentaires de Roger Arnaldez, édité et annoté par Marc Defradas et Françoise Defradas-Colmez, Paris : Press Pocket, 1992.

Aristote, *Éthique à Nicomaque,* traduction française par Richard Bodéüs, Paris : GF Flammarion, 2004.

Traductions italiennes

L'Ethica d'Aristotile, tradotta in lingua vulgare fiorentina et comentata per Bernardo Segni, Firenze : L. Torrentino, 1550.

Aristotele, *Etica Nicomachea,* a cura di Armando Plebe, Bari : Laterza, 1957.

Aristotele, *Etica Nicomachea,* introduzione, traduzione e parafrasi di Claudio Mazzarelli, Milano : Rusconi, Il classici del pensiero, 1979.

Aristotele, *Etica Nicomachea,* [testo greco a fronte] traduzione, introduzione e note di Carlo Natali, Roma-Bari : Laterza, 1999 (10e éd. 2015).

Aristotele, *Le tre etiche,* testo greco a fronte, saggio introduttivo, traduzione, note e apparati di Arianna Fermani, presentazione di Maurizio Migliori, Milano : Bompiani, Il pensiero occidentale, 2008.

Traductions allemandes

Aristoteles, [*Werke*], Band 1 : *Aristoteles' Nikomachische Ethik,* übersetzt und erläutert von Adolf Stahr, 3. Auflage. *Die eude-*

mische Ethik, übersetzt von Hermann Bender, Berlin / Stuttgart : G. Langenscheidt / Hoffmann, 1855-1902.

Aristoteles, *Nikomachische Ethik*, auf der Grundlage der Übersetzung von Eugen Rolfes, herausgegeben mit Einleitung, Anmerkunken, Register und Literaturhinweisen von Günther Bien, Hamburg : F. Meiner, 1. Auflage (Übersetzung von E. Rolfes), 1911 ; 4. Auflage (G. Bien), 1985.

Aristoteles, *Die nikomachische Ethik* (Band III der Werke des Aristoteles), eingeleitet und übertragen von Olof Gigon, Zürich : Artemis, 1951.

Aristoteles, *Die Lehrschriften*, herausgegeben, übertragen und in ihrer Entstehung erläutert von Dr. Paul Gohlke, VII 3 : *Nikomachische Ethik*, Paderborn : F. Schöningh, 1956.

Aristoteles, *Werke in deutcher Übersetzung*, herausgegeben von Ernst Grumach, Band 6 : *Nikomachische Ethik*, übersetz von Franz Dirlmeier, Berlin : Akademie, 1956.

Aristoteles, *Die Nikomachische Ethik*, übersetzt von Ottfried Höffe, Berlin : Akademie, 1995.

Aristoteles, *Nikomachische Ethik VI*, herausgegeben und übersetzt von Hans-Georg Gadamer, Frankfurt am Main : V. Klostermann, 1998.

Aristoteles, *Nikomachische Ethik*, übersetzt und herausgegeben bei Ursula Wolf, Reinbeck bei Hamburg : Rowohlt-Taschenbuch, 3. Auflage, 2011 (1. Auf. 2006).

Traductions anglaises

[Aristotle], *The Nichomachean Ethics of Aristotle*, translated by D. P. Chase, introduction by J. A. Smith, London / New York : J. M. Dent and sons / E. P. Dutton, Everyman's library. Philosophy and theology, [1911].

[Aristotle], *The Works of Aristotle*, translated into English under the editorship of W. D. Ross & J. A. Smith, vol. IX : *Ethica Nicomachea*, translated by William David Ross, Oxford : Clarendon Press, 1915.

Aristotle, *Nicomachean Ethics*, with an english translation by H. Rackham, Cambridge / London : Harvard University Press, Lœb Classical Library, 1926.

Aristotle, *The Nicomachean Ethics*, translated by William David Ross [1915], revised with an introduction and notes by Lesley Brown, Oxford : Oxford University Press, 1980 (rep. 2009).

[Aristotle], *Nicomachean Ethics*, translation by W. D. Ross [1915], revised by J. O. Urmson, *in* : *The Complete Works of Aristotle*, vol. II, the revised Oxford translation edited by Jonathan Barnes, Princeton : Princeton University Press, 1984.

Aristotle, *Nicomachean Ethics,* translated and edited by Roger Crisp, Cambridge : Cambridge University Press, 2000.

Aristotle, *Nichomachean Ethics,* translation (with historical introduction) by Christopher Rowe, philosophical introduction and commentary by Sarah Broadie, Oxford : Oxford University Press, 2002.

Aristotle, *Nicomachean Ethics. Books II-IV,* translated with an introduction and commentary by C. C. W. Taylor, Oxford : Oxford University Press, Clarendon Aristotle Series, 2006.

Aristotle's Nicomachean Ethics, a new translation by Robert C. Bartlett & Susan D. Collins, Chicago / London : University of Chicago Press, 2011 (réimp. 2012).

Éthique à Eudème

Traduction latine

Ethica ad Eudemum interprete incerto, *in* : *Aristotelis opera,* ex recensione Immanuelis Bekkeri, edidit Academia regia borussica, volumen tertium : *Aristoteles latine interpretibus variis,* Berolini : apud Georgium Reimerum, 1831.

Traductions allemandes

Aristoteles, [*Werke*], Band 1 : *Aristoteles' Nikomachische Ethik,* übersetzt und erläutert von Adolf Stahr, 3. Auflage. *Die eudemische Ethik,* übersetzt von Hermann Bender, Berlin / Stuttgart : G. Langenscheidt / Hoffmann, 1855-1902.

Aristoteles, *Die Lehrschriften,* herausgegeben, übertragen und in ihrer Entstehung erläutert von Dr. Paul Gohlke, VII 2 : *Eudemische Ethik,* Paderborn : F. Schöningh, 1954.

Aristoteles. Werke, Bd 7 : *Eudemische Ethik,* übersetzt und kommentiert von Franz Dirlmeier, 2. durchgesehene Auflage, Berlin : Akademie, 1969.

Traductions anglaises

[Aristotle], *The Works of Aristotle,* translated into English under the editorship of W. D. Ross & J. A. Smith, vol. IX : *Ethica Eudemia,* translated by J. Solomon, Oxford : Clarendon Press, 1915. Réédition dans : *The Complete Works of Aristotle,* vol. II, the revised Oxford translation edited by Jonathan Barnes, Princeton : Princeton University Press, 1984.

Aristotle, *Eudemian Ethics (Books I, II and VIII),* translated with a commentary by Michael Woods, Oxford : Clarendon Press, 1982, 2nd ed. 1992.

Aristotle, *The Athenian Constitution. The Eudemian Ethics. On virtues and Vices*, with an english translation by H. Rackham, Cambridge (Massachusetts) / London : Harvard University Press, The Lœb Classical Library, 1992.

Aristotle, *Eudemian Ethics*, translated and edited by Brad Inwood and Raphael Woolf, Cambridge : Cambridge University Press, 2013.

Traduction italiennes

Aristotele, *Opere*, vol VIII : *Grande etica. Etica eudemia*, Armando Plebe, Bari : Laterza, 1965.

Aristotele, *Le tre etiche*, testo greco a fronte, saggio introduttivo, traduzione, note e apparati di Arianna Fermani, presentazione di Maurizio Migliori, Milano : Bompiani, Il pensiero occidentale, 2008.

Traductions françaises

Aristote, *Éthique à Eudème*, traduction française par Vianney Décarie, avec la collaboration de Renée Houde-Sauvé, Paris / Montréal : J. Vrin / Les Presses de l'Université de Montréal, 1978 (réimp. 1997).

Aristote, *Éthique à Eudème*, préface et traduction de Pierre Maréchaux, Paris : Rivages, Rivages Poche – Petite bibliothèque, 1994.

Aristote, *Éthique à Eudème*, traduction française par Émile Lavielle, Paris : Pocket, 1999.

Aristote, *Éthique à Eudème*, introduction, traduction, notes par Olivier Bloch & Antoine Leandri, Paris : Les Belles Lettres, Encre marine, 2011.

Aristote, *Éthique à Eudème*, introduction, texte grec, traduction, notes, bibliographie et index par Catherine Dalimier, Paris : GF Flammarion, 2013.

[Grande morale]

Aristoteles, [*Werke*], Band 6 : *Die Metaphysik. Die grosse Ethik. Kleine wissenschaftlichen Schriften*, übersetzt von Hermann Bender, Berlin / Stuttgart : G. Langenscheidt / Hoffmann, 1855-1902.

Aristoteles, *Die Lehrschriften*, herausgegeben, übertragen und in ihrer Entstehung erläutert von Dr. Paul Gohlke, VII 1 : *Grosse Ethik*, Paderborn : F. Schöningh, 1951.

Autres œuvres d'Aristote

Voir ci-dessus les traductions de la Collection des Universités de France aux éditions Les Belles Lettres.

ARISTOTE, *Métaphysique*, 2 tomes, traduction par J. Tricot, Paris : J. Vrin, nouvelle édition entièrement refondue, 1966 (réimp. 1991).
ARISTOTE, *Métaphysique*, traduction par Marie-Paule Duminil et Annick Jaulin, Paris : GF Flammarion, 2008.
ARISTOTE, *Le mouvement des animaux. La locomotion des animaux*, traduction et présentation par Pierre-Marie Morel, Paris : GF Flammarion, 2013.
ARISTOTE, *Petits traités d'histoire naturelle*, traduction par Pierre-Marie Morel, Paris : GF Flammarion, 2000.
ARISTOTE, *Physique*, traduction par Pierre Pellegrin, Paris : GF Flammarion / Les Belles Lettres, 2000.
ARISTOTE, *Physique*, nouvelle traduction annotée par Annick Stevens, Paris : J. Vrin, 2012.
ARISTOTE, *Les politiques*, traduction et présentation par Pierre Pellegrin, Paris : GF Flammarion, 2e éd. revue et corrigée, 1993 (1re éd. 1990).
ARISTOTE, *Réfutations sophistiques*, traduction par Louis-André Dorion, Paris / Laval : J. Vrin / Presses de l'Université Laval, 1995.
ARISTOTE, *Rhétorique*, traduction par Pierre Chiron, Paris : GF Flammarion, 2007.

II. AUTRES SOURCES ET AUTEURS ANTIQUES, AUTEURS MÉDIÉVAUX

Recueils

Comicorum atticorum fragmenta, I. *Antiquae comoediae fragmenta* ; II. *Novae comoediae fragmenta*. Pars. 1 ; III. *Novae comoediae fragmenta*. Pars. 2. *Comicorum incertae aetatis fragmenta. Fragmenta incertorum poetarum. Indices. Supplementa*, edidit Theodorus Kock, Lipsiae : in aedibus B. G. Teubneri, 1880-1888.
Corpus fabularum aesopicarum, edidit A. Hausrath, editionem alteram curavit H. Hunger, Leipzig : B. G. Teubner, 4. Aufl., 1970.
Die Fragmente der griechischen Historiker, von Felix Jacoby, Leiden : E. J. Brill, 1923-1958 (réimp. 1968).
Die Fragmente der Vorsokratiker, griechisch und deutsch von Hermann Diels, herausgegeben von Walther Kranz, Zürich : Weidmann, 6. Aufl., 1951.
Fragments of Old Comedy, 3 vol., edited and translated by Ian C. Storey, Cambridge (Massachusetts) / London : Harvard University Press, Lœb Classical Library, 2011.

Minor Attic Orators, 2 vol., with an english translation by John Ormiston Burtt, Cambridge (Massachusetts) / London : Harvard University Press / William Heinemann, The Lœb Classical Library, 1954.

Oratores attici, recensuerunt adnotaverunt, scholia fragmenta indicem nominum addiderunt Io. Georgius Baiterus et Hermannus Sauppius, Pars prior : verba oratorum cum adnotationibus criticis ; pars posterior : scholia fragmenta indices, Turici : impensis S. Hoehril, 1839-1843 (pars prior) / 1845-1850 (pars posterior).

Stoicorum veterum fragmenta, collegit Hans von Arnim (1903-1905), réimp. München / Leipzig : K. G. Saur, 2004.

Auteurs

Alessandro d'Afrodisia, *Il destino. Trattato sul destino e su ciò che dipende da noi. Dedicato agli imperatori*, a cura di Carlo Natali, traduzione di Carlo Natali e Elisa Tetamo, Sankt Augustin : Academia, 2a ed. riveduta, 2009.

Alexander of Aphrodisias, *Ethical Problems*, translated by R. W. Sharples, London : G. Duckworth, Ancient Commentators on Aristotle, 1990.

Alexander of Aphrodisias, *On Fate*, text, translation and commentary by R. W. Sharples, London : Duckworth, 1983.

Alexandre d'Aphrodise, *Traité du destin*, texte établi et traduit par Paul Thillet, Paris : Les Belles Lettres, Collection des Universités de France, 1984 (réimp. 2011).

Alexandre d'Aphrodise, *Praeter commentaria scripta minora. 1. De anima liber cum mantissa* ; 2. *Scripta minora reliqua (Quaestiones. De fato. De mixtione), in* : *Supplementum Aristotelicum*, II 1, edidit I. Bruns, Academia litterarum regia borussica, Berolini : typis et impensis Georgii Reimeri, 1887 (t. 1) / 1892 (t. 2).

Anaximène de Lampsaque : voir ci-dessous Pseudo-Aristote.

Andocide, *Discours*, texte établi et traduit par Georges Dalmeyda, Paris : Les Belles Lettres, Collection des Universités de France, 1930 (réimp. 2002).

Antiphon, *Discours. Fragments d'Antiphon le Sophiste*, texte établi et traduit par Louis Gernet, Paris : Les Belles Lettres, Collection des Universités de France, 1923 (réimp. 2002).

Demade oratore, *Testimonianze e frammenti*, V. de Falco, Naples : Libreria Scientifica Editrice, 2 ed., 1955.

DÉMOSTHÈNE, *Discours d'apparat : Epitaphios. Éroticos*, texte établi et traduit par Robert Clavaux, Paris : Les Belles Lettres, Collection des Universités de France, 1974 (réimp. 2002).

DÉMOSTHÈNE, *Harangues*, 2 tomes, texte établi et traduit par Maurice Croiset, Paris : Les Belles Lettres, Collection des Universités de France, 1924 / 1925 (réimp. 2002).

DÉMOSTHÈNE, *Lettres et fragments*, texte établi et traduit par Robert Clavaud, Paris : Les Belles Lettres, Collection des Universités de France, 1987 (réimp. 2002).

DÉMOSTHÈNE, *Plaidoyers civils*, 4 tomes, texte établi et traduit par Louis Gernet, Paris : Les Belles Lettres, Collection des Universités de France, 1954 / 1957 / 1959 / 1960 (réimp. 2002).

DÉMOSTHÈNE, *Plaidoyers politiques*, 4 tomes, texte établi et traduit par Louis Gernet, Paris : Les Belles Lettres, Collection des Universités de France, 1957 / 1959 / 1946 / 1947 (réimp. 2002).

DÉMOSTHÈNE, *Prologues*, texte établi et traduit par Robert Clavaud, Paris : Les Belles Lettres, Collection des Universités de France, 1974 (réimp. 2002).

DENYS D'HALICARNASSE, *Opuscules rhétoriques*, vol. I : *Les Orateurs antiques*, texte grec établi et traduit par Germaine Aujac, Paris : Les Belles Lettres, Collection des Universités de France, 1978.

DENYS D'HALICARNASSE, *Opuscules rhétoriques*, vol. II : *Démosthène*, texte grec établi et traduit par Germaine Aujac, Paris : Les Belles Lettres, Collection des Universités de France, 1988.

DENYS D'HALICARNASSE, *Opuscules rhétoriques*, vol. V : *L'imitation. Première lettre à Ammée. Lettre à Pompée Géminos. Dinarque*, texte grec établi et traduit par Germaine Aujac, Paris : Les Belles Lettres, Collection des Universités de France, 1992.

DINARQUE, *Discours*, texte établi et annoté par Michel Nouhaud, et traduit par Laurence Dors-Méary, Paris : Les Belles Lettres, Collection des Universités de France, 1990.

DINARCHUS, HYPERIDES, AND LYCURGUS, *The Oratory of Classical Greece* (Michael Gagarin, series editor), vol. 5, translated by Ian Worthington, Craig R. Cooper & Edward M. Harris, Austin : University of Texas Press, 2001.

ESCHINE, *Discours*, 2 tomes, texte établi et traduit par G. de Budé & V. Martin, Paris : Les Belles Lettres, Collection des Universités de France, 1927 / 1928.

[HERODOTE], *Herodoti historiae*, 2 t., recognovit brevique adnotatione critica instruxit Carolus Hude, Oxford : Oxford University Press, editio tertia, 1927.

HÉRODOTE, *Histoires*, 9 tomes, texte grec établi et traduit en français par Ph.-E. Legrand, Paris : Les Belles Lettres, Collection des Universités de France, 1930-1955.

HÉSIODE, *Théogonie. Les travaux et les jours. Le bouclier*, texte grec établi et traduit en français par Paul Mazon, Paris : Les Belles Lettres, Collection des Universités de France, 1928 (réimp. 1986).

HOMÈRE, *Iliade*, 4 tomes, texte grec établi et traduit en français par Paul Mazon, Paris : Les Belles Lettres, Collection des Universités de France, 1937-1938.

HOMÈRE, *Odyssée*, 3 tomes, texte grec établi et traduit en français par Victor Bérard, Paris : Les Belles Lettres, Collection des Universités de France, 1924.

[HYPERIDES], *Hyperidis orationes sex, cum ceterarum fragmentis*, post Fridericum Blass, papyris denvo collatis, edidit Christianus Jensen, Leipzig : B. G. Teubner, 1917.

[HYPÉRIDE], *Le discours d'Hypéride contre Démosthène sur l'argent d'Harpale. Essai de traduction et de reconstitution avec une étude historique et littéraire*, par Gaston Colin, Paris : Les Belles Lettres, 1934.

HYPÉRIDE, *Discours*, texte établi et publié par Gaston Colin, Paris : Les Belles Lettres, Collection des Universités de France, 1946.

HYPERIDES, *Funeral Oration*, edited with introduction, translation, and commentary by Judson Herrman, Oxford / New York : Oxford University Press, American Classical Studies (53), 2009.

IPERIDE, *Epitafio per i caduti del primo anno della guerra lamiaca (PLit. Lond.133v)*, Introduzione, Testo critico, traduzione e commento di Luisa Petruzziello, Pisa / Roma : Fabrizio Serra Editore, 2009.

ISÉE, *Discours*, texte établi et traduit par Pierre Roussel, Paris : Les Belles Lettres, Collection des Universités de France, 1960.

ISOCRATES, with an english translation by George Norlin, Cambridge (Massachusetts) / London : Harvard University Press, Lœb Classical Library, 1928, rep. 1991.

ISOCRATE, *Discours*, 4 tomes, texte établi et traduit par Georges Mathieu & E. Brémond, Paris : Les Belles Lettres, Collection des Universités de France, 1929 / 1938 / 1942 / 1962 (réimp. 2003).

JEAN DAMASCÈNE, *La foi orthodoxe*, 2 vol., texte critique de l'édition B. Kotter (*PTS* 12), traduction et notes par P. Ledrux, avec la collaboration de G.-M. de Durand (vol. 1 & 2) et de V. Kontouma-Conticello (vol. 1), Paris : Le Cerf, Source chrétiennes n° 535 & 540, 2010 & 2011.

LYCURGUE, *Contre Léocrate. Fragments*, texte établi et traduit par F. Durrbach, Paris : Les Belles Lettres, Collection des Universités de France, 1932 (réimp. 2003).

LYSIAS, *Discours*, 2 tomes, texte établi et traduit par Louis Gernet & Marcel Bizos, Paris : Les Belles Lettres, Collection des Universités de France, 1924 / 1926 (réimp. 2003).

[MENANDER], *Menandri reliquiae selectae* (1972), iteratis curis nova appendice auctas recensuit F. H. Sandbach, Oxford / New York : Oxford University Press, 1990 (réimp. 1991).

MÉNANDRE, t. I.1 : *La Samienne* ; t. I.2 : *Le Dyscolos* ; t. I.3 : *Le Bouclier*, texte établi et traduit par Jean-Marie Jacques, Paris : Les Belles Lettres, Collection des Universités de France, 1989 / 1976 / 1998 (réimp. 2003).

MENANDER, *The plays and Fragments*, translated with explanatory notes by Maurice Balme, with an introduction by Peter Brown, Oxford / New York : Oxford University Press, 2001.

MENANDER RHETOR, edited with translation and commentary by D. A. Russel and N. G. Wilson, Oxford : Clarendon Press, 1981.

MENANDRO EL RÉTOR, *Dos tratados de retórica epidíctica*, introducción de Fernando Gascó, traducción y notas de Manuel García García y Joaquín Gutiérrez Calderón, Madrid : Editorial Gredos, 1996.

PINDARE, *Isthmiques. Fragments*, texte établi et traduit par Aimé Puech, Paris : Les Belles Lettres, CUF, 1923.

[PLATO], *Platonis opera*, 5 tomes, texte grec établi par E. A. Duke, W. F. Hicken, W. S. M. Nicoll, D. B. Robinson, J. C. G. Strachan (t. I, 1995), et par I. Burnet (t. II-V, 1901-1907), avec une nouvelle édition dans un volume hors tomaison pour *Platonis Respublica*, texte grec établi par S. R. Slings (2003), Oxford University Press.

PLATON, *Œuvres complètes*, 14 tomes (dont un lexique), texte grec établi et traduit par Louis Bodin, Émile Chambry, Alfred Croiset, Maurice Croiset, Auguste Diès, Jean Laborderie, Louis Méridier, Claudio Moreschini, Édouard des Places, André Rivaud, Joseph Souilhé & Paul Vicaire, Paris : Les Belles Lettres, Collection des Universités de France, 1920-1999.

PLATON, *Œuvres complètes*, t. XI-XII : *Les Lois. Epinomis*, texte établi par Édouard des Places (t. XI, livres I-VI) et Augustin Diès (t. XII, livres VII-XII, *Epinomis*), avec une introduction de A. Diès & L. Gernet, Paris : Les Belles Lettres, Collection des Universités de France, 1985.

PLATON, *Œuvres complètes*, 2 tomes, traduction française par Léon Robin, et par Joseph Moreau pour *Parménide* et *Timée*, Paris : Gallimard, La Pléiade, 1950.

PLATON, *Les Lois*, 2 tomes, nouvelle traduction, introduction et notes par Luc Brisson & Jean-François Pradeau, Paris : GF Flammarion, 2006.

PLINE LE JEUNE, *Lettres*, texte établi, traduit et commenté par Hubert Zehnacker, Paris : Les Belles Lettres, Collection des Universités de France, 2009.

PLUTARQUE [PSEUDO-], *Vies des dix orateurs*, texte établi et traduit par Marcel Cuvigny, *in* : PLUTARQUE, *Œuvres morales*, t. XII.1, Paris : Les Belles Lettres, Collection des Universités de France, 1981.

PSEUDO-ARISTOTE, *Rhétorique à Alexandre*, texte établi et traduit par Pierre Chiron, Paris : Les Belles Lettres, CUF, 2002.

THÉOPHRASTE, *Métaphysique*, texte édité, traduit et annoté par André Laks & Gleen W. Most, avec la collab. de Charles Larmore & Enno Rudolph, et, pour la trad. arabe, de Michel Crubellier, Paris : Les Belles Lettres, Collection des Universités de France, 1993.

THÉOPHRASTE, *Les caractères*, texte établi et traduit par Octave Navarre, Paris : Les Belles Lettres, Collection des Universités de France, 1921 (réimp. 2003).

[THOMAS D'AQUIN], *Sancti Thomae de Aquino opera omnia*, iussu Leonis XIII P. M. edita, t. IV-XII : *Summa theologiae*, cura et studio fratrum praedicatorum [ed. R. A. Gauthier], Romae : ex Typographia polyglotta, s. c. de propaganda fide, 1888-1906.

SAINT THOMAS D'AQUIN, *Somme théologique – Les actes humains*, tome premier : *1ᵃ-2ᵃᵉ, Questions 6-17*, traduction française par H.-D. Gardeil, O. P., notes et appendices par S. Pinckaers, O. P. ; tome deuxième : *1ᵃ-2ᵃᵉ, Questions 18-21*, traduction française, notes et appendices par S. Pinckaers, O. P., Paris : Les Éditions du Cerf, nouvelle édition, 1997.

[THOMAS D'AQUIN], *Proèmes philosophiques de saint Thomas d'Aquin à ses commentaires des œuvres principales d'Aristote*, traduction et présentation de Jean-Baptiste Échivard, Paris : F.-X de Guibert (pour la traduction, 2007) / Presses universitaires de l'Institut de philosophie comparée (IPC) / Parole et silence, 2008.

THUCYDIDE, *Guerre du Péloponnèse*, 6 volumes, texte grec établi et traduit par Jacqueline de Romilly, Raymond Weil & Louis Bodin, Paris : Les Belles Lettres, Collection des Universités de France, 1953-1972.

[XENOPHON], *Xenophontis opera omnia*, t. I-V, recognovit brevique adnotatione critica instruxit E. C. Marchant, Oxford : Oxford University Press, 1900-1920.

XÉNOPHON, *Anabase*, 2 tomes, texte établi et traduit par Paul Masqueray, Paris : Les Belles Lettres, Collection des Universités de France, 1930, 6ᵉ tirage revu et corrigé, 1992.

XÉNOPHON, *Cyropédie*, 3 tomes, texte établi et traduit par Marcel Bizos, Paris : Les Belles Lettres, Collection des Universités de France, 1971 (réimp. 1972).

XÉNOPHON, *Helléniques*, 2 tomes, texte établi et traduit par J. Hatzfeld, Paris : Les Belles Lettres, Collection des Universités de France, 1936 (réimp. 1973).

XÉNOPHON, *Mémorables*, t. I : *Introduction générale. Livre I* ; t. II.1 : *Livres II-III* ; t. II.2 : *Livre IV*, texte grec établi et présenté par Michele Bandini, introduit, traduit en français et annoté par Louis-André Dorion, Paris : Les Belles Lettres, Collection des Universités de France, 2000 / 2011 / 2011.

XENOPHON'S *Spartian Constitution*, Introduction, text, commentary by Michael Lipka, Berlin / New York : W. de Gruyter, Texte und Kommentare, 2002.

III. COMMENTAIRES GRECS DE L'*ÉTHIQUE À NICOMAQUE* (ANTIQUITÉ & PÉRIODE BYZANTINE)

[ASPASIUS], *Aspasii In Ethica Nicomachea quae supersunt commentaria* [ΑΣΠΑΣΙΟΥ ΣΧΟΛΙΑ ΕΙΣ ΤΑ ΗΘΙΚΑ ΤΟΥ ΑΡΙΣΤΟΤΕΛΟΥΣ], *in* : *Commentaria in Aristotelem graeca*, vol. XIX, pars I, edidit Gustavus Heylbut, Academia litterarum regia borussica, Berolini : typis et impensis Georgii Reimeri, 1889.

ASPASIUS, *On Aristotle Nicomachean Ethics. 1-4, 7-8*, translated by David Konstan, London : G. Duckworth, Ancient Commentators on Aristotle (general editor : R. Sorabji), 2006.

[HELIODORUS], *Heliodori In Ethica Nicomachea paraphrasis*, *in* : *Commentaria in Aristotelem graeca*, vol. XIX, pars II, edidit G. Heylbut, Academia litterarum regia borussica, Berolini : typis et impensis Georgii Reimeri, 1889.

[EUSTRATIUS. MICHAEL. ANONYMUS], *Eustratii et Michaelis et anonyma In Ethica Nicomachea commentaria*, *in* : *Commentaria in Aristotelem graeca*, vol. XX, edidit G. Heylbut, Academia litterarum regia borussica, Berolini : typis et impensis Georgii Reimeri, 1892.

[MICHAEL EPHESIUS], *Michaelis Ephesii in librum quintum Ethicorum nicomacheorum commentarium (Suppl. vol. XX)*, *in* : *Commentaria in Aristotelem graeca*, vol. XXII, pars III, edidit Michael Hayduck, Academia litterarum regia borussica, Berolini : typis et impensis Georgii Reimeri, 1901.

EUSTRATIUS, ASPASIUS, MICHAEL EPHESIUS ET AL., *Aristotelis Stagiritae Moralia Nicomachia* [Titre original : *Aristotelis Stagiritæ Moralia Nicomachia, cum Eustratii, Aspasii, Michaelis Ephesii, nonnullorumque aliorum graecorum explanationibus*], übersetzt von Johannes Bernardus

Felicianus, Neudruck der Ausgabe Paris 1543, mit einer Einleitung von David A. Lines, Stuttgart / Bad Cannstatt, F. Frommann / G. Holzboog, Commentaria in Aristotelem Graeca. Versiones latinae temporis resuscitatarum litterarum (CAGL), Bd. 11, T. 1-2, 2006.

IV. COMMENTAIRES LATINS MÉDIÉVAUX DE L'*ÉTHIQUE À NICOMAQUE*

[Albert le Grand] *Alberti Magni opera omnia*, XIV 1 & 2 : *Super ethica commentum et quaestiones*, primum edidit Wilhelmus Kübel, Monasterii Westfalorum in aedibus Aschendorff, 1968-1972 & 1987.

[Thomas d'Aquin], *S. Thomae Aquinatis In decem libros Ethicorum Aristotelis ad Nicomachum expositio*, cura et studio P. Fr. Raymundi M. Spiazzi, O. P., Taurini / Romae : Marietti, 1949.

[Thomas d'Aquin], *Sancti Thomae de Aquino opera omnia*, iussu Leonis XIII P. M. edita, t. XLVII : *Sententia libri ethicorum*, vol. I : *Praefatio. Libri I-III* ; vol. II : *Libri IV-X. Indices*, cura et studio fratrum praedicatorum [ed. R. A. Gauthier], Romae : ad Sanctae Sabinae, 1969.

[Thomas d'Aquin], *Sancti Thomae de Aquino opera omnia*, iussu Leonis XIII P. M. edita, t. XLVIII : *Sententia libri politicorum. Tabula libri ethicorum. Appendix : Saint Thomas et l'*Éthique à Nicomaque [ed. R. A. Gauthier], cura et studio fratrum praedicatorum, Romae : ad Sanctae Sabinae, 1971.

Tomás de Aquino, *Comentario a la Ética a Nicómaco de Aristóteles*, traducción Ana Mallea, Estudio preliminar y notas Celina A. Lértora Mendoza, segunda edición revisada y corregida, Pamplona : Ediciones Universidad de Navarra S. A. (UNSA), 2001 (1re éd. : 2000).

V. COMMENTAIRES MODERNES D'ARISTOTE

Allan D. J., « The Practical Syllogism », *in* : *Autour d'Aristote*, recueil d'études de philosophie ancienne et médiévale offert à Mgr A. Mansion, préface par Mgr L. de Raeymaeker, Louvain : Publications universitaires, Bibliothèque philosophique de Louvain / Institut supérieur de philosophie à l'Université catholique de Louvain, 1955, p. 325-343.

Anscombe Gertrude Elizabeth Margaret, « Thought and Action in Aristotle », *in* : Barnes Jonathan, Schofield Malcolm & Sorabji

Richard, *Articles on Aristotle*, t. 2 : *Ethics and Politics*, London : G. Duckworth, 1977, p. 61-71.

AUBENQUE Pierre, « La prudence aristotélicienne porte-t-elle sur la fin ou sur les moyens ? », *Revue des études grecques*, 78, 1965, p. 40-51.

AUBENQUE Pierre, *La prudence chez Aristote*, Paris : Presses universitaires de France, 1963, 3e édition revue et augmentée, 1986 (réimp. 2002).

BARNES Jonathan, SCHOFIELD Malcolm, SORABJI Richard (eds), *Articles on Aristotle*, t. 2 : *Ethics and Politics*, London : Duckworth, 1977.

BESNIER Bernard, « Le rôle du chapitre 5 dans le sixième livre (*Éthique à Nicomaque*, VI, 5) », *in* : CHATEAU Jean-Yves (éd.), *La vérité pratique. Aristote,* Éthique à Nicomaque, *livre VI*, Paris : J. Vrin, 1997, p. 69-85.

BESNIER Bernard, « Aristote et les passions », *in* : BESNIER Bernard, MOREAU Pierre-François & RENAULT Laurence (dir.), *Les passions antiques et médiévales*, Paris : Presses universitaires de France, 2003, p. 29-94.

CHAMBERLAIN Charles, « The Meaning of *Prohairesis* in Aristotle's Ethics », *Transactions of the American Philological Association*, 114, 1984, p. 147-157.

CHATEAU Jean-Yves (éditeur), *La vérité pratique. Aristote,* Éthique à Nicomaque, *livre VI*, Paris : J. Vrin, 1997.

CHARLES David, *Aristotle's Philosophy of Action*, Ithaca / London : Cornell University Press, 1984.

COULOUBARITSIS Lambros, « Le problème de la *proairésis* chez Aristote », *Annales de l'Institut de philosophie*, 1972, Bruxelles : Éditions de l'Université de Bruxelles, p. 7-50.

CRUBELLIER Michel & PELLEGRIN Pierre, *Aristote. Le philosophe et les savoirs*, Paris : Seuil, 2002.

CRUBELLIER Michel, « Le "syllogisme pratique" ou Comment la pensée meut le corps », *in* : LAKS André & RASHED Marwan (éds), *Aristote et le mouvement des animaux*, Villeneuve d'Ascq : Presses Universitaires du Septentrion, Philosophie, 2004, p. 9-26.

DRAGONA-MONACHOU M., « Prohairesis in Aristotle and Epictetus. A comparison with the concept of intention in the philosophy of action », *Philosophia*, 1978-1979, VIII-IX, p. 265-310.

GOURINAT Jean-Baptiste, « Délibération et choix dans l'éthique aristotélicienne », *in* : ROMEYER-DHERBEY Gilbert (dir.) & AUBRY Gwenaëlle (éd.), *L'excellence de la vie : sur l'*Éthique à Nicomaque *et l'*Éthique à Eudème *d'Aristote*, Paris : J. Vrin, Bibliothèque d'histoire de la philosophie, 2002, p. 95-124.

GOURINAT Jean-Baptiste, « Syllogisme pratique et logique déontique », *in* : LAKS André & RASHED Marwan (éds), *Aristote et le mouvement des animaux*, Villeneuve d'Ascq : Presses Universitaires du Septentrion, Philosophie, 2004, p. 27-66.

KAHN Charles, « Discovering the Will : from Aristotle to Augustine », *in* : DILLON John & LONG Antony A. (eds), *The Question of Eclecticism : Studies in Later Greek Philosophy*, Berkeley : University of California Press, Hellenistic culture and society, 3, 1988, p. 234-259.

KENNY Anthony, *Aristotle's Theory of the Will*, London : G. Duckworth, 1979.

KUHN Helmut, « Der Begriff der *Prohairesis* in der Nikomachischen Ethik », *in* : HENRICH Dieter, SCHULTZ Walter & VOLKMANN-SCHLUCK Karl Heinz (Hrsg.), *Die Gegenwart der Griechen im neueren Denken. Festschrift für Hans-Georg Gadamer zum 60. Geburtstag*, Tübingen : J. C. B. Mohr (Paul Siebeck), 1960, p. 123-140.

KULLMANN Eugen, *Beiträge zum aristotelischen Begriff der "Prohairesis"*, Dissertation zur Erlangung der Doktorwürde der hohen philosophisch-historischen Fakultät der Universität Basel, Basel : im Selbstverlag der Verfassers, 1943.

LAKS André & RASHED Marwan (éditeurs), *Aristote et le mouvement des animaux*, Villeneuve d'Ascq : Presses Universitaires du Septentrion, Philosophie, 2004.

LALLOT Jean, « La *mimesis* selon Aristote et l'excellence d'Homère », *in* : DUPONT-ROC Roselyne, LALLOT Jean, LE BOULLUEC Alain *& alii* (dir.), *Écriture et théorie poétiques : lecture d'Homère, Eschyle, Platon et Aristote*, Paris : Presses de l'École normale supérieure, 1976, p. 15-25.

MERKER Anne, *Une morale pour les mortels. L'éthique de Platon et d'Aristote*, Paris : Les Belles Lettres, 2011.

MERKER Anne, « Individu, personne et humanité, ou l'émergence de la personne comme être éthique », *in* : MERKER A. (éd.), *La personne*, Actes du colloque interdisciplinaire de l'Université de Strasbourg des 21-22 octobre 2010, *Les Cahiers philosophiques de Strasbourg*, 31, premier semestre 2012, p. 71-105.

MIRAMON Charles DE, « Réception et oubli de l'*Ethica vetus*. Salerne et Bologne (1150-1181) », *in* : D'ALTEROCHE Bertrand *et alii*, *Mélanges en l'honneur d'Anne Lefebvre-Teillard*, Paris : Éditions Panthéon-Assas, 2009, p. 727-734.

MOREL Pierre-Marie, *Aristote. Une philosophie de l'activité*, Paris : GF Flammarion, 2003.

MOREL Pierre-Marie, « Volontaire, involontaire et non-volontaire dans le chapitre 11 du *De motu animalium* d'Aristote », *in* : LAKS

André & Rashed Marwan (éds), *Aristote et le mouvement des animaux,* Villeneuve d'Ascq : Presses Universitaires du Septentrion, Philosophie, 2004, p. 167-183.

Morel Pierre-Marie, *De la matière à l'action. Aristote et le problème du vivant,* Paris : J. Vrin, 2007.

Müller Jörn, « Aristoteles' *Nikomachische Ethik.* Die neue Übersetzung von Ursula Wolf im Vergleich mit anderen Textausgaben », *Information Philosophie* (www.information-philosophie.de).

Murgier Charlotte, *Éthiques en dialogue : Aristote lecteur de Platon,* Paris : J. Vrin, 2013.

Natali Carlo, *La saggezza di Aristotele,* Bibliopolis, coll. di testi e studi sul pensiero antico (diretta da Gabriele Giannantoni), XVI, 1989. *The Wisdom of Aristotle,* translated by Gerald Parks, New York : State University of New York Press, 2001.

Natali Carlo, « La phronèsis d'Aristote dans la dernière décennie du xxe siècle », *in* : Romeyer-Dherbey Gilbert (dir.) & Aubry Gwenaëlle (éd.), *L'excellence de la vie : sur l'*Éthique à Nicomaque *et l'*Éthique à Eudème *d'Aristote,* Paris : J. Vrin, Bibliothèque d'histoire de la philosophie, 2002, p. 179-194.

Natali Carlo, « Les éthiques. Tradition grecque », *in* : Goulet Richard (dir.), *Dictionnaire des philosophes antiques,* Supplément, *s. v.* « Aristote », Paris : C.N.R.S., 2003, p. 174-190.

Natali Carlo, *L'action efficace. Études sur la philosophie de l'action d'Aristote,* Louvain-la-Neuve : Peeters, 2004.

Pernot Laurent, « Aristote et ses devanciers. Pour une archéologie du discours délibératif », *Ktèma,* 27, 2002, p. 227-235.

Piérart Marcel, « Αἵρεσις et κλήρωσις chez Platon et Aristote », *in* : Piérart Marcel (études rassemblées par), *Aristote et Athènes. Aristoteles and Athens,* Actes de la table ronde, Fribourg (Suisse), 23-25 mai 1991, Fribourg / Paris : Séminaire d'histoire ancienne de l'Université de Fribourg / Diffusion De Boccard, 1996, p. 119-138.

Roberts Jean, « Aristotle on Responsability for Action and Character », *in* : Lloyd P. Gerson, *Aristotle. Critical Assessments,* vol. III : *Psychology and Ethics,* London / New York : Routledge, 1999, p. 234-251 (first published : *Ancient Philosophy,* 9, 1989, p. 23-36).

Ross William David, *Aristotle,* London : Methuen & co., 1923 ; 6th ed. with a new introduction by John L. Ackrill, London / New York : Routledge, 1995. *Aristote,* traduction française par Jean Samuel, Paris / Londres / New York : Gordon & Breach, 1971.

Sanz Morales Manuel, *El Homero de Aristóteles,* Amsterdam : Adolf M. Hakkert Publisher, Classical and Byzantine Monographs, vol. XXVII, 1994.

Sorabji Richard (dir.), *Aristotle Transformed. The Ancient Commentators and Their Influence*, Ithaca / London : Cornwell University Press, 1990.

Takahashi Kyüichirô, « Prohairesis and its place in the practical syllogism. A step toward understanding action as energeia », *Journal of Classical Studies*, 37, 1989, p. 45-55.

VI. AUTRES OUVRAGES ET ARTICLES

Alberti Antonina & Sharples Robert W., *Aspasius : the Earliest Extant Commentary on Aristotle's Ethics*, Berlin / New York : W. de Gruyter, 1999.

Alberti Antonina, « Il volontario e la scelta in Aspasio », *in* : Alberti Antonina & Sharples Robert W., *Aspasius : the Earliest Extant Commentary on Aristotle's Ethics*, Berlin / New York : W. de Gruyter, 1999, p. 107-141.

Allen Danielle, « Talking about Revolution : On Political Change in Fourth-Century Athens and Historiographic Method », *in* : Goldhill Simon & Osborne Robin, *Rethinking Revolutions through Ancient Greece*, Cambridge : Cambridge University Press, 2006, p. 183-217.

Anscombe Gertrude Elizabeth Margaret, *Intention*, Oxford : B. Blackwell, 2e éd. 1985 (1re éd. 1958). *L'intention*, traduction française par Matthieu Maurice & Cyrille Michon, avec une préface de Vincent Descombes, Paris : Gallimard, 2002.

Arendt Hannah, *Condition de l'homme moderne*, traduit de l'anglais par Paul Fradier, Paris : Calmann-Lévy, 1983.

Barber Charles & Jenkins David, *Medieval Greek Commentaries on the Nicomachean Ethics*, Leiden / Boston : E. J. Brill, Studien und Texte zur Geistesgeschichte des Mittelalters, Band 101, 2009.

Benvéniste Émile, « Don et échange dans le vocabulaire indo-européen », *Problèmes de linguistique générale*, t. 1, Paris : Gallimard, 1966.

Bossier Fernand, « L'élaboration du vocabulaire philosophique chez Burgundio de Pise », *in* : Hamesse Jacqueline (éd.), *Aux origines du lexique philosophique européen. L'influence de la* latinitas, Louvain-la-Neuve : Fédération internationale des Instituts d'études médiévales, 1997, p. 81-116.

Bossier Fernand, « Les ennuis d'un traducteur », *Bijdragen : International Journal in Philosophy and Theology*, 59, 1998, p. 406-427.

BOUCHET Christian, *Isocrate ou la belle hégémonie*, Bordeaux : Ausonius, 2014.

BOULNOIS Olivier, « Duns Scot : existe-t-il des passions de la volonté », *in* : BESNIER Bernard, MOREAU Pierre-François & RENAULT Laurence (dir.), *Les passions antiques et médiévales*, Paris : Presses universitaires de France, 2003, p. 281-295.

BOULNOIS Olivier, « La faiblesse sans volonté. Lectures antiques et médiévales de l'akrasia », *Cahiers parisiens / Parisian Notebooks*, The University of Chicago Center in Paris, 3, 2007, p. 83-109.

BOULNOIS Olivier, « *Libertas indifferentiae*. Figures de la liberté d'indifférence au Moyen Age », *in* : ATUCHA I., CALMA D., KÖNIG-PRALONG C., ZAVATTERO I. (éd.), *Mots médiévaux offerts à Ruedi Imbach*, Porto : Fédération Internationale des Instituts d'Études Médiévales, 2011, p. 405-417.

CARLIER Pierre, *La royauté en Grèce avant Alexandre*, Strasbourg : AECR, 1984.

CARLIER Pierre, *Démosthène*, Paris : Fayard, 1990 (rééd. 2006).

CARLIER Pierre, « Démosthène par lui-même », *in* : BASLEZ Marie-Françoise, HOFFMANN Philippe & PERNOT Laurent (éd.), *L'invention de l'autobiographie, d'Hésiode à saint Augustin*, Paris : Presses de l'École normale supérieure, 1993, p. 47-53.

CLASSEN Peter, *Burgundio von Pisa. Richter, Gesandter, Übersetzer*, Heidelberg : Carl Winter / Universitätsverlag, 1974, 4. Abhandlung.

COLLOBERT Catherine, *Parier sur le temps. La quête héroïque d'immortalité dans l'épopée homérique*, Paris : Les Belles Lettres, Études anciennes, 2011.

DEMONT Paul, « Le tirage au sort des magistrats à Athènes : un problème historique et historiographique », *in* : CORDANO F. & GROTANELLI C. (ed.), *Sorteggio pubblico e cleromanzia, dall'antichità all'età moderna*, Milano : Università degli studi di Milano, 2001, p. 63-81.

DESCARTES René, *Œuvres*, textes français et latins édités par Charles Adam & Paul Tannery, Paris : L. Cerf, 1897-1913 ; nouvelle présentation par Joseph Beaude, Pierre Costabel, Alan Gabbey, Bernard Rochot, Paris : J. Vrin, 1965-1974 (réimp. 1996 en co-édition avec le C.N.R.S.).

DIHLE Albrecht, *The Theory of Will in Classical Antiquity*, Berkeley / Los Angeles / London : University of California Press, Sather Classical Lectures, 48, 1982.

DOBBIN Robert Francis, « *The sense of self in Epictetus :* prohairesis *and* prosopon », Berkeley : University of California, 1989.

Dobbin Robert Francis, « Προαίρεσις in Epictetus », *Ancient philosophy*, 11, 1991, p. 111-135.

Drerup Engelbert, *Aus einer alten Advokatenrepublik (Demosthenes und seiner Zeit)*, Paderborn : F. Schoning, 1916.

Drerup Engelbert, *Demosthenes im Urteile des Altertums (von Theopomp bis Tzetzes : Geschichte, Roman, Legende)*, Würzburg : C. J. Becker, 1923.

Dunbabin Jean, « The Two Commentaries of Albertus Magnus on the Nicomachean Ethics », *Recherche de théologie ancienne et médiévale*, 30, 1963, p. 232-250.

Échivard Jean-Baptiste, *Une introduction à la philosophie : les proèmes des lectures de saint Thomas d'Aquin aux œuvres principales d'Aristote*, t. III : *Philosophie morale et politique*, préface du Père Serge-Thomas Bonino, Paris : F.-X. de Guibert, 2006.

Finley Moses I. [1912-1986], *Le monde d'Ulysse*, Paris : Librairie François Maspero, 1969 & 1978 / Éditions La découverte, 1983 & 1986 / Éditions du Seuil, Points Histoire, 2002 (éd. originale : *The World of Odysseus*, New York : The Vicking Press Inc. Publishers / Moses I. Finley, 1954 & 1977.

Frazier Françoise, « Principes et décisions dans le domaine politique d'après les *Vies* de Plutarque », *in* : Gallo Italo & Scardigli Barbara, *Teoria e prassi politica nelle opere di Plutarco*, Naples : M. D'auria, 1995, p. 147-171.

Frazier Françoise, « Réunion et délibération. La représentation des assemblées chez Thucydide », *Ktèma*, 22, 1997, p. 239-255.

Frede Michael, *A Free Will : Origins of the Notion in Ancient Thought*, edited by A. A. Long, with a foreword by David Sedley, Berkeley / Los Angeles / London : University of California Press, Sather Classical Lectures, 68, 2011.

Fustel de Coulanges Numa Denis, *La cité antique. Études sur le culte, le droit, les institutions de la Grèce et de Rome*, Paris : Flammarion, 1984 (1re éd. Strasbourg : Silbermann, 1864).

Fustel de Coulanges Numa Denis, « Nouvelles recherches sur le tirage au sort appliqué à la nomination des archontes athéniens », *Nouvelle revue historique de droit français et étranger*, 1878, étude reprise dans *Nouvelles recherches sur quelques problèmes d'histoire*, p. 147-179, éd. post mortem par C. Jullian, Paris : Hachette, 1891 (2e éd. 1923) ; rééd. Bruxelles : Culture et civilisation, 1964.

Gagarin Michael, *Drakon and Early Athenian Homicide Law*, New Haven / London : Yale University Press, 1981.

Gauthier René-Antoine, « Appendix : Saint Thomas et l'*Éthique à Nicomaque* », *in* : *Sancti Thomae de Aquino opera omnia, iussu Leonis*

XIII P. M. edita, t. XLVIII : Sententia libri Politicorum ; Tabula libri Ethicorum ; Appendix : Saint Thomas et l'*Éthique à Nicomaque*, cura et studio fratrum praedicatorum, Romae, ad Sanctae Sabinae, 1971, p. V-XXIV (pagination séparée en fin de volume).

GERNET Louis, *Recherches sur le développement de la pensée juridique et morale en Grèce*, Paris : E. Leroux, 1917, rééd. Paris : A. Michel, 2001.

GERNET Louis, *Droit et institutions en Grèce antique*, Paris : F. Maspero, 1968, rééd. Paris : Flammarion, 1982.

GLOTZ Gustave, *La solidarité de la famille dans le droit criminel en Grèce*, Paris : A. Fontemoing, 1904, rééd. New York : Arno Press, 1973.

GLUCKER Iohannes, *Antiochus and the Late Academy*, Göttingen : Vandenhoeck and Ruprecht, Hypomnemata, n° 56, 1978.

GOLDHILL Simon & OSBORNE Robin, *Rethinking Revolutions through Ancient Greece*, Cambridge : Cambridge University Press, 2006.

GOURINAT Jean-Baptiste, « L'apparition de la notion de volonté dans le stoïcisme », *in* : SALTEL P. (éd.), *La volonté*, Paris : Ellipses, 2002, p. 49-57.

GOURINAT Jean-Baptiste, « La *prohairesis* chez Épictète : décision, volonté ou "personne morale" ? », *Philosophie antique*, 2005, 5, p. 93-134.

HANSEN Mogens Herman, *Die athenische Volksversammlung im Zeitalter des Demosthenes*, Konstanz : Universitätverlag, Xenia – Konstanzer althistorische Vorträge und Forschungen, Heft 13, 1984 (remaniement de l'original danois *Det Athenske Demokrati i 4 årh. f. Kr*, 2 : *Folkeforsamlingen*, Copenhague, 1977).

HANSEN Mogens Herman, *La démocratie athénienne à l'époque de Démosthène. Structure, principes et idéologie*, traduit de l'anglais en français par Serge Bardet avec le concours de Philippe Gauthier, Paris : Les Belles lettres, 1993 (éd. originale : *The Athenian Democraty in the Age of Demosthenes. Structures, Principles and Ideology*, Oxford : Mogens Herman Hansen, 1991, remaniement de l'original danois *Det Athenske Demokrati i 4 årh. f. Kr*, 6 vol., Copenhague, 1977-1981) ; réédition Paris : Les Belles Lettres / Tallandier, 1991 / 2009.

HEATH John, « Animals », *in* : FINKELBERG Margalit (ed.), *The Homer Encyclopedia*, Malden / Oxford : Wiley-Blackwell, 2011.

IRWIN Terence H., « Who Discovered the Will ? », *Philosophical Perspectives, 6, Ethics*, 1992, p. 453-473.

KÖRNER Otto, *Die homerische Tierwelt* (1880), Munich : Bergmann, 1930.

KUEBLER Bernard, « Les degrés de faute dans les systèmes juridiques de l'Antiquité », *in* : *Introduction à l'étude du droit comparé. Recueil d'études en l'honneur d'Édouard Lambert*, 3 vol., Paris : Librairie générale de droit et de jurisprudence, 1938, I, p. 174-184.

Le Boulluec Alain, *La notion d'hérésie dans la littérature grecque, IIe-IIIe siècles*, t. I : *De Justin à Irénée*, t. II : *Clément d'Alexandrie et Origène*, Paris : Études augustiniennes, 1985.

Lefebvre David, « Alexandre d'Aphrodise, *Supplément au traité de l'âme*, (extrait) », *in* : Laurent Jérôme & Romano Claude (dir.), *Le Néant. Contribution à l'histoire du non-être dans la philosophie occidentale*, Paris : Presses universitaires de France, 2e éd., 2014 (1re éd. 2006), p. 103-116.

MacDowell Douglas, *The Law in Classical Athens*, Ithaca / New York : Cornell University Press, 1978.

Lévy Edmond, « *Dikè* chez Homère : entre privé et public », *Ktèma*, 23, 1998, p. 71-79.

Lévy Edmond, « Le vocabulaire de la faute et de l'erreur chez Thucydide », *Ktèma*, 23, 2008, p. 347-362.

Lévy Edmond, « La prise de décision collective chez Thucydide », *Ktèma*, 34, 2009, p. 389-398.

Lévy Edmond, « Remarques thucydidéennes », *Ktèma*, 34, 2009, p. 399-419.

Lévy Edmond, « Le système politique de l'*Iliade* », *Ktèma*, 35, 2010, p. 339-367.

Lonsdale Steven H., *Creatures of Speech. Lion, Herding, and Hunting Similes in the Iliad*, Stuttgart : B. G. Teubner, Beiträge zum Altertumskunde, 1990.

Loraux Nicole, *L'invention d'Athènes. Histoire de l'oraison funèbre dans la « cité classique »*, Paris / La Haye / New York : Mouton / Éditions de l'École pratique des hautes études en sciences sociales, 1981 ; nouv. éd. abrégée, augmentée d'une préface, Paris : Payot / Rivages, 1993.

Maridakis Georges S., « Demosthenes als Rechtstheoretiker » (1950), *in* : *Demosthenes*, herausgegeben von Ulrich Schindel, Darmstadt : Wissenschaftliche Buchgesellschaft, Wege der Forschung, Bd. CCCL, 1987, S. 349-375 (traduction allemande par Erika Schindel de « Démosthène, théoricien du droit », *Revue internationale des droits de l'Antiquité*, 3e année, t. 5, *Mélanges Fernand De Vissher IV*, Bruxelles, 1950, p. 155-181).

Maschke Richard, *Die Willenslehre im griechischen Recht. Zugleich ein Beitrag zur Frage der Interpolationen in den griechischen Rechtsquellen*, Berlin : G. Stilke, 2. Auflage, 1926. Réimp. (*facsimile* Berlin-1926), Darmstadt : Wissenschaftliche Buchgesellschaft, 1968. Réimp. (*fac-*

simile Berlin-1926), New-York : Arno Press, Morals and laws in ancient Greece, 1979.

Mathieu Georges, *Les idées politiques d'Isocrate,* Paris : Les Belles Lettres, 1966.

Mauss Marcel, « Essai sur le don. Forme et raison de l'échange dans les sociétés archaïques », *Année sociologique,* seconde série, 1923-1924, t. I, repris dans *Sociologie et anthropologie,* Paris : Presses universitaires de France, Quadrige, 1950, réimp. 2001, p. 142-279.

Mercken H. Paul F., « The Greek Commentators in Aristotle's Ethics », *in* : Sorabji Richard (dir.), *Aristotle Transformed. The Ancient Commentators and Their Influence,* Ithaca / London : Cornwell University Press, 1990, p. 407-444.

Merker Anne, « Corps et châtiment chez Platon », *Études platoniciennes,* I, 2004, p. 11-49.

Monteils-Laeng Laetitia, *Agir sans vouloir : le problème de l'intellectualisme moral dans la philosophie ancienne,* Paris : Classiques Garnier, 2014.

Nietzsche Friedrich, *Œuvres,* I : *La Naissance de la tragédie. Considérations inactuelles* [incluant des écrits autour de *La Naissance de la tragédie,* et des écrits de jeunesse], édition publiée sous la direction de Marc de Launay, avec, pour ce volume, la collaboration de Michèle Cohen-Halimi, Marc Crépon, Pascal David, Paolo D'Iorio, Francesco Fronterotta, Max Marcuzzi et Pierre Rusch [ainsi que Henri-Alexis Baatsch Jean-Louis Backès, Michel Haar, Alain Pernet], Paris : Gallimard (La Pléiade), 2000.

Onians Richard Broxton, « On the Knees of Gods », *Classical Review,* 38, 1924, p. 2-6.

Pérez Jiménez Aurelio, « *Proairesis* : las formas de acceso a la vida pública y el pensamiento político de Plutarco », *in* : Gallo Italo & Scardigli Barbara, *Teoria e prassi politica nelle opere di Plutarco. Atti del V Convegno plutarcheo,* Naples : M. D'auria, 1995, p. 363-381.

Pernot Laurent, *La rhétorique de l'éloge dans le monde gréco-romain,* t. I : *Histoire et technique,* t. II : *Les valeurs,* Paris : Institut d'études augustiniennes, 1993.

Pernot Laurent, « *Periautologia.* Problèmes et méthodes de l'éloge de soi-même dans la tradition éthique et rhétorique gréco-romaine », *Revue des études grecques,* 111, 1998, p. 101-124.

Pernot Laurent, *La rhétorique dans l'Antiquité,* Paris : Librairie générale française, Le livre de poche, 2000.

Pernot Laurent, *L'ombre du Tigre. Recherches sur la réception de Démosthène,* Naples : M. D'Auria, 2006.

Pernot Laurent, « Théophraste, un innovateur dans le domaine de la rhétorique », Académie des Inscriptions & Belles-Lettres,

Comptes rendus des séances de l'année 2011, III (juillet-octobre), p. 1277-1306.

Pernot Laurent, « Les orateurs antiques entre guerre et paix », *in* : Contamine Philippe, Jouanna Jacques & Zink Michel (éd.), *La Grèce et la guerre*, Cahiers de la Villa Kérylos, 26, Paris : Diffusion De Boccard, 2015, p. 13-28.

Rhodes Peter John, *The Athenian Boule*, Oxford : Clarendon Press, 1972.

Sartre Jean-Paul, *L'être et le néant. Essai d'ontologie phénoménologique*, Paris : Gallimard, Tel, 1976 (1re éd. 1943).

Scheid-Tissinier Évelyne, *Les usages du don chez Homère*, Nancy : Presses universitaires de Nancy, 1994.

Schlier H., « *Hairesis* », *in* : Kittel Gerhard (Begründer) & Friedrich Gerhard (Hrsg.), *Theologisches Wörterbuch zum Neuen Testament*, 10 Bänder [en 11 vol.], Studienausg., Unveränderter Nachdruck der Ausgabe 1933-1979, Stuttgart / Berlin / Köln : Kohlhammer, 1990.

Schnapp-Gourbeillon Annie, *Lions, héros, masques. Les représentations de l'animal chez Homère*, Paris : F. Maspero, 1981.

Schwarz Adam, « Weapons and Armor », *in* : Finkelberg Margalit (ed.), *The Homer Encyclopedia*, Malden / Oxford : Wiley-Blackwell, 2011.

Simon Marcel, « From Greek *Hairesis* to Christian Heresy », *in* : Schoedel William R. & Wilken Robert L., *Early Christian Literature and the Classical Intellectual Tradition. In honorem Robert M. Grant*, Paris : Beauchesne, Théologie historique, n° 53, 1979, p. 101-116.

Solère Jean-Luc, « Intentio », *in* : Blay Michel (dir.), *Grand dictionnaire de la philosophie*, Paris : Larousse / C.N.R.S., 2003 p. 562-564.

Staden H. von, « *Hairesis* and Heresy : The Case of the *haireseis iatrikai* », *in* : Meyer Ben F. & Sanders E. P. (eds), *Jewish and Christian Self-Definition*, vol. III, London : SCM Press, 1982, p. 76-100.

Stroud Ronald S., *Drakon's Law on Homicide*, Berkeley / Los Angeles : University of California Press, 1968.

Usher Stephen, *Greek Oratory. Tradition and Originality*, Oxford : Oxford University Press, 1999.

Usener Sylvia, *Isokrates, Platon und ihr Publikum. Hörer und Leser von Literatur im 4. Jahrhundert v. Chr.*, Tübingen : G. Narr, 1994.

Verbeke Gérard, « Burgundio de Pise et le vocabulaire latin d'Aristote », *in* : Beyers Rita, Brams Jozef, Sacré Dirk & Verrycken Koenraad, *Tradition et traduction. Les textes philosophiques et scientifiques grecs au Moyen-Âge latin. Hommage à Fernand Bossier*, Leuven : Leuven University Press, 1999, p. 37-58.

VUILLEMIN-DIEM Gudrun & RASHED Marwan, « Burgundio de Pise et ses manuscrits grecs d'Aristote : Laur. 87.7 et Laur. 81.18 », *Recherches de théologie et de philosophie médiévale*, 64, 1997, p. 136-198.

WLASCHIM Katharine, *Studien zu den indogermanischen Ausdrücken für Geben und Nehmen*, Wiener Dissertation von 1927, ungedruckt ; *cf.* KRETSCHMER Paul, *Glotta* (Göttingen : Vandenbœck & Ruprecht), 19, 1930, p. 207-209.

WORTHINGTON Ian (ed.), *Demosthenes, Statesman and Orator*, Londres / New York : Routledge, 2000.

VII. OUTILS LINGUISTIQUES

Grammaires, morphologies

CHANTRAINE Pierre, *Morphologie historique du grec*, Paris : Klincksieck, 1re éd. 1945, 2e éd. 1961 (réimp. 2002).

CHANTRAINE Pierre, *Grammaire homérique*, t. I : *Phonétique et morphologie*, t. II : *Syntaxe*, Paris : Klincksieck, 1988 (6e tirage revu et corrigé du t. I) / 1953 (t. II, réimp. 1997).

DENNISTON John Dewar, *Greek Particles*, Oxford : Oxford University Press, 2nd ed. 1950 (1st ed. 1934).

DENNISTON John Dewar, *Greek Prose Style*, Oxford : Oxford University Press, 1952.

RAGON Éloi, *Grammaire complète du grec ancien à l'usage des enseignements secondaire et supérieur*, édition refondue et complétée de la *Grammaire grecque à l'usage des classes*, augmentée de notions de quantité et de métrique, par Édouard RENAULD, Paris : J. de Gigord, 1929.

Dictionnaires

Dictionnaire étymologique de la langue grecque, par Pierre Chantraine, avec un supplément dirigé par Alain Blanc, Charles de Lamberterie et Jean-Louis Perpillou, Paris : Klincksieck, 1999.

Dictionnaire Grec-Français, dirigé par Anatole Bailly, avec le concours de E. Egger, édition revue par L. Séchan et Pierre Chantraine, Paris : Hachette, 1963 (réimp. 2000).

A Greek-English Lexicon, dirigé par Henry George Liddell et Robert Scott, révisé par Henry Stuart Jones, Oxford : Clarendon Press, 1968.

Griechisches etymologisches Wörterbuch, 3 tomes, par Hjalmar Frisk, Heidelberg : Carl Winter Universitätsverlag, 1822 (rééd. 1960-1973).

Dictionnaire étymologique de la langue latine. Histoire des mots, par Alfred Ernout et Antoine Meillet, édition augmentée et corrigée par Jacques André, Paris : Klincksieck, 1994.

Le grand Gaffiot. Dictionnaire Latin-Français, dirigé par Félix Gaffiot, nouvelle édition dirigée par Pierre Florent, Paris : Hachette-Livre, 2000.

Dictionnaire historique de la langue française, dirigé par Alain Rey, Paris : Dictionnaires Le Robert, 2000.

VIII. OUTILS ENCYCLOPÉDIQUES

Dictionnaire des philosophes antiques, dirigé par Richard Goulet, Paris : C.N.R.S., 1989-…

Grand dictionnaire de la philosophie, dirigé par Michel Blay, Paris : Larousse / C.N.R.S., 2003.

The Homer Encyclopedia, 3 vol., edited by Margalit Finkelberg, Malden / Oxford : Wiley-Blackwell, 2011.

Paulys Realencyclopädie der klassischen Altertumswissenschaft, nouvelle édition par Georg Wissova, Wilhelm Kroll, Karl Mittelhaus, Konrat Ziegler *et alii*, Munich : A. Druckenmüller, 1893-1974.

Theologisches Wörterbuch zum Neuen Testament, 10 Bänder [en 11 vol.], begründet von Gerhard Kittel, hrsg. von Gerhard Friedrich, Studienausg., Unveränderter Nachdruck der Ausgabe 1933-1979, Stuttgart / Berlin / Köln : Kohlhammer, 1990.

Vocabulaire technique et critique de la philosophie, dirigé par André Lalande, Paris : Presses Universitaires de France, 1926, 17e éd. 1991.

IX. RESSOURCES ÉLECTRONIQUES EN LIGNE

Thesaurus Linguae Graecae, A Digital Library of Greek Literature, Irvine : University of California, 1972-…

Aristoteles latinus database, réalisé par l'*Union académique internationale*, l'*Aristoteles Latinus Centre* (Katholieke Universiteit Leuven) & le *Centre Traditio Litterarum Occidentalium*, Turnhout : Brepols (site en ligne : Brepolis).

Lexique grec-français

Les traductions proposées ici ne sont qu'indicatives et correspondent aux sens principaux sollicités dans cet ouvrage. Les trois cas des adjectifs (masc., fém., n.) ne sont pas systématiquement indiqués. Pour plus de détails, se reporter aux dictionnaires spécialisés.

adikèma : acte injuste, crime, méfait.
agôn : concours, lutte ; procès.
aitia : accusation ; cause.
aitios : responsable, cause.
akolasia : dérèglement.
akôn, akousios, a, on : contre gré.
akrasia : intempérance, absence de maîtrise de soi.
analuein : analyser.
analusis : analyse.
anamnèsis : remémoration.
anandria : manque de virilité, lâcheté.
anèr : homme.
anthrôpos : être humain.
antilogia : réplique ; contradiction ; débat contradictoire.
antiprohairesis : dessein ou intention réciproque.
aphrosunè : déraison.
apoballein : rejeter.
apobolè : rejet.
aporriptein : rejeter.
aproboulia : absence de délibération préalable.
aprohairetôs : de manière impromptue, sans dessein préconçu.
archè : commencement ; commandement ; principe.
aretè : vertu, excellence.
aspazesthai : embrasser, attirer à soi.
ataktôs : sans ordre.
atuchèma : infortune, malheur.
atuchia : infortune, malchance.
authairetos, è, on : qu'on prend de sa propre initiative.
autocheir : qui commet (un meurtre…) de sa propre main.
autokratôr : maître absolu.
automaton : hasard, spontanéité.
auton haireisthai : prendre de sa propre initiative, en personne.
boulè : délibération ; Conseil.
boulèsis : le vouloir, volonté.

boulesthai : vouloir.
bouleuesthai : délibérer.
bouleusis : délibération ; stratagème, machination (à propos des homicides).
bouleutikos, è, on : délibératif.
bouleuton : objet (possible) d'une délibération.
boulomenos : voulant ; se dit en particulier du citoyen volontaire pour monter à la tribune ou intenter une action en justice.
cheirotonein : voter à main levée.
cheirotonia : élection à main levée.
daimôn : divinité.
dasmos : partage du butin, distribution.
dechesthai : recevoir.
dèmos : peuple.
deuesthai : être privé de.
diagignôskein : discerner, décider.
diagnômè : discernement, décision.
di'allo : à cause d'autre chose.
dianoia : pensée (discursive).
didonai : donner.
diôkein : poursuivre.
diôxis : poursuite.
dokein : sembler (bon).
doxa : opinion.
dunamis : puissance, faculté.
dustuchia : malheur, infortune.
echein : avoir, tenir.
ekklèsia : Assemblée.
eklegein, eklegesthai : sélectionner, choisir.
ek proboulès : de manière délibérée.
ek prohaireseôs : à dessein, intentionnellement.
ek pronoias : avec préméditation.
eleos : pitié.
encheirein : entreprendre, prendre en mains, mettre la main à.
endeia : manque, défaut, besoin.
ephexès : à la suite, l'un après l'autre.
ephiesthai : tendre à, rechercher.
epiboulè : délibération hostile, machination, complot.
epibouleusis : délibération hostile, machination, complot.
epipsèphizein : faire voter.
epitaphios (logos) : (oraison) funèbre.
epithumia : désir (en général) ; appétit.
ergon : acte, œuvre.
èthos : caractère.
euboulia : bonne délibération.
euchesthai : souhaiter ; faire un vœu, une prière.
eudaimonia : bonheur.
euètheia : bonté de caractère, simplicité, naïveté.
eunoia : bienveillance.
eu prattein : réussir (dans le domaine de l'action), être heureux.
eupraxia : réussite (de l'action), bonheur.
eutuchia : bonne chance.
eu zèn : vivre de manière réussie, être heureux.
ex epiboulès : de manière délibérée (et hostile).
genesis : genèse, engendrement, devenir.
geras : part d'honneur.
gignôskein : se rendre compte, comprendre, connaître ; décider.
gnômè : avis, pensée ; proposition de décret ; décision.
hairein (helein) : prendre.
haireisthai (helesthai) : prendre à soi, pour soi, etc. ; choisir.
hairesin didonai : "offrir de prendre", donner le choix.
hairesin lambanein : "recevoir l'offre de prendre", avoir le choix.
hairesis : prise ; choix ; élection.
hairesis tou biou : adoption d'une vie.
hairetos, è, on : objet d'une prise.
haliskesthai : être pris, attrapé.
hamartèma : erreur, faute.

harpazein : ravir, enlever.
hègoumenon (to) : ce qui dirige, marche en tête.
heimarmenè : destin.
hekôn, hekousios, a, on : de plein gré.
heletos, è, on : objet d'une prise.
helôr : proie.
helôrion : proie.
heuresis : découverte, acte de trouver.
heuriskein : trouver.
hexis : propriété ; disposition.
historia peri phuseôs : enquête sur la nature.
homonoia : concorde.
hou heneka (to) : ce en vue de quoi.
hubris : outrage, offense.
hupokrisis : jeu d'acteur ; action oratoire.
hupothesis : thème d'un discours, sujet, base ; principe d'une science démonstrative.
kairos : moment déterminant.
katalusis : dissolution ; acte de délier.
kata sumbebèkos : par accident.
kath'hauto : par soi.
katorthoun : diriger droitement une affaire, réussir.
katorthôsis : direction droite, réussite.
keisthai : être posé.
klèros, klèrôsis : tirage au sort.
koinônein : participer à, avoir en commun.
krinein : discerner ; juger, décider.
ktasthai : acquérir ; posséder (au parfait *kektèsthai*).
kurios, a, on : dominant, maître.
lambanein (labein) : prendre.
lanchanein (lachein) : obtenir (par le sort, par les dieux).
lèpsis : prise.
logismos : calcul, raisonnement.
logos : parole, discours, raison.
makariotès : félicité.
mallon : davantage.
mallon è : plutôt que.
mnèmè : mémoire.
moira : part ; destin.
nikan : vaincre.
noûs : intellect, intelligence, pensée.
noûs orektikos : intellect désirant.
orexis : tension, désir.
orexis bouleutikè : désir délibératif.
ou panu : pas vraiment.
parakolouthein : accompagner tout au long (d'un processus).
peithein : persuader.
peras : terme, issue.
periautologia : situation de discours sur soi-même (généralement pour faire son propre éloge).
phantasia : représentation, imagination.
pheugein : fuir ; s'exiler, être banni ; être défendeur dans un procès.
philanthrôpia : humaine amitié, amour du genre humain, humanité, générosité.
philanthrôpos : ami du genre humain.
philia : amitié.
phobein : mettre en fuite ; effrayer.
phobos : fuite ; peur.
phronèma : manière de penser, sentiment.
phronèsis : prudence.
phronimos : prudent, sensé.
phugè : fuite ; exil.
pleonektein : (chercher à) avoir plus.
polis : cité.
politeia : politique ; constitution ; qualité de citoyen.
politès : citoyen.
politeuomenos : se dit d'un citoyen exerçant activement ses droits politiques et s'occupant des affaires de la cité.
pragmata : affaires.
prakton : objet (possible) d'une action ; faisable.
praotès : douceur.
prattein : agir.
praxis : action.
proaisthanesthai : pressentir.

probebouleumenon (to) : ce qui a été entièrement prédélibéré, ce qui a été décidé préalablement.
proboulè : délibération préalable.
prohairein : prendre préalablement (se fournir, etc.)
prohaireisthai : se saisir par anticipation (se fournir, se procurer, etc. ; prendre en visée, avoir pour intention, pour dessein).
prohairesis : saisie anticipée (intention, dessein, plan, visée).
prohaireteon : il faut avoir pour dessein (adj. verbal d'obligation)
prohairetikos, è, on : apte à avoir un dessein ; qui concerne le dessein.
prohaireton (to) : l'objet du dessein.
prohairoumenon (to) : le sujet du dessein.
prohoran : voir à l'avance.
prolegein : dire à l'avance.
pronoein, pronoeisthai : penser à l'avance ; prévoir, pourvoir...
pronoia : pensée qui a lieu à l'avance, prévoyance ; préméditation (dans *ek pronoias*).
pros to telos (to) : ce qui est en vue de la fin, relatif à la fin, moyen.
prothesis : propos.
protithenai : poser devant, avant.
psèphizesthai : voter.
psèphisma : décret voté.
psuchè : vie (Homère) ; âme.
rhètôr : orateur, citoyen parlant devant l'Assemblée.
skepsis : examen.
skopein : avoir en vue, examiner.
skopos : visée, but.
sôphrosunè : modération.
stratègos : stratège, général.
sullogismos : raisonnement ; syllogisme.
sumboulos : conseiller.
sumperainein : découler ensemble.
sumphora : malheur.
sungnômè : indulgence, compréhension.
suntattein : mettre entièrement en ordre.
sunteinein : tendre (tout ensemble, fortement) vers.
teleios, a, on : parfait, achevé.
telos : terme, fin.
tithenai, tithesthai : poser.
trauma ek pronoias : blessure causée lors d'une tentative (inaboutie) de meurtre.
tuchè : fortune.
zèn : vivre.
zètein : chercher.
zètèsis : recherche.
zôion : animal.

Indices

N. B. : parmi les Annexes, *seule l'*Annexe *I et les trois premières pages de l'*Annexe *III sont prises en compte.*

AUTEURS & PERSONNAGES DE L'ANTIQUITÉ & DU MOYEN-ÂGE

AUTEURS MODERNES

LIEUX DES TEXTES ANTIQUES

N. B. : figurent ici tous les passages faisant l'objet d'une citation en retrait du corps principal du texte, ainsi que la plupart des citations ou références significatives.

Table des matières

COLLECTION « L'ÂNE D'OR »

POLYMNIA ATHANASSIADI
La Lutte pour l'orthodoxie dans le platonisme tardif
de Numénius à Damascius.

LUCA BIANCHI
Censure et liberté intellectuelle à l'université de Paris
(XIIIe - XIVe siècles).

PABLO A. BLITSTEIN
Les Fleurs du royaume. Savoirs lettrés et pouvoir impérial en Chine,
V^{e} - VIe siècles.

REMO BODEI
Ordo amoris. Conflits terrestres et bonheurs célestes.

JEAN-YVES BORIAUD (éd.)
La Pensée scientifique de Cardan.

ALAIN BOUREAU
Théologie, science et censure au XIIIe siècle.

LUC BRISSON ET F. WALTER MEYERSTEIN
– Inventer l'univers.
– Puissance et limites de la raison.

LUCIANO CANFORA
La Bibliothèque du patriarche.

Jean CANTEINS
Arnau de Villeneuve I et II.

PIERRE CAYE
Critique de la destruction créatrice.
Production et humanisme.

GIOVANNI CERRI
La Poétique de Platon.

CHRISTOPHE CHANDEZON ET JULIEN DU BOUCHET (éd.)
Artémidore de Daldis et l'interprétation des rêves. Quatorze études.

ERIC ROBINSON DODDS
Païens et chrétiens dans un âge d'angoisse.

LOUIS-ANDRÉ DORION
L'Autre Socrate. Études sur les écrits socratiques de Xénophon.

GERMANA ERNST
Tommaso Campanella.

JAMES EVANS
Histoire et pratique de l'astronomie ancienne.

BERNARD FORTHOMME
La Pensée franciscaine. Un seuil de la modernité.

Garth Fowden
Hermès l'Égyptien.

Eugenio Garin
Le Zodiaque de la vie.

Miguel Ángel Granada et Édouard Mehl (éd.)
– Nouveau ciel. Nouvelle terre.
– Kepler. La physique céleste.

Pierre Hadot
– Études de philosophie ancienne.
– Plotin, Porphyre. Études néoplatoniciennes.
– Études de patristique et d'histoire des concepts.

Jean Irigoin
La Tradition des textes grecs.

Pierre Kerszberg
Kant et la nature.

Anne Kraatz
Mode et philosophie ou le néoplatonisme en silhouette 1470-1500.

Claude Langlois
Le Crime d'Onan.

Michel-Pierre Lerner
Le Monde des sphères (2 vol.), 2e éd. corrigée et augmentée.

Elsa Marmursztejn
Le Baptême forcé des enfants juifs.

Anne Merker
Une morale pour les mortels. L'éthique de Platon et d'Aristote.

Jean-Marc Narbonne
Hénologie, ontologie et *Ereignis*.

Nuccio Ordine
– Le Mystère de l'âne.
– Le Seuil de l'ombre.

Jackie Pigeaud
– Poétiques du corps.
– Folies et cures de la folie chez les médecins de l'Antiquité gréco-romaine.

Édouard Pommier
La Beauté et le paysage dans l'Italie de la Renaissance.

Francisco Rico
Le Rêve de l'Humanisme.

Denis Savoie
La Gnomonique, 2e éd. corrigée et augmentée.

Philippe Sers
Totalitarisme et avant-gardes.

ÉLISABETH SOUBRENIE
L'Art de la conversion au siècle de la métaphysique anglaise.

PIERRE SOUFFRIN
Écrits d'histoire des sciences.

ERWIN SCHRÖDINGER
La Nature et les Grecs *suivi de* La clôture de la représentation par MICHEL BITBOL.

SEBASTIANO TIMPANARO
La Genèse de la méthode de Lachmann.

STÉPHANE TOUSSAINT
Humanismes/Antihumanismes de Ficin à Heidegger.

ROBERT TURCAN
Recherches mithriaques. Quarante ans de questions et d'investigations

MAAIKE VAN DER LUGT
Le Ver, le démon et la vierge. Les théories médiévales
de la génération extraordinaire.

NIGEL G. WILSON
De Byzance à l'Italie : l'enseignement du grec à la Renaissance.

À PARAÎTRE

JEAN SEIDENGART (dir.)
Vérité scientifique et vérité philosophique dans l'œuvre d'Alexandre Koyré.

ALEXANDRE KOYRÉ
La Révolution astronomique. Copernic - Kepler - Borelli.

THOMAS S. KUHN
La Révolution copernicienne.

Composition et mise en pages
Nord Compo à Villeneuve-d'Ascq

Cet ouvrage,
le cinquante-cinquième
de la collection « L'Âne d'or »
publié aux Éditions Les Belles Lettres
a été achevé d'imprimer
en août 2016
par La Manufacture imprimeur
52202 Langres Cedex, France

N° d'éditeur : 8358
N° d'imprimeur : 160749

Dépôt légal : septembre 2016